69
HOTEL ZIMMER

Extradrucke der Anderen Bibliothek

69 HOTEL ZIMMER

MICHAEL GLAWOGGER

Für meinen Hund.

I hab zwar ka Ahnung, wo ich hinfahr,
aber dafür bin i g'schwinder durt!
Der Halbwilde, Helmut Qualtinger

DAS IST EIN BUCH… für alle, die schon einmal in einem Hotelzimmer übernachtet haben. Für solche, die noch zehn Minuten haben, bis das Boarding ihres Anschlussfluges beginnt. Für solche, die unter den 96 Sendern ihres Fernsehers keinen finden, den sie sehen wollen. Für die, die sich im Chinarestaurant nicht entscheiden können, welches Gericht mit welcher Nummer sie bestellen wollen, obwohl der Kellner schon zappelnd neben dem Tisch steht. Für diejenigen, die froh sind, dass Vinyls wieder modern sind, und die sich gerade eine neue Nadel für ihren alten Plattenspieler gekauft haben. Für die, die gerne Fortsetzungsromane in Tageszeitungen und / oder ihre Lieblingsbücher immer wieder lesen. Für reisende Spieler, versponnene Privatiers und alle, die auf etwas warten – den Bus, das Jobinterview oder den nächsten Kunden (egal ob im Supermarkt, beim Friseur oder im Bordell). Jedes Kapitel hat die Länge einer Zigarette, also ist es auch ein Buch für Raucher. Außerdem für Manager, Mentoren und Mediatoren, denn es quillt ein bisschen über wie kochende Milch und man kann darauf liegen wie auf einem Kissen, das in einen zu kleinen Bezug gesteckt wurde (ein wenig unbequem ist es nämlich auch). Es ist für Menschen, die während des Essens lesen und denen die Brille von der Nase in die Suppe rutscht (meistens hält die Brille aber ein Kapitel lang). Es ist für Fußballfans, Trinker, sexbesessene Philosophen und angeberische Zauberer, die gerne mit ihren Freunden um die Wette zaubern; für Zimmermädchen, die alles über Menschen in Hotels wissen und kritische Anmerkungen posten können. Für zerstreute Künstler und intellektuelle Kellnerinnen, die nicht nur deshalb kellnern, weil die Schauspielkarriere nicht klappt. Und natürlich für Taxifahrer. Sie sind Reisende des Alltags und haben viele Pausen, von denen sie nie wissen, wie lange sie sein werden. Aber die größte Zielgruppe werden wohl die Hundebesitzer sein. Die Aufmerksamkeitsspanne eines Hundes reicht für ein kleines Kapitel am Tag, das man dem Tier vorlesen kann, ohne dass es ungeduldig wird. Und genau das funktioniert auch für Menschen.

UNTER DER BRÜCKE Er erwachte von Schüssen draußen in der Stadt. Er wusste von seinem letzten Aufenthalt, dass echte Schüsse nicht sehr bedrohlich klingen. Sie zischten eher. Die Wirklichkeit hat ja nichts zu beweisen, dachte er, sie ist entweder gefährlich oder nicht. Er wickelte ein Leintuch um seine Hüften und ging hinaus auf den Balkon. Da standen schon andere in Leintücher gehüllt auf den Nachbarbalkonen und schauten, ob man erkennen konnte, woher die Schüsse kamen. Meistens war das nicht so. Meistens sah man irgendwo auf einem Dach jemanden in Deckung gehen oder einen anderen mit einem Gewehr in der Hand über die Straße laufen. Das war es auch schon. Zeit zum Duschen.

1

REYNOSA
MEXIKO
2011

Das Hotel gehörte der Mafia, und er liebte es. Es war nicht aufdringlich in unnötigem Luxus, hatte aber alles, was der Mensch braucht: große Betten, geräumige Duschen, einen angemessenen Fernseher, einen Balkon mit Blick auf die Stadt und einen Tisch, den man als Schreibtisch benutzen konnte, ohne sich dabei selbst anschauen zu müssen. Ein gutes Hotel erkennt man unter anderem daran, ob direkt über dem Arbeitstisch ein Spiegel angebracht ist. In neunzig Prozent der Fälle ist das so, aber es ist falsch. Der Spiegel geht davon aus, dass man sich nicht im Hotelzimmer aufhalten, sondern für das Leben draußen zurechtmachen will. Er geht davon aus, dass das Hotelzimmer nur eine Übergangslösung ist, um in die Welt zu gelangen. Dabei sollte einem das Hotelzimmer doch vorspielen, man sei hier zu Hause. Und kein Mensch hängt über seinem Arbeitstisch einen Spiegel auf. Wer will sich schon selbst beim Nachdenken zuschauen?

Auf den Gängen des Hotels wirkte die Welt bedrohlicher als dort, wo man gerade geschossen hatte. Da saßen Militärpolizisten in Unterhosen in breiten Fauteuils. Ihre Maschinenpistolen hatten sie griffbereit an die Wand gelehnt. Manche schliefen, andere hatten Laptops auf dem Schoß, wieder andere waren beim Telefonieren: »Wie geht es dir, mein Liebling? Nein, hier ist alles in Ordnung. Alles im Griff. Am Sonntag bin ich zu Hause. Ich liebe dich auch!«

Alle grüßten freundlich, wenn man vorbeiging, und waren von ausgesuchter Höflichkeit. Wahrscheinlich sagt man sich im mexikanischen Drogenkrieg noch Nettigkeiten, bevor man einander brutal umbringt. Schließlich kennt man sich und hat jahrzehntelang miteinander Geschäfte gemacht. Es ist sinnlos, darüber nachzudenken, wie sinnlos dieser Krieg ist. Man käme wohl selten zu dem Schluss, dass Menschen einander sinnvoll abschlachten oder über Jahrzehnte hinweg erschießen, bis sie den Grund für das gegenseitige Erschießen vergessen haben. Aber vermutlich wächst einfach ein immer größer werdender Hass in den Herzen derer, auf die geschossen wird, seit sie denken können.

Er öffnete die Tür ins Freie und ging die wenigen Stufen hinunter zur Einfahrt. Ihm war, als müsste er die Hitze zur Seite schieben wie eine Masse, die man mit der Hand berühren konnte. Er wollte trotzdem ein paar Schritte gehen, vor dem Frühstück. Wie jeden Tag zog es ihn zum Fluss hinunter. Die Straße, die dorthin führte, hieß »Dren de la mujeres«, was »Frauengraben« bedeutet. Dort gab es ein kleines Café mit einfachen Tischen, einer Bar und großen Fenstern. Die Gäste waren ausschließlich Männer, die mit großen Hüten, großen Bäuchen und großen Gürteln unter ihren Bäuchen dasaßen und auf etwas warteten, das sich dem Betrachter nicht erschloss. Die Männer kannten ihn schon, aber das änderte nichts. Es war, als würde er das Lokal zum ersten Mal betreten. Niemand schien ihn zu beachten. Es war, als wäre er unsichtbar. Durch die Nichtbeachtung der anderen spürte er die eigene Präsenz umso deutlicher.

Als er sich an einen Fenstertisch setzte, fuhr draußen ein Militärkonvoi über die Brücke. Das war nichts Besonderes. Solche fuhren Tag und Nacht durch die Straßen der Stadt und die Grenze entlang, um ihre Anwesenheit zu demonstrieren. Die Mafia wiederum besaß Konvois von auffällig unauffälligen Privatautos, die ebenfalls Tag und Nacht herumfuhren, um zu schauen, wohin die Militärkonvois fuhren. Bei jeder Ampel, die auf Rot schaltete, oder bei jedem etwas hektischeren Bremsmanöver kam es zu Feuergefechten.

Bei diesen Scharmützeln wurden meistens ein, zwei Unbeteiligte getötet, weil sie zur falschen Zeit am falschen Ort waren. Er fürchtete, es werde gleich zu einer solchen Schießerei kommen, da mitten auf der Brücke ein Auto stand, das die Durchfahrt für alle erschwerte. Doch der Konvoi wich dem Auto aus, ohne es zu kontrollieren oder sich davon aufhalten zu lassen. Da das Militär nicht reagierte, sah auch die Mafia keinen Anlass, etwas zu unternehmen.

Er hatte seine Huevos Rancheros bekommen und ließ die scharfen Chilis von seinem Körper Besitz ergreifen. Das machte den Blick für die Welt klarer. Dazu gab es Kaffee und Saft. Seit der Konvoi das unscheinbare Auto auf der Brücke passiert hatte, konnte er nicht mehr aufhören, dorthin zu schauen. Eine hübsche Frau um die vierzig saß darin und starrte gedankenverloren vor sich hin. Das tat sie immer noch, als er sein Frühstück beendet hatte und ein Bier bestellte. Als der Kellner es brachte, fragte er ihn, ob er wisse, was die Frau da mache. »Sie wartet«, sagte er und wischte den Tisch ab.

»Und worauf?«, wollte er wissen.

»Auf ihren Mann, er heißt Carlito und arbeitet als Klempner.«

»Du kennst sie?«

»Jeder kennt sie, sie heißt Trini.«

»Und wo ist Carlito?«

»Schau genau! Dann wirst du ihn sehen«, riet der Kellner und servierte das schmutzige Geschirr ab.

Es dauerte noch einen Moment, bis er die baumelnden Füße sah. Carlito hing an der Brücke, genau unter dem Auto, in dem Trini wartete. Es bedrückte ihn, dass der Erhängte nur mehr einen Schuh trug, und er fragte sich, ob Trini schon wusste, dass er sich direkt unter ihr aufgehängt hatte. Ob sie sich deshalb nicht bewegte, sondern nur emotionslos geradeaus schaute. Ja, sie wusste es. Und er konnte ihren Schmerz sehen, über die ganze Entfernung hinweg. Er sah Schmerz, der einen stumpf werden lässt. Da gibt es kein Vor und kein Zurück. Da kann man sich nicht mehr bewegen.

Für einen Moment konnte er diesen Schmerz nicht nur sehen, sondern spüren, ganz unmittelbar, hart und grenzenlos, wie wahrscheinlich alle um ihn, die die Szene miterlebten und dabei so taten, als sei Trini gar nicht da. Jeder Soldat in dem Militärkonvoi musste den Schmerz gespürt haben, und jeder Mafiascherge. Und deshalb waren alle dem Auto ausgewichen, ohne Halt zu machen und ohne, wie sonst, sofort aufeinander einzuballern.

Am Abend betrat er einen kleinen Supermarkt, um sich einen Hotdog zu kaufen. Der Supermarkt war voller Militärs, die breitbeinig dastanden. Sie hatten Skimützen auf dem Kopf und hielten ihre AK 47 mit nach unten gestreckten Armen, als wären es Gitarren und sie Elvis. Eine angespannte Stimmung war im Raum. Eine ältere Frau unterhielt sich mit einem der jungen Männer. Nach einer Weile streifte dieser seine Skimütze ab und ein bubenhaftes Gesicht kam zum Vorschein. Seine Gelfrisur glich der von Cristiano Ronaldo, dessen Bild wahrscheinlich in seinem Kinderzimmer hing, in dem er immer noch schlief, wenn er am Wochenende nach Hause fuhr. Er scherzte mit der älteren Dame. Sie war wahrscheinlich eine Nachbarin oder eine Bekannte seiner Eltern. Er begleitete sie nach draußen und trug ihr die Tasche mit ihren Einkäufen bis zum Auto.

Er aß den Hotdog, während er zum Hotel ging, und hatte zum ersten Mal, seitdem er in der Stadt war, Angst. Er wusste nicht, warum. Als er über die Brücke ging, stand dort noch immer das Auto der Frau. Das Seitenfenster der Fahrerseite war heruntergekurbelt, das Auto leer.

Er schaute in Richtung des Cafés, in dem er gesessen hatte, und sah, dass sie am Fenster saß und gierig etwas in sich hineinschlang. Sie wird wohl lange nichts gegessen haben, dachte er, als ein weiterer Militärkonvoi über die Brücke gerollt kam. Die Cristiano Ronaldos mit ihren Skimützen schauten zu ihm herunter, wie er mit seinem Hotdog in der Hand neben Trinis Auto stand.

Als sie vorbei waren, schwang die Brücke noch ein wenig nach. Das spürte er genau.

DER TRÄUMENDE HUND Es war dieser Moment kurz vor dem Verlassen eines Hotelzimmers. Alles war gepackt, der Koffer und die Umhängetasche standen noch offen, aber bereit zur Abreise da. Ein kurzes Innehalten und Nachdenken, was er alles getan hatte in den letzten Tagen. Hatte er die Laden der Nachtkästchen geöffnet? Hatte er sich die Zähne vor dem Badezimmerspiegel geputzt oder in der Dusche? Hatte er etwas auf den Schreibtisch gelegt? Vielleicht ein Hemd in den Kasten gehängt? Er entschloss sich, noch einmal alles abzugehen – so, wie er es immer tat, bevor er ein Zimmer verließ, das zu eintönig war, als dass ihm etwas daran in Erinnerung bleiben würde. Mit Ausnahme des Bettes vielleicht – genauer gesagt, der Wand hinter diesem Bett. Sie war mit einer weißen Kunstlederpolsterung verziert wie ein Fauteuil, als könnte man, der Schwerkraft trotzend, darauf sitzen und an die Decke starren.

2

BAKU
ASERBAIDSCHAN
2011

Plötzlich ging der Fernseher an. *Welcome Mr. Sterling* stand da zu lesen. Er hatte wohl die Check-out-time überschritten, und der nächste Gast wurde bereits willkommen geheißen.

Dann begann auf dem Bildschirm eine virtuelle Tour durch das Hotel. Zu synthetischer und angenehm gleichgültiger Musik wurde ihm die Anlage vorgeführt, in der er sich in den letzten Tagen aufgehalten hatte. Einer schwebenden Kamera blieb keine Tür verschlossen. Vor dem Hotel bewegten sich Menschen wie Komparsen der 80er-Jahre-Fernsehserie »Der Denver Clan«. Einige trugen sogar Tennisschläger. Dann wurde die Empfangshalle präsentiert. Die Mühe, ein Lächeln in die Gesichter der Rezeptionisten zu zaubern, hatten sich die Programmierer dann doch nicht gemacht. Männer und Frauen waren nur schwer zu unterscheiden. Und nirgendwo eine schrille Aufdringlichkeit. Keine leuchtende Farbe, kein Schmutz, keine Unebenheit. Alles war pastellfarben, alles Ton in Ton. Bild und Musik verschmolzen zu einer Einheit. Es war ihm, als schwebe die Kamera durch sein Zimmer und als wehe der virtuelle Wind durch sein Haar, während er wie ein Idiot mit der Zahnbürste in der Hand dastand und den Blick nicht vom Bildschirm abwenden konnte. Die Zahnbürste hatte er gerade in der Dusche gefunden, wo sie meistens war, wenn er sie nicht überhaupt vergaß.

Die Präsentation widmete sich nun der Rückseite der Anlage, wohin auch der Balkon seines Zimmers ging, und es wunderte ihn, dass dort ein nagelneuer Fußballplatz lag. Er betrat also erstmals seinen Balkon, doch es war kein Fußballplatz zu sehen. Die Wirklichkeit war hier dem Wollen noch nicht nachgekommen. Stattdessen öffnete sich ein Blick auf weites Land. Weiße Wölkchen an einem strahlend blauen Himmel, ein riesiger Parkplatz voller glitzernder Autos, am Horizont eine Autobahn ohne Verkehr und direkt unter ihm drei einfache Häuser. Vor einem dieser Häuser wusch ein Mann sein Taxi, das noch aus der Sowjetzeit stammen musste. Er pflegte es wie ein Juwel, mit dem er seine Existenz und seinen Stolz aufrecht erhielt. Das Nachbarhaus glich eher einer Hütte und hatte einen kleinen Hinterhof, auf dem drei Ziegen gelangweilt herumstanden und wo ein dicklicher Hund eingerollt schlief. Selbst von hier oben war zu erkennen, dass der Hund im Traum zuckte.

Er erinnerte sich, in der Nacht von einem Hund geträumt zu haben. Er hatte mit ihm um ein Steckerl gekämpft – ein glücklicher Traum vom Werfen und Bringen, von sinnloser Verspieltheit. Doch dann war ihm der Traum entglitten, war härter und brutaler geworden. Es war nicht mehr klar gewesen, wer Mensch und wer Tier war, und das Spiel war in einen gnadenlosen Kampf übergegangen. Ihm schien nun, dass der Hund unten im Hof die Lefzen hochzog und knurrte. Aber er war zu weit weg, als dass er sich hätte sicher sein können.

Er wünschte sich plötzlich, hier bleiben und jeden Morgen auf diesen Balkon treten zu können, um nach dem Hund zu sehen. Er wünschte, jeden Tag die Mutter des Taxifahrers mit ihrem strengen Kopftuch beobachten zu können, wie sie ihren Sohn verabschiedete, wenn er zur Arbeit fuhr. Er wünschte, auf ein Essen eingeladen zu werden, wenn eine der Ziegen geschlachtet würde. Er wünschte, sich hinten auf dem großen Parkplatz ein gebrauchtes Auto kaufen zu können, mit dem er als Einziger über die leere Autobahn fahren würde. Das Auto würde voller Menschen sein, die er nicht kannte, die ihm aber bald viel bedeuten sollten. Er warf die Zahnbürste nach unten, um eine sinnlose Spur zu hinterlassen. Es fiel niemandem auf. Nicht einmal der Hund hob den Kopf.

Zurück im Zimmer schlug er die zerknüllte Bettdecke zur Seite, um zu sehen, ob er sein Handy hatte liegen lassen, und fand darunter ein Steckerl. Es war leicht gekrümmt, aus weichem Holz und hatte überall Abdrücke von scharfen Zähnen. Er legte es in den Koffer, klappte ihn zu und ging hinunter in die Fassadenwelt. Dort zahlte er mit Fassadengeld an der Fassadenrezeption, stapfte vor die Fassadentüre des Fassadenhotels und wartete auf ein Fassadentaxi. Er schaute sich um und versuchte auszumachen, wer von den Fassadenmenschen wohl Mr. Sterling war. Als ihm einer der möglichen Sterlings zunickte, tat er so, als bemerke er es nicht. Dass im selben Moment ein Taxi vor ihm hielt und der beflissene Fahrer auf ihn zukam, half ihm dabei.

Er nahm sich vor, beim nächsten Mal ausdrücklich ein Zimmer zu verlangen, das nach hinten hinausging. Vielleicht würde dann ja schon Fußball gespielt, dort, wo jetzt noch der Hund schlief.

BEIRUT
LIBANON
1984

3

EINE GESCHICHTE Das erste Mal geschah es 1999. Er war mit dem Zug von Bangkok nach Aranyaprathet unterwegs. Der Zug ratterte gerade durch die weite, eintönige Landschaft der äußeren Vorstädte, als er bemerkte, dass fast alle Mitreisenden schliefen. Er zog einen Fotoapparat aus seiner Tasche und schlich durch die Gänge. Als er das erste Foto machte, schämte er sich ein wenig, aber er konnte einfach nicht widerstehen. Schlafende Menschen strahlen eine Ruhe aus, die sich automatisch auf ihn übertrug, wenn er solche Bilder später betrachtete. Es war ihm klar, dass sich das nicht gehörte. Menschen, die schlafen, sind schutzlos, und es ist glatter Diebstahl, sich ihr Bild zu nehmen. Im wachen Zustand würden sie wahrscheinlich nicht von einem Fremden fotografiert werden wollen, und er käme auch gar nicht auf die Idee, das zu tun. Er beruhigte sich mit dem Gedanken, dass Menschen, die in der Öffentlichkeit schlafen, sich der Welt ausliefern, indem sie etwas so Intimes wie Schlaf vor den Augen anderer ausbreiten. Nicht alle, die irgendwo einschlafen, tun das absichtlich, manche kämpfen dagegen an, wenn sie merken, dass sie im Warteraum eines Bahnhofs, im Bus oder in der U-Bahn vom Schlaf übermannt werden. Aber hier in Thailand kämpfte niemand. Kaum hatte der Zug die Station verlassen, schliefen fast alle Fahrgäste ein, und offensichtlich taten sie es ganz bewusst. Sie legten vorher ihre Fahrscheine fein säuberlich auf das kleine ausklappbare Tischchen unter dem Fenster, damit sie vom Schaffner nicht geweckt werden müssten.

Dennoch – beim ersten Foto war er noch vorsichtig. Er tat so, als würde er ganz etwas anderes anvisieren, und drehte sich dann schnell in Richtung eines Mannes, der, den Kopf an die Scheibe gelehnt, laut schnarchend schlief. Das Klicken des Auslösers schien ihm über die Maßen laut, und als das Schnarchen kurz aussetzte, sah er schon vor seinem geistigen Auge, wie er sich dem wütenden Mann gegenüber rechtfertigen musste. Aber nichts dergleichen geschah. Der Mann veränderte seine Position ein wenig und schlief friedlich weiter. Er machte noch ein zweites und drittes Foto von ihm, dann zog er weiter in den nächsten Waggon.

Er wurde immer dreister und fotografierte alle Schlafenden – egal, ob sie auf ausgebreitetem Zeitungspapier auf dem Boden lagen, ob sie die Schuhe ausgezogen und sich auf den Sitzbänken eingerollt hatten oder sitzend mit nach hinten hängendem Kopf schliefen. Manche Körper nahmen den Rhythmus des Zuges auf und wackelten wie Gliederpuppen, andere blieben steif, als hätten sie einen Stock verschluckt. Er wagte sich heran und fotografierte mehrere Gesichter aus der Nähe.

Später konnte er sich nicht sattsehen an diesen Bildern und machte Abzüge. Manche ließ er rahmen und hängte sie in sein Vorzimmer, andere klebte er in sein Notizbuch wie Tagebucheintragungen. Von da an fotografierte er alle Menschen, mit denen er ein Zimmer oder ein Bett teilte, kaum dass sie eingeschlafen waren – egal, wie nahe sie ihm standen.

Auf dem indischen Subkontinent bemerkte er beglückt, wie viele Menschen auf der Straße schliefen, und so machte er es sich bald zur Gewohnheit, im Morgengrauen loszuziehen und Bilder zu machen. Viele Köpfe waren in Lungis oder andere Tücher gehüllt, und so wirkten die Schlafenden oft wie Tote oder Mumien. Manche lagen einfach auf dem Rücken und machten den Eindruck, als schauten sie in den Himmel. Aber hier fand er jenen ruhenden Ausdruck wieder, nach dem er suchte. Er wunderte sich immer mehr, dass die Menschen hier so selten im Schlaf sprachen, kaum seltsame Geräusche machten oder mit den Gliedmaßen zuckten, als würden sie im Traum Fußball spielen oder jemanden verprügeln. Und es war ihm oft so, als würden auch die Wachen seine Anwesenheit nicht zur Kenntnis nehmen. Sie streiften ihn zwar manchmal im Vorbeigehen mit ihren Schultern oder hielten sogar seine Hand, wenn sie mit ihm sprachen, aber trotzdem fühlte es sich an, als wäre er gar nicht da. So kam es auch, dass manche, wenn sie erwachten und sahen, dass er sie fotografierte, ihn einfach ignorierten und sich nur den Schlaf aus den Augen wischten.

Einmal betrat er ein Wohnhaus in Dhaka und fand einen Gang, in dem alle Türen offen standen. Wie in Trance ging er einfach hinein. In diesem Moment hielt er sich tatsächlich für unsichtbar. In allen Zimmern schliefen Menschen. An den Fenstern hingen bunte, halb durchsichtige Tücher, und das Licht, das sie durchließen, tauchte jede Wohnung in eine andere Farbe. In einem Zimmer schlief eine ganze Familie, die Körper ineinander verschlungen. Sie sahen aus wie Tiere, die sich gegenseitig wärmten. Aber es war sehr heiß an diesem Morgen, und so bedeutete der gemeinsame Schlaf wohl eher Zusammengehörigkeit. Die schlafende Frau umfing die Knie ihres Mannes, und sie bildeten ein Dreieck, in dem drei Kinder verschiedenen Alters lagen, das Jüngste eng an die Mutter gekuschelt. Die Augen des Ältesten standen halb offen, es war nicht klar, ob es überhaupt schlief. Da das Kind aber keine Notiz von ihm zu nehmen schien, wie er da im Türstock stand und die Familie betrachtete, ging er davon aus, dass es mit halboffenen Augen träumte. Das Mittlere lag auf dem Bauch und hatte einen Arm um den Oberkörper des Ältesten gelegt. Es war ganz still im Zimmer. Trotzdem hob er die Kamera und drückte ab. Erst als eine dicke Frau in den Gang trat und ihn erstaunt ansah, grüßte er freundlich und ging. Noch nie hatte er sich so sehr wie ein Dieb gefühlt.

Zwei Wochen später fotografierte er einen Mann, der im Boardingbereich von Gate 75 des Shoudu-Guoji-Jichang-Flughafens in Peking schlief. Er hatte sich daran gewöhnt, ungeniert zu sein, stellte sich direkt vor dem Mann hin und richtete den Ausschnitt so ein, dass er das Panoramafenster dahinter auch im Bild hatte. Er drückte in dem Moment ab, als eine Maschine der Air China abhob. Der Mann schreckte hoch, als er das Klicken hörte, und war sofort hellwach. Er senkte die Kamera, und die beiden schauten einander erschrocken an. Dann ließ der Mann einen wütenden Redeschwall los. Er versuchte, sich höflich zu entschuldigen, doch es war zwecklos. Der Mann wurde immer zorniger und schrie, dass alle anderen aufmerksam wurden. Er drückte also den

Knopf an der Unterseite seines Fotoapparats, spulte den Film zurück, öffnete das Gehäuse und händigte dem Mann den Film aus. Der verstummte sofort und steckte die kleine gelbe Kapsel in seine Jackentasche. Darauf waren auch die Fotos, die er in dem Wohnhaus in Dhaka geschossen hatte. Traurig saß er im Flugzeug nach Harbin und schaute auf den dichten, weißen Wolkenteppich.

Fünfzehn Jahre zuvor war er in Beirut in ein Hotelzimmer gekommen und hatte begonnen, seinen Koffer auszupacken, als er ein leises Geräusch hörte. Er drehte sich um und sah, dass im Bett jemand schlief. Er hatte beim Betreten des Zimmers angenommen, das Bett sei einfach noch nicht gemacht, und sich nicht weiter darüber aufgeregt. Das kam in billigeren Hotels öfters vor. Und nun sah er eine junge Frau friedlich schlafen. Ihre Haare verdeckten das halbe Gesicht und verteilten sich wie schwarzes Wasser über den Polster. Sie atmete tief und blies dabei immer wieder eine Haarsträhne hoch. Er nahm einen Sessel, setzte sich neben das Bett und schaute ihr eine Weile beim Schlafen zu. Dann erzählte er ihr eine Geschichte.

Als die Geschichte zu Ende war, packte er seine Sachen und ging nach unten. Er stritt mit dem Concierge, ob er etwas zu bezahlen habe oder nicht. Schließlich gab er ihm Geld für das Zimmer, denn er wollte die Frau nicht aufwecken, und das würde unweigerlich geschehen, wenn der Concierge nach oben ging, um nachzuschauen, ob es wirklich stimmte, dass jemand im Bett des Zimmers, das er ihm vermietet hatte, schlief.

GRAZ
ÖSTERREICH
1967

4

DIE SCHNARCHENDE KRANKENSCHWESTER Er musste dringend pinkeln, also warf er die Schultasche auf eine Parkbank und suchte sich einen Platz hinter einem Baum, der von der großen Allee, die mitten durch den Stadtpark führte, nicht einsichtig war. Als er seine Vorhaut zurückzog, wie er es immer tat, solange er denken konnte, und der Urin ins Gras schoss, durchzuckte ihn ein brennender Schmerz. Er biss sich auf die Unterlippe und krümmte sich. Eine dicke Träne rann ihm über die Wange. Als der Strahl versiegt war, wollte er sein Glied näher untersuchen, schämte sich aber, das hier im Park zu tun.

Beim Mittagessen zu Hause wurde wenig gesprochen. Nur manchmal erzählte er von der Schule oder feilschte mit der Mutter, wie viel sie bereit wäre, ihm fürs Geschirrabwaschen zu bezahlen. Letzteres missbilligte der Vater und zog sich dann grummelnd in sein Arbeitszimmer zurück.

An diesem Tag wollte er aber nur so schnell wie möglich die Ursache des Pinkelschmerzes herausfinden, also war an potentiell lukrative Hausarbeit sowieso nicht zu denken. Er aß hastig und sah zu, dass er rasch in sein Zimmer kam.

Dort riss er sich die Hosen herunter, setzte sich aufs Bett und schob wieder die Vorhaut nach oben. Da war Blut, und ein Schreck durchfuhr ihn. Alles konnte man sich kaputtschlagen, die Knie, die Ellenbogen, die Nase – aber doch nicht das! Was sollte er jetzt tun? Den Eltern konnte er das unmöglich zeigen. Er war gerade dabei, diese beiden Leute weitgehend von seinem Alltag fernzuhalten, obwohl manchmal einiges an Nähe möglich gewesen wäre, vor allem, wenn es Abend wurde. Aber ihnen seinen Schwanz hinhalten? Nie im Leben.

Und wenn schon, dann eher der Mutter. Aber die wurde immer gleich so gefühlsduselig, wenn es um ihn ging. Also doch dem Vater? Der war immerhin Arzt, aber er behandelte alles Menschliche so, als wäre es ein ausschließlich zur wissenschaftlichen Untersuchung geeignetes Objekt. Schon das Latein, das er immer bemühte! Die Lage war hoffnungslos.

Während er noch so mit sich debattierte, standen die beiden plötzlich im Zimmer und fanden ihn mit heruntergelassenen Hosen und blutverschmiertem Glied auf dem Bett. Sofort kam er sich vor wie bei einer ärztlichen Visite, denn seine Mutter war früher Krankenschwester gewesen. Beide Eltern fielen augenblicklich in ihre angelernten Rollen. Er sah seinem Vater an, dass der am liebsten gesagt hätte: »Na, was haben wir denn da, Schwester Hildegard?«, schon allein, um die Peinlichkeit zu überspielen. Dann hätte er sich einen Befund reichen lassen, sie hätten ein paar Zahlen und Daten herunterbeten können, und man hätte in ärztlich-krankenschwesterlicher Eintracht so tun können, als wäre der Patient gar nicht da. Aber die Mutter platzte in mütterlicher Sorge mit einem: »Um Gottes willen, was ist passiert?« heraus. Als ob es einen Gotte gäbe, dessen Wille das hier wäre.

Zwei Tage später war seine Phimose operiert. Sie hatten im Krankenhaus eigentlich kein Bett mehr frei gehabt, aber durch die Intervention des Vaters wurde er doch eingeschoben, und sie hatten ihm ein Notbett in einem winzigen Zimmer, das eigentlich ein Büro für die Schwestern war, aufgestellt. So sah er im langen Halbschlaf nach der Narkose große, weiße Gestalten wie Vögel ein- und ausflattern. Die Vögel lächelten ihm zu, und er flehte insgeheim, dass sie ihn nicht auslachten. Er tastete mit der Hand nach seinem Schwanz, der klein und schlaff und mit Mull verbunden zwischen seinen Beinen lag. Er wusste, dass man solche Operationen normalerweise viel früher machte. Er hatte gehört, dass das bei jüdischen Kindern immer gemacht wurde, und er dachte, dass er jetzt einen neuen Schwanz hätte, an den er sich würde gewöhnen müssen. Dabei hatte er sich an den Anblick des alten mit der langen Vorhaut – und seine war besonders lang gewesen – gerade erst gewöhnt gehabt.

Gegen Abend nahm der Vogelflug in seinem Zimmer ab, nur dann und wann segelte noch einer herein. Er war schon wacher und beschäftigte sich damit, die weißen Kittel und die hohen, gebundenen Schuhe zu studieren. Bei längerer

Betrachtung fiel ihm auf, dass sich die Unterhosen in verschiedenen Größen unter den Kitteln abzeichneten. Das gab ihm zu denken, ohne dass er gewusst hätte, worüber genau da nachzudenken war. Er schlief glücklich ein und spürte nur, wie ihm hie und da jemand übers Haar strich.

Als er wieder erwachte, war es mitten in der Nacht und stockdunkel im Zimmer. Ihm war unheimlich zumute, und fast hätte er nach seiner Mutter gerufen. Er hörte ein leises Schnarchen und sah, dass eine der Schwestern auf einem Sessel neben seinem Bett eingeschlafen war. Sie sah aus wie ein Engel und schnarchte. Er wusste noch nicht, dass ihn das von da an sein Leben lang begleiten würde: Die meisten Frauen, mit denen er später ein Zimmer oder ein Bett teilte, schnarchten haltlos.

Der Schwester schien die Haltung auf ihrem Sessel unbequem zu werden, und sie wachte auf. Sie brauchte einen Moment, um zu realisieren, wo sie war und wer sie ansah. Sie lächelte ein wenig verlegen, als ob sie bei etwas ertappt worden wäre, und richtete sich mit ein paar gekonnten Handgriffen die Haare. Er fand sie so schön, dass ihm fast schlecht wurde, und wollte nur, dass sie sich zu ihm ins Bett legte. Doch bevor er all seinen Mut zusammennehmen konnte, um sie zu fragen, tat sie es auch schon, als wäre es das Natürlichste auf der Welt. Sie drehte ihm den Rücken zu und schlief sofort wieder ein. Er presste seine Nase in ihren Nacken und sog den Geruch aus Schweiß und Seife tief ein. Sie schnarchte wieder leise vor sich hin, und er versöhnte sich mit seiner Phimose.

In der nächsten Nacht setzte sie sich erst gar nicht auf den Sessel, sondern legte sich gleich zu ihm ins Bett und ließ ihn ihren Kittel aufknöpfen. Er tastete sie vorsichtig ab, die Mullbinde um seinen Schwanz ging auf, und er spürte eine warme Flüssigkeit. Er wusste, dass es diesmal kein Blut war.

Am Morgen wurde er vom Primar, der ihn operiert hatte, einer Gruppe junger Ärzte vorgeführt. Er musste allen sein Glied zeigen. Er schämte sich, denn die bewundernden Bemerkungen galten nicht ihm, sondern der besonders schön ausgeführten Operation. Egal, es war überstanden, und am nächsten Tag würde er mit seinen Eltern zum ersten Mal nach Wien fahren.

Diese Reise wurde zu einer großen Enttäuschung. Alles war grau und feindlich, und er ertrug es nicht, mit seinen Eltern in einem Hotelzimmer zu schlafen. Er ertrug das kleine Extrabett nicht, nicht das Schnarchen des Vaters, und nicht, dass ihm die Mutter durchs Haar fuhr, als sie glaubte, er wäre eingeschlafen. Als er sicher war, dass die Eltern schliefen, zog er sich heimlich an und ging nach unten. Er hatte dem Hotel gegenüber ein Kino gesehen. Er hatte zwar kein Geld, um hineinzugehen, und wäre auch zu jung gewesen, aber er wollte sich die Fotos in den Schaukästen ansehen. Beim Bild einer Krankenschwester, die ein rotes Kreuz auf ihrem weißen Häubchen hatte, wurde er sofort steif und genoss den leichten Schmerz, den das an der frisch operierten Stelle hervorrief. Dort, unter dem großen Neonschild, auf dem »Kino« stand, glaubte er zum ersten Mal in seinem Leben an Gott und beschloss, Ministrant zu werden.

MATAHUALA
MEXIKO
2011

5

GORAN Ohne genau zu wissen, woran das lag, war er als junger Mensch nicht so richtig glücklich mit seinem Namen. Vielleicht gefiel ihm die Kombination mit dem Nachnamen nicht, da die beiden Worte zusammen eine Alliteration ergaben, und das fand er albern. Später war ihm der slawische Ursprung des Namens bewusst und willkommen, doch im Kindergarten, wo alle Buben Michael, Andreas oder Thomas hießen, fühlte sich das noch sehr exotisch an. Da wurde er mit Goran zumindest erstaunt angeschaut, und diese Art von Aufmerksamkeit genoss er nicht. Er wollte immer wie die anderen sein, und am liebsten wäre er überhaupt ein Mädchen gewesen. Das schien ihm unauffälliger, die Mädchen hatten die hübscheren Sachen zum Anziehen und die besseren Namen. Über Susanne, Inge oder Manuela ging nichts. Da konnten kein Klaus und kein Wolfgang mithalten. Und da er mit seinem Namen schon ein wenig zum Außenseiter gestempelt war, trieb er sich von Anfang an mehr mit den Mädchen herum. Das hatte zwar keinen Sinn, wie seine Freunde fanden, war ihm aber angenehmer. Er schämte sich nicht dafür.

In der Volksschule bestand die Klasse halb aus Buben, halb aus Mädchen. Von der Lehrerin aus gesehen saßen links die Buben, rechts die Mädchen. Diese Teilung ging sich um einen Sitzplatz nicht aus, und so musste ein Bub neben einem Mädchen sitzen. Er meldete sich freiwillig und durfte ab diesem Tag nur noch im Tor spielen, wenn er beim Fußball dabei sein wollte. Dafür neben der Susanne mit den Zöpfen sitzen zu dürfen war Kompensation genug. Sie zeichnete ihm kleine Bildchen und sprach »Goran« ganz weich und zärtlich aus, und von da an hatte er Frieden geschlossen mit dem Namen. Er mochte ihn sogar und bemerkte, dass, wenn man selbst etwas akzeptiert hat, die anderen das auch tun.

Sie nannten ihn allerdings »Tschusch«. Goran, der Tschusch. Das war in Österreich zu jener Zeit durchaus eine Beleidigung. Sie wurde für Gastarbeiter verwendet, die aus Jugoslawien oder noch weiter aus dem Süden kamen. Das störte ihn aber wenig bis gar nicht, da er schon bald eine

Sehnsucht nach der Fremde entwickelte. Je älter er wurde, und je mehr er später in der Fremde zu Hause war, desto lieber hatte er seinen Namen. Er fragte seine Eltern zwar nie, warum sie ihn so genannt hatten, war ihnen aber im Stillen dankbar dafür.

So auch in dem Moment, als er seine Daten in ein Formular an der Hotelrezeption eintrug. Die Rezeptionistin schaute über den Rand ihrer Brille, um besser lesen zu können, überging dann, wie so viele, seinen Nachnamen, weil sie ihn nicht aussprechen konnte, und sagte nur, so freundlich sie es zusammenbrachte: »Welcome, Mr. Goran.« Sie fragte noch, ob er lieber ein Raucher- oder ein Nichtraucherzimmer haben wolle. Er entschied sich für das Raucherzimmer. Nicht, dass er damals geraucht hätte, aber wenn es ein Raucherzimmer gab, dann musste man es nehmen, schon aus Solidarität mit all jenen, die noch rauchten auf der Welt.

Die Bungalows in diesem wahrscheinlich schönsten Motel der Welt lagen weit auseinander. Man musste mit dem Auto fahren, um zum jeweiligen Block zu gelangen, und hatte dann einen eigenen Parkplatz direkt vor der Eingangstür. Er war hier stehengeblieben, obwohl es erst drei Uhr nachmittags und er noch nicht so weit gefahren war, wie er eigentlich gewollt hatte. Der Grund war, dass er schon lange kein so schönes Schild gesehen hatte – imposant, elegant und hochaufragend verkündete es in einer geschwungenen 60er-Jahre-Neonschrift den Namen des Motels: *Las Palmas*. Die Anlage hielt, was das Schild versprach: ein nierenförmiger, von Palmen gesäumter Swimmingpool, Bungalows, die in die Fernsehserie »Verliebt in eine Hexe« gepasst hätten, und ein Restaurant, in dem die Kellner in leicht speckigen, aber gut sitzenden Smokings gelangweilt, aber freundlich einen untadeligen Service boten. Eine kleine Zeitreise also.

Er war auf seinem Kingsize-Bett mit der Doppelmatratze gerade in einen erholsamen Nachmittagsschlaf gesunken, als er jemanden seinen Namen rufen hörte. Es klang vertraut und doch fremd. Matahuala im mexikanischen Bundesstaat San Luis Potosí war keine Gegend, in der es viele Menschen namens Goran geben dürfte. Andererseits lag dieses Motel am Highway 57 – der Verbindungsstraße zwischen den USA und Mexiko-Stadt. Hier kamen Reisende zusammen, hier kreuzten sich Wege. Und wieder hörte er eine weibliche Stimme seinen Namen rufen. Der Akzent war nicht wirklich auszumachen. Es war ein Gemisch aus Südstaatenenglisch und einem Singsang, den man in den Vororten der Hauptstadt Mexikos »Chilango« nennt. Aber so eindeutig war das nicht, denn dann hätte sie ihn wohl mit der dort üblichen Verkleinerungsform »Goranito« gerufen.

Er wusste, dass die Frau nicht ihn rufen konnte, und doch fühlte er sich angesprochen. Er schälte sich aus seinem Schlaf, der kaum eine Viertelstunde gedauert hatte, und zog die Jalousie vor dem Panoramafenster hoch. Draußen stand die Frau, die ihren Goran rief. Sie rief ihn, weil sie ihm einen wunderbaren Regenbogen zeigen wollte, der in satten Farben am Himmel stand. Er war wirklich ein Prachtstück, wie er sich vor bedrohlich dunklen Gewitterwolken leuchtend abhob. Das nahm ihm den Beigeschmack übertriebener Lieblichkeit und ließ ihn prangen wie eine Feststellung von Schönheit, die keinen Widerspruch duldete.

Und dann kam Goran aus einem der Bungalows. Er sah ihn nur von hinten, aber es war ihm, als zeige ihm ein Friseur mit dem Handspiegel seinen eigenen Hinterkopf. Es war kein »Was wäre wenn«-Gefühl. Das war er. Das war ihm schon einmal in einer Straßenbahn in Prag passiert. Da sah er sich sitzen und ein Buch lesen. Mit pochendem Herzen hatte er gewartet, ob der Lesende, den er für sich selbst hielt, ihn bemerken würde. Er tat es nicht und stieg an der nächsten Station aus. Monatelang hatte er sich dafür verflucht, nicht darauf geachtet zu haben, was der Mann gelesen hatte. Und dann war dieser Moment, wo er ein Mädchen in der Mittelschule nicht hatte küssen können, obwohl er nichts so sehr wollte – weil er wusste, dass sein Vater einmal in ihre Mutter verliebt gewesen war. Er dachte, dass er der Sohn dieser Frau hätte sein können, wenn sie seinen Vater erhört hätte. Er fühlte sich dem Mädchen unterlegen, da ja sein Vater von ihrer Mutter zurückgewiesen worden und sie somit eine bessere Version seiner selbst war.

Man muss nicht alles denken, was man denken kann, aber man kann sich oft nicht wehren, dachte er, als sich der Mann draußen vor dem Fenster umdrehte, und er ihn von vorne sehen konnte.

Er hatte einen Hotdog in der Hand.

FARIDPUR
BANGLADESCH
2005

6

ZEHN TAKKA Für einen Moment hätte er glauben können, das Empfangskomitee am Hoteleingang sei für ihn. Aber warum sollte ihn jemand in dieser Stadt im Nirgendwo willkommen heißen? Tatsächlich galt es einem Brautpaar, das gerade neben dem Taxi, mit dem er angekommen war, aus einer prächtigen, alten Luxuslimousine stieg, wie man sie auf dem Subkontinent für derlei Anlässe mieten konnte. Trompeten schmetterten, und es wurde mit gefärbtem Reis und Blumen geworfen. Er lächelte dem Brautpaar zu und verneigte sich. Seine Ehrerbietung wurde wohlwollend zur Kenntnis genommen. Er, das Brautpaar und die gesamte Hochzeitsgesellschaft musste den langen Weg in den zehnten Sock dieses einzigen hohen Hauses von Faridpur antreten. Der Lift funktionierte nicht, da der Strom ausgefallen war – so, wie es jeden Abend geschah. Als sie, begleitet von Trompetern und Trommlern, Stufe um Stufe nach oben stiegen, begriff er, dass diese Musik die ganze Nacht spielen würde.

Das Hochzeitsbankett fand in der Etage unter seinem Zimmer statt, und er verabschiedete sich mit den besten Wünschen für das weitere Leben. Das letzte Stockwerk hinauf wurde ihm der Koffer sehr schwer, und er stapfte mit gesenktem Kopf dahin, als er eine Zehn-Takka-Note auf einer Stufe liegen sah. Er hob sie auf, vor allem, um den Koffer abzustellen und Luft zu holen. Er glaubte nicht, dass der Schein viel wert war, zum anderen fühlte er sich immer ein wenig schuldig, wenn er Geld fand. Über lange Zeit erinnerte er sich an jedes einzelne Mal.

In Schwarmstedt in der BRD hatte er einmal beim Spazierengehen einen Hundertmarkschein gefunden. Das war damals viel Geld. Er war zur Ferialarbeit dort, bei einem Architekten, der die alten Fachwerkhäuser der Gegend Stück für Stück händisch abtragen ließ, um sie anderswo wieder aufzubauen. Er war zu dieser Zeit meistens müde oder hungrig oder beides. Er lud mit dem gefundenen Geld alle Kollegen zum Essen ein und gab dabei weit mehr als die hundert Mark aus. Dadurch fühlte er sich danach weniger schuldig. In Macao lag einmal ein kleiner Plastiksack voller Jetons auf der Straße vor einem Casino. Er fühlte sich wie ein Gangster, als er wenig später damit am Roulettetisch saß. Er verlor rasend schnell und kaufte dann, um den Kick zu verlängern, noch mehr Jetons, die er ebenfalls verlor. Damit waren die Gewissensbisse wie weggeblasen. Ein andermal hatte ein Autostopper in seinem Wagen eine Geldtasche liegen gelassen – darin 500 Schilling, sonst nichts. Das war in einem kleinen Ort in der Steiermark, und er hätte den Mann vielleicht finden können. Stattdessen kaufte er sich eine Fahrkarte zu einem Patti-Smith-Konzert in Florenz, und noch immer krochen Schuldgefühle in ihm hoch, wenn er daran dachte. Dagegen war der Zehn-Takka-Schein ein Klacks.

In diesem Moment kam ihm ein Hotelboy entgegen, nahm ihm den Koffer ab und führte ihn in sein Zimmer. Als er ihm die zehn Takka als Trinkgeld geben wollte, konnte er seine Enttäuschung nicht verbergen. Also gab er ihm einen größeren Schein und behielt das Fundstück. Als er später seinen Bangladeshi-Freund zum Tee einlud, wären die zehn Takka genug gewesen, aber als er dem Teeverkäufer den Schein reichen wollte, sah er, dass eine mit Kugelschreiber notierte Telefonnummer darauf stand. Sofort bot er dem Mann stattdessen eine 100-Takka-Note an, die dieser partout nicht wechseln wollte. Es endete damit, dass der Freund den Tee bezahlte.

Einen Schein mit einer geheimnisvollen Telefonnummer gefunden zu haben fand er romantisch. Ob der, der sie notiert hatte, jetzt verzweifelt war, sie verloren zu haben? Ob dadurch eine Verabredung zwischen Liebenden geplatzt war? Oder steckte ein ganzer Kriminalfall dahinter, und jemand war umgebracht worden, weil er nicht genau diese Nummer zur richtigen Zeit gewählt hatte? Sein Freund sah die Sache gelassener. Er erklärte ihm, dass in Bangladesch vielen jungen Leuten langweilig sei und dass sie auf diese Weise ihre Telefonnummer unter die Leute brächten, um Kontakt zu anderen zu bekommen – vor allem junge Frauen, die das Haus nicht so einfach verlassen konnten, weil der Mann oder die Familie das nicht erlaubten. Er bestand darauf, dass der Freund die Nummer anrief. Der verdrehte zwar die Augen, tat aber, wie ihm geheißen.

Die Konversation dauerte eine kleine Ewigkeit, und er bestellte noch Tee. Als der Freund endlich aufgelegt hatte, wollte er wissen, worum es gegangen sei. Um nichts, antwortete der Freund. Nun, das kannte er schon – in fremden Ländern wurde, laut den Übersetzern, oft ganz lange »über nichts« gesprochen. Er bohrte weiter und bekam einen Abriss des tatsächlich bedeutungslosen Smalltalks mit einem Mädchen. Er bedrängte den Freund, ein Treffen auszumachen. Er wollte das Gesicht zur Geschichte sehen. Der Freund war wenig begeistert und fand die Sache sogar gefährlich, für sich selbst und das Mädchen, willigte aber schließlich ein.

Die Familie des Mädchens betrieb eine Wäscherei, in der von Hand gewaschen und gebügelt wurde. Solche gab es viele in der Stadt. Sie kamen überein, ihre Wäsche dorthin zu bringen, das Mädchen würde zufällig auch da sein. Es gab ein paar schüchterne Blicke und ein bisschen Smalltalk. Das Mädchen war dunkelhäutig und sehr dünn, also in dieser Welt praktisch nicht zu verheiraten. Eine Zeit lang würden es der Vater und die Stiefmutter noch versuchen, aber wenn ihr selbst Steroide und Milchpulver nicht zu einer besseren Figur verhalfen und keinem jungen Mann die Liebe einschoss, dann würde die Stiefmutter sie bald an das lokale Bordell verkaufen. Oder sie einfach aus dem Haus jagen. Er fand ihren Versuch, diesem Schicksal zu entgehen, sehr kreativ. Er selbst hatte schon einmal eine Telefonnummer angerufen, die in Dortmund auf einem Bierdeckel gestanden hatte, und war bei einer Sexhotline gelandet. Bezahlen die Betreiber solcher Hotlines Leute, die herumgehen und die Nummern auf Bierdeckel kritzeln?

Als er seine Wäsche abholte, sah er, wie der junge Mann, der hier bügelte, Zettel mit seiner Telefonnummer in jedes gefaltete Hemd legte, bevor er sie für das lokale Hotel verpackte. Neben der Nummer waren ein paar englische

Wörter zu erkennen, und zurück in seinem Zimmer las er, dass der Junge einen Weg suchte, sein Land zu verlassen. Traurig dachte er daran, wie viele Durchreisende das nur kurios finden würden und dass der Junge wohl bis ans Ende seiner Tage hier in Faridpur Hemden bügeln würde. Und doch fühlte sich dieses Schicksal erheblich besser an als das seiner Schwester. Er und sein Vater würden das Mädchen vermutlich noch vergewaltigen, bevor sie es unter Tränen ins Bordell verabschiedeten.

Er lernte ihre Telefonnummer auswendig und schrieb sie auf fast alle Geldscheine, die er in den nächsten Wochen im ganzen Land ausgab. Alle sollten von dem Mädchen wissen. Schließlich hatte sie Facebook erfunden, um ihre Haut zu retten. Oder so ähnlich.

MEXIKO STADT
MEXIKO
1993

7

CADAVRE EXQUIS Es erzeugte ein heimatliches Gefühl in ihm, wenn er in Mexico City ankam und aus der Nase blutete. Er blutete öfter aus der Nase, aber in dieser Stadt gab es eine an Sicherheit grenzende Wahrscheinlichkeit, dass es geschah. Es musste an der Höhe liegen oder an der Umweltverschmutzung. Egal, dachte er, als er in den Badezimmerspiegel des Hotelzimmers schaute und ihm das Blut aus der Nase rann, es hieß in jedem Fall, dass er da war, in dieser Stadt, die er so liebte.

Er nahm ein Stück Klopapier, setzte sich auf die Terrasse, legte den Kopf zurück und schaute in den Himmel über dem Zókalo. Den zierten nicht nur schön geformte Kumuluswolken, sondern auch unzählige Kondensstreifen und ein Flugzeug der Linie Delta Airways, das sich dem Flughafen näherte und wirkte, als würde es in der Luft stehen. In der Maschine machte eine Stewardess gerade die Durchsage zur bevorstehenden Landung und ließ sich dann müde auf ihren Sitz fallen. Sie zog den doppelten Sicherheitsgurt über ihre Schultern und wartete so, den Passagieren zugewandt, auf ihren Aufenthalt in der Stadt. Sie war für eine Freundin eingesprungen, die unbedingt den Flug nach Costa Rica hatte haben wollen, weil sie dort einen Geschäftsmann aus Australien treffen konnte, mit dem sie schon seit Jahren lose liiert war, dessen Reisen sich aber mit zunehmendem Alter immer schwerer mit den ihren synchronisieren ließen.

Nach der Landung und den üblichen Zollformalitäten fuhr sie ins Sheraton auf der Paseo de la Reforma, wo sie mit der Crew für die Nacht untergebracht war. Sie war schon über vierzig und eine altgediente Fachkraft, die nur mehr in der Business Class arbeitete. Die Aufregung des Reisens und des Fliegens war längst vorüber, und sie pflegte in jeder Stadt ganz bestimmte Rituale oder traf Freundinnen aus vergangenen Tagen. Sie duschte, machte ihre Haare zurecht, schminkte sich ein wenig, wechselte ihren Tampon und dachte dabei flüchtig daran, dass sie nicht mehr lange würde Kinder bekommen können. Sie hatte kein eindeutiges Gefühl dazu, zumindest keines, das sich in einem Wollen oder einem dringlichen Wunsch hätte darstellen lassen. Dann nahm sie das bügelfreie Kleid aus ihrem Cabin Case und entschied sich beim Weggehen noch, eine Jacke überzuwerfen, da es, egal ob Frühling oder nicht, in dieser Stadt abends oft kühl wurde. Sie hatte sich schon von zu Hause in Oakland aus mit ihrer Freundin, einer Österreicherin, die hier in der Zona Rosa ein Lokal betrieb, im Café *La Opera* verabredet – einem Etablissement, das jede Attacke der Veränderung überstand, selbst vor den allgegenwärtigen Touristen nicht in die Knie ging und sich einfach ein zeitloswunderschönes Gesicht bewahrt hatte.

Ein äußerst höflicher mexikanischer Gentleman, der ebenfalls im Begriff war, das *La Opera* zu betreten, hielt ihr galant die Türe auf. Er musste um die siebzig sein und war, wie die meisten seiner Landsleute, eher klein gewachsen. Sein Anzug war aus feinem Tuch, seine Hände waren gepflegt, seine Fingernägel manikürt und seine Haare leicht gegelt, sorgfältig nach hinten gekämmt und dezent gefärbt. Er machte ein paar freundliche Bemerkungen, ohne anzüglich zu werden, und begab sich zu seiner Tischdame, einer Deutschen, die seit dreißig Jahren in der Stadt lebte und mit der er seit fast zehn Jahren eine Beziehung unterhielt. Er würde ihr heute den wohl siebten oder achten Heiratsantrag machen. Sie war aber nicht geneigt, noch einmal zu heiraten, da ihre letzte Ehe mit einem Waffenhändler zwar aufregend und stürmisch gewesen, dann aber exzessiv und schmerzhaft zu Ende gegangen war. Das Einzige, was er ihr hinterlassen hatte, war ein Wasserglas voll Koks gewesen, das sie in einem Monat leer geschnupft hatte, um sich später darauf zu besinnen, dass sie ihr Leben von nun an selbst in den Griff bekommen musste.

Als sie ihren Freund auf sich zukommen sah, ahnte sie sofort, dass es wieder zu einem Heiratsantrag kommen würde. Sie setzte ihr charmantestes Gesicht auf und erzählte eine lustige Geschichte von den Handwerkern, die gerade die deutsche Botschaft renovierten und bei ihr, in dem noblen Apartment, das sie im Centro Historico vermietete, untergebracht waren. Er mochte solche Geschichten nicht, da er auf die Handwerker eifersüchtig war – alles gutaussehende, junge Männer, die der deutsche Botschafter eingeflogen hatte, da er in die lokalen Anbieter kein Vertrauen hatte.

Sie wurden von einem Kellner bedient, der sie beide seit Jahren kannte. Er war zuvorkommend, vielleicht mit einer kleinen Extranote, die jene Vertrautheit signalisierte, wie man sie mit Stammgästen hat. Das frische Tischtuch war ausgebreitet, und den üblichen Bestellungen – eine Arranchera für sie, ein leichter Salat für ihn – wurden noch eine Cola light und ein Tequila Blanco der Marke *Herradura Reposado* hinzugefügt. Der Kellner bestellte die Getränke laut über die Bar hinweg und eilte in die Küche, wo er den handgeschriebenen Bon mit den Essensbestellungen auf einem Stift befestigte. Er blieb stehen und wartete auf eine Portion Tacos und einen Cesar's Salad, die er den Franzosen bringen musste, die vor zwanzig Minuten in einer der Nischen direkt unter dem Einschussloch in der Decke, das angeblich von Pancho Villa stammte, Platz genommen hatten. Pancho Villa beschäftigte ihn weniger als die Enttäuschung darüber, dass eine der Köchinnen, mit der er seit fast zwei Jahren ein Verhältnis hatte, schon gegangen war. Er hatte gedacht, ihre Schichten würden gleichzeitig enden, und erfuhr stattdessen, dass sie früher hatte aufhören müssen, da ihr Vater einen Herzinfarkt erlitten hatte. Er fühlte mit ihr und erkannte in diesem Moment wieder einmal, dass er sie aufrichtig liebte und sie längst mehr als ein Verhältnis für ihn war.

Die Köchin saß in einem Taxi, das war ungewöhnlich, da sie sich sonst nie ein Taxi leistete. Sie bereute es schon, da sie nun in einem Stau stand, der kein Ende zu nehmen schien. Sie stritt mit dem Taxifahrer und beschuldigte ihn, dass er ihr, als sie eingestiegen war, hätte sagen können, was sie zu erwarten hatte, und dass er als Taxifahrer schuld daran wäre, wenn ihr Vater stürbe, bevor sie zu ihm käme. Der Mann war mehr als freundlich, wies aber jede Schuld von sich, da er nicht habe wissen können, wie eilig es die gnädige Frau hätte. Da sie noch um den Preis gefeilscht hatte, habe er nicht ahnen können, dass es sich um einen Notfall handelte. Unter ihren Beschimpfungen verließ er die Stadtautobahn an der nächsten Ausfahrt, um durch eine Colonia mit engen Gassen zu fahren, die direkt zu einer U-Bahn-Linie führte, mit der die Köchin um diese Zeit schneller nach Chalko kommen würde.

Als die Köchin in der U-Bahn Platz genommen hatte, fuhr ein zweiter Zug am gegenüberliegenden Gleis ein, und sie konnte sich selbst in der Spiegelung sehen. Eine ältere Dame blickte ihr traurig entgegen, bis sie ihre Aufmerksamkeit auf das Gesicht einer fülligen jungen Frau im anderen Waggon verlagerte. Für einen Moment sahen die beiden Frauen einander an, denn die andere hatte offensichtlich auch ihr Spiegelbild betrachtet. Sie war auf dem Weg zur Arbeit und las immer dicke Bücher. Im Moment *El Señor de los Anillos*. Sie stieg am Zókalo aus und ging, noch ganz in die Welt von Mittelerde verstrickt, die Avenida Uruguay hinunter zur Bar *Dos Naciones*, in der sie arbeitete. Diese Bar bestand aus zwei Stockwerken. Im Erdgeschoss befand sich ein Speiselokal, in dem man mit der Familie essen und trinken konnte. In den ersten Stock ging man als Junggeselle oder wenn man als Ehemann alleine unterwegs war. Dort konnte man einer Fichera sein Herz ausschütten oder mit ihr tanzen.

Die junge Frau war eine Fichera und hatte hinter den Toiletten einen kleinen Spind mit ihrer Arbeitskleidung. Die Belegschaft bekam jede Woche eine andersfarbige Uniform, was der Bedienung und dem ganzen Etablissement eine spezielle Note verleihen sollte. Diese Woche war die Uniform hellblau, was ihr nicht gefiel, weil es sie besonders dick machte. Heute war es ihr egal, ob sie viel Kundschaft hatte, denn sie wollte nur wissen, ob Frodo es unbeschadet nach Mordor schaffen würde. Es war noch früh, und so hoffte sie, recht lange warten und lesen zu können. Doch schon nach einer halben Stunde hörte sie Schritte auf der Treppe.

Er hatte seine Hotelterrasse früh verlassen, war jetzt der einzige Gast im *Dos Naciones* und ein wenig enttäuscht, dass nicht viel los war. Er setzte sich zu der jungen Frau mit dem Buch und lud sie auf ein Getränk ein. Sein Spanisch war sehr schlecht, aber er versuchte, sich trotzdem mit ihr über den Verlauf des zweiten Bandes auszutauschen. Das war ein schwieriges Unterfangen und führte nicht zum Erfolg. Nach dem vierten Tequila tanzten sie miteinander, und sie erschrak, als ihm plötzlich ein heftiger Schwall Blut aus der Nase schoss und ihre frische hellblaue Uniform besudelte. Sie lief nach hinten, um Klopapier zu holen.

8

NEUKALEDONIEN
FRANKREICH
2016

EIN MÄRCHEN Er war gerade dabei, aus der Wohnung seiner Freundin auszuziehen. Es war traurig, weil beide ahnten, dass sie nie hätten zusammen sein dürfen, und deshalb wütend aufeinander waren. Sie schoben den Schmerz des Betrogenwordenseins vor. Aber das war nicht der Grund, und sie wussten es. Er musste nur noch diesen schrecklichen Tag über die Runden bringen. Die Bücher einpacken. Über das eine oder andere streiten. Die Schallplatten in die richtigen Hüllen zurückschieben und ihr großzügig *Nevada* von Bruce Springsteen überlassen, obwohl das seine Lieblingsplatte war – das machte sie nur noch wütender. Das Gewand stopfte er in ein paar Schachteln, und schon konnte jeder sein Leben weiterleben. Sie weinte laut in der Wohnung, während er die Schachteln zum Lift trug. Er wollte sie nicht trösten, und sie wollte nur wütend sein. Sie würden noch lange gut zueinander sein, das wusste er. Schon alleine, um zu beweisen, dass es mehr gewesen war als ein schöner, leicht verliebter Irrtum.

Vorher musste er noch dreimal mit dem Lift nach unten fahren und neunmal von der Eingangshalle des Mietshauses zu seinem Auto gehen. Als er die letzte Kiste auf den Rücksitz quetschte und die Tür mehr mit Gewalt als Gefühl zudrückte, sah er auf der anderen Straßenseite eine junge Frau aus einem dunkelgrünen Sportwagen steigen. Für einen Moment dachte er, er würde sie kennen. Er musste sich zwingen, sie nicht anzustarren, als sie mit einer großen, schwarzen Tasche über die Straße ging. Sie ging schnell, fast ein bisschen fahrig. Ihre Haare waren mittellang und struppig. Sie war groß, aber nicht so groß, wie ihre langen Beine sie wirken ließen. Sie trug eine violette Bluse und Jeans. Er konnte nicht anders als ihr nachzuschauen. Er glaubte, dass sie sich für den Bruchteil einer Sekunde zu ihm umgedreht hätte. Was war das? Er versuchte, seine Gedanken und Gefühle zu ordnen, aber das war nicht so einfach, mit einer wütend heulenden Ex-Freundin im vierten Stock. Aber mit einem Mal war es ihm klar. Er kannte diese Frau nicht, aber er würde sie kennen, irgendwann. Er stieg ein, startete das Auto und fuhr in sein neues Leben.

Es muss etwa zwei Jahre später gewesen sein. Er erwachte mit einer Tasche unter dem Kopf auf dem Flughafen von Miami. Er war mit einem Leihwagen über die Keys gefahren und hatte mitten auf einer der unendlich langen Brücken eine Panne gehabt. Er hatte seinen Flug verpasst, und der nächste Anschluss nach San Francisco ging erst in sechs Stunden. Verschlafen richtete er sich auf und musste feststellen, dass sich die Halle, in der er eingeschlafen war, verändert hatte. War vor einer Stunde noch alles leer gewesen, so herrschte jetzt reger Betrieb, und neben Touristen und Geschäftsleuten flanierten, stolzierten oder eilten Grüppchen von Piloten, Stewardessen und Stewards über die dämpfenden Teppichböden, während Musac aus den Lautsprechern tropfte. Da waren Singapurvögel in beigem Gefieder und schwebender Zurückhaltung; lederbehandschuhte iberische Pferdchen in blasiertem Getrabe, dunkelgrüne Käppchenfische aus dem Oman, Seidenraupen aus Thailand in kokett gespielter Unterwürfigkeit und hellblaue Sängerknabenrobben aus Indien, die ihrem Flugzeug mit schwingenden Köpfen entgegenwippten, während sich die österreichischen Rotlipizzaner eher wie auf einer »girls night out« als »on their way to work« benahmen. Ihre Cabin Bags erinnerten ihn an Sulkys, die Trabrennpferde hinter sich herziehen.

Er dachte, er würde gerne öfter irgendwo aufwachen und nicht wissen, wo er war, und dann in einem solchen Zoo landen, als er *sie* unter den Österreicherinnen erkannte. Sie wirkte ganz anders als an jenem Tag in Wien. Sie war fröhlich, fast ausgelassen, und unterhielt die ganze Gruppe. Ihre Haare waren nicht mehr wild, sondern von teuren Friseuren in Form gebracht. Sie bemerkten einander, und auch die anderen in der Gruppe schauten plötzlich zu ihm. Er drehte sich weg, fühlte sich zu klein, zu einsam, zu sehr auf sich bezogen. Er hörte die anderen Stewardessen fragen: »Wer ist das?« und sie abweisend antworten: »Keine Ahnung.«

Dann waren sie weg. Er wusste, ihre dritte Begegnung würde schwieriger werden. Doch zweifelte er keine Sekunde daran, dass sie stattfinden würde.

Sie ließ rund zehn Jahre auf sich warten. Diesmal hatte nicht er sie gesehen, sondern sie ihn. Er war nach Zagreb gekommen, auf dem Weg nach irgendwo im Süden oder auf dem Weg zurück. Er war ein wenig verloren in dieser Zeit. Er schlenderte meist durch die Gegend, ohne allzu genau zu wissen, wo er war und was in ihm vorging. Oft ließ er seinen Autoschlüssel im Wagen stecken und rief mitten in der Nacht wildfremde Menschen an, um irgendeine Stimme zu hören. Er hatte vergessen, wozu er auf der Welt war. Er war ohne Antrieb und schlang unzählige Bände obskurer Science-Fiction-Literatur in sich hinein. Er glaubte schon, selbst auf einem fremden Planeten zu leben, oder dass Außerirdische ein seltsames Spiel mit ihm spielten. Als er an diesem Tag in Zagreb in sein Hotel, eine alte Tito-Burg im Stadtzentrum, kam, stand auf dem Nachttisch eine Flasche Pelinkovac. Daneben ein Zettel mit einem gekritzelten Wort, das sich wie »Hallo« las. Er hatte zuerst die Klingonen in Verdacht, bevor ihm klar wurde, von wem es kam. Er zog drei Nächte durch alle Bars der Stadt und wusste gleichzeitig, dass er sie nicht suchen durfte.

Das nächste Mal wird er sie in Neukaledonien sehen. Aber das weiß er noch gar nicht. Er wird in einem Urlaubsresort aus einem Häuschen auf einer Anhöhe treten, sie wird unten den Strand entlangspazieren. Ihre Beine werden bleich sein und durch den schwarzen Badeanzug noch länger wirken. Ihre Frisur wird zerzaust sein wie 1984, sie wird nach Treibgut suchen, weil sie das gerne tut, und eine Whiskyflasche, auf der schon die Muscheln und der Seetang von Monaten kleben, mitnehmen. Er wird zu ihr hingehen, und sie werden gemeinsam nach Angeschwemmtem Ausschau halten. Dann werden sie zu ihr in ein verwunschenes Strandhaus auf einer Landzunge gehen, sie wird ihm ihr Leben erzählen, das wird ihn nicht überraschen, weil er es schon kennt, dann wird er ihr sein Leben erzählen, das wird sie nicht überraschen, weil sie es schon kennt. Aber sie werden nicht damit aufhören, bis es wieder Tag wird.

Wenn er noch später wieder einmal nach Hause kommen wird, wird er seine Freundin von früher zufällig auf der Straße treffen, und sie wird ihm erzählen, dass damals, als sie sich getrennt hatten, ein Mann in die Nebenwohnung eingezogen war, der genauso ausgesehen hatte wie er heute. Sie habe diesen Mann damals immer anschauen müssen, aber erst vor kurzem habe sie diese Ähnlichkeit begriffen. Das macht mir Angst, wird sie sagen.

Genau so wird es sein.

DAS NEUE JAHRTAUSEND Das Erste, was er sah, als er das Hotel betrat, war ein Aquarium ohne Fische. Die künstlichen Pflanzen wogten im Wasser, eine Pumpe brachte Luftblasen zum Sprudeln, und der Kies am Boden glitzerte geheimnisvoll. Sonst war es leer, versprühte aber trotzdem eine Art heimeliger Atmosphäre. In einem Restaurant hätte man angenommen, die Fische wären alle verzehrt worden. Hier jedoch schien es nach diesem Prinzip zu funktionieren: Die Rezeption war hell erleuchtet, aber nicht besetzt, und eine offene Tür gab den Blick frei auf eine Küche ohne Köche, während mitten auf dem Herd ein großer Topf einsam vor sich hindampfte.

9

PHNOM PENH
KAMBODSCHA
2543

In einer Nische stand ein hellblaues Telefon. Der Hörer lag daneben, und aus ihm kam von Zeit zu Zeit ein entferntes »Hello?«. Er war versucht, selbst »Hello – is anybody here?« in den Raum zu fragen, aber ihm versagte die Stimme, und das »Hello« aus dem Telefonhörer schien genug zu sein. Er schaute durch das große Glasfenster nach draußen, wo Phnom Penh so leer lag wie dieses Hotel.

Das Geräusch von Flip-Flops ließ ihn aufhorchen. Eine dünne Frau mit langen Beinen und hochgesteckten Haaren eilte durch den Raum. Sie trug abgeschnittene Jeans, ein pinkfarbenes T-Shirt, auf dem in Glitzerschrift »Baby« stand, und rauchte so hektisch, wie sie sich bewegte. Er versuchte, sie anzusprechen, doch sie zeigte nur hastig mit ihrer Zigarette in Richtung Rezeption und verstreute dabei Asche über den Boden. Ihr Englisch hatte nur den Hauch eines Khmer-Akzents. »Fill out a form and take any key. The rooms are all the same, you can pay when you leave.«

Mit diesen Worten war sie beim hellblauen Telefon angelangt. Sie griff nach dem Hörer und setzte ein offenbar vorher begonnenes Gespräch fort. Es schien ihr egal, was am anderen Ende der Leitung gesagt wurde – sie wirkte zu aufgebracht, um es sich überhaupt anzuhören. Er füllte sein Anmeldeformular aus, während sie sich immer weiter in Rage redete. »I talk to everybody, I talk to everybody, how do you think I feel being left alone in Cambodia? I drink and smoke all day. I talk to everybody. Everybody tell me you no love me. How do you think I feel? What? How do you think I feel?« Sie wurde nicht müde, diese Sätze zu wiederholen, und ihre Stimme wurde dabei immer schriller und lauter.

Das Zimmer hatte kein Fenster, nur eine Art vergitterten Luftschacht ganz oben an der Decke, und eigentlich auch kein Bett. Eine Matratze war schon da, aber sie lag in einer Ecke auf dem Boden. Es gab ein kleines Kästchen, aber weder Bettzeug noch einen Tisch, und als er bemerkte, dass er einen Tisch vermisste, vermisste er plötzlich alles, was er je erlebt hatte, und jeden und jede, den oder die er je getroffen hatte. Eine Welle der Einsamkeit riss ihn mit sich wie ein Brecher, der gegen eine Meeresklippe brandet – die Klippe war dieses leere Zimmer, hier blieb er stehen.

Das Nächste, was ihm bewusst wurde, war, dass er mit einem Motorradtaxi irgendwo durch die Vorstadt fuhr. Laster wirbelten Unmengen von Staub auf, was ihre schwachen Scheinwerfer noch gespenstischer wirken ließ. Er hielt sich mit einer Hand an der Schulter des Fahrers fest, der sich zwischen den anderen Fahrzeugen hindurchschlängelte und sich so seinen Weg bahnte. Sie passierten Spelunken, in deren zur Straße hin offenen Hallen Männer mit tätowierten Oberkörpern Billard spielten. Khmer-Pop dröhnte aus allen Richtungen, und Prostituierte gab es ohne Zahl. Vietnamesinnen, Thailänderinnen, Burmesinnen und da und dort eine Kambodschanerin, deren weiße Schminke so dick aufgetragen war, als wäre sie ein Clown. Es gab viel zu viele Frauen hier, und sie kämpften um jeden Mann, der – absichtlich oder versehentlich – hier gelandet war.

Und so hatten sie auch ihn, ehe er sich's versah, vom Motorrad und in eine kleine Hütte gezerrt. Schon saß er vor lauwarmem Tiger-Bier, einer Schale Nüsse und einer vietnamesischen Mama-San, die nur lächelte und geduldig darauf wartete, dass er eines der Mädchen wählte. Er erklärte ihr wieder und wieder, dass er sie alle schön fände und sich daher nicht entscheiden könne. Sie verstand kein

Wort und lächelte nur weiter ihr bleiches, wie ins Gesicht gemeißelte Lächeln. Ihre Haare waren pechschwarz, und ihre herzförmigen Ohrringe betonten ihr herzförmiges Gesicht. Ein gelbes Top und ein orangefarbener Rock machten sie zu einem lebenden Kunstwerk. Voller Bewunderung starrte er sie an. Ihr Lächeln änderte sich nicht, sie trug es wohl schon ihr Leben lang. Er wünschte sich, auch so lächeln zu können, doch die Einsamkeit hatte ihn fest in den Klauen.

Von draußen wehte ein wiederkehrendes Geräusch von Schüssen herein. Der Krieg war lange vorbei, aber es gab noch genug Waffen, um damit in die Luft zu schießen und das neue Jahr willkommen zu heißen – das Jahr 2543 nach buddhistischer Zeitrechnung. Es war das letzte Mal, dass man in Phnom Penh ungestraft herumballern konnte, denn mit Beginn des neuen Jahrtausends nach dem Gregorianischen Kalender sollte alles anders werden. Er erfuhr das vom Taxifahrer, der ihn aufgestöbert hatte, um sein Geld zu bekommen, und der ein paar Wörter Englisch sprach, meist im Befehlston. Er erfuhr auch, dass man ihn, den Taxifahrer, Blood Shot Eyes nannte, und tatsächlich schien in seinen Augen jedes Äderchen geplatzt zu sein.

Als sie da saßen und ihr Bier schlürften, von den Mädchen eingekreist, als wären sie Gefangene, empfand er etwas wie Liebe für alle Menschen auf der Welt und lud den Taxifahrer, die Mama-San und alle Mädchen zum Neujahrsessen ein. Draußen, so schien es, schossen mittlerweile alle in die Luft.

Bald hatten sie an einem langen Tisch Platz genommen und bekamen alles serviert, was das Herz begehrte. Auf heißen Platten brutzelte Fleisch, Kräuter wurden in reichhaltige Suppen getunkt, und Fische mit dicken Barthaaren schwammen in Vanillesoße. Die Mädchen lachten und schrien. Blood Shot Eyes ließ Mekong-Whisky kommen, und seine Augen glühten dabei wie seltene Steine. Die Mama-San wachte über allem wie eine Königin. Die Schminke rann ihr in vielfarbigen Bächen über das Gesicht – ein weinender Clown. Aber das hatte keine Bedeutung. Alle schienen glücklich, und er selbst suchte sein Glück darin, möglichst fremd, möglichst alleine und damit möglichst nah an sich selbst zu sein. Er winkte einem Jugendlichen mit Khmer-Tuch und Ray-Bans zu, der sich ausgelassen über das neue Jahr zu freuen schien, zurückwinkte und sofort eine Salve abfeuerte.

Je später es wurde, desto mehr Menschen standen mitten auf der Straße und schossen. Andere schossen aus Autofenstern, und wieder andere von Hausdächern – wahrscheinlich, um dem Himmel, auf den sie schossen, möglichst nahe zu sein.

Kurz vor Mitternacht drückte ihm Blood Shot Eyes eine 45er-Magnum in die Hand. Er rutschte in seinem Sessel ein Stück nach unten, lehnte sich zurück, hob die Waffe und ballerte ein ganzes Magazin in Richtung Sterne. Er schaute den Kugeln nach und überlegte, ob eine nach oben abgefeuerte Kugel, wenn sie zurückfällt, noch Verletzungen anrichten könne. Er erinnerte sich an seinen Physiklehrer und daran, dass Dinge, wenn sie ihre Beschleunigung verloren haben, von der Erdanziehungskraft gezogen, mit 9,81 m/s^2 – der Physiklehrer hatte die Worte schön betonend ausgesprochen: »mit neun Komma acht eins Meter pro Sekunde Quadrat« – zurück auf die Erde fallen. Die Beschleunigung, mit der sie nach oben geschossen worden waren, gewinnen sie dann wieder, wenn sie zurück hinunterfallen. Er suchte nach einem Bild dazu und stellte sich einen verlangsamten Kugelhagel vor wie im damals gerade neuen Blockbuster *Matrix*.

Aber er sah nichts. Nur der Himmel schien nah. Also schloss er die Augen und wartete auf das neue Jahrtausend. Und auf die Kugeln.

SCHRITTE IM SAND Er lief jeden Tag den Strand entlang, gegen Abend. Damit seine nackten Füße nicht zu tief einsanken, versuchte er, die Linie zu halten, auf der das an Land schwappende Wasser den Sand härter gemacht hatte. Der Strand war menschenleer und dadurch ein wenig unheimlich. Auch kamen hier Schildkröten an Land, um ihre Eier abzulegen, und immer blieben einige zurück, starben und wurden von Geiern gefressen. Die Geier kreisten ständig hoch am Himmel. Außerdem gab es Süßwasserbäche, die in regelmäßigen Abständen ins Meer mündeten, und dort lagen angeblich Krokodile. Er hatte noch nie eines gesehen, aber im Hotel hatten sie davon erzählt. Er lief also immer besonders schnell durch diese Bäche und ließ dabei das Wasser spritzen.

10

ZIHUATANEJO
MEXIKO
2004

Am zwölften Tag hörte er Schritte hinter sich. Er versuchte, im Laufen über seine Schulter zu schauen, konnte aber nichts erkennen. Um nicht stehenbleiben zu müssen, lief er ein paar Meter rückwärts und sah, dass er von einem Pferd verfolgt wurde. Er hatte Angst vor Pferden, und auch dieses erweckte nicht sein Vertrauen, wie es da ohne Halfter oder sonstige Anzeichen von Domestizierung hinter ihm hertrabte. Es musste aus einer der umliegenden Farmen entlaufen sein. Er fasste sich ein Herz und blieb stehen. Das Pferd tat das Gleiche, und so standen sie einander eine Weile gegenüber. Das Pferd rührte sich nicht, das fand er beruhigend. Er drehte sich um und lief weiter. Das Pferd trabte ihm wieder nach, ohne näher zu kommen.

Das Hotel lag etwas erhöht direkt am Strand, war gelb, einer mexikanischen Hazienda nachempfunden, und bestand aus einer großen Terrasse, drei Zimmern, einer Art überdachter Küche und der Rezeption. Er war zurzeit der einzige Gast, und Küche und Rezeption waren nur tagsüber besetzt. Als er nun mit dem Pferd im Schlepptau vom Laufen zurückkam, waren alle Angestellten schon gegangen. Es gab nur zwei Security-Leute, die das Areal bewachten, aber nicht mit den Gästen in Kontakt traten. Wie Schemen in Uniform, ihre Schlagstöcke schwingend, patrouillierten sie irgendwo. Im Moment war keiner von ihnen zu sehen.

Außer Atem erreichte er die Terrasse, das Pferd schaute vom Strand aus zu ihm herauf. Er versuchte, ihm mit ein paar Gesten klarzumachen, dass es verschwinden sollte, erreichte damit aber das Gegenteil. Vorsichtig setzte das Tier Huf an Huf und stieg die Stufen nach oben. Es stellte sich im gleichen Abstand, in dem es hinter ihm hergelaufen war, vor ihn hin und folgte ihm dann Schritt für Schritt. Er duschte im Freien, das Pferd sah zu. Er holte sich ein Bier aus dem Kühlschrank, das Pferd beobachtete ihn neugierig über den Herd hinweg. Er erklärte ihm noch mehrmals, dass es nach Hause gehen sollte, aber es sprach wohl nur Spanisch.

Als er am nächsten Tag erwachte und aus dem Fenster schaute, war das Pferd verschwunden. Auch sonst war niemand zu sehen. Weder die Frau von der Rezeption noch die Köchin noch das Stubenmädchen war gekommen. Er unternahm einen Spaziergang zum Wärterhäuschen, es war ebenfalls leer. Es gab ein einziges anderes Haus an diesem Strand – die Villa eines Künstlers, eingezäunt wie ein Hochsicherheitstrakt. Er läutete an der Klingel neben dem imposanten Eingangstor, aber niemand meldete sich. Einige Rufe, die er in die leere Welt hinausschrie, blieben unbeantwortet. Er suchte nach Argumenten, warum all das ganz normal sei. Zugegeben, von einem Pferd in ein Hotel verfolgt zu werden passierte einem nicht oft, aber dass niemand da war, konnte an einem Feiertag liegen, von dem er nichts wusste. Die Köchin hatte am Vortag auf ihn eingeredet, und er hatte nur so getan, als würde er sie verstehen, denn sein Spanisch war schlechter, als er sich und seiner Umwelt eingestehen wollte. Die Wachen gönnten sich vielleicht einfach einen schönen Tag, weil sie wussten, dass sowieso niemand kommen würde, um sie zu kontrollieren. Der Künstler war meistens in England, und wenn er hierherkam, wollte er ungestört sein und reagierte ablehnend auf Kontaktaufnahme. Die Managerin des Hotels hatte extra darauf hingewiesen, sich seinem Anwesen nicht zu nähern. Und da es sonst kein anderes Haus gab, war das wohl alles ganz normal.

Er verbrachte den Tag lesend und beobachtete die Pelikane. Am Nachmittag sausten sie wie Kampfjets ins Meer hinunter und tauchten mit Fischen in den Schnäbeln wieder auf. Als die Zeit zum Laufen gekommen war, zog er sich um und wollte schon losjoggen, als ihm die Idee kam, das Telefon auszuprobieren. Er war schon eine Zeit lang hier, und dies war ein Ort, an dem man solche Dinge vergaß. Handys hatten keinen Empfang, und es gab weder Fernseher noch sonst eine elektronische Ablenkung. Das war der Grund, weshalb er und andere hierherkamen. Er ging zur Rezeption und nahm den Hörer ab. Die Leitung war tot. Auch dafür gab es sicherlich eine Erklärung.

Als er dann aber beim Laufen leise Schritte und seltsame Laute hörte, wagte er nicht, sich umzudrehen. Es war ihm, als wabbelte und grunzte es hinter ihm. Der Himmel war dunkler als sonst, die Geier drehten wie immer ihre Runden, und kleine Vögel zischten über die Brandung wie Miniausgaben der Pelikanjets. Er lief immer schneller, bis er erschöpft in die Knie ging. Dann drehte er sich doch ruckartig um und saß Aug in Auge mit einem dicken, leuchtend rosa Schwein. Sie schauten einander an, und da war sie – die nackte Angst.

Er sprang auf und rannte los, als ginge es um sein Leben. Am Hotel angekommen, sank er auf die Terrasse und rang nach Luft. Er schaute durch seine Beine in die Richtung, aus der er gekommen war, aber dort lag jetzt nur ruhig und friedlich der Strand. Kein Schwein mehr zu sehen – stattdessen winkte ihm ein anderer Jogger freundlich zu, und ein Fischer schaukelte in seinem Boot malerisch vor der untergehenden Sonne. Die Köchin war offensichtlich in der Zwischenzeit da gewesen und hatte sein Abendessen gerichtet. Er duschte, nahm sich ein Bier und ließ es sich schmecken. Dann ging er ins Bett und schlief schnell ein. Er träumte nicht und erwachte erfrischt. Und doch war ihm, als sei es noch mitten in der Nacht.

Als er sein Zimmer verließ, war der Himmel so voller Geier, dass sie die Sonne verdunkelten. Sie flatterten Seite an Seite und berührten einander mit jedem Schlag ihrer Flügel. Das Rascheln der Abertausenden Federn klang wie ein Gewitter. Das machte die Vögel panisch, und diese Panik übertrug sich auf die Lebewesen am Boden. Schweineherden rannten kopflos über den Strand, und das Pferd hatte sich zitternd unter einen Baum vor seinem Zimmer gestellt. Es wieherte herzzerreißend. Die Schildkröten versuchten in Massen, an Land zu gelangen, und wurden den konfusen Schweinen zu Stolpersteinen. Aber erst, als er die Krokodile ins Meer flüchten sah, wünschte er, er schliefe noch.

CHANG MAI
THAILAND
2011

11

DER BLICK DES BAUERN Er flog Business Class von Wien nach Bangkok. Alles andere war ausgebucht gewesen, nur mit seinen Flugmeilen hatte er es geschafft, sich diesen Sitzplatz zu sichern. Er beschloss, den Service zu genießen, und wählte Kürbiscremesuppe, Tafelspitz mit Stürzkartoffeln und Käsevariationen. Einen guten Blaufränkischen gab es dazu, und man musste die Flugbegleiterin nicht extra bitten, immer wieder nachzuschenken. Kaffee und Cognac kamen praktisch von selbst. Er hatte für einen Moment vergessen, ob er das Fliegen hasste oder nicht; manchmal kam er sich vor wie auf einem Schafstransport, manchmal konnte er es als Auszeit vom Alltag begreifen, aber das aufregende Kribbeln, das es ihm in der Jugend bereitet hatte, war nicht mehr abzurufen. Alles, was ihm über die Zeit bis zur Landung hinweghalf, war willkommen – selbst das Vorgaukeln von mittelmäßigem Luxus. Der dritte Cognac ließ ihn früh einschlafen.

Das Flugzeug landete pünktlich um 15:00 Uhr Ortszeit auf dem Suvarnabhumi Airport. Sofort schalteten alle ihre Handys ein, und an die 300 Menschen standen dicht gedrängt in einem Konzert digitaler Jingles. Fixiert auf ihre Displays warteten sie, bis sich die Türen der Maschine öffneten.

Auf dem Weg zur Zollkontrolle teilte er seiner Frau mit, dass er gut gelandet sei, überprüfte, ob sein Interviewtermin wirklich stattfinden würde, und brachte in Erfahrung, wie seine Fußballmannschaft gespielt hatte. Nach dem Zoll drückte er 3000 Thai Bhat aus der ATM-Maschine und ging in die Lounge, um auf den Anschlussflug nach Chiang Mai zu warten. Der hatte Verspätung, und er ließ sich massieren. All das hatte er früher auch schon getan und würde es bald wieder tun. Und er würde es genau deshalb auch wieder vergessen. Alles war zu ähnlich. Selbst verschiedene Flughäfen waren einander zu ähnlich. Und die Masseurinnen kamen überall auf der Welt aus Thailand, wie sollte man wissen, ob man wirklich in Thailand war?

In Chiang Mai wurde er von einem livrierten Hotelangestellten abgeholt, der ein Schild in die Höhe hielt, auf dem der Name des Resort-Hotels richtig und sein eigener falsch geschrieben standen. Die Limousine hatte so stark getönte Scheiben, dass man nicht nach draußen sehen konnte, und der Fahrer bat darum, die Fenster wegen der Klimaanlage nicht zu öffnen. Er fühlte sich, als wäre er nirgendwo, denn gesehen hatte er bisher nicht viel. Einzig die Luft, die er zwischen Flughafengebäude und Auto geatmet hatte, war besonders. So riecht es nur hier, hatte er gedacht. Das war beruhigend.

Die Empfangsdame war in ein semifolkloristisches Kostüm gehüllt, er ließ ihre Freundlichkeiten über sich ergehen. Den Begrüßungsdrink lehnte er ab. In der Minibar gab es die üblichen Gebrauchsalkoholika. Er nahm sich dankbar ein gekühltes Bier und trank es fast in einem Zug, während er auf die antiseptische Resort-Welt hinunterschaute. Es war nach den Flughäfen und Flugzeugen das nächste vertraute Niemandsland. Beim Anblick der Gärtner, die akribisch den schon akribisch gepflegten Garten pflegten, fiel ihm ein, dass er so überhastet aufgebrochen war, dass er kaum Gepäck mitgebracht hatte. Er ging also hinunter in die Shopping Arcade, kaufte sich Unterhosen, Jeans und einen leichten Pullover. In der Drogerie gab es das Notwendigste für die Körperpflege: Zahnbürste, Zahnpasta und Rasierzeug. Den Rest würde er im Badezimmer finden. Fast alle Dinge, die er gekauft hatte, besaß er zu Hause schon einmal, von den gleichen Firmen und in den gleichen Ausführungen. Als er nach oben ging, um zu duschen, dachte er, dass er gerne überall einen Hund kaufen würde. Immer den gleichen.

Er hatte noch eine Stunde Zeit bis zum Treffen mit dem amerikanischen Journalisten. Darauf hatte er mehrere Jahre gewartet, weil es so lange gedauert hatte, bis sie einen Termin gefunden hatten. Er schaltete den Fernseher an und zappte durch die Kanäle. Da auf BBC gerade Werbung lief, erfuhr er auf CNN von einer Überschwemmungskatastrophe in Thailand, die hier in diesem Landstrich besonders heftig war. Er hatte nichts davon bemerkt. Aber man sieht ja das meiste viel besser im Fernsehen. In der Wirklichkeit ist es oft schwer zu finden. Im Bildbericht versuchten mehrere Menschen, ein wild gewordenes Krokodil in den Fluten zu bändigen, und ein aufgeregter Reporter stand in Anglerstiefeln in einer überfluteten Straße. Im Hintergrund schwamm ein Auto vorbei.

Er traf den Journalisten kurz vor Sonnenuntergang auf der Terrasse beim Pool. Inzwischen hatte er auf Whisky gewechselt. Der Journalist trocknete sich ab und bestellte ein großes Bier mit extra Eis. Hier ließ man sich immer Eis zum Bier kommen, denn selbst wenn es gekühlt serviert wurde, war es zu schnell wieder warm. Man nahm die Eiswürfel gerne in Kauf.

Der Mann war einer von drei Journalisten, die beim Tod von Pol Pot jene Hütte in Anlong Veng besuchten durften, in der der Diktator gestorben war. Er und sein Fotograf sandten noch aus dem abfliegenden Hubschrauber die ersten Berichte und Fotos an die Nachrichtenagenturen. Er wollte von ihm alle Einzelheiten dieser Aktion wissen. Das Warten davor, der Moment, in dem die Nachricht kam, die Verhandlungen mit den Resten der Khmer Rouge und die Atmosphäre in der kleinen, engen Hütte, wo der einst mächtigste Mann Kambodschas aufgebahrt lag. Er interessierte sich zu dieser Zeit für den Tod von Diktatoren, und Pol Pot war der letzte große, der im 20. Jahrhundert gestorben war. Der Journalist konnte den Geruch des Todes bis ins Kleinste beschreiben – er definierte ihn hauptsächlich über seinen eigenen Ekel. Stinkt die Leiche eines Diktators mehr als die anderer Menschen?

Da fuhr ein Bauer mit einem Ochsengespann vor der untergehenden Sonne durch ein Reisfeld. Ein atemberaubend kitschiges Bild. Der Journalist bestellte einen Burger mit biologischem Fleisch vom Angus-Rind, Wedges und eine weitere Flasche Bier. Er selbst wählte ein Kratong Thong, ein Reistörtchen mit scharfem Hühnerfleisch und süßem Shrimp-Ragout, und blieb beim Whisky. Sie schwiegen beide eine Weile und schauten nur auf das Ochsengespann da draußen. Der Bauer schien zu ihnen zurückzuschauen.

Er stellte sich vor, wie der Bauer mit seinem Pick-up durch Chiang Mai fuhr, auf der Ladefläche ein neues Eingangstor für seinen kleinen Hof. Zuletzt war das Geschäft mit dem Reis sehr schlecht gegangen. Mit dem Einkommen hatte er seine Familie kaum ernähren oder die Felder sinnvoll bewirtschaften können, bis ihm aufgefallen war, wie günstig sein Reisfeld lag. Ein Angebot des Four Seasons Resort, jeden Tag bei Sonnenuntergang mit dem Ochsenkarren durchzufahren, kam gerade recht. Er musste nur alles sauber halten, die Ochsen mussten gepflegt sein, und auch die altmodischen Joche, die er seinem Nachbarn abgekauft hatte, mussten täglich geputzt werden; ebenso die Bauernuniform, die er vom Hotel bekam. Seine Frau tat das gern. Doch sie genierte sich seit Jahren für das alte, hölzerne Eingangstor, und jetzt war der Tag gekommen, an dem er ein neues Tor aus Metall hatte kaufen können und es nach Hause brachte. Die Nachbarn halfen beim Abladen und Montieren. Bald standen alle im Hof herum, seine Frau bewirtete die Helfer und betrachtete aus angemessener Entfernung das glänzende Prachtstück. In der fröhlichen Stimmung hätte der Bauer fast vergessen, mit den Ochsen in Richtung Reisfeld aufzubrechen. Gerade noch schaffte er es, im richtigen Moment an der tiefroten Sonne vorbeizuziehen. In der Eile hatte er seine Jacke verkehrt herum angezogen und warf nun ängstliche Blicke rundum, ob das jemandem auffiel.

Der Journalist fuhr fort, über den Gestank zu sprechen, der von Pol Pot ausgegangen war, und darüber, dass er schon länger tot gewesen sein musste, als die Khmer Rouge bereit waren zuzugeben. Währenddessen tat der Bauer weiterhin so, als würde er sein Feld bestellen.

Es war Pol Pots Lösung für Kambodscha und die Welt des Kommunismus gewesen, dass alle Reis anbauen mussten. An Tourismus hatte er damals nicht gedacht. Sein unbeabsichtigter Beitrag dazu war, dass alle Reisenden, die nach

Kambodscha fuhren, nun das Foltermuseum Tuol Sleng (S-21) und die Killing Fields in Choeung Ek besichtigten.

Ob die Lichtung im Dschungel bei Anlong Veng, auf der sein schlichter Holzsarg und sein Lieblingssessel mit Hilfe von ein paar Autoreifen verbrannt worden waren, es auch zur Sehenswürdigkeit schaffen würde, war noch nicht klar.

12

SINGAPUR
SINGAPUR
2005

EIN HERRSCHER AUS VERGANGENEN TAGEN Er war in der perfekten Stadt gelandet. Schon der Flughafen war perfekt: Alles funktionierte, man musste nirgends warten, an jeder Ecke gab es Computer mit Internet-Zugang für alle. Die Einreise war unbürokratisch, und wenn man zum Förderband kam, war der Koffer schon da. Egal, ob man mit der Bahn oder mit dem Taxi in die Stadt wollte, es lief alles wie am Schnürchen. Die Straßen und Parks waren makellos sauber und gepflegt, und es schien, als hätte jeder Mensch, den man sah, etwas Sinnvolles zu tun.

Sein Freund hatte ihn abgeholt, und sie fuhren durch diese Welt, die aussah, als wäre sie für jeden einzelnen ihrer Bewohner eigens errichtet worden. Jeder konnte hier denken, dass dies seine Straße sei, seine Siedlung, sein Haus, seine Wohnung, sein Park, seine Markthalle. Die meisten Speiselokale befanden sich innerhalb solcher Markthallen. Es gab dort die köstlichsten Suppen und feinste Gerichte, für jeden Gast extra zubereitet. Sein Freund erklärte ihm in perfekten Worten dieses perfekte Gemeinwesen, versuchte aber auch immer darauf hinzuweisen, dass es sich, trotz allem, um eine schreckliche, von eingewanderten Chinesen dominierte Diktatur handelte; dass man hier lebenslang im Gefängnis säße, wenn man mit einem Joint erwischt wurde, und dass niemand wirklich frei leben könne. Dann betraten sie die perfekte Lobby eines perfekten Hotels. Er fuhr mit dem Lift, der nur auf ihn zu warten schien, in ein perfektes Zimmer mit perfektem Blick über die perfekte Stadt.

Er traute sich kaum, seinen Koffer auszupacken, der schmutzig und abgegriffen wirkte, sondern wusch sich nur die Hände und kämmte sich. Letzteres tat er sonst nie, sondern ließ seine Haare immer struppig vom Kopf abstehen. Doch hier hatte er das Bedürfnis, sich zu kämmen.

Er war gekommen, um eine Aufführung der Kim-Eng-Teochew-Oper zu sehen, obwohl es Sterblichen eigentlich nicht erlaubt war, einem solchen Stück beizuwohnen. Es gab zwar eine Bühne und eine Art Zuschauerraum, in dem rund

100 Plastiksessel standen, aber jeder, der vorbeiging, musste den Blick senken, sich abwenden oder sein Gesicht mit der Hand bedecken, denn es wurde hier nicht für die Menschen gespielt, sondern für die Götter.

Als er die uralte Holzbühne mit ihren Verstrebungen und den handgemalten Kulissen zum ersten Mal sah, stellte er aufatmend fest, dass er das erste nicht perfekte Gebilde erblickte. Es war mehr wie ein altertümliches Geschwür inmitten einer Welt aus Prachtboulevards, Grünanlagen und Glaspalästen. Es gehört nicht hierher, dachte er sofort, als er der archaischen Konstruktion ansichtig wurde. Und ich sollte nicht hier stehen und es betrachten. Auch ich gehöre nicht hierher.

Er wurde von seinem Freund in die Welt der Schauspieler eingeführt, die ihr Leben einer Darbietung verschrieben hatten, die niemand sehen durfte. Sie spielen vor leeren Zuschauerräumen, zittern vor keinem Premierenabend oder schlechten Kritiken und erfreuen sich an keinem frenetischen Applaus. Sie haben keine Fans und werden, obwohl sie alle schon über neunzig sind, nicht für ihr Lebenswerk geehrt. Sie sitzen gelassen hinter der Bühne, legen dicke Schminke auf ihre Gesichter und rauchen ihre obligaten Opiumpfeifen, mitten in einem Land, in dem auf den Konsum von Drogen die Todesstrafe steht. Aber hier senkt der Staat den Blick und wendet sein Gesicht ab. Es geht ihn nichts an, was hier geschieht, geschieht es doch ausschließlich für die Götter. Rein pragmatisch gesehen wollen sich die Verantwortlichen wahrscheinlich nicht ankreiden lassen, gegen eine jahrhundertealte Tradition vorzugehen. Sie wird mit dieser Generation von Schauspielern verschwinden und sich verflüchtigen wie der Rauch, der täglich nach der Vorstellung von den verbrennenden Papierkostümen emporsteigt. Diese Kostüme werden nur in einer Aufführung getragen und dann den Göttern geopfert.

Er durfte das alles sehen, als eine Art Chronist. Als einer von wenigen, die für die Nachwelt aufzeichnen sollten, was hier geschah. Das war verführerisch und fühlte sich trotzdem falsch an. Er saß neben einem Übersetzer in der letzten Reihe und wusste, dass das, was jetzt kommen würde, nicht die Erwartung befriedigen würde, die man hat, wenn man an ein Schauspiel denkt, dass allein den Göttern vorbehalten ist. Er musste an jene Nachrichten denken, die Menschen seit Jahrzehnten ins Weltall schießen, um mit außerirdischen Lebewesen Kontakt aufzunehmen. Daran, wie die Menschen sich in diesen Nachrichten darstellen. In welchem Licht man gesehen werden möchte von den Extraterrestrischen. Wie würden sich diese Schauspieler den Göttern präsentieren?

Am nächsten Morgen saß er in seinem Hotelzimmer, das perfekte Singapur vor dem Fenster, und tippte den Ablauf des Stücks in seinen Computer. Er ging akribisch vor. Der erste Akt hieß: *Der Gelehrte und die Fee. Eine Episode aus der Ming-Dynastie.* Er begann damit, die Szenerie auf der Bühne zu beschreiben: *Auf der Bühne stehen nur ein Tisch und zwei Sessel. Das gelbe, bestickte Tischtuch ist aus demselben Stoff, mit dem auch die gepolsterten Sessel bezogen sind. Auf dem Tisch liegt ein Schwert. Dahinter zeigt ein gemalter Horizont eine bläuliche Landschaft. In der Ferne ein dunkler Wald mit einer herrschaftlichen Festung. Zwei Wächter in weinroten Roben flankieren die Bühne rechts und links. Sie wirken, als bewachten sie die Ausgänge. Neben dem Tisch, der das Zentrum der Bühne darstellt, steht ein grün gekleideter Mann und hält einen zeremoniellen Schirm feierlich in die Höhe. Dann betreten der Gelehrte und die Fee die Bühne. Der Gelehrte stellt sich an den Bühnenrand, die Fee steigt auf den linken Stuhl. Das soll zeigen, dass sie über den Wolken schwebt. Der Stuhl erhebt sie zur Halbgottheit.*

In seinem Zimmer im siebzehnten Stock stellte er sich vor, wie diese Bilder über die Wolken schwebten und wie die Stimmen der Darsteller mit leichter Verzögerung gegen den Himmel wehten. Die Wolken ließen den Blick von oben auf die Welt wie durch einen Schleier erscheinen. Er sah, wie neben der Bühne der Rauch aufstieg, er hörte die atonalen Musikfetzen und die Stimmen aus weiter Ferne nach oben dringen, als ein großer Vogel mit einem Knall gegen die Fensterscheibe krachte und dann nach unten fiel. Ein Schreck wie der Schlag auf eine der großen Trommeln auf der Opernbühne, die er gerade beschreiben wollte. Er blieb einen Moment sitzen, unsicher, ob er das eben tatsächlich erlebt oder sich nur eingebildet hatte. Dann versuchte er, durch das Fenster nach unten zu schielen. Da man es nicht öffnen konnte, konnte er nur einen Balkon des Zimmers unter seinem erahnen. Ob der Vogel dort lag, war nicht auszumachen.

Er verließ sein Zimmer und fuhr mit dem Lift ein Stockwerk tiefer. Er klopfte an die Tür unter seinem Zimmer, aber niemand öffnete. Er fuhr mit dem Lift, begleitet von plätschernder Kaufhausmusik, ganz nach unten und erklärte der perfekt gestylten Dame an der Rezeption sein Anliegen. Sie überprüfte, ob besagtes Zimmer belegt war, und versuchte dann, ihn abzuwimmeln. Man werde sich darum kümmern, meinte sie, aber er bestand darauf, selbst zu überprüfen, was geschehen war. Sie teilte ihm also einen großgewachsenen, ebenfalls perfekt gestylten Kollegen zu, der ging mit ihm in das Zimmer unter seinem.

Als sie den Balkon erreichten, lag dort ein schwarzer Vogel mit einem orangegelben Schnabel. Er zitterte, und seine Federn bewegten sich im Wind. Er hob das Tier vorsichtig auf und streichelte ihm den Kopf. Der Angestellte stand grinsend daneben. Sie wussten beide nicht, was tun. Also taten sie erst einmal nichts. Der Vogel richtete sich in seiner Hand vorsichtig auf. Er schüttelte sich und drehte den Kopf nach oben, als wollte er sagten: »Habt keine Furcht! Ich werde als Erster vor den Göttern auftreten, und so könnt ihr alle sehen, dass niemandem Schaden entsteht.« Dann schüttelte er sich nochmals und flog davon. Er musste ein Herrscher aus vergangenen Tagen gewesen sein.

Der Angestellte war erleichtert, dass sich das Problem von selbst gelöst hatte. Die Welt war wieder perfekt.

14

KOZINA
JUGOSLAWIEN
1982

EIN KRÄHENSCHWARM Er hatte sie in einem Hotel irgendwo in Deutschland geküsst. Viel mehr war dann nicht gewesen, denn er war schon gekommen, als sie seinen Schwanz in die Hand genommen hatte. Danach schämte er sich und wurde nicht mehr hart, dabei hatte er schon so lange mit ihr schlafen wollen. Der nächste Morgen war traurig. So ein Frühstücksraum mit kleinen Plastikbehältern auf den Tischen für die Abfälle, dünner Kaffee, das Gebäck wie aus Gummi – und Streichkäse. Inzwischen kaufte er solchen Streichkäse gern aus einer sonderbaren Nostalgie heraus. An jenem Morgen hatte der *Alma pikant* seine Laune nicht gehoben.

Es war die Zeit des Autostoppens, um zehn Uhr stand er schon mit drei oder vier anderen an einer Ausfallstraße von Stuttgart Richtung Süden. Er dachte daran, dass sie nun im Zug in die Gegenrichtung saß und was sie von dem Kuss und allen weiteren Details dieser Nacht hielt. Er versuchte, es ganz hinten in seinem Hirn zu verstauen, in einer Schublade, die er nur im Notfall öffnen würde. Leider haben gerade diese Laden die Tendenz, immer wieder aufzuspringen. Als er unwillkürlich an ihre Brüste denken musste, war sie schon wieder offen, und gekommen wäre er auch fast wieder, neben einer Leitplanke, auf der geschrieben stand, dass Detlev hier gewartet hatte, bis dass der Tod ihn ereilte.

Auf dem Bahnhof wollte er sie zum Abschied nochmals küssen, aber sie hatte eine Aura von Unnahbarkeit verströmt. Sie machten noch aus, diesen Sommer gemeinsam ans Meer zu fahren. Bis dahin waren es drei Wochen. Er hatte hier in Deutschland als Ferialarbeiter einiges an Geld verdient, hatte fünf Wochen am Fließband gestanden und Telefonbücher, Sexhefte und Groschenromane auf Paletten gestapelt. Von den Romanen bekam er je ein Leseexemplar, die Telefonbücher brauchte er nicht, die Sexhefte stahl er. Sie waren voller Frauen mit Taftfrisuren. Die konnte man sich wegdenken, wenn das Einschlafen schwerfiel.

Er wollte mit ihr in den Karst fahren. Er liebte die weißen Steine auf den grünen Hängen, die sich bis zu einem blauen

Meer hinunterzogen. Er wollte zuerst soweit hinunter in den Süden, bis er mit der Nase an Albanien anstoßen würde. Doch es konnte sich auch ganz anders ergeben. Er liebte es, dorthin zu fahren, wohin er gerade mitgenommen wurde. Sie würden einander am 4. September um 19.45 Uhr am Bahnhof von Maribor wiedertreffen. So etwas auszumachen hatten sie beide romantisch gefunden.

Als er dort stand am 4. September, war es viel kälter, als er erwartet hatte. Nebelschwaden zogen über den Platz vor dem Bahnhof, als wehte schon der November herüber. Die kleine Stadt wirkte wie ausgestorben. Da und dort ging jemand fröstelnd von der Arbeit nach Hause, manchmal fuhr scheinbar ziellos ein Auto vorbei. Sie war nicht in dem Zug um 19.45 Uhr, und die Lade hinten in seinem Hirn ging wieder auf. Es war zu spät, um sich noch an die Autobahn zu stellen, also ging er in den Warteraum, in dem eine Mutter mit ihren zwei Söhnen auf den Lokalzug nach Koper wartete. Zwei Obdachlose tranken, rauchten und warteten auf nichts.

Er ging noch einmal nach draußen, als ein Moped viel zu schnell auf einen Kreisverkehr am Ende der Straße zufuhr. Es geriet ins Schleudern, und der Fahrer rutschte mitsamt dem Gefährt eine halbe Umdrehung in den Kreisverkehr hinein. Irgendwo ertönte schon eine schwächliche Polizeisirene. Der Fahrer suchte humpelnd das Weite und verschwand in einer dunklen Gasse. Das Moped blieb liegen. Das Hinterrad drehte sich weiter, Benzin tropfte auf den Asphalt. Als die Polizisten mit Blaulicht den Kreisverkehr erreichten, fuhr ein Zug in die Station ein. Sofort sah er sie an einem der beleuchteten Fenster stehen. Er rannte zum Zug, sprang auf, und sie fuhren gemeinsam weiter.

Im Morgengrauen blieb der Zug irgendwo auf offener Strecke stehen. Warum, war nicht auszumachen. Man erkannte nur ein paar farblose Einfamilienhäuser und eine Straße. Da man zu dieser Zeit als Fahrgast noch nicht entmündigt war, ließen sich die Fenster und die Türen öffnen, also stiegen sie kurzerhand aus und zogen zu Fuß und per Autostopp weiter.

Es folgten zwei Wochen voller kleiner Abenteuer: ausgelassenes Tanzen mit albanischen Lkw-Fahrern, nächtliches Wasserskifahren mit Pfeife rauchenden jugoslawischen Schnöseln, Zeche prellen in teuren Fischlokalen, Schnorcheln vor entlegenen Karstinseln, schlafen in kärglichen Pensionen oder unter freiem Himmel, bis ihnen die Bora den Sand wie tausend winzige Pfeile ins Gesicht schleuderte. Aber sie küssten einander nie mehr. Bei aller Nähe, die jeden Tag aufs Neue zwischen ihnen entstand, und trotz jedes Erlebnisses, das sie mehr und mehr zusammenschweißte, blieb eine Glaswand zwischen ihnen, und so schlief er Nacht für Nacht erregt neben ihr ein. Meistens schnarchte sie schon, wenn er aus der Dusche kam oder seinen Schlafsack neben ihrem ausrollte. Er nahm dieses Schnarchen persönlich. Später würde er lernen, dass man einer Frau beinahe alles sagen kann, nur nicht, dass sie schnarcht. Und noch später würde er glauben, die wichtigen Frauen in seinem Leben an ihrem Schnarchen erkennen zu können.

Er nahm es hin, dass er diese Reise an der Seite einer Frau verbringen würde, die vorgab, sein Freund zu sein. Er versuchte, sich nachts auf ihr Schnarchen zu konzentrieren, aber der Geruch war stärker und untrüglich weiblich, und so lag er da, schaute im Dunkeln zur Decke und dachte sich allerlei Gründe aus, warum es morgen anders werden würde. Er versuchte zu wichsen, aber das Schnarchen störte seine Fantasien.

Sie waren schon auf dem Weg nach Hause und strandeten in einem Truck-Stop-Motel im heutigen Slowenien. Irgendwie hatten die Dunkelheit, die vielen Lkws und die Fahrer aus allen Teilen Jugoslawiens sie verunsichert, und sie beschlossen, erst im Licht des nächsten Tages eine Mitfahrgelegenheit zu suchen.

Das Hotelzimmer war einfach – eine Mischung aus kommunistischer Massenware und amerikanischer Romantik. Das Plastiktelefon war das gleiche Modell, das es auch in Rumänien, der DDR und der Sowjetunion gab, und funktionierte nur für Gespräche innerhalb des Motels. Dafür gab es einen Kühlschrank und einen Fernseher. Er zappte, während sie neben ihm schnarchte, durch die drei jugoslawischen Kanäle, bis ihm die Zigaretten ausgingen. Vor dem Fenster kamen Lastwägen wie leuchtende Christbäume an.

Er zog sich an, ging nach unten, irrte sich in einer Tür und gelangte in einen Hinterhof. Vor dem Eingang zur Küche standen die Köchinnen und Küchenhilfen in uniformen Schürzen und weißen Kopftüchern. Sie rauchten fröhlich, während eine Putzfrau den Küchenboden schrubbte. Die Frauen freuten sich über sein Kommen und boten ihm an, mit ihnen zu rauchen. Eine brachte eine Flasche Schnaps, und so blieben sie eine Weile zusammen. Er wusste nicht, wie, aber zum Schluss war er allein mit einer schwarzhaarigen Schönen, deren Unterarme behaart waren wie die eines jungen Äffchens. Nicht nur die Unterarme, stellte er bald fest, als der Flaum auf ihrer Oberlippe ihn beim Küssen kitzelte. Er schob ihr die Schürze hoch, und sie schliefen miteinander, im Stehen, am großen Herd, mitten in der Küche.

In ihrem Zimmer hieß es dann leise sein, da ihre Mitbewohnerin schon schlief. Er wühlte sich wieder und wieder in ihre Haare und ertrank in ungewohnten Gerüchen und Gefühlen. Als es draußen langsam hell wurde, weckte sie ihn, küsste ihn zum Abschied und schickte ihn weg. Im Morgenlicht glich sie einem seltsamen Vogel, und er dachte, er würde gleich ihren Schnabel zu spüren bekommen.

Als er zurück in sein Zimmer kam, war die schnarchende Frau weg, und auf seiner Seite des Bettes lag ein Brief. Er las nur den ersten Satz und wusste, dass er nicht weiterlesen wollte. Er nahm seinen Rucksack und ging zum nächsten Lastwagen, der gerade abfuhr. Der Fahrer bedeutete ihm mit einer mürrischen Geste, rasch einzusteigen. Nach wenigen Kilometern überholten sie mühsam einen anderen Lkw und blieben einige Zeit mit ihm auf gleicher Höhe. Die Frau, mit der er die letzten Wochen verbracht hatte, saß auf dem Beifahrersitz und rauchte. Sie schaute geradeaus und bemerkte ihn nicht, und er wusste, dass er sie gerade zum letzten Mal sah. Über dem Feld neben der Autobahn flog ein Krähenschwarm auf.

Später fuhr er oft an diesem Ort vorbei und konnte sich des Gedankens nicht erwehren, hier ein Kind zu haben, von dem er nichts wusste und das alle hänselten, weil es aussah wie ein Vogel.

Er hoffte, es könne fliegen.

DER EIGENE GARTEN Er betrat das Kaufhaus der Stadt, weil er einen Anzug brauchte. Er war zu einer Hochzeit eingeladen und hatte keine angemessene Kleidung mitgebracht. Die Anzüge, die es hier gab, waren alle von der Stange, aber nicht ganz fertig genäht. Die Ärmel der Sakkos und die Hosenbeine waren noch nicht gesäumt und so in der Länge variabel gehalten.

15

THOREZ
UKRAINE
2001

Das Kaufhaus, ein Überbleibsel aus der Sowjetzeit, hatte sich seit Ewigkeiten kaum verändert, und die Verkäuferinnen waren dementsprechend streng. In ihren Schürzen und mit Maßbändern um den Hals wirkten sie, als wären sie zu Hause an ihren eigenen Nähmaschinen, und sie verbreiteten eine Aura, die keinen Widerspruch zuließ. So suchten sie einen Anzug für ihn aus, ohne ihn überhaupt zu fragen. Er bekam einen Doppelstreif mit schönem, breitem Kragen, ein weißes Hemd, eine schmale, weinrote Krawatte und modische Schuhe, die zu dieser Zeit vorne rechteckig waren. Er ließ sich das alles gerne gefallen, nur gegen das Schuhwerk protestierte er kurz, aber erfolglos. Die Verkäuferinnen befahlen ihm, in drei Stunden wiederzukommen, dann wäre alles fertig.

Er tat, wie ihm geheißen, wurde fertig eingekleidet und stand wenig später vor der Statue des Unbekannten Soldaten. Dort legte das Brautpaar Blumen nieder, küsste sich und wurde von allen Gästen beklatscht. Früher hatte diese Zeremonie an der Statue Lenins stattgefunden, aber im letzten Jahrzehnt war man nach und nach zum Unbekannten Soldaten gewechselt. Bei solchen Ritualen überleben die Opfer die Täter. Alle zählten die Länge des Kusses mit, applaudierten und froren. Man wollte chic sein für die Hochzeit, und so hatte sich niemand einen Mantel übergeworfen oder Stiefel angezogen. Die Frauen stöckelten in hochhackigen Sandalen durch Eis und Schnee, die Männer trugen blank polierte Lederschuhe wie er.

Beim Bankett wurde ihnen warm, und alle hatten rosige bis rote Gesichter. Der Wodka hatte die Gemüter erhitzt, und das Blut war ihnen zu Kopf gestiegen. Er hörte seine

Schuhe knirschen, als er mit einer Brautjungfer über die Tanzfläche wirbelte. Dabei fiel ihm auf, dass er schon sehr betrunken sein musste, denn er tanzte erst ab einer gewissen, ziemlich hohen Promillezahl.

Der Rest der Nacht blieb im Dunkel einer nicht wiederkehren wollenden Erinnerung, und am nächsten Morgen fand er sich mit anderen Übriggebliebenen in einer Datscha inmitten einer Vorortsiedlung wieder. Die Frau des Hauses hatte Pelmeni zubereitet und einen großen Tisch gedeckt. Sie standen alle um diesen Tisch, und es wurde der wohl zehnte oder zwanzigste Toast auf die Frauen ausgesprochen. Denn wenn alle anderen gelobt und beglückwünscht worden waren, dann trank man weiter auf die Frauen. Die Frauen tranken auch gerne auf die Frauen, und alle tranken gerne auf alles.

So verging der Tag. Hie und da schlief jemand ein Stündchen auf dem Sofa, aber sonst gab es immer weiter Wurst und Käse, eingelegtes Gemüse, Teigtaschen und Wodka, und die Köstlichkeiten versiegten nie. Ging das Gemüse aus, brachte die Frau des Hauses neues aus dem Keller; wurde der Wodka knapp, schwankten die Männer drei Häuser weiter zu einer dicken Babuschka, um selbst gebrannten Samagon zu organisieren; fehlten Wurst oder Käse, fuhr jemand in einem mit Blumengirlanden geschmückten Auto über die schneeverwehte Straße zu einem Kaufhaus, um Nachschub zu holen. In großen Küchentöpfen schwammen immer wieder frische Pelmeni im köchelnden Wasser.

Irgendwann am Nachmittag schlief er ein, und als er erwachte, war die Euphorie des Festes abgeklungen. Einige tanzten zwar noch, andere aßen und tranken, und in einer Ecke des Raumes küsste ein Paar sich heftig, aber er selbst dachte ans Sterben. Das geschah, wenn er tagsüber einschlief. Er erwachte dann mit dem Gefühl, dass er jemanden habe warten lassen, und jetzt sei es zu spät. Es war immer der gleiche Traum. Eine Frau, die er nicht kannte, lag in einem düsteren Raum auf einem Bett. Durch gräuliche Gardinen drang schwaches Licht. Er versuchte krampfhaft, ihr Gesicht auszumachen, aber es gelang ihm nicht. Er fühlte, dass sie es war, die auf ihn wartete, und ein starker Schmerz, sie vergessen zu haben, stieg in seinem träumenden Bewusstsein hoch.

Er stand auf und trank ein großes Glas Samagon in einem Zug leer. Das machte ihn wieder nüchtern – oder so etwas Ähnliches. Nur wenige wissen, dass man sich nüchtern trinken kann. Dafür muss man in der Ukraine gewesen sein.

Er ging auf die Veranda, von der aus man auf den Garten sehen konnte. Der Himmel war stahlgrau und rot zugleich. Es war ein einfacher, schöner Garten. Es gab, je nach Jahreszeit, Kartoffeln, Kürbisse, Gurken, Kräuter und Melonen, die er vor ein paar Stunden in eingelegter Form bekommen hatte. Er spürte noch ihren salzigen Geschmack im Mund.

Unter der Veranda ging eine Tür auf, und zwei der Brautjungfern taumelten sturzbetrunken und lachend in den Garten. Mit ihren schon etwas ramponierten weißen Spitzenkleidchen wirkten sie in dieser bäuerlichen Umgebung wie Prinzessinnen auf Sommerfrische, die bis zum Winter geblieben waren. Beide hatten glitzernde Plastikkrönchen im Haar. Eine fiel gleich in den Schnee, was noch mehr Gelächter auslöste und schön aussah. Das weiße Kleid im weißen Schnee machte sie elegant. Ihre Freundin half ihr hoch, dann zogen sich beide kichernd die Unterhosen bis auf die Knöchel hinunter, rafften ihre Kleider hoch, hockten sich hin und pissten. Als sie damit fertig waren, aufstanden und sich umdrehten, bemerkten sie ihn. Ihr Lachen brandete erneut auf, und sie winkten ihm fröhlich zu, bevor sie ins Haus zurückstolperten. Der Hofhund kam angelaufen, um an den gelben Flecken zu schnuppern, die in der Kälte dampften.

Irgendwann würde er seinen eigenen Garten umgraben, dachte er. Er würde alles pflanzen, was er bekommen konnte, und er würde es mit den Tieren teilen. Er würde die Maulwürfe nicht vertreiben, die Schnecken nicht vertilgen, die Mäuse nicht verscheuchen und die Käfer zum Festmahl einladen. So würde es sein. Er sah sich schon mit dem Spaten in der Hand losziehen und spürte, wie die fette Erde unter dem ersten Einstich nachgab.

16

ARUSHA
TANSANIA
2001

SCHWARZ Seine Frau schlief anders als andere Menschen. Sie schlief in kleinen Stücken. Sie schlief überall und nirgends. Er sprach oft mit ihr und merkte gar nicht, dass sie schlief. Oder er wachte mitten in der Nacht auf, um überrascht festzustellen, dass sie sich gerade die Haare wusch oder ein Jausenbrot für den nächsten Tag zubereitete. Meistens, wenn sie eingeschlafen war, lief irgendwo ein Fernseher vor sich hin und sandte Bilder, die keiner sah. Manchmal schaltete er das Gerät dann ab, oft aber auch nicht. Er dachte, seine Frau könnte sich beim Aufwachen einsam fühlen, wenn niemand im Raum redete. Er hatte aufgehört, sich über ihre Schlafgewohnheiten zu wundern, stellte nur beim Autofahren das Radio leiser oder hörte mitten im Satz auf, eine Geschichte zu erzählen. Oder er sprach einfach weiter, denn er hatte den Eindruck, sie hörte ihn auch im Schlaf. Wenn er später etwas davon in ein Gespräch einflocht, zeigte sie zwar keinerlei Anzeichen, es schon zu kennen – dennoch war er davon überzeugt, dass sie es zuvor schon gehört hatte. Auf diese Weise hatte er ihr schon viel erzählt.

Der seltsamste Ort, an dem sie je eingeschlafen war, war vollkommen schwarz. Es war eine Mine in Tansania, wo in schmalen, tief in den Berg gesprengten Schächten versucht wurde, den Edelstein Tansanit abzubauen. Orientierungsloses, gefährliches Schatzgräbertum, irgendwo dort, wo man über der Erde den Schnee auf dem Kilimandscharo sehen konnte. Unter der Erde sah man nichts. Der Schein der schwachen Taschenlampen der Arbeiter verlor sich im Staub der Sprengungen, bald wusste man nicht mehr, wo man war und ob man überhaupt war. Sie waren angewiesen worden, sich während einer Sprengung in eine der dafür vorgesehenen höhlenartigen, niedrigen Kammern zu legen – dort war sie dann eingeschlafen, seine Frau. Er fragte sie noch, ob sie die Detonation gespürt habe, bemerkte aber gleichzeitig, dass ihr Atem ruhig und regelmäßig ging. Er überlegte, ob sie schwarze Träume haben würde in dieser schwarzen Welt oder ob ihre Träume besonders bunt seien.

Als er sie später fragte, konnte sie sich nicht erinnern. Sie meinte nur, es habe keinen Sinn gehabt, wach zu bleiben, da man ja sowieso nichts habe sehen können.

Als sie die Mine verließen, setzte die Abenddämmerung ein, und die Massai trieben ihre Motocross-Maschinen mit höchstmöglicher Geschwindigkeit über das unwegsame Gelände, als jagten sie großen Tieren hinterher. Ihre roten Umhänge flatterten im Fahrtwind, und der Hals- und Ohrschmuck klapperte mit jedem der riesigen Schlaglöcher. Da und dort brannten Feuer, bald würde es genauso dunkel sein wie unter der Erde, da es in den Orten um die Minen keinen Strom gab. Trotzdem hatten die Arbeiter für ihre Siedlungen glamouröse Namen wie Paris, Berlin, New York oder Kosovo, als wollten sie damit erleuchtete Boulevards und Prachtstraßen heraufbeschwören. Doch die Nacht, die jetzt endgültig hereingebrochen war, wusste nichts von künstlichem Licht oder fantasierten Straßenlaternen. Er hatte den ganzen Tag Fotos gemacht, von denen er vermutete, dass sie alle schwarz sein würden. Es war einfach zu finster gewesen.

Als sie im etwa 100 Kilometer entfernten Hotel ankamen, war der Strom ausgefallen, und sie mussten zu Fuß in den vierten Stock steigen. Er überlegte, wie sie sich im lichtlosen Hotelzimmer zurechtfinden sollten. Es war wohl der Tag, an dem alles schwarz war.

Dann aber sprang mit großem Getöse ein Aggregat an, und sie konnten im Wandspiegel ihres Zimmers sehen, dass sie selbst von oben bis unten schwarz waren, mit einem leichten Glitzern auf der Haut vom Graphit. Sie sahen aus wie Bleistiftminen mit Augen.

An der Rezeption hatte es zuvor eine kurze Debatte zwischen dem Rezeptionisten und ihrem lokalen Begleiter Matata gegeben, und jetzt verstanden sie, was das Problem gewesen war. Matata hatte den Angestellten erst überzeugen müssen, dass diese beiden Gestalten tatsächlich jene Gäste waren, die seit dem Vortag hier wohnten und nach dem Frühstück mit ihm weggefahren waren. Und ja, in

Wirklichkeit wären sie ganz bestimmt weiß. Das erklärte auch den Hinweis des Angestellten, dass es kaum Warmwasser gäbe, da der Strom schon vor über zwölf Stunden ausgefallen war, was unter anderen Umständen keiner besonderen Erwähnung bedurft hätte.

Sie knieten sich also gemeinsam in die Badewanne und versuchten, einander unter der verhalten rinnenden Dusche zu waschen. Das war einigermaßen aufwendig, da sie bis in jede Ritze und jeden Winkel ihrer Körper schmutzig waren. Hatten sie sich erst eingeseift, war es äußerst schwierig, die Seife mit dem wenigen, lauwarmen Wasser wieder von der Haut zu bekommen. Es dauerte fast eine Stunde, bis sie sich halbwegs gesäubert hatten. Als er dem letzten Rinnsal des schwarzen Wassers zusah, wie es sich träge drehend im Abfluss verschwand, empfand er eine heftige Liebe zu seiner Frau, und ihm war klar, dass sie zusammenbleiben würden wie der gemeinsame Schmutz.

Als er aus dem Bad kam, war sie eingeschlafen, und das Aggregat fiel aus. Er stand schon wieder im Dunkeln. Er ging auf den Balkon und rauchte eine Zigarette. Jeder Zug ließ die Glut und mit ihr sein Gesicht aufleuchten. Unten auf der Straße spazierten einige Paare lachend durch die Nacht.

Er konnte sich nicht vorstellen, dass es je wieder Tag werden würde. Doch als seine Frau ihn weckte, strahlte die Sonne, und die Farben leuchteten. Er blinzelte in die Welt und konnte kein Schwarz mehr entdecken. Da wusste er, dass er noch schlief, also ließ er sich treiben und genoss die helle, üppige Welt.

Später sah er aus dem fahrenden Auto eine Unzahl weißer Leintücher, die im Garten des Hotels an Wäscheleinen im Wind flatterten. Eines davon hatte noch die schwachen Umrisse zweier schlafender Körper, die wirkten, als hätte sie jemand mit einem riesigen Bleistift darauf gezeichnet. Er fragte sich, wie oft man dieses Leintuch noch würde waschen müssen, bis man sie nicht mehr erkennen konnte.

ROHBAUTEN In Kroatien war ihm das nicht aufgefallen. Entweder war es dort nicht so gewesen, oder er hatte nicht darauf geachtet. Erst kurz nach dem Grenzübertritt bemerkte er, dass zwei Drittel der Häuser, an denen er vorbeifuhr, Rohbauten waren. Zuerst sah er Ruinen, ausgebrannt, zerschossen oder zerbombt. Der Krieg lag fast zwanzig Jahre zurück, aber diese Schäden zeugten noch davon. Und dann begannen die Rohbauten, an denen aber augenscheinlich nicht weitergearbeitet wurde. Trotzdem – man sah, dass sie bewohnt waren, dass Büros eingerichtet und Geschäfte in Betrieb waren. Die meisten wiesen auf keinen besonderen sozialen Status hin, waren einstöckige, recht schmale Einfamilienhäuser, aber man konnte auch richtige Paläste ausmachen, wie er sie andernorts als Domizile nigerianischer Drogenbosse kennengelernt hatte. Es gab halbfertige Casinos und Hotels in barocker Post-Dayton-Symmetrie, ein Bürgermeisteramt, ein Kirchlein neben einem Friedhof – und sogar manche der zahllosen Tankstellen, von denen man sagt, sie seien die größte Geldwaschanlage des Landes, waren noch nicht fertig gebaut. Getankt wurde aber schon fleißig.

17

SARAJEVO
BOSNIEN
2012

Es musste sich um ein armes Grenzgebiet handeln, dachte er, während er auf die Hauptstadt zufuhr, aber je weiter er kam, desto klarer wurde, dass sich das nicht ändern würde. Er blieb stehen, um zu Mittag zu essen. Die Grillstube mit Namen *Rosterja Mitrovici* war ebenfalls ein Rohbau. Die Cevapcici waren ein Gedicht. Er plauderte mit dem Kellner, der ihm in fast perfektem Schwäbisch von seiner Zeit in Sindelfingen erzählte. Als er sich nach dem Phänomen der Rohbauten erkundigte, lachte der Kellner und meinte, hier in Bosnien sei einiges noch nicht fertig. Damit war das Thema vom Tisch, und sie redeten wieder über Spätzle, Bouletten und Kartoffelsalat im Vergleich zu den hiesigen Köstlichkeiten.

Im weiteren Verlauf der Reise tauchten noch einige Theorien zum Thema auf. Zum Beispiel wurde behauptet, es läge an den Steuern im Land; die wären in Bosnien für verputzte Häuser doppelt so hoch wie für unverputzte. Das klang eine Weile lang einleuchtend – auch angesichts dessen, dass manche fertigen Häuser durch besonders farbenfrohe Fassadengestaltung herausstachen. Ein komplett fertiges Haus war dann eben ein spezielles Statussymbol. Diese Theorie geriet ein wenig ins Wanken, als sich herausstellte, dass große Teile Serbiens, Montenegros und des Kosovo ebenfalls aus Rohbauten bestanden. Die zweite Erklärung bezog sich auf die Psyche der Bewohner. Ein serbischer Freund erklärte ihm, dass man sich lieber zuerst die Inneneinrichtung besorgte, denn die bräuchte man zum Wohnen ja dringender als den Verputz. Auch säße man gern im Garten, also gehöre dieser vordringlich mit einer gemauerten Grillanlage ausgestattet. Eine Garage müsste her, überdies ein Fernseher, ein DVD-Player und ein Computer, und hatte man erst einmal all diese Dinge, dann habe man schon so lange im Rohbau gewohnt, dass der Antrieb, diesen Zustand zu ändern, geschwunden sei.

Er hatte keine dieser Theorien für zutreffend gehalten, aber auch keine verworfen. Er erinnerte sich an einen Freund, einen angesehenen Künstler, der ihn eines Tages mit einem neuen Auto abholen gekommen war. Es war das hässlichste Auto, das er je gesehen hatte – ein Fiat Multipla. Er fragte den Freund, warum ausgerechnet ein ästhetisch so sensibler Mensch, der sich zeit seines Lebens mit dem Erscheinungsbild von Dingen in der Welt und in der Kunst beschäftigt hatte, sich ein solches Fahrzeug kaufte. Der Freund entgegnete, dass sich dieses Auto durch eine besonders angenehme Innenraumgestaltung auszeichnete und er selbst die Außenform ja nicht sehen würde, wenn er damit fuhr. Genauso war es, und er selbst liebte es, in diesem Fiat an der Seite seines Freundes durch die Lande zu schweben. Vielleicht waren also die Rohbauten in Bosnien und den angrenzenden Ländern vergleichbar dem Fiat Multipla? Nein, dachte er schließlich – nicht alles, was hinkt, ist ein Vergleich. Denn die Häuser waren zwar nicht fertig, aber keineswegs hässlich. Das zarte Blassrot der Ziegel fügte sich harmonisch in das Grün der Landschaft, und man konnte sich vorstellen, dass es auch im Winter und umgeben von Schnee angenehm auf das Auge wirken würde. Er sah die Häuser an dunkelgrünen Flüssen, an goldbraunen Weizen- und leuchtend gelben, sanft im Wind wogenden Sonnenblumenfeldern – nie wirkten sie deplatziert.

Hat nicht das Unfertige immer eine gewisse Anziehung? Er liebte den Teig von Marillenknödeln, bevor sie gekocht werden, genauso wie das unvollendete Porträt von Mozart, das dessen Schwager Joseph Lange gemalt hatte.

Eines späten Abends ging er von der Innenstadt Sarajevos zu seinem Hotel. Er ging mit gesenktem Kopf einen kleinen Fluss entlang und dachte an die traurigen, asymmetrischen Augen und das verspielte Bärtchen von Gavrilo Princip und daran, ob Sophie von Hohenberg, bevor sie starb, wohl bemerkt hatte, welch melancholischer Jüngling da auf sie schoss. Da bemerkte er auf dem Wasser die Reflexion einer Neonschrift. Er blickte auf – diese Schrift gehörte zu seinem Hotel. Es lag auf halber Höhe eines Berges, an dessen Fuß ein altes, verlassenes Schwimmbad den Straßenkötern als Zuhause diente. Er freute sich schon darauf, dieses Areal zu durchqueren und ein Stück des Weges mit den Hunden zu gehen. Aber jetzt, als er die Neonschrift las, verstand er zum ersten Mal den Namen des Hotels. Es hieß Saraj. Er wohnte nun schon die dritte Nacht hier, hatte aber noch nie daran gedacht, dass Saraj nicht einfach ein Name, sondern eine Abkürzung für Sarajevo war. Warum das? War man zu bequem gewesen, das ganze Wort zu schreiben? Wollte man Buchstaben sparen? War auch das ein Rohbau? Wohl kaum, denn das Hotel war alt, und es wirkte nicht so, als wäre die Schrift unfertig. Er erinnerte sich an das Hotel Continental in Belgrad, das zwischen den Buchstaben von »Hotel« und »Continental« eine so große Lücke aufwies, dass klar war, dass es einst »Intercontinental« geheißen hatte. Aber hier ließ keine Lücke darauf schließen, dass das Wort jemals ausgeschrieben worden war. Ein weiteres Rätsel in diesem Land, in dem jedes Haus Rätsel aufgab.

Er konnte nicht aufhören, diesen Gedanken weiterzuspinnen, als er in seinem Zimmer lag und der Kakophonie der sich etwas zeitversetzt übertönenden Muezzins lauschte. In seinem Kopf reiste er um die Welt und stieg in Etablissements ab, die ähnliche Denkspiele stellten. Seine erste Station war das Hotel Lissa***, dann ging es weiter ins Nico***, in dem er an vergangene Zeiten dachte; er war sanft berauscht im Trip****, neigte sich gegen Osten im Islama***, kam schmutzig ins Dusch****, schlief wie ein Neugeborenes im Man***, träumte von anstrengendem Sport im Monte*****, war fröhlich im Buenos*****, verbrachte eine schlaflose Nacht im George****, fühlte sich wie Gott in Frankreich im King****, hatte heftigen Sex im Cockburn****, war todmüde im Dodo** und hungrig im Laib*** – und wusste im Wie* nicht, wie er sich fühlen sollte.

Er stand auf, ging auf den Balkon und pfiff zum Schwimmbad hinunter, bis ...

TURBULENZEN Turbulenzen beim Fliegen lösten in ihm sehr unterschiedliche – und unterschiedlich heftige – Gefühle aus. Manchmal kroch eine milde Panik hoch, die sich beim Gedanken, er würde nun mit wildfremden Menschen sterben, verstärkte und etwa in der Vorstellung gipfelte, er würde Händchen haltend mit dem bärtigen, beleibten Mann auf dem Nebensitz ins Meer krachen. Der Überlebenskampf dieses Handelsreisenden aus der Kommunikationsbranche würde das Letzte sein, das er erlebte. Er starrte seinen Sitznachbarn an, der weder dick noch bärtig war, sondern ein gepflegter, drahtiger Herr mit Anzug, Krawatte, manikürten Fingernägeln und senffarbenem Haar. Der Mann starrte zurück – wahrscheinlich sah jeder den anderen gerade, von Haifischzähnen zerfetzt, neben sich untergehen. Sie lächelten einander aufmunternd zu.

18

LAGOS
NIGERIA
2002

Oder es überkam ihn eine wohlige Todessehnsucht. Dann sah er alle im Flieger schreien, als es bergab ging, während er lächelnd auf den Aufprall wartete. Er landete dann immer an einem schönen Ort: in einem einsamen Wald zum Beispiel, wo er erst Jahre später von Wanderern als bleiches Skelett gefunden werden würde. Oder sein herabfallender Körper erschlug jemanden. Am besten jemanden, den er nicht mochte. Dann fiel ihm aber niemand ein, den er so sehr nicht mochte, also wollte er lieber doch nicht so sterben.

Als die Turbulenzen kurz vor Lagos so stark wurden, dass die Overhead Bins reihenweise aufflogen und eine der Stewardessen auf allen vieren auf dem Boden herumkroch, um Teile des Business-Class-Geschirrs und ihre Kontaktlinsen aufzusammeln, stellte sich die genannte milde Panik ein. Er wollte schon so etwas wie »Lagos sehen und sterben« zu seiner Sitznachbarin, einer Dame im Louis-Vuitton-Outfit, sagen, besann sich aber dann eines Besseren. Er bemerkte nur, dass über Nigeria die Turbulenzen immer besonders stark seien. Sie nickte bleich und klammerte sich an ihre Tasche, die sie sich vor dem letzten WC-Besuch von der Stewardess hatte bringen lassen. Die Tasche war auch von Louis Vuitton und ähnelte demnach, wie alle Taschen dieser Marke, einem Sack aus verschiedenen Kackfarben, auf dem ein Kind mit einem Kartoffelstempel besonders reizlose Muster hinterlassen hatte. Diese Taschen waren seit Jahren ebenso beliebt wie unansehnlich, und es musste einen geheimen Code geben, den die Trägerinnen dieses Labels untereinander austauschten, um anzuzeigen, dass sie zum gleichen Geheimbund gehörten. Wer bei Verstand würde ansonsten etwas so Hässliches tragen?

Der Gedanke, neben so viel Louis Vuitton in den Tod zu stürzen, entfachte in ihm eine kleine Attacke sozialer Aggression, und er hätte sie am liebsten gefragt, ob sie auch eine Zahnbürste, einen Rasierer und einen Dildo mit diesem Muster besaß. Aber sie kam ihm zuvor und sagte, plötzlich ganz gelassen, dass Turbulenzen ihr immer einen gewissen Kick geben würden. Die Stewardess hatte sich mittlerweile wieder aufgerichtet, sah noch leicht derangiert aus, überspielte das aber mit professioneller Würde. Die Louis-Vuitton-Dame bat sie um einen Campari Orange, und er schloss sich mit der Bestellung eines Cognacs an. Sie meinte, sie tränke sonst nur selten, da sie davon leicht Sodbrennen bekäme, aber das würde sie jetzt riskieren. »So nahe am Abgrund«, fügte er hinzu und gewann damit kurz ihre Aufmerksamkeit. Das Flugzeug stürzte wider Erwarten nicht ab und landete in jener Stadt, deren Skyline aus verrosteten Blechdächern bestand, die kein Ende nehmen wollten. Nur in der Mitte kratzten ein paar hohe Häuser den Himmel.

Wie es der Zufall und die geringe Hoteldichte von Lagos wollten, wurden sie vom gleichen Fahrer abgeholt und fuhren gemeinsam durch Vorstädte, wo elegant gekleidete Männer auf Wohnlandschaften vor ihren Häusern saßen, die sich bei genauerem Hinsehen als Möbelgeschäfte entpuppten. Mächtige Frauen in bunten Stoffen schoben ihre eindrucksvollen Gestalten gelassen durch die Straßen. Er blätterte einen Hotelprospekt durch, den er auf dem Rücksitz gefunden hatte, und konnte die Abbildungen der Zimmer nicht mit jener Welt in Einklang bringen, die gerade an ihnen vorbeizog.

Sie fuhren über eine endlos wirkende Brücke, und er sah ein großes, dunkles Gewässer voll von schwimmenden, schwach beleuchteten Hütten. Und genau dort, auf der Brücke mit den Lichtern auf den Pfeilern und dem Blick auf die hell erleuchtete Innenstadt, fiel für fünfundzwanzig Millionen Bewohner der Strom aus. Nur dass das hier nichts Außergewöhnliches war. Es geschah jeden zweiten Tag um diese Zeit, und niemand wunderte sich darüber. Man nahm es hin wie einen plötzlichen Regen, denn irgendwann würde das Licht auch wieder angehen. Vorerst sprangen nur laut brummend die Dieselaggregate an, und ein anderes, geheimnisvolleres Licht stieg aus den Häusern.

Sie fuhren in ihrem Van, der die Aufschrift einer Hotelkette trug und, wie es ihm schien, das auffälligste Gefährt in der ganzen Stadt war, die Brücke hinunter und kamen an einen Busbahnhof. Dort brannten etliche Straßenlampen, dort gab es Leben, Lärm, Verkäufer, viel Geschrei und einen Stau. Sie standen mittendrin und kamen keinen Meter mehr vom Fleck.

Also stieg er aus, um eine Zigarette zu rauchen. Der Blick der Louis-Vuitton-Dame gab ihm zu verstehen, dass sie das für keine sehr gute Idee hielt, und der Fahrer protestierte laut. Er wollte nicht hören, brachte, während er das Fahrzeug verließ, eine Packung türkischer Zigaretten zum Vorschein und steckte sich eine an. Wenig später rannte ein schreiender und wild gestikulierender Mann an ihm vorbei. Er hielt einige tote Ratten in der Hand, die als Beweis für die Wirksamkeit des Rattengiftes dienen sollten, das er in bunten Plastikbeuteln zum Verkauf anbot. Im Augenblick konnte er diesem Geschäft aber nicht nachgehen, da er von drei Männern mit schweißglänzenden, muskulösen Oberkörpern in zerrissenen T-Shirts verfolgt wurde, die vierkantige Holzprügel schwangen. Der Rattengiftverkäufer versuchte noch einige Richtungswechsel, die an einen in Panik geratenen Hasen erinnerten, aber bald hatten die Verfolger ihn eingekreist und mit wenigen gezielten Schlägen zu Boden gestreckt. Es wurde aufgeregt geschrien, doch die Gewalt wirkte klein, hart und ohne jede Theatralik. Kaum war sie im Gange, wurden die verbalen Attacken leiser, und die Gewalt stand ganz für sich allein. Alles rundum schien zu verstummen. Die Schläge prasselten auf den Verkäufer nieder. Er hielt sich die Hände vors Gesicht, und so schlugen seine Häscher auf die Ratten und das Gift ein. Die Ratten zerplatzten, der Giftstaub flog durch die Luft, und man hörte einen Knochen brechen. Der Mann schrie. Einer der Täter trat ihm noch mit seinem Turnschuh ins Gesicht. Dann kehrte Ruhe ein. Nur ein paar Schimpfworte wurden noch hinterhergebellt wie ein Echo.

Sein Handy piepste. Die Männer schauten zu dem Van mit der Hotelaufschrift, an dem er mit seiner Zigarette in der Hand lehnte. Das Wort »Oyibo«, das so viel wie »weißer Mann« bedeutet, fiel mehrmals. Nach kurzer Beratung zogen sie mit schwingenden Stöcken und schlenkerndem Gang ab. Sein Handy piepste noch einmal. Er zog zitternd an seiner Zigarette. Der Verkäufer stand auf und klaubte, heftig blutend, seine Ratten und sein Gift zusammen.

Der Fahrer war ausgestiegen und schob ihn samt Zigarette und piepsendem Handy in den Wagen zurück. Inzwischen war ein wildes Hupkonzert losgegangen. Er rauchte, immer noch zitternd, seine Zigarette fertig und warf den Stummel aus dem Fenster. Die Louis-Vuitton-Dame schaute ihn von der Seite an, und er spürte ihren ruhigen Blick. »Drei Dinge, junger Mann«, sagte sie, »ob Sie sie hören wollen oder nicht. Wenn Sie hier auf die Straße gehen, machen Sie den Mund nicht zu weit auf. Ihre Goldzähne sind zu wertvoll.« Sein Handy piepste abermals. »Zweitens: Sie bekommen gerade die gleiche SMS immer und immer wieder. Sie wird alle anderen blockieren, egal, wie lange Sie hier sind.« Er schaute auf sein Handy und las *Der Leopold hat Durchfall.* »Der Leopold hat Durchfall«, las er vor. »Eine schöne Nachricht«, sagte sie. Dann schwiegen sie eine Weile. »Und das dritte?«, wollte er wissen. »So schlecht sind die Louis-Vuitton-Sachen nicht«, antwortete sie, »irgendwie sind sie die Burkas des Westens. Sie machen unsichtbar.« Er wollte sich schon für den Dildo entschuldigen, als sein Handy noch einmal piepste »Der Leopold ist meine Katze«, sagte er kleinlaut. »Hab ich mir fast gedacht«, meinte sie mitfühlend.

LAS VEGAS
USA
1995

19

NEUNUNDSECHZIG HOTELZIMMER Seine Frau verlangte nur zwei Dinge von einem Hotelzimmer: Erstens musste man rauchen dürfen, zweitens die Fenster öffnen können. In einer Zeit, als das Wünschen noch geholfen hat, gab es solche Zimmer. Inzwischen weigerte sich seine Frau, überhaupt zu verreisen.

Damals hingegen wurde man beim Einchecken am Flughafen noch nach »Raucher« oder »Nichtraucher« gefragt. Damals kosteten Hotels in Las Vegas quasi gar nichts, denn damals wurde das Geld dort einzig und allein mit dem Glücksspiel verdient. Und damals betrat seine Frau ein Hotelzimmer in dieser Stadt und verkündete beglückt, dass sie dieses für die Zeit ihres Aufenthalts nicht mehr zu verlassen gedenke. Nichts könnte so schön sein wie dieses Zimmer, in dem man rauchen, den Zimmerservice nutzen und bei offenem Fenster schlafen konnte. Kabelfernsehen ohne Ende, vom Bett aus zu bedienen, gäbe es praktisch als Draufgabe. Und darüber hinaus habe Las Vegas, das habe sie schon erkannt, nichts zu bieten, das das übertreffen konnte. Diese Kulissenstadt wäre vielleicht in Film und Fernsehen ganz nett anzuschauen, aber die Wirklichkeit dessen, was sich hier abspielte, wäre im Verhältnis zur Pracht dieses Zimmers einfach nur eines, nämlich albern.

Er begann den Abend an einem einarmigen Banditen, der die Theorie seiner Frau nicht widerlegte. Er verlor natürlich, und das Unterfangen schien sinnlos – jeder Idiot wusste doch, dass man hier nichts gewinnen konnte. Er ließ also das Glücksspiel bleiben. Was gab es sonst zu tun in Las Vegas? Man konnte heiraten, aber verheiratet war er schon, und damit würde er seine Frau auch nicht aus dem Zimmer locken. Er schlenderte durch die Straßen und sah alles mit den Augen seiner Frau. Er sah sich in einem Film, der hier gedreht worden war, er sah sich heiraten in irgendeiner abgeschmackten Kapelle, und er sah Nutten, Mafiosi und Sänger in glitzernden Anzügen.

Er schoss ein Schwarzweiß-Foto von dem Hotel, in dem sie wohnten. Das Gebäude war zu groß für das Objektiv, das er bei sich hatte. Das deprimierte ihn, er ging ins Zimmer zurück und sah sich gemeinsam mit seiner Frau im Bett einen Film mit Michelle Pfeiffer an, die eine Lehrerin einer öffentlichen Schule spielte. Er schlief ein, war aber sicher, dass die Schüler am Schluss gute Menschen geworden sein würden. In den Vereinigten Staaten von Amerika neigte jeder dazu, am Schluss ein guter Mensch zu sein.

Er liebte seine Frau, und er liebte es, neben ihr zu sitzen, wenn sie bei ihren stundenlangen Fahrten durchs Land am Steuer saß. Sie saß aufrecht, hatte meistens einen Kragen aus Federn um und wusste immer, wohin sie wollte. Seit Houston hatte sie die Route bestimmt, und er hatte die Karte in der Hand, um nach ihren Anweisungen den Weg zu suchen. Er fuhr nur, wenn sie müde war. Dann blieb sie irgendwo stehen, und sie tauschten die Plätze. Das passierte meistens gegen Abend, und so war es an ihm, die Hotels auszusuchen. Zu neunzig Prozent waren es Motels, und er wollte immer nur in die kitschigsten. Die mit den auffälligsten Schildern, den fettesten Neons und den weitläufigsten Innenhöfen, die, vor denen die größten und altmodischsten Autos parkten, die, wo es Wasserbetten oder zumindest glänzende Plastiküberzüge gab. Ihr war das recht, solange man rauchen und die Fenster öffnen konnte. Und das konnte man überall. Er machte von jedem Zimmer ein Foto. Manchmal saß seine Frau auf dem Bett und rauchte, manchmal kam er selbst über den Spiegel ins Bild. Es machte ihn glücklich, sie durch die halbgeöffnete Tür zu fotografieren, so sah man nur ihr Bein oder ahnte nur durch ein Fenster, dass sie sich gerade die Haare föhnte. Einmal machte er auch ein Bild von ihr beim Autofahren, aber das liebte er nicht so wie die Bilder in den Hotelzimmern.

Einer stillen Übereinkunft folgend ließen sie nach Las Vegas Sehenswürdigkeiten beiseite. Sie fuhren zwar durch das Death Valley, streiften den Yosemite Park und schlichen kurz durch Hearst Castle, aber eigentlich fuhren sie nur über das weite, menschenleere Land und suchten Zimmer. Das machte sie beide glücklich. Auf einem Abstecher nach

Mexiko sahen sie viele große Tiere tot am Straßenrand liegen, Kühe, Pferde, einmal auch einen Esel. Das wunderte sie beide, aber es war so schnell vorbei, dass es vielleicht auch gar nicht wahr gewesen war. Sie sahen, dass die Joshua Trees Lebewesen waren, die, wenn es finster wurde, durch die Wüste liefen. Abends saßen sie in Bars und tranken Margueritas oder Tequila, sie aßen dicke T-Bone-Steaks mit riesigen Kartoffeln in den Restaurants der Hotels. Und er machte von jedem Hotel, jedem Motel und jedem Zimmer ein Foto in Schwarzweiß.

Eines Morgens, viele tausend Kilometer von Las Vegas entfernt, in einem Dorf in Mexiko, wachte er früh auf. Seine Frau schlief noch, und er ging nach draußen, um das kleine Motel zu fotografieren. Ein Hund streunte schnüffelnd herum, der Wüstenwind wirbelte den Straßenstaub auf. Er fühlte ein kleines, warmes Glück bei dem Gedanken, dass dieses Bild des Motels auch ein Bild seiner schlafenden Frau war.

Manchmal fotografierte er irgendwelche Hotels und stellte sich vor, sie schliefe darin, was manchmal funktionierte, aber nicht immer. Eines Tages würde es ein Buch geben, von 69 Hotelzimmern, in denen sie rauchte, schlief, ein Fenster öffnete, mit ihm schlief oder auf dem Rücken neben ihm lag.

»Warum gerade 69?«, fragte sie. »Weil es eine schöne Zahl ist«, antwortete er. »Und weil in Verwechslungskomödien aus 69 oft 66 oder 99 wird, wenn sich beim Zuschlagen der Tür eine Ziffer dreht, oder auch 96, wenn sich beide drehen.«

Dann fuhren sie weiter, sie blickte geradeaus und ließ sich nicht vom Weg abbringen. Sie hatte zum Rauchen das Fenster halb aufgemacht, die Federn an ihrem Kragen flatterten im Wind. Er zählte insgeheim, wie viele Bilder er schon gemacht hatte.

Dreiundzwanzig, sagte sie.

DER STAU Die Stadt war müde. Der Himmel hing tief, grau und schwer über den Dächern. Es sollte jede Sekunde zu regnen beginnen, aber der Regen – die Erlösung, auf die alle warteten – kam nicht. Gott kam auch nicht, Buddha kam nicht, niemand kam. Also wurden allen die Schritte schwer. Die Menschen bewegten sich wie in Zeitlupe durch die Straßen, und wenn jemandem eine Frage gestellt wurde, dann antwortete er so langsam, als läge das Glück jedes Einzelnen darin, alles so lange wie möglich hinauszuzögern.

20

BANGKOK
THAILAND
1988

Im Flughafengebäude war ihm das noch nicht aufgefallen. Er hatte seinen Koffer vom Rollband genommen und war mit Jetlag, aber noch voller Energie an der Zollkontrolle vorbei nach draußen gegangen. Doch kaum öffnete sich die automatische Schiebetür, wurde auch er langsam und ließ die Glieder hängen. Er hoffte, der Taxifahrer würde nicht versuchen, ein Gespräch zu beginnen – was der nicht tat. Das Taxi war altmodisch und hatte keine Klimaanlage. Der Fahrtwind kühlte ein wenig und täuschte kurz über den Zustand der allgemeinen Lähmung hinweg. Aber schon nach wenigen Kilometern landeten sie in einem Stau. Zuerst bewegte sich der Verkehr stockend weiter, bald kam er gänzlich zum Erliegen. Der Taxifahrer schlief ein und erwachte erst, als das Hupen rundum zu heftig wurde. Dann rückten sie wieder ein Stück vor. Sie hatten einen guten Blick über die Autobahn, die sich wie eine Schlange aus Beton leicht nach unten zur Stadt hin wandte und sich in verschiedene Ausfahrten und Brücken, die zu anderen Autobahnen führten, verzweigte. Bis in die weite Ferne war alles so verstopft, dass an ein Weiterkommen für lange Zeit nicht zu denken war. Er sah im Rückspiegel das Gesicht des Fahrers, dem die Augenlider wieder schwer wurden – die offenen Fenster brachten keinen Fahrtwind mehr, sondern nur noch Hitze und Abgase. All das hatte einen hypnotischen Effekt, auch er selbst begann einzuschlafen. Eine laute, aufgeregt gedrückte Hupe ließ beide noch für einen Moment die Augen aufreißen, aber zum Heben des Kopfes oder zu einer Veränderung der Sitzposition reichte die Kraft nicht mehr. Sie sahen einander noch einmal über den Rückspiegel träge an, dann übermannte sie der Schlaf.

Irgendwann (er hatte inzwischen jegliches Zeitgefühl verloren) blinzelte er und sah, dass sie mittlerweile in bewohntem Gebiet angekommen waren. Er erinnerte sich vage daran, in der Zwischenzeit mehrmals halb aufgewacht zu sein, immer noch im Stau zu stecken und wieder eingeschlafen zu sein. Auch jetzt hatte sich dieser Stau noch nicht aufgelöst, und er beschloss auszusteigen. Nach einem Blick auf den Taxameter bezahlte er dem Fahrer mehr als nötig, was der aber nicht wahrnahm, da er, mit dem Kopf ans Lenkrad gelehnt, schon wieder schlummerte.

Er ging, seinen Rollkoffer hinter sich herziehend, durch die engen Gassen von Chinatown. Das schnarrende Geräusch der Kofferrädchen war ihm umso peinlicher, als er niemanden wecken wollte. Tatsächlich schienen alle anderen, die unterwegs waren, zu schlafen. Auto- und Beifahrer schliefen auf ihren Sitzen, Mopedlenker auf ihren Moped-Lenkern, Kaufleute auf ihren Tresen, Familien auf Bodenmatten in ihren zur Straße hin offenen Zimmern, Marktfrauen auf kleinen Hockern, an ihre Verkaufsstände gelehnt. Er nahm sich einen Apfel – nicht um zu stehlen, sondern um zu sehen, ob irgendjemand reagierte. Aber niemand nahm Notiz von ihm, auch nicht, als er in die saftige Frucht biss, dass es krachte. Der Saft des Apfels rann ihm übers Kinn und tropfte auf sein Hemd. Er versuchte, den Fleck wegzuwischen, machte ihn dadurch aber nur größer.

In den Restaurants waren die Gäste über ihren Mahlzeiten eingeschlafen. Polizisten träumten neben ihren Motorrädern, ein Koch war über einem wild vor sich hin brodelnden Suppentopf eingenickt. Nur die Tiere waren wach. Vögel flatterten aufgeregt in ihren Käfigen, streunende Hunde markierten hektisch ihr Terrain und schnupperten an allem und jedem. Ratten rannten über den Müll wie immer, nur waren sie viel sichtbarer als sonst, da sich um sie herum kaum etwas bewegte. Er ratterte mit seinem Koffer gerade besonders laut über ein Kopfsteinpflaster, als er auf eine schläfrig blinkende Neonschrift aufmerksam wurde. Obwohl die Schriftzeichen chinesisch waren, wusste er sofort, dass sie ein Hotel kennzeichneten.

Die Empfangsdame schlief auch. Er versuchte sie zu wecken, aber sie ließ sich schütteln wie ein halbvoller Sack Reis und machte dabei keine Anstalten, ihre Lider zu öffnen. Er nahm sich also einen Schlüssel und blickte sich verstohlen um, als wäre er ein Dieb. Dabei beobachtete ihn nur ein Hund von der Straße aus, den Schwanz wie einen Notenschlüssel nach oben gedreht. Der Hund knurrte nicht, schaute aber missbilligend – zumindest schien es ihm so. Er stieg die steile Treppe nach oben. Im Zimmer angekommen, übermannte auch ihn sofort wieder eine Müdigkeit, die er kaum bekämpfen konnte. Er schaffte es gerade noch, sich auf das Bett fallen zu lassen und mittels Fernbedienung den Fernseher einzuschalten, in der Hoffnung, dass der Ton ihn wach halten würde. Doch welchen Kanal er auch wählte, es gab nur schlafende Nachrichtensprecher, schlafende Kommissare, schlafende Samurai, schlafende Serienhelden. Selbst George Clooney in *Emergency Room* schlief. Dann fiel das Bild aus, und er sah nur mehr weißes Rauschen.

Als er erwachte, saß er in einem Büro, das aussah wie ein Requisitenlager. Überall standen Telefone, Schilder, mit Gazestoffen umwickelte Lampen, stapelweise Zeitschriften, kitschige Gemälde, Möbel und Bücher herum. Ihm gegenüber ein chinesisch aussehender Mann mit dicken Lippen, einem zu engen, dunkelblauen Hemd, einer schief gebundenen Krawatte, zwei riesigen Ringen an jeder Hand, einer eng sitzenden, braun gestreiften Hose und glänzenden Stiefeletten. Er lächelte milde und fragte in schlechtem, Thai-gefärbtem Englisch, ob es noch etwas gäbe, das er gerne wissen wollte. Er fragte, wie lange er geschlafen hätte. Der Mann wiegte den Kopf, als könnte er sich nicht so recht entscheiden, was er sagen sollte. Dann antwortete er, was er wahrscheinlich immer antwortete, und was – so schien es ihm – jeder antwortete, den er hier etwas fragte: »Up to you!«

Er schaute sich den Raum näher an und erkannte an einer Aufschrift, wo er gelandet war: *Alien Marriage Counselor, Detective, Law Counselor and Fortune Teller who tells you everything*. Er fixierte den Mann und fragte, ob er ihm noch etwas zu sagen habe. Der Mann nickte und sagte, dass er, bevor er eingeschlafen war, habe wissen wollen, wann er sterben werde. »Und?«, fragte er weiter. Der Mann lächelte und antwortete ohne das mindeste Zögern, dass er am 24. August 2004 bei einem Verkehrsunfall ums Leben kommen würde.

Ein ohrenbetäubendes Hupen ließ ihn hochschrecken. Er saß immer noch im Taxi, das Taxi stand immer noch im Stau, und ein wirkliches Weiterkommen in absehbarer Zeit schien immer noch völlig unwahrscheinlich. Er schaute auf den Taxameter, fischte die angezeigte Summe aus der Hosentasche und legte sie, zuzüglich zwanzig Bhat Trinkgeld, neben den schlafenden Fahrer auf die Armlehne. Als er das tat, hatte er das Gefühl, es schon einmal getan zu haben.

Er stieg aus und ging durch die engen Gassen von Chinatown, den nicht enden wollenden Stau entlang. Er zog seinen Rollkoffer hinter sich her, wobei ihm das schnarrende Geräusch der Rädchen peinlich war. Er sah sich um, doch es fiel niemandem auf. Das Schnarren ging im üblichen Lärm der Stadt unter. Die Fahrer im Stau hupten vor sich hin. Die Marktfrauen priesen schreiend ihre Waren an, und auf einer Baustelle schnitt jemand mit einer kreischenden Säge Metallstreben in die richtige Länge.

Am nächsten Häuserblock entdeckte er ein altmodisches Neonschild: *Fortune Teller who tells you everything*. Er ging hinein. Ein chinesisch aussehender Mann mit dünnen Lippen empfing ihn und wies ihm übertrieben freundlich einen Platz zu. Der Wahrsager sprach allerdings kein Wort Englisch, also war nicht ganz klar, wie er ihm *everything* würde näherbringen wollen. Sie saßen einander erst einmal gegenüber und grinsten unsicher. Dann nahm der Mann den Hörer eines alten Telefons ab und bellte Anweisungen hinein. Kurz darauf erschien ein Assistent, der vorgab, des Englischen mächtig zu sein. Auch er konnte nur radebrechen. Klar wurde nur nach einigem Hin und Her, dass er am 24. August 2004 bei einem Autounfall ums Leben kommen würde. Seltsam nur, dass er um diese Information gar nicht gebeten hatte.

Sechzehn Jahre später starb sein Vater am 24. August an Krebs.

SALT LAKE CITY
USA
1978

21

BRIEFE AM ANDEREN ENDE DER STADT Mit seinem Freund und Reisebegleiter hatte er ausgerechnet, dass sie, wenn sie ein Jahr lang unterwegs sein wollten, jeder nur 7 US-Dollar pro Tag ausgeben durften. Das war, nachdem sie sich an der Ostküste einen VW-Käfer gekauft hatten. Benzin kostete damals quasi nichts.

Wenige Wochen später hatte er, auf dem Rückweg von einem Liquor Store in der Nähe von Chicago, den Käfer in einen Totalschaden verwandelt. Er konnte sich nicht daran erinnern, wie das geschehen war. Offenbar hatte er sich mehrmals überschlagen und war durch das Rückfenster nach draußen geschleudert worden. Das Erste, was er dann sah, war ein angeketteter Hund, der es nur um Zentimeter nicht schaffte, ihn zu erreichen. Der Hund knurrte, kläffte und zerrte wie wild an seiner Kette. Er konnte ihn sogar riechen, blieb aber vorerst nur liegen, schaute in den Himmel und stellte sich seinen Freund vor, der gerade in einer Jugendherberge saß und *Good Bye, Marianne* von Leonard Cohen auf der Gitarre übte. Er sang dem Hund ein Stück daraus vor. *I'm standing on a ledge and your fine spider web is fastening my ankle to a stone. Now so long, Marianne, it's time that we began* … Der Hund verlor fast den Verstand vor Wut.

Von da an fuhren sie mit dem Greyhound Bus oder per Autostopp. Ihre Ziele waren die billigsten Hotels, Herbergen und Obdachlosenunterkünfte in der ganzen Weite der USA. Das führte sie an entlegene Plätze, in verschlafene Kleinstädte und in die verkommenen Viertel der Metropolen. Damals lernte er zu reisen.

Sein Freund und er waren beide frisch verliebt, als sie in Österreich aufgebrochen waren und sich vorgenommen hatten, ein Jahr lang nicht zurückzukehren. Er hatte damals gerade einen Film gesehen, der *Zwei Mädchen aus Wales und die Liebe zum Kontinent* hieß und von etwas Ähnlichem handelte, und so schien ihm diese Reise doppelt romantisch. Zu jener Zeit waren Filme und Bücher Gebrauchsanweisungen für das Leben. Jack Kerouac und Neal

Cassady schwebten über allem, und Dylan Thomas schrieb die Untertitel zur wirklichen Welt. Dass alles dann weniger glamourös, weniger präzise und meistens ganz schön langweilig war, darauf musste man erst kommen. Bis dahin hatte er die uferlose Fadesse seines Daseins einzig dem Milieu, in dem er aufgewachsen war, zugeschrieben.

Die Zeit zwischen Wichita Falls, Wasco, Piedras Negras, Amarillo, Albuquerque, Flagstaff, St. George und Grand Junction wurde ihm oft ganz schön lang – mit dem Bild der Frau im Kopf, die irgendwo in Oberösterreich saß und sich hoffentlich nach ihm verzehrte. Oft sah er sie aber auch in der Disco tanzen, während er seit sechs Stunden an einer Autobahnabfahrt stand. Das einzige Angebot, das er bekommen hatte, war von einem dicken Mann mit Schnauzbart und Cowboyhut gekommen, der ihn eingeladen hatte, ihm einen zu blasen.

Eines Morgens erwachte er in einem Vorort von Salt Lake City in einer aufgelassenen Kirche. Er versuchte, an seine Freundin denkend in seinem Schlafsack zu wichsen, was aber nicht so recht gelingen wollte zwischen rund fünfzig anderen Reisenden, Alt-Hippies und Obdachlosen, die hier untergebracht waren. Die Übernachtung war kostenlos, dafür musste man eine Frühmesse über sich ergehen lassen. Danach aber gab es Kaffee und Muffins, und schon gingen sie hinaus in einen strahlenden Wintermorgen. Die Kälte klirrte, und sie stapften mit ihren Rucksäcken und einer Landkarte in der Hand durch endlose Straßenzüge mit amerikanischen Vorstadthäusern. Er war also ans andere Ende der Welt gereist, um das Kleinbürgertum als Sehenswürdigkeit zu erfahren. Genau das Richtige für Leute, die so etwas mögen, dachte er, während sein Freund den Weg ansagte. Ihr Ziel war ein Postamt. Sie hatten mit ihren Freundinnen vereinbart, dass diese ihnen postlagernd Briefe an ausgewählte Orte schicken würden, die sie dann von Zeit zu Zeit abholen konnten. So billig das Benzin, so teuer war damals das Telefonieren, also waren diese Briefe die einzige Möglichkeit, in Kontakt zu bleiben.

Die richtige Straße hatten sie schon gefunden, es ging nur noch um die Hausnummer. Sie befanden sich auf Höhe der 25 – und mussten zur Nummer 3899. Diesen Weg zu Fuß zurückzulegen fanden sie ganz besonders romantisch. Die nächsten fünf Kilometer waren von den genannten Einfamilienhäusern gesäumt. Dann wurde die Besiedlung zunehmend dünner, und es gab hauptsächlich Maschendrahtzäune. Später dann Fabriken und Lagerhallen. Sie erreichten das Postamt gegen Mittag, die Mittagspause dauerte noch bis 15 Uhr. Sie suchten etwas zu essen und fanden drei Blocks weiter ein Lokal der Kette *Wendy's*. Sein Freund wählte einen Corn Dog und stark gezuckerten Kaffee, er selbst entschied sich für einen Chili Dog und ein großes Dr. Peppers.

Um 15 Uhr erfuhren sie, dass dieses Postamt nur irrtümlich auf der Liste für postlagernde Sendungen erschien, und dass alle derartigen Briefe in einer Innenstadtfiliale aufbewahrt wurden. Ein eingehendes Studium der Landkarte zeigte ihnen, dass diese ungefähr fünf Gehminuten von jener Kirche entfernt lag, in der sie geschlafen hatten. Sie ließen sich diese Sachlage von einem freundlichen Schalterbeamten bestätigen, der sich einen kleinen Lachkrampf nicht verkneifen konnte, als er verstanden hatte, worum es ging.

Da sie ihr Geld sorgfältig einteilen mussten und schon einiges von den vierzehn Dollar dieses Tages für die Dogs bei *Wendy's* draufgegangen waren, beschlossen sie, auch den Rückweg zu Fuß zu gehen, um am Abend ein Bier trinken zu können. Es wurde ein schweigender Marsch. In Gedanken summte er *So long, Marianne*. Sein Freund tat wahrscheinlich das Gleiche, aber sie redeten nicht darüber.

Am richtigen Postamt wurde ihm ein Brief ausgehändigt. Für seinen Freund war nichts gekommen. Das verhieß schwierige Zeiten, von hier bis San Francisco. Zuerst aber setzten sie sich auf die Stufen vor dem Postamt, und er öffnete seinen Brief. Darin stand: *Mein Lieber, ich würde so gerne über etwas nachdenken, aber ich weiß nicht, worüber. Deine Gabi.*

Sein Freund schaute ihn neidisch an.

22

SERENGETI
TANSANIA
2001

TSETSEFLIEGE Manchmal war es nur der Blick eine lange Straße hinunter, der sein Herz höher schlagen ließ. In der Ferne sah er eine Gruppe von Frauen, die sich am Straßenrand so elegant bewegten, als wäre das genau der Tag, auf den sie gewartet hatten. Sie würden die Wasserkrüge in den nächsten Ort tragen, das Licht der Sonne würde nur für sie leuchten, sie würden zusammensitzen und ein paar Alltäglichkeiten besprechen. Sie würden die großen, libellenartigen Insekten mit langsamen Bewegungen von sich fernhalten, sie würden innerlich wie äußerlich strahlen. Sie wussten, dass es den ganzen Tag so bleiben würde, denn dieser Tag war der Tag, an dem alles richtig war.

Er versuchte, sie so lange wie möglich anzuschauen. Vielleicht ließe sich sogar ein Blick von ihnen erhaschen. Vielleicht würde dann ein wenig von diesem gelassenen Glück auf ihn überspringen. Aber der Jeep, in dem er saß, ratterte zu schnell über die staubige Straße, und die Frauen waren zu sehr in sich selbst versunken, um ihn zu bemerken. Er dachte, dass diese Wesen genau an diesem Tag eine Verbindung zu den Göttern – ihren eigenen, ganz speziellen Göttern – hatten, als eine Wolke die Gegend verdunkelte. Er drehte sich um und sah, dass die Frauen noch in einem Sonnenloch dahinschritten, während es über ihm schon zu regnen begonnen hatte.

Es regnete kurz und in Strömen, dann glänzte alles auf. Die Savanne leuchtete umso grüner, und die wenigen Akazien standen wie ausgeschnitten vor einem strahlend blauen Himmel. Den Regen konnte man in der Ferne dahinziehen sehen wie einen schweren Vorhang. Herden von Zebras und Gnus ergänzten das in satten Farben gehaltene Gemälde.

Der Fahrer hatte vor einiger Zeit die Hauptstraße verlassen und war auf immer kleinere Pisten abgezweigt. Es ging zügig dahin, und er freute sich über das Gefühl, dass nichts und niemand ihn aufhalten könne, als sich bei dem Versuch, ein kleines Rinnsal von Fluss mit Schwung zu überqueren, das rechte Vorderrad des Jeeps tief in den weichen Sand des Ufers eingrub.

Dann war es erst einmal still. Nur die Insekten dröhnten vor sich hin. Der Abend schien nicht mehr weit zu sein, aber noch stand die Sonne hoch am Himmel. Es gab hier nichts – kein Holz, keine Steine und auch kein Gestrüpp, das man hätte zu Hilfe nehmen können, um den Wagen aus dem Boden zu manövrieren. Ihre Mobiltelefone zeigten nicht einen einzigen Empfangsbalken an, und je mehr der Fahrer versuchte, doch noch über diese Stelle zu kommen, desto tiefer wühlten sich die Räder in den Sand. Rundum wurde es stiller. Der Fahrer wusste, dass er etwas unternehmen musste, aber es war ihm anzusehen, dass er beim besten Willen nicht wusste, was. Er selbst stand nur da und wünschte, er wäre bei den Frauen vom Straßenrand und würde ihnen beim Kochen zusehen. Sie würden ihre Köpfe zusammenstecken und über ihn reden, was er auch laut nicht verstehen würde. Sie wiederum könnten sich gar nicht vorstellen, dass jemand ihre Sprache nicht verstünde. Das Feuer würde unter ihren Töpfen glosen, und die Suppe, die darin köchelte, wäre dickflüssig, reichhaltig und scharf, mit Kartoffeln und kleinen Stücken Huhn. Eine der Frauen würde umrühren, zu ihm schauen und lachen. Er würde zurücklachen und ein paar Worte sagen, die sie nicht verstand, dann würden sie beide lachen. Am liebsten wäre er eine dieser Frauen. Als er das dachte, verschwand er selbst aus seiner Vorstellung.

Plötzlich stand ein nackter Bub mitten in der Savanne. Er wandte seinen Oberkörper ein wenig hin und her wie eine kleine, verlegene Schlange. Seine linke Hand spielte geistesabwesend mit seinem Schwanz. Er schaute auch den Jeep an, fand den weißen Mann aber spannender. Der Fahrer redete auf den Buben ein, aber der schien seinen Dialekt nicht zu verstehen oder interessierte sich nicht dafür. Bis der Fahrer ihn schüttelte. Das schien den Buben aus seinen Träumen zu wecken, und er rannte davon, so schnell ihn seine Beinchen trugen. Der Fahrer lief ihm hinterher, und er folgte mit einigem Abstand.

Nach einem halben Kilometer kamen sie zu einem aus Lehm gebauten Haus. Warum sie es von der Stelle, an der der Jeep stand, nicht gesehen oder zumindest erahnt hatten, war unklar. Es musste wohl mit der Luft zu tun haben, die sich seit dem Regenguss wieder erhitzt hatte und jetzt vibrierend über dem Boden stand. Der Fahrer rief, aber niemand antwortete. Es schien, als wäre der Bub allein, und seine Eltern wären schon seit Tagen nicht von der Feldarbeit heimgekommen. Sie durchsuchten das Haus, fanden aber nur eine geflochtene Matte, eine Feuerstelle und ein paar Küchengeräte. In einem angrenzenden Verschlag wohnte ein Schwein, das vor Aufregung nahe am Herzinfarkt war, als sie seinen Stall betraten. Es gab kein Futter, mit dem sie das Schwein hätten beruhigen können, aber sie fanden zwei lange Holzstangen, die ihnen bei der Befreiung des Jeeps hilfreich sein konnten. Als sie wieder ins Freie traten, hatte sich ein Mädchen zu dem Jungen gesellt. Sie war ein wenig größer, völlig verdreckt und trug nur eine schmutzige Unterhose. Auch sie gab auf nichts Antwort. Als sie mit den Stangen zum Auto zurückgingen, folgten ihnen die Kinder in einigem Abstand Hand in Hand. Der Fahrer und er sahen aus wie ein Ritter und ein Massai-Krieger im Anzug.

Die Sonne war dabei unterzugehen, als sie sich daranmachten, das festgefahrene Gefährt freizulegen. Sie setzten die Stangen so als Hebel ein, dass der Reifen wieder griff. Nach kurzer Zeit waren sie schweißgebadet, und die Insekten umschwärmten sie wie eine bewegliche Wand. Sie flogen dichter, es wurde dunkler und ihr Unterfangen schien ausweglos, doch sie warfen sich ins Zeug. Bald waren sie von oben bis unten zerstochen und arbeiteten trotzdem in stiller Wut und Vertrautheit miteinander, als wären sie seit Jahren gemeinsam unterwegs. Als es fast Nacht war, tauchten zwei Männer aus dem Nichts auf, in ärmlicher Kleidung, die kaum ihre Körper bedeckte. Sie legten sofort Hand an, und nach wenigen Minuten war der Wagen befreit. Es wurde kein Wort gesprochen. Der Fahrer gab ihnen Geld, das sie verwundert anstarrten. Dann zogen sie grußlos ab.

Sie fuhren wieder los, in die finstere Savanne. Die Nacht war mondlos, und er konnte die Angst des Fahrers fast greifen. Seine Augen brannten in der Dunkelheit, rundum summte, krächzte und brüllte es. Ihre Gesichter waren von den Insektenstichen angeschwollen. Es juckte nicht mehr, doch es pochte und brannte. Keiner sprach, während ihm die ganze Zeit das Wort *Tsetsefliege* durch den Kopf ging. Er sagte es tonlos vor sich hin, immer wieder, bis es gänzlich seinen Sinn verlor. Nach zwei Stunden sahen sie ein Licht am Horizont.

Es war eine Herberge für die Arbeiter in der Serengeti. Das Wort *Hotel* stand mit einfachen, breiten Pinselstrichen auf einen Balken gemalt. Der Fahrer hatte Freunde hier und erzählte das Erlebte. Er machte dabei wilde Gesten, und die anderen lachten sich halbtot, bis er selbst schließlich in das Gelächter einstimmen konnte. Bald gab es Bier und Bananenwein, dann stieg der Mond auf, die Gesichter fingen an zu strahlen, die Augen wurden glasig.

Gegen Mitternacht ging er in sein Zimmer. Hier gab es nichts außer einer Holzpritsche und einer Kerze, die am Kopfende der Pritsche vor sich hin flackerte. Sein Koffer wirkte wie aus einer Zukunft, die noch nicht angekommen war. Es gab kein Fenster, die Luft stand, es roch nach Mensch und Fäulnis. Er nahm eine Jacke aus dem Koffer, legte sich auf die Pritsche und deckte sich mit der Jacke zu. Er schlief ein und wachte nach einer halben Stunde wieder auf. Wieder sagte er das Wort *Tsetsefliege* vor sich hin – an Weiterschlafen war nicht mehr zu denken. Er starrte in die Finsternis, bis er leichte Nuancen im Schwarz ausmachen konnte und glaubte, sogar einen Nagel in der Bretterwand zu sehen. Er versuchte, an alle Nägel zu denken, die er in seinem Leben schon eingeschlagen hatte, und kam über die Nägel zu heißem Asphalt, den er einmal kübelweise getragen hatte, um einen kleinen Hof zu asphaltieren. Ein kleiner Batzen davon war ihm auf die Stirn gespritzt und hatte dort einen Fleck hinterlassen, der nie mehr ganz verschwand. Er glaubte, den Fleck spüren zu können, und erinnerte sich an einen Parkplatz in Celle und eine Himbeertorte von Mövenpick, die er im parkenden Auto gegessen hatte.

Irgendwann musste er doch eingeschlafen sein. Als er erwachte, drangen Sonnenstrahlen durch die Bretter und standen in der staubigen Luft. Er dachte an die Frauen von gestern, stand auf und ging nach draußen.

Sie waren alle da. Es waren bestimmt andere Frauen, aber doch irgendwie die gleichen. Sie bewegten sich langsam in ihren bunten Kleidern, sie scherzten und putzten sich mit kleinen Holzzweigen die Zähne. Ein paar hatten auch Zahnbürsten. Er holte seine eigene und drückte dick Zahnpasta drauf. Dann putzten sie alle gemeinsam. Sie lachten fröhlich und waren so groß, so schwarz und so schön, dass er sich wie eine Made im Speck seines Daseins fühlte.

Eine glückliche Made. Eine langsame, weiße, glückliche Made, die sich die Zähne putzte.

ABUDJA
NIGERIA
2004

23

OYIBO – MAN OF SNOW Wie so oft erwachte er, weil sein Handy vibrierte. Es vibrierte nicht zum ersten Mal in dieser Nacht. Das kurze, schnarrende Geräusch, das eine SMS anzeigte, stellte sich rund alle zehn Minuten ein. Dabei bewegte sich das Handy, wie von einer unsichtbaren Hand geführt, über die glatte Platte des Nachtkästchens. Im quälend unruhigen Halbschlaf ärgerte er sich darüber, dass er es nicht abgeschaltet hatte. Er bekam, seit er in Nigeria angekommen war, die gleiche Nachricht wieder und wieder. Er kannte das schon von seinem ersten Aufenthalt, es war auch in den meisten anderen Ländern Afrikas so. Mit manchen immer wiederkehrenden SMS hatte er Wochen, ja Monate verbracht – wie zum Beispiel jener, dass sein Kater Leopold Durchfall hatte. Damals hatte er das Buch *King Leopold's Ghost* von Adam Hochschild gelesen, und er verband die Gräueltaten des belgischen Königs im Kongo und in ganz Afrika mit diesem unschuldigen Haustier. In seinen Träumen sah er König Leopold mit Katzenkopf in Gardeuniform, wie er Menschen auspeitschte und mit einer Entourage aus minderjährigen Mädchen durch Westafrika zog. Sein Haus war von einem Zaun aus Speeren umgeben, auf denen ebenfalls Katzenköpfe steckten.

Er schaltete die Nachttischlampe ein und richtete sich auf. Er nahm das Handy und hegte für einen Moment – zwischen Entsperren und Öffnen der SMS – die vage Hoffnung, es könnte sich um eine neue Nachricht handeln. Doch da stand es wieder, und zwar gleich zwölf Mal: *Geküsst wird beim ersten Schnee*. Er sah es in seinem Zimmer schneien. Es war wie im Inneren einer Schneekugel, wobei das Glas so beschaffen war, dass man zu ihm herein-, er aber nicht hinausschauen konnte, und so fühlte er sich umso beengter in diesem Schneegestöber. Vielleicht lag es auch daran, dass dieses Zimmer in Abudja kein Fenster hatte, sondern nur einen schmalen Luftschlitz unter der Decke, den man mit einem Hebel öffnen und schließen konnte. Er wusste dadurch auch nicht, ob es noch Nacht oder schon Tag war.

An sich wäre die Nachricht ja schön gewesen. Aber sie kam von einem *Unbekannten Teilnehmer*, und er war nicht sicher, ob sie überhaupt ihm galt. Er konnte sie mit niemandem in Verbindung bringen. Er hatte kein Küssen ausgemacht, fand den Gedanken, es beim ersten Schnee zu tun, aber gut und richtig, denn er liebte den Moment des ersten Schnees im Jahr, und zwar jedes Jahr aufs Neue. Er liebte die Stille, die dann eintrat, und die unberührte, leichte weiße Decke, die auf der Welt lag wie ein zart gewebtes Tuch. Er liebte den Geruch der Luft und die Berührungen der Flocken auf der Haut, und er erinnerte sich an das kurze, kalte Prickeln, wenn eine ins offene Auge traf. Das fühlte sich an, als würde er vom Schnee geküsst. Aber der Schnee schrieb ihm sicher keine SMS.

Er wähnte sich von jemandem verfolgt, und so hatte er sich bei der hiesigen Telefongesellschaft erkundigt, was man gegen diese wiederkehrende Nachricht unternehmen könnte. Doch der Kundenberater von Jidaw Ltd. hatte nur gelächelt, seine weißen Zähne gezeigt und ihm erklärt, dass es doch schön sei, viele Nachrichten von der Familie oder der Geliebten zu bekommen. Auch wenn es immer die gleichen wären. Sein Name war Precious. Es ist in Nigeria üblich, Kinder Precious oder Strawberry oder Wonderful zu nennen – Namen, mit denen die Eltern quasi vorgeben, woher der Wind des Schicksals zu wehen hat. Und so tauschte er sich mit dem Kundenberater noch eine Weile über die Schönheit des Lebens aus. Dann schlugen sie theatralisch miteinander ein, schnippten nach einer letzten Berührung der Hände mit den Fingern und wünschten einander und der jeweiligen Familie Glück und ein langes Leben. Als er im Begriff war, das Büro von Jidaw Ltd. zu verlassen, piepste das Handy wieder, und er hörte Precious hinter sich kichern. Er wollte böse werden, doch Precious lachte von Herzen, also lachte er mit. Er fragte ihn nach dem Wortlaut der SMS. Er übersetzte ihm den Text, aber Precious verstand partout nicht, was Schnee sein sollte. Also versuchte er, es ihm wortreich und mittels blumiger Metaphern zu erklären, fuchtelte dabei mit den Armen, um

Schneefall zu imitieren, verglich ihn mit Regen (nur weicher), mit Hagel (nur viel weicher) und griff tief in die Kiste englischer Adjektive: wet, soft, cold, fluffy, crisp, electrifying, crystal-clear, without taste, watery, frozen teardrops oder precious crystals. Schließlich tat sein neuer Freund, als würde er verstehen, und versicherte ihm, er werde dieses Land, wo die Küsse vom Himmel fallen, eines Tages bereisen.

Am nächsten Tag fuhr er in die weiter südlich gelegene Stadt Ibadan. Wie immer flimmerte der Asphalt vor Hitze, unzählige Autowracks säumten den Highway, und die Straßenhändler boten mit kleinen Stöckchen aufgespanntes Bushmeat und riesige Schnecken zum Verkauf an. Die Landschaft war eine Symphonie aus Brauntönen, durchbrochen vom Grün einzelner Bäume. Trotzdem schneite es vor seinem geistigen Auge. Als der Fahrer ihn fragte, woran er denke, war er um eine Antwort verlegen. Es war zu kompliziert, es zu erklären.

Als er in Ibadan aus dem obligaten Siebziger-Jahre-Mercedes ausstieg, geschah, was in Nigeria immer geschieht. Alle Kinder liefen zusammen, zeigten auf ihn und riefen »Oyibo, Oyibo!«, was in der Landessprache »Mann« heißt, im Falle eines Weißen aber immer »weißer Mann«. Da sein Handy wieder piepste, klang »Oyibo« in seinen Ohren wie »Man of Snow«. Der Gleichklang dieser Wörter hallte in seinen Gedanken nach: Oyibo – Man of Snow, Oyibo – Man of Snow, Oyibo – Man of Snow. Er fühlte sich als Mann des Schnees begrüßt, als ihm die Kinder nachliefen, die Marktfrauen winkten, eine Kirchengemeinde lautstarke Gesänge anstimmte und ihm im Zoo ein Pavian seinen knallroten steifen Schwanz entgegenstreckte.

Bald danach fuhr er nach Hause und vergaß das Ganze. Bis zum nächsten Winter. Als er zu Silvester in Sengigi / Indonesien im strömenden Regen schwimmen ging und triefend nass sein Handy aus der Hosentasche zog, weil er wissen wollte, ob ihm jemand ein gutes neues Jahr wünschte, las er, dass die Zeit zum Küssen gekommen sei, da es schneien würde. Der Absender war unbekannt.

Und so geschah es ab dann jedes Jahr aufs Neue.

In diesem Jahr schneite es zu Silvester nur zehn Minuten lang. Er stand in seinem Garten und fütterte die Vögel, und tatsächlich kam eine SMS. Diesmal war die Nummer nicht unterdrückt. Es stand zu lesen: »Hey Oyibo! It's like you said, I feel kissed by the Gods. Precious.«

Es musste wohl schneien in Nigeria.

KARACHI
PAKISTAN
2003

24

DIE BLUTENDE STADT Als er morgens das Fenster öffnete, war draußen der Himmel voller Geier. Verschlafen, wie er war, dachte er zuerst nur, dass Geier anscheinend größer seien, als er angenommen hatte. Der Schlag ihrer Flügel wirkte behäbig und heftig zugleich – als hätten sie eine Menge Luft nach unten zu drücken, um ihre Körper oben zu halten. Da er zum ersten Mal in Karachi war, ging er davon aus, dass hier die Geier so allgegenwärtig wären wie anderswo die Spatzen. Er bestellte Tee und Toast. Nicht weil er dachte, er müsste sich hier wie ein Engländer benehmen, sondern als eine Art präsumtiver Schadensbegrenzung. Nescafé war nirgendwo auf der Welt eine Lösung, das Frühstücksbuffet wollte er nicht, aber Tee und Toast mit Marmelade machten weder im Positiven noch im Negativen auf sich aufmerksam. So saß er am Fenster seines Zimmers, kaute und schaute den Geiern zu, wie sie auf Augenhöhe ihre Kreise zogen.

Er war am Vortag angekommen. Es war zu spät gewesen, um einen Eindruck von irgendetwas zu gewinnen. Ihm war nur aufgefallen, dass die Männer größer wirkten als in Indien oder Bangladesch. Und dass niemand ihm vorspielte, freundlich zu sein. Entweder war man freundlich oder nicht.

Normalerweise machte er noch einen Spaziergang, wenn er neu in einer Stadt war, egal wann. Diesmal nicht, obwohl er nicht zu müde gewesen war und gern noch ausgegangen wäre. Aber sein Zimmer hatte ihn nicht gehen lassen. Es war weder besonders schön noch besonders sauber, aber auf eine schlichte Art gemütlich. Auf diesem Bett wollte man liegen, auf diesem Fauteuil wollte man sitzen, und am Schreibtisch konnte man Platz nehmen, ohne sich selbst anzusehen, da ausnahmsweise kein Spiegel darüber hing. Er duschte lange und schlief bald ein, lose in ein Leintuch gehüllt.

Der Himmel war rötlich trüb, als er nach dem Frühstück auf die Straße trat. Er musste nur wenige Taxifahrer abwimmeln und über eine vierspurige Fahrbahn laufen, schon hatte er die Gassen der Innenstadt vor sich. Er bog um eine Ecke und sah einen Mann, der gerade einer Kuh den Kopf abtrennte. Das Blut floss in Bächen über den Asphalt, der große Körper des Tieres zuckte. Er konnte den Blick nicht von den strampelnden Beinen abwenden. Der Mann mit dem blutigen Messer lächelte ihm freundlich zu. Er nickte zurück und ging weiter. Ein kleiner Junge kam ihm entgegen. Er schien besonders fröhlich und stolz und trug in jeder Hand einen Plastiksack, durch dessen Wände Fleischteile schimmerten. Aus einem der Säcke tropfte es, der Junge zog eine Blutspur hinter sich her. Als in der nächsten Gasse drei andere Männer eine Kuh zerlegten, schien es ihm bereits normal. So war es wohl in Karachi – überall auf offener Straße werden Rinder geschlachtet.

Das Schlachten blieb nicht auf einen Häuserblock oder ein Viertel beschränkt. Er vermutete, dass es sich um einen Markt handelte. Der Tod war überall – das Röcheln, das Gurgeln, das Blut, manchmal zuckte das frische Fleisch auf einem Tisch noch vor sich hin. Vor etwas besser gestellten Häusern hatte man da und dort eine Art Vorhang gespannt, aber vermutlicher, um nicht aller Welt zu zeigen, welch prächtige Tiere man hier schlachtete, als um das Geschehen selbst zu verschleiern. Es war, das konnte man in allen Gesichtern lesen, ein Freudentag. So wie es in seiner Kindheit ein Freudentag gewesen war, wenn auf dem Hof der Großmutter ein Schwein geschlachtet wurde. Da waren alle Nachbarn vorbeigekommen, man hatte zusammen gegessen und getrunken. Auch dort waren einige mit einer Schüssel voll Speck oder einem halben Sauschädel nach Hause gegangen. Die Kinder hatten gestrahlt, die Männer waren im Gesicht ganz rot vom Schnaps. Nach wenigen Häuserblocks fühlte er sich wie damals, als er noch ganz klein war. Er erinnerte sich an den Onkel mit dem Sprachfehler. Er war der Mesner im Ort und ging oft mit einem Hahn auf der Schulter spazieren. Der Hahn war zahm wie ein Haustier und flatterte dem Onkel auf Kommando auf die Schulter. Der Onkel hatte Schokoladenbrösel einstecken, die er auf seine Unterlippe legte, der Hahn pickte sie vorsichtig ab. Es sah aus, als würde der Hahn ihn küssen.

Die Stadt hier hieß ihn willkommen. Die Menschen winkten ihm, die Kinder lachten ihm zu, er bekam Tee angeboten und wurde immer wieder aufgefordert, sich ein Stück vom frischen Fleisch zu nehmen. Dass er, im Hotel wohnend, damit nicht viel anfangen konnte, wurde anscheinend nicht angenommen, obwohl er so offensichtlich Ausländer war. Jeder Mann sollte ein Zuhause haben und dort eine Frau, die bereits darauf wartete, das Fleisch zu verarbeiten. Ein paar Mal versuchte er, seine Situation auf Englisch oder mit Händen und Füßen zu erklären, aber bald hatte er, wie der kleine Junge von vorher, einen Plastiksack in der Hand, aus dem Blut tropfte.

Nun erfuhr er, dass er zum Eid-Festival nach Pakistan gekommen war. Dazu gehörte das Rinderschlachten auf offener Straße, das machte es besonders und normal zugleich. Am Morgen hatte er es noch nicht einordnen können, jetzt bedauerte er fast, eine Erklärung für diese blutende Stadt zu haben. Das Blut floss, die Menschen waren voll Freude und begegneten ihm herzlich, und doch war es nach ein paar Stunden nicht anders, als über den Wiener Naschmarkt zu spazieren. Auch diesen Gedanken genoss er.

Er setzte sich an einen Stand, um Tee zu trinken. Wieder wurde er eingeladen, wieder nickte man ihm aufmunternd zu. In diesem Moment hätte ihn nichts mehr gewundert – nicht wenn die Fenster der Häuser zu bluten begonnen hätten, der Himmel sich zugezogen und roter Schnee gefallen wäre, nicht wenn die Kühe die Menschen geschlachtet hätten.

Am Abend legte er das Fleisch auf den Balkon. Er dachte, die Geier würden sich freuen. Aber die waren fürs Erste satt.

WAHRHEIT IN GÄNSEFÜSSCHEN Sein Freund versuchte ihm immer beizubringen, dass eine gewisse Bildung nützlich war. Er leugnete das gern, aber wenn er bei eklatantem Unwissen ertappt wurde, trieb es ihm doch die Schamesröte ins Gesicht. In der Schule war ihm das egal gewesen, da war es gerade cool, nichts gelernt zu haben, weil man damit beschäftigt gewesen war, im Kaffeehaus zu sitzen, Bücher von Nathalie Sarraute oder Jack Kerouac zu klauen oder am Sturm-Platz Gernot Jurtin zu bejubeln. Aber Ende der neunziger Jahre nicht zu wissen, ob man, wenn man auf einem fahrenden Schiff in die Luft springt, weiter hinten landet, als man weggesprungen war, war peinlich. Vor allem unter dem bohrenden Blick des Freundes und Philosophen, der gerade sein Buch über »Wahrheit in Gänsefüßchen« veröffentlicht hatte. Diese schlampige Interpretation des Originaltitels *Correspondence and Disquotation: An Essay on the Nature of Truth* hatte beim Freund eine hochgezogene Augenbraue zur Folge.

25

ROM
ITALIEN
1992

Er war mit diesem Freund und zwei anderen Philosophen in Rom angelangt. Was sie dort eigentlich wollten, war nicht klar. Vielleicht hätte man es Urlaub nennen können, aber er mochte dieses Wort nicht. Er brauchte immer einen ernsthaften Vorwand, um irgendwo zu sein. Obwohl in diesem Fall die Anzeichen durchaus auf Urlaub deuteten: täglicher Besuch der Vatikanischen Museen, Kirchen ohne Ende, Tavernas, Osterias, Espressi, Campari, Pasta, Pasta, Pasta und viel Wein. Frauen fehlten zur Gänze, was aber nur ihm aufzufallen schien, obwohl sich die Philosophen wie Kreisel durch die sommerlichen Straßen drehten, um wirklich alles zu sehen. Oft wurde die Schönheit der Italienerinnen diskutiert, aber je mehr sie darüber sprachen, in umso weitere Ferne rückte die Möglichkeit, mit einer von ihnen in Kontakt zu treten.

Die vier teilten sich zwei Hotelzimmer, und so kam es, dass er allabendlich neben seinem Freund in einem großen Doppelbett einschlief. Eines Abends erkannte der Philosoph zu seinem Entsetzen, dass sich sein Zimmergenosse über die Abfolge der Päpste seit dem 18. Jahrhundert im Unklaren war. Das durfte unter keinen Umständen so bleiben. Ab dann wurde gelernt, wie er noch nie zuvor gelernt hatte – vor den Gemälden im Vatikan, am Fuße eines Obelisken (der Erschöpfung nahe an einem Panino kauend) und bei waghalsigen Autofahrten durch den Verkehr der Stadt. Selbst im Kino bei Kevin Costner (»Balla con lupi«) mussten die Päpste geübt werden. In San Paulo Fuori Le Mura konnte er sie zum ersten Mal fehlerfrei hersagen, von Clemens XI (Franceso Albani aus Italien, 1700 bis 1721) über Gregor XVI (Bartolomeo Alberto Cappellari, ebenfalls aus Italien, 1831 bis 1846) bis Johannes Paul II aus Polen (Karol Józef Wojtyla, 1978 bis laufend).

Als er am nächsten Tag mit seiner Mutter telefonierte, fragte sie ihn, was er so mache. Er war erleichtert, ihr berichten zu können, dass sein Freund ein Buch über die Wahrheit publiziert und ihm beigebracht habe, die letzten zweiundzwanzig Päpste aufzuzählen. Seine Mutter wunderte sich über sein plötzliches Interesse an der katholischen Kirche und konnte das, was er da erzählte, kaum glauben. Also referierte er die Päpste inklusive der Daten ihrer Amtszeit und erkannte an ihrem Schweigen, dass sich die Mutter Sorgen um ihn machte.

Dann rief er die Frau an, in die er gerade verliebt war. Eine große Schwäbin mit blasser Haut und Sommersprossen, mit der er bei Reiseantritt Schluss gemacht hatte, da sie einen Künstler mehr liebte beziehungsweise nicht bereit war, diesen für ihn zu verlassen. Er wollte ihr sagen, dass er ihre weiße Haut vermisste und oft an das Gefühl dachte, wenn er sie von hinten nahm und dabei ihren schönen, langen Rücken sehen konnte. Stattdessen sagte er ihr die Päpste auf und hörte aus ihrem Schweigen, dass sie nie wieder Sex mit ihm haben würde.

Er rief eine andere Geliebte an, die nie wieder anzurufen er sich geschworen hatte. Er konnte sie nicht erreichen, also sprach er ihr die Päpste auf den Anrufbeantworter. Er kam bis Leo XIII (Vincenzo Gioacchino Pecci aus Italien, 1878 bis

1903). Das waren fünfundzwanzig Jahre und fünf Monate, aber als er hinzufügen wollte, dass es sich mit neuntausendzweihundertachtzig Tagen um das viertlängste Pontifikat der Geschichte handelte, schnappte das Gerät ab.

Danach betrank er sich, bis er mutig genug war, ein altes Plüschbordell in der Nähe ihres Hotels aufzusuchen. Die anderen schliefen schon. Die Frauen in diesem Puff waren nicht mehr die jüngsten, eher mütterlich und mit großen Brüsten. Das war nicht genau, wonach ihm der Sinn stand, aber sie waren so freundlich und sorgten so gut für ihn, dass er sich zu Paola auf ein rotes Sofa kniete und vor ihr wichste, während sie ihm lachend ihren enormen Busen präsentierte. Dabei sagte er ihr natürlich auch die Päpste auf. Als er heftig über ihre Brustwarzen kam, war er in der päpstlichen Gegenwart angekommen. Sie bekreuzigte sich und wünschte, in flüsterndem Gebet, Johannes Paul II ein langes Leben.

Als Karol Józef Wojtyla am 2. April 2005 starb, war er gerade in Polen. Er wurde wehmütig, dachte an Paola und wünschte sich, dass sie an diesem Tag auch an ihn dachte. Aber das blieb wohl ein frommer Wunsch.

BELIZE CITY
BELIZE
1978

26

GEBETE Zu einer Zeit, in der er noch an Gott glauben wollte, versuchte er manchmal, mit ihm zu sprechen. Er fand den Gedanken zu beten schön, doch konnte er seine eigene, an niemanden gerichtete Stimme im Raum nur schwer ertragen. Die Worte nahmen zwar Form an, doch waren sie unsichere, unbeholfene Versionen jener Worte, die er kannte, und sie kamen so aus seinem Mund, dass sie nichts bedeuteten. Die einzige Möglichkeit, dies zu umgehen, war, vorgefertigte Gebete zu sprechen. Das Vaterunser oder das Avemaria eigneten sich da ganz wunderbar. Man konnte dem Klang der eigenen Stimme Flügel verleihen und tonalen Druck hinter jedes einzelne Wort legen. Aber es bedeutete ebenfalls nichts. Es war wie ein Formular für ein Gebet. Man wollte Gott keine Sachen sagen wie: »Dein Reich komme.« Man wollte eher fragen, warum das Leben so eintönig war, warum man jeden Tag in die Schule gehen musste und vor allem, warum der beste Freund schon die neue Stereoanlage bekommen hatte und sogar eine Langspielplatte von *Emerson, Lake & Palmer* dazu. Man wollte fragen, wann denn das eigene Reich auf Erden sich ein wenig stabilisieren und ausbreiten würde.

Der Religionslehrer sah das alles anders und meinte, dass Beten aus egoistischen Motiven nicht nur anmaßend, sondern auch wenig zielführend sei. Nur wer vor dem Herrn sein Haupt in Ehrfurcht senke und demütig mit ihm Zwiesprache halte, käme ihm näher und würde dadurch sein eigenes Leben bereichern. Dabei sei nicht wichtig, die Worte laut in den Raum hinauszusagen, es würde reichen, sie zu murmeln oder nur zu denken, denn Gott sei allgegenwärtig, da bedürfe es keiner Sprache, wie sie zwischen Menschen üblich war.

Er versuchte es murmelnd, während er eines Morgens zur Schule ging. Er ging dabei gedankenverloren durch die Zinzendorfgasse und den Stadtpark und rannte, weil er sich so auf sein Gebet konzentrierte, in der Abraham-a-Sancta-Clara-Gasse gegen ein Postkastel, das zu dieser Zeit seines Daseins genau auf Kopfhöhe angebracht war. Sein Gebet endete abrupt in dem Augenblick, als er mit der Nase voll auf den leuchtend gelben Metallkasten stieß. Ein Schmerz, wie er ihn noch nie empfunden hatte, ließ ihn in die Knie gehen. Er hielt sich die Nase, aus der das Blut schoss, und blieb erst einmal so hocken. Er wollte laut schreien, aber der innere Gebetsmodus, in dem er sich befand, ließ ihn nur leise vor sich hin wimmern. War das die Strafe dafür, dass er zu Gott wieder von der Stereoanlage gesprochen hatte und nicht von den Dingen, die der Religionslehrer mit innerer Einkehr meinte? Es konnte nicht anders sein. Die Strafe des Herrn war so deutlich und schmerzhaft gewesen, und zwar just in dem Moment, in dem er an die Anlage der Marke *Dual* gedacht und damit begonnen hatte, sie dem Herrn zu beschreiben. Er war gerade beim Lautstärkeregler angelangt und wollte ihm weitere technische Details geben, um die Schönheit des Geräts zu preisen und so sein Verständnis für die Notwendigkeit dieser Anlage zu vertiefen, als er nach oben schaute und – zu spät – das Postkastel sah.

Mit fast heroischer Sturheit setzte er sein Gebet fort, während er seine blutige Hand betrachtete. Ungeachtet des immer noch rasenden Schmerzes in seinem Gesicht vervollständigte er die Beschreibung des Plattenspielers, des Verstärkers und der Boxen, die er sich so sehr wünschte, und setzte noch, sich weiter krümmend, die Erläuterung besagter *Emerson, Lake & Palmer*-LP drauf, die er bei seinem Freund gesehen und gehört hatte. Er brachte Gott zu Gehör, dass er sich möglicherweise auch deshalb dafür erwärmen könne, da eine gemalte weiße Friedenstaube das Cover der Platte zierte. Doch in diesem Moment wurde ihm bitter klar (oder war die Bitternis nur der Geschmack des Blutes in seinem Mund?), dass ihm niemand zuhörte. Von diesem Moment an hegte er ein großes Misstrauen dem Beten gegenüber, meldete sich vom Religionsunterricht ab und versuchte, auf anderem Weg zu einer Stereoanlage zu kommen.

Rund zehn Jahre später stapfte er über eine staubige Landstraße irgendwo im Grenzgebiet zwischen Guatemala und Belize. Er war hungrig und erschöpft und dachte über die Sinnlosigkeit des eigenen Daseins nach. Er versuchte, eine Mitfahrgelegenheit zu finden, was in diesen Jahren in Mittelamerika eigentlich einfach war, doch hatte er seit dem Sonnenaufgang kein einziges Auto gesehen. Er war am Tag davor in ein Dorf aufgebrochen, das ihm Hippiefreunde aus Kansas in gloriosen Farben geschildert hatten und von dessen Besuch er sich Einblicke in ursprüngliche Kulturen verbunden mit dem Konsum bewusstseinserweiternder Naturdrogen versprochen hatte. Kurz vor Einbruch der Nacht war er bei einem einsam daliegenden Bauernhof gelandet, der aus einigen einfachen Hütten bestand. Er wurde von der Familie zögerlich, man könnte durchaus sagen: widerwillig eingeladen, die Nacht bei ihr zu verbringen, er wurde von den schmutzigen Kindern ungläubig angestarrt, während er kalte Tortillas aß und Wasser trank, von dem er wahrscheinlich krank werden würde. Er schlief wenig und schlecht, von absurd großen Moskitos malträtiert. Er empfand trotzdem tiefe Dankbarkeit den Leuten gegenüber, da er sich vorstellen konnte, was sich im Heimatort seines Vaters abspielen würde, wenn ein guatemaltekischer Hippie nach St. Oswald bei Plankenwarth käme und um Unterschlupf für die Nacht und ein Abendessen bäte. Er beruhigte sich damit, dass es keine guatemaltekischen Hippies gäbe, und schlief ein. Als er erwachte, wurde er wieder von den Kindern angestarrt. Ihre Eltern waren verschwunden, und so machte er sich kurzerhand auf den Weg. Er winkte ihnen zum Abschied, aber sie starrten ihn nur weiter an, und der Kleinste fing einfach an zu pissen. Auch eine Art, auf Wiedersehen zu sagen.

Während er noch liebevoll an diesen Anblick dachte, stand er plötzlich vor einem Autobus, der aussah wie eine Kapelle auf Rädern, da er wunderbar bemalt und umgeben von betenden Menschen war. Ein schmieriger Mann mit einem zu engen und seit Wochen nicht gewaschenen Hemd stand wie ein Priester in der vorderen Tür und trank den Rest einer Schnapsflasche leer, bevor er in das Innere des Busses wankte. Das laut vorgetragene Gebet der Passagiere schwang sich in neue Höhen und gewann deutlich an Inbrunst. Der fette Mann setzte sich hinter das Steuer und hupte ungeduldig. Das Gebet brandete noch einmal auf wie die letzte Sturmwelle eines abebbenden Gewitters, bevor sich alle daranmachten, den Bus zu besteigen. Es waren Indios, die mit Waren für den Markt in die Stadt fahren wollten. Sie hatten Mais, Zwiebeln und Gemüse, aber auch Hühner und Schweine dabei. Er stieg als Letzter ein. Er fragte nicht, wohin der Bus fahren würde. Er hatte sowieso keine Wahl und schrieb es einer göttlichen Fügung zu, überhaupt ein Transportmittel gefunden zu haben. Er war sogar dankbar, dass er den letzten freien Platz neben dem Schweinehändler fand, weil er beschlossen hatte, ab jetzt für alles dankbar zu sein.

Seine Dankbarkeit legte sich ein wenig, als er begriff, warum die Menschen vor der Abfahrt gebetet hatten. Der sturzbetrunkene Fahrer trieb den Wagen mit abartiger Geschwindigkeit über eine kurvenreiche Bergstraße, als gäbe es kein Morgen. Er spürte ein kollektives Gefühl aufkommen, dass ihrer aller Leben auf dieser Straße enden würde. Selbst das kleine Schwein zu seinen Füßen schmiegte sich ängstlich quiekend an ihn. Eine ältere Frau auf der anderen Seite des Mittelganges begann murmelnd zu beten. Es überfiel ihn Panik, da er sich an das Postkastel erinnerte, und er betastete seine Nase, die seit damals keine rechte Nasenscheidewand mehr hatte. Ihm war auch nach Beten, aber er zwang sich, es nicht zu tun.

Der Bus kam Minuten später von der Straße ab und stürzte einen Abhang hinunter. Niemand schrie, da niemand sich wunderte. Alle ließen das Geschehen ruhig über sich ergehen. Als der Bus schließlich seitlich zum Liegen kam, packten alle ihr Hab und Gut und stiegen schweigend aus. Er hielt das zitternde Schwein im Arm. Während sie alle am Straßenrand auf den nächsten Bus warteten, schlief der Fahrer neben seinem Gefährt laut schnarchend seinen Rausch aus. Der Bus, der am nächsten Tag vorbeikam, war voll, aber der ebenfalls besoffene Fahrer versprach, Hilfe zu schicken. Zwei Tage später zog ein alter Traktor den Bus aus dem Straßengraben, drei Tage später erreichte er ausgehungert und am Ende seiner Kräfte Belize City. Der Abschied von dem Schwein fiel schwer, aber er wollte es trotz des günstigen Angebots des Bauern nicht kaufen. Stattdessen leistete er sich ein Zimmer in einem Hotel für Rucksacktouristen. Er teilte es mit einem älteren Deutschen, der so aussah, als würde er seit Jahren durch die Gegend reisen. Dieser reichte ihm wortlos einen Joint und drehte die Musik in seinem Kassettenrekorder lauter. Ja, der Mann hatte einen Kassettenrekorder dabei. Sie schauten beide auf die archaische Stadt ohne Kanalsystem und eigentlich ohne alles und freuten sich, über nichts und alles, während sich Mick Jagger die Seele aus dem Leib schrie, als er *Sympathy for the Devil* sang.

Das war der erste Song gewesen, den er gespielt hatte, als er endlich seine Stereoanlage bekommen hatte.

27

HARAR
ÄTHIOPIEN
2009

IT'S NOT DARK YET Der Reiseführer nannte drei Hotels: eines habe nur zwei Zimmer, das andere wäre weit draußen, und das dritte sei zwar schmutzig, aber mit Blick auf die Hyänen gelegen. Alles in dieser Stadt schien sich um die Hyänen zu drehen, also entschied er sich für das dritte. Das Zimmer war tatsächlich schmutzig, der Dusche war nur ein Tröpfeln zu entlocken, die Bettwäsche schien frisch gewaschen, war aber trotzdem voller Flecken. Manche Flecken lassen sich eben, entgegen der Beteuerungen der Waschmittelhersteller, einfach nicht herauswaschen. Im Zimmer konnte man nur am Fenster stehen und auf einen staubigen Fußballplatz schauen oder auf dem Bett liegen und einen kaputten Ventilator anstarren.

Es hieß, die Hyänen würden erst nach Einbruch der Dunkelheit kommen, also starrte er zuerst einmal einige Stunden lang den Ventilator an. Wie sich letztlich herausstellte, war der gar nicht kaputt – es gab nur gerade keinen Strom. Das bemerkte er erst, als es draußen finster wurde. Er ging also in die Stadt, um zu fragen, wo die Hyänen blieben. Mehrere hilfreiche Führer geleiteten ihn gegen ein in ihren Augen minimales Entgelt zu dem Ort, an dem man die Hyänen sehen konnte. Für ein weiteres minimales Entgelt erzählten sie ihm, dass es seit Hunderten von Jahren eine Vereinbarung zwischen den Bewohnern von Harar und den Hyänen gäbe: Die Bewohner hätten dafür zu sorgen, dass die Hyänen nie hungrig waren; im Gegenzug würden die Hyänen davon absehen, die Kinder der Stadt zu fressen.

Zuerst schenkte er dieser Geschichte wenig Glauben, aber als die Schwärze der Nacht über die Hügel und die Maisfelder des Umlands kroch, beschlich ihn Unruhe. Als er vor die Tore der Stadt ging, sah er da und dort pelzige, handtellerförmige Ohren auftauchen. Auch einige Augenpaare blitzten, und bald war ein ganzes Rudel zu erahnen. Es wartete darauf, dass der Hyänenmann es mit Fleisch versorgte.

Der Hyänenmann wiederum wartete auf die Touristen, die sich weniger vorsichtig annäherten. Sie kamen in Bussen, auf Mopeds oder zu Fuß, alle bewaffnet mit Kameras und einer von Reiseführern und Internetseiten gesteuerten Erwartung. Aber auch wenn man weiß, was kommt, existiert die Macht des Faktischen. Und so hielten die Touristen einen Respektabstand – die Tiere hatten schließlich nur versprochen, die Kinder von Harar nicht zu fressen, von ausgewachsenen Japanern, Kanadiern und Österreichern war nicht die Rede gewesen. Es kehrte eine andächtige Stille ein, während die Hyänen fraßen, nur das digitale Klicken der Fotoapparate war zu hören. Am Ende bezahlten die Touristen den Hyänenmann und die Führer, und dann ging es zurück ins Hotel oder in die nächste Stadt, wo man in einem schönen Hotel nach dem Abendessen die Fotos blitzsauber auf den blitzsauberen Computer laden konnte. Spazierte man stattdessen durch die engen Gassen der Innenstadt von Harar, dann hieß es, sich an die Wand zu drücken. Zumindest, wenn man kein ortsansässiges Kind war.

Ob Rimbaud sich an die Wand gedrückt hatte, als er hier lebte? Ob er die Hyänen gemocht hatte? Es heißt, er habe zu dieser Zeit nur mehr mit Waffen gehandelt und keine Gedichte mehr geschrieben. Bob Geldof hingegen soll Rimbauds Gedichte vorgelesen haben, auf seiner Mission, die Hungersnot in Äthiopien zu mildern und Harar zum Status eines Weltkulturerbes zu verhelfen. Ob ihm der Waffenhändler Rimbaud dabei geholfen hätte? Das Bild, wie Geldof sich an eine Wand drückt, wollte nicht entstehen. Eher ein Bild von dunklen Autos mit getönten Scheiben und einem Star, der dem schwarzen Volk zuwinkt. Vermutlich ein ungerechter Gedanke.

Als es völlig finster war, stand er in seinem Zimmer am Fenster und schaute auf den spärlich beleuchteten Fußballplatz hinunter. Drei Jugendliche spielten mit einem Fetzen Fußball, zwei Hyänen lagen am Spielfeldrand – ähnlich gelangweilt wie die Tüpfelhyänen im Berliner Zoo, deren Gehege an einen Spazierweg grenzt. Die Hunde der

Spaziergänger verlieren dort völlig die Fassung angesichts der meist schlafenden Hyänen, während diese fast nichts anderes tun als schlafen.

Er selbst schlief in dieser Nacht traumlos, bis ihn die Kälte wach werden ließ. Er stand auf und trat ans Fenster. Auf dem Fußballplatz herrschte reges Treiben. Die Rockstars der Welt waren gekommen, um Afrika zu retten, da Gott es vergessen hatte. Ein Konzert, von dem keiner wusste. Jeder spielte für sich und gegen alle. Neil Young war an der Seite von Jeff Beck, Patti Smith ritterte mit Laurie Anderson um den richtigen Ton, Axel Rose summte mit der verstimmten Gitarre von Keith Richards um die Wette, Jimi Hendrix improvisierte mit Mark Bolan, und Jack White spielte sich selbst ein Liedchen. Schattenhafte Gestalten überall, Jimi Page lag irgendwo schlafend wie eine vollgefressene Hyäne, und Jim Morrison trank Whisky aus einem Wasserhahn. Wortfetzen und Textzeilen flogen durch die Luft wie Laub an einem stürmischen Herbsttag. Er konnte hören und spüren, dass das ein Abschiedskonzert war, dass alle an diesen Ort gekommen waren, um danach nie mehr singen und keine Gedichte mehr schreiben zu müssen. War nicht Bob Dylan auch längst Waffenhändler geworden?

Er ging noch einmal in die Stadt hinunter. Dort lag alles im Dunkel, denn es gab hier ein einfaches Prinzip: Montag und Dienstag gab es Strom außerhalb der alten Stadtmauer, Mittwoch und Donnerstag innerhalb der Mauer, Freitag und Samstag wieder außerhalb und Sonntag innerhalb. Eine höchst zivilisierte Regelung, fiel doch der Strom in den meisten Ländern Afrikas einfach aus, wann und wo er wollte. Eine Gesetzmäßigkeit war diesbezüglich weder in Nigeria noch in Ghana, Liberia oder Burundi auszumachen. Heute war Samstag, in den alten Gassen konnte man die Hand nicht vor den Augen sehen, und jetzt hatte es auch noch zu regnen begonnen. Als er eine Hyäne auf sich zukommen sah, drückte er sich an die Wand, wie ihm geheißen worden war. Und als er Aug in Aug mit dem Tier stand, das ihn fürchtete, wie er es fürchtete, wehten aus der Ferne Bob Dylans Worte herüber:

I can't remember what it was I came here to get away from
don't even hear the murmur of a prayer
it's not dark yet, but it's getting there.

WILDE TIERE Als sie aus dem Zug stiegen, dämmerte es. Obwohl sie in ihrer Heimatstadt angekommen waren, wollten sie nicht nach Hause. Dort wartete zwar ein Abendessen, aber auch Eltern, Fernsehen, Langeweile, Stillstand. Sie versuchten stattdessen, sich vorzustellen, wie es wäre, die Stadt, in der sie aufgewachsen waren, so zu sehen, als wären sie noch nie dagewesen. Sie begannen im Stehbeisl der Bahnhofshalle mit einem Glas Wein.

28

GRAZ
ÖSTERREICH
1977

Die Welt war damals noch dunkler, und in der Bahnhofshalle gab es nur eine Leuchtreklame für Blausiegel-Kondome, die das Wort *Reue* in blasser Neonschrift groß über die Hauptfront der Halle und damit über das gesamte Dasein schrieb. Natürlich war gemeint, dass bei der Verwendung von Blausiegel-Kondomen die Reue ausblieb, aber das Wort *Keine* war schon lange ohne Strom. Und so gingen unter dieser unruhig blinkenden *Reue* die Pendler morgens zu den Zügen und abends heim. Es gab auch eine Werbung für die Zigarettenmarke *Smart Export* und die große Anzeigetafel, auf der ratternd die Ankünfte und Abfahrten angezeigt wurden. Die *Reue* aber war das einzig Leuchtende in der Halle und verlieh ihr einen fast klerikalen Anstrich.

Um sechs Uhr abends war Schluss im Stehbeisl, und zwischen Mitternacht und fünf Uhr früh würde auch die Bahnhofshalle geschlossen sein. Er war schon beim zweiten Achtel Rotwein angelangt und schlug seinem Freund vor, von hier bis nach Hause in jedem Lokal, Café, Gast- oder Weinhaus ein weiteres Achtel zu trinken. So sähe man die eigene Stadt sicher am besten. Der Vorschlag wurde angenommen.

Er trug die Haare damals lang, und sein Freund glich einem weiblichen Engel mehr als einem jungen Mann – so wurde es immer ein wenig still, wenn sie eine Branntweinstube oder sonst ein Vorstadtlokal betraten. Die Etablissements bestanden meist nur aus einem Raum. Sie tranken sich vom *Café Eisvogel* weiter ins *Café Für Sie*, vom *Gasthaus für Jedermann* in die *Hawaii Bar* und streiften das *Push and Pull*, wo sie sich aber nur kurz aufhielten, da sie es schon gut kannten. Sie wollten nicht auf ausgetretenen Pfaden wandeln, sondern hatten vor, so zu tun, als wäre ihnen die eigene Stadt völlig fremd. Im *Tanzcafé Helga* war eine gewisse Exotik bereits gegeben, und als gegen zwei Uhr morgens eine füllige Prostituierte vor dem Eingang ihren Rock hob und auf den Gehsteig pisste, wusste er nicht mehr, wo er war.

Seinen blond gelockten Freund hatte er schon länger nicht gesehen. Wie sich herausstellte, schlief er friedlich in einer Ecke des *Helga*. Es gab nicht mehr viele Lokale, die noch offen hatten. Auch das Geld ging zur Neige. Nachdem der Freund wieder erwacht war, legten sie ihre letzten Scheine und Münzen auf den Tisch. Der Kassasturz ergab, dass sie noch zweimal einkehren konnten.

Ihre Diskussion über den dialektischen Materialismus wurde lauter als geplant, und als sie deshalb aus dem *Uhu* rausgeschmissen wurden, fanden sie mitten auf der Straße eine Geldbörse. Es waren über fünfhundert Schilling drin – außerdem ein Foto von Mann und Kind, ein paar Heiligenbilder und eine fein säuberlich geschriebene Adresse. Man schwor einander, die Börse am nächsten Tag zu dieser Adresse zu bringen, aber im Moment handle es sich klar um eine schicksalhafte Aufforderung, die Reise durch die Nacht fortzusetzen.

Es wurde »auf Sicht« weitergetrunken. Das hieß, man verließ ein Lokal und betrat das nächste, das man sah. Mittlerweile war es drei Uhr früh, und man sah hauptsächlich Bordelle – genauer gesagt: ein letztes Bordell namens *Zum kleinen Pelz*. Eine poetische Verheißung, die aber nur in zwei sehr kostspieligen Stifterln Wein Erfüllung fand. Den Trägerinnen der Pelze – sie waren tatsächlich in Pelzmäntel gehüllt und trugen darunter nur Unterwäsche – war schnell klar, dass die beiden keine ernstzunehmende Kundschaft waren. Sie mussten sogar ihre Ausweise zeigen, um bleiben zu dürfen. Er sah die Frauen immer wieder auf die Straße gehen, und da es bald November war, wehte immer ein kalter Hauch von draußen herein, wenn sie auf ihren

Plateaustiefeln gelangweilt die Tür öffneten. Er empfand den Ort als wunderbaren Zoo, obwohl er das so nicht hätte formulieren können.

Auf dem Weg zur allerletzten Station heckten sie einen Plan aus, wie sie der Frau Pregartner – offenbar die Eigentümerin der Geldtasche – ihre fünfhundert Schilling zurückzahlen würden. Sie würden ihren Müttern sagen, dass sie neue Jeans bräuchten, würden sich aber nur ein Paar kaufen und dieses wöchentlich abwechselnd mit nach Hause nehmen. Das auf diesem Weg eingesparte Geld würden sie in die Börse stecken.

Es sollten dann doch noch zwei Lokale folgen, aber was dort geschah, bekam er gar nicht mehr mit. Sicherlich waren es Orte tiefer Erkenntnis. Als sie danach um eine Ecke bogen und vor sich den Bahnhof sahen, kam er auf die Idee, den schmalen Rest der Nacht in einem Hotel zu verbringen. Das wäre schließlich die ultimative Methode, in der eigenen Stadt fremd zu sein. Seinem Freund war jedes Bett recht – am liebsten hätte er sowieso im *Kleinen Pelz* übernachtet. Der ältere Herr an der Rezeption beäugte sie misstrauisch, musste ihnen aber ein Zimmer geben, da sie ihre Pässe dabeihatten.

Am nächsten Morgen war der Freund verschwunden. Er hatte einen schalen Geschmack im Mund und eine vage Erinnerung daran, ihn vor dem Einschlafen geküsst zu haben. Genauer wollte er das gar nicht wissen. Er zündete sich eine Zigarette an, stand auf und ging auf den Balkon. Dort stand sein Freund in Unterhosen und rauchte ebenfalls. Sie schauten auf den im Morgennebel liegenden Bahnhof hinunter.

Vor dem Bahnhof lag eine breite Straße – die breiteste der Stadt. Es musste Sonntag gewesen sein, denn es waren kaum Autos oder Menschen unterwegs. Nur eine kleine Herde Elefanten, die die Fahrbahn Richtung Bahnhof überquerte. Sie verloren kein Wort darüber. Auch als die Kamele kamen und schließlich ein Vogel Strauß, zogen sie schweigend an ihren Zigaretten. Er fragte seinen Freund, ob sie noch genug Geld für das Hotelzimmer hätten. Der zuckte die Schultern und sah sich weiter den Zug der Tiere an.

Der Plan mit den Jeans wurde ausgeführt, und Frau Pregartner freute sich über die wiedergefundene Geldtasche. Den Finderlohn vertranken sie im *Tanzcafé Helga*, das ihr Stammlokal wurde.

29

LONDON
ENGLAND
2011

DER SAUBERE PARK Er hasste Frühstücksbuffets und hatte sie immer gehasst. Warum genau, hätte er nicht sagen können – er hasste sie aus einem Reflex heraus. Jedes Mal, wenn er mit einem Frühstücksbuffet konfrontiert war, stand er mit seinem Teller davor und blickte missmutig auf alles, was man da holen konnte, und auf die Menschen, die glücklich und forsch mit übervollen Tellern durch den Gastraum hirschten. Er mochte schon die Motorik des Geschehens nicht, das morgendliche Gehen und Schauen und Wählen. Mitreisende lobten die Freiheit des Frühstücksbuffets, dass man nehmen könnte, was man wollte und so viel man wollte. Er hingegen liebte es, sein Frühstück zu bestellen und es serviert zu bekommen. Er brauchte nicht Schinken und Wurst und Lachs und Kuchen und Müsli und Sekt und Saft und Suppe und Grießbrei und Porridge und Brot und Semmeln und Joghurt und Kompott. Es reichte die eine Art von Frühstück, die dem jeweiligen Land entsprach, und das bekam er gerne gebracht. Also entschied er sich in besseren Hotels für den Zimmerservice, bestellte ein Frühstück mit Kaffee und wartete darauf, dass es klopfte.

Dann suchte er unter den vielen Sendern ein ansprechendes Frühstücksfernsehen, und schon konnte er den Vormittag in einer fremden Stadt im Bett verbringen. Er stellte sich vor, wie wunderbar es draußen wäre, und genoss den Gedanken, was er wohl alles versäumen würde. Die Vorstellung von einem aufregenden Tag in einer fremden Stadt war manchmal aufregender als der aufregendste Tag.

Als er an diesem Morgen den Fernseher aufdrehte, sah er als Erstes das blutverschmierte Gesicht von Muammar al-Gaddafi, kurz bevor er gelyncht wurde. Die Vokabel »lynchen« schoss ihm sofort in den Kopf; nicht hinrichten, ermorden, töten oder seiner gerechten Strafe zuführen – nein, lynchen. Die Bilder dazu waren mit einem Smartphone gefilmt, verhießen also Authentizität, Unmittelbarkeit und die moderne Anwesenheit des Volkes. Viel konnte man wegen der diffusen Qualität nicht erkennen, aber gerade genug (oder wenig genug) für die, die darüber bestimmen, was wir sehen dürfen und was nicht. Um das Eigentliche hervorzuheben, wurde der Moment, in dem das Gesicht erkennbar war, leicht verlängert und für den Bruchteil einer Sekunde eingefroren. Früher hatte man damit experimentiert, in solchen Augenblicken noch das Bild einer Coca-Cola-Flasche hineinzuschneiden, um unseren Gusto auf das wirklich Wesentliche zu wecken, aber die Wahrnehmung des modernen Menschen und Konsumenten ist dafür zu schnell geworden. Also spielt man heute mit dem Zumutbaren. Osama Bin Ladens Tod war nicht zumutbar gewesen, die betroffenen Mienen von Hillary Clinton und Barack Obama hingegen schon. Die Bombardierung des Irak war teilweise zumutbar, die Bilder aus dem Gefängnis Abu-Ghraib waren es eigentlich nicht, aber da ging es nicht anders.

Dankbar lauschte er den Worten eines älteren englischen Journalisten, der sagte, dass ihm der alte Gaddafi leidtäte, egal, was er getan habe. Seltene Worte in einer Fernsehwelt, die geprägt ist von Rache und der Gier nach vermeintlicher Demokratisierung, von der jeder weiß, dass sie nicht stattfinden wird. Und doch tut jeder so, als würde sie. Gaddafis Gesicht auf dem Weg zum nächsten Baum, an dem man ihn aufknüpfen würde, war nur der gepixelte Beweis dafür.

In ein Leintuch gehüllt öffnete er dem makellos gekleideten Kellner. Diese Zimmerkellner sind immer stoisch und tun, als sei es normal, einem wildfremden, halbnackten Menschen gegenüberzustehen und ihn einhändig – da er ja mit der anderen Hand das Leintuch festhalten muss – einen Beleg unterschreiben zu lassen. Sie sind ein Segen für die Menschheit. Oft wünschte er sich, ein paar Tage lang sehen und erleben zu können, was sie sahen und erlebten.

Beim Verzehr des klassisch englischen Frühstücks, das ihm den ganzen Tag im Magen liegen würde, machte er eine Liste, in welchen Hotelzimmern er bei der Hinrichtung der letzten Diktatoren gewesen sein könnte.

Wie war das noch mit Ferdinand Marcos 1986? Der wurde abgesetzt, blieb aber am Leben. In Erinnerung blieben die tausende Paar Schuhe seiner Frau. Seltsam, wie sich bestimmte Details im Hirn einnisten. Er konnte sich nur an die Bilder dieser Schuhe erinnern und dass er 1986 wahrscheinlich in keinem Hotelzimmer gewesen war.

Dann die Hinrichtung von Nicolae und Elena Ceaușescu, 1989. Der hatte er im Zimmer eines Schlosshotels in der südlichen Steiermark beigewohnt. Später in der Nacht hatte er zusammen mit einem Freund die Feuerlöscher auf dem Hotelgang aus den Halterungen gerissen und den Schaum im Hof verspritzt. Die Erbärmlichkeit der Bilder dieser Hinrichtung konnte er nie vergessen. Nichts wird sich ändern, hatte er damals gedacht, so nicht.

Bei Saddam Hussein 2006 war er in Tschechien gewesen. Ein weicher, versöhnlicher Schnee hatte die Welt eingehüllt. Hussein hatte sich in einem Erdloch verkrochen. Das war das Bild.

Osama bin Ladens Tod durfte er nicht sehen, auch nicht in einem davon unbeeindruckten Bangkok. Dafür sah er die Menschenmasse gewordene Dummheit in den Straßen New Yorks tanzen. Es gibt immer das eine Bild für jedes Ereignis.

Später ging er hinaus in einen strahlenden Londoner Tag. Die Alltäglichkeit, die er vorfand, stimmte ihn versöhnlich, und er überlegte, was er wohl festhalten sollte von dieser sonnig-friedlichen Normalität. Ob auch sie Risse hatte, und wie das Bild aussehen würde von seinem persönlichen Tag, an dem Muammar al-Gaddafi gelyncht wurde. Er fotografierte im Hyde Park einen Mann im feinen Anzug, wie er den Kot seines Hundes mit einem Plastiksack aufklaubte. Er hätte erwartet, dass es dem Mann peinlich wäre, in dieser Situation abgelichtet zu werden, aber das Gegenteil war der Fall. Der Mann hob den durchsichtigen Kackbeutel in die Höhe und präsentierte stolz, welch guter Bürger er war.

Diese Handlung und das Bild davon bedeuteten wohl kaum, dass die Welt drauf und dran war, eine bessere zu werden. Und obwohl er die Sauberkeit des Parks übertrieben fand, lag etwas Tröstliches in der Zuversicht des Hundebesitzers. Wie in jeder Zuversicht etwas Tröstliches liegt.

BARCELONA
SPANIEN
1936

30

VOR DEM GROSSEN KRIEG Es war die Zeit, in der er sehnsüchtig auf den Religionsunterricht wartete, weil er davon befreit war. Während des Geographieunterrichts leerte er seine Schultasche und verstaute den Inhalt im Fach der Schulbank. Die Frau Professor, eine traurige Bohnenstange, die in den Zeichenlehrer verliebt war, seit er sie einmal auf einem Schulskikurs betrunken verführt hatte, und die wusste, dass alle Schüler das wussten, sprach noch über das Bruttoinlandsprodukt von Brasilien und war wahrscheinlich genauso froh wie ihre Schüler, dass dieses Trauerspiel von Unterricht bald vorbei sein würde.

Der schrille Klingelton erlöste alle, und niemand wartete, bis sie den Satz beendet hatte. Sie setzte sich resigniert an den Lehrertisch und füllte irgendwelche Papiere aus, die sie sicherlich nicht hätte ausfüllen müssen. Aber so wirkte es, als könnte sie sich noch halbwegs würdevoll ins Wochenende retten. Sie wusste, dass sie nicht ernst genommen wurde, da man in Geographie nicht durchfallen konnte. Das war wahrscheinlich der Grund, warum sie diesen Gegenstand unterrichtete: weil sie niemanden hätte durchfallen lassen können. Und weil sie immer schon gewusst hatte, dass niemand sie je ernst nehmen würde. Sie war zu groß, ihr Busen zu klein, und die Brille in ihrem Gesicht gab ihr den Rest. Vielleicht dachte sie aber auch darüber nach, wie schön die Welt sei, über die sie unterrichtete, und dass der ständig sich verändernde Fluss der Weltkarte, sähe man ihn im Zeitraffer, mit all den mäandernden Grenzen und Farben etwas Poetisches an sich habe.

Als er das Schulgebäude verließ, sah er sie und den Zeichenlehrer in einer Ecke des Schulhofs stehen. Obwohl er kaum mehr als einen kurzen Blick auf die beiden erhaschte, erkannte er, dass sie weinte, dabei jedes Geräusch unterdrückend, um nicht aufzufallen, dass sie zitternd eine lange, dünne, lippenstiftverschmierte Zigarette kaum zum Mund brachte, während der Zeichenlehrer mit Mühe eine verständnisvolle Miene machte und sich eine *Milde Sorte* ansteckte. Dabei schaffte er es sogar, ihm zwischen zwei Gesichtsausdrücken aufmunternd-männlich zuzuwinken, bevor er das Schulhofdrama mit der Geographielehrerin zu Ende brachte.

Vor der Schule wartete sein Freund auf ihn. Auch dessen Schultasche war leer. Beide waren aufgeregt und die Schule, Brasilien und der Zeichenlehrer schnell vergessen. Wie zwei besonders interessierte Schüler betraten sie eine Buchhandlung. Sie hatten vor zu stehlen, wie fast jeden Freitag. Sein Freund nahm sich gezielt die Philosophie-Abteilung vor, jene Bände, die er sich nicht leisten konnte, aber unbedingt lesen wollte. Er selbst stahl alles, was Belletristik und ihm unbekannt war. Am liebsten wählte er Bände aus der Reihe *Bibliothek Suhrkamp*. Die waren gebunden, wirkten trotzdem wie Taschenbücher, hatten einfarbige Umschläge und enttäuschten ihn nie. Es war eine Sucht, die er nicht bezahlen konnte. Also blieb nur stehlen.

Normalerweise füllten sie ihre Schultaschen und gingen wieder. Sie waren unschuldig aussehende Buben aus gutem Hause, sodass niemand sie für fähig hielt, Woche für Woche den bestsortierten Buchladen der Stadt zu bestehlen. Diesmal aber bog in dem Moment, als er ein Buch in seine Tasche schob, in dem sonst so verlassenen Stockwerk ein Verkäufer um die Ecke. Er war nicht sicher, ob er etwas bemerkt hatte, aber seine Hände begannen so deutlich zu zittern, dass er wünschte, er hätte wie die Geographielehrerin eine lange, dünne Zigarette zum Festhalten. Er zog das Buch wieder aus der Tasche, ließ aber ein anderes, das er schon vorher eingesteckt hatte, drinnen. An der Kasse erkundigte er sich nach dem Preis und kaufte es dann nicht. Seine nervöse Stimme hätte ihn verraten können, aber nichts geschah. Bald saß er mit seinem Freund im Kaffeehaus. Der Freund hatte Descartes' *Prinzipien der Philosophie* geklaut und war hochbeglückt über diese fette Beute. Er selbst hatte es nur auf einen einzigen Roman gebracht, und der war nicht einmal aus der *Bibliothek Suhrkamp*. Es war ein dünnes dtv-Taschenbuch von Georges Batailles, *Das Blau des Himmels*.

Er las das Buch noch in derselben Nacht. Er würde es nie vergessen, dachte er damals, aber natürlich vergaß er das meiste. Jahre später wusste er nur noch, dass es um Spanien kurz vor Ausbruch des Zweiten Weltkriegs ging, dass Fassbinder es hatte verfilmen wollen, bevor er starb, und dass es in einem Hotel begann. Ein eleganter Herr kam mit einer ebenso eleganten Frau in das Zimmer eines Grand Hotel, wo sie sich in einem schönen weißen Kleid auf einen Sessel fallen ließ. Er malte sich immer ein Hochzeitskleid aus, da er zum Zeitpunkt der ersten Lektüre keine Vorstellung von der Mode der dreißiger Jahre hatte. Die Frau ließ sich also auf den Sessel fallen und bekam einen so heftigen Lachanfall, dass sie sich anpisste und die Pisse über ihre glatten Strümpfe lief. Das erzeugte ein Geräusch in seiner Erinnerung. Es war wie das leicht statische Knistern, das von Frauenstrümpfen ausgeht, wenn man darüberstreicht, vermischt mit einem warmen Rinnsal, das dieses Knistern sanft unterdrückt.

Er wachte auf. Irgendwo auf der Welt, in irgendeinem Hotelzimmer, in irgendeiner Nacht hatte er von diesem Geräusch geträumt. Er versuchte, sich zu orientieren, aber es gelang ihm nicht. Er wusste nur, er musste dringend pinkeln. Er versuchte, so wenig wie möglich aufzuwachen und trotzdem zur Toilette zu gehen. Er taumelte also in Richtung Badezimmer, öffnete die Tür und ging hinein. Er nahm sich vor, gar nicht erst das Licht aufzudrehen, sondern nur so schnell wie möglich ins Bett und zu seinem Traum zurückzukehren.

Die Tür fiel hinter ihm zu – und ins Schloss. Schlagartig erwachte er nun doch aus dem bis dahin aufrechterhaltenen Halbschlaf und fand sich, nur mit seiner Pyjamahose bekleidet, im Gang vor seinem Zimmer wieder. Der Harndrang war quälend, und sein Hirn raste auf der Suche nach einer Möglichkeit, das Ganze so schnell und würdevoll wie möglich hinter sich zu bringen. Er fuhr mit dem Lift nach unten und ging mit einem breiten Lächeln zur Rezeption. Das Hotel war ein gutes, denn die Frau, die Nachtdienst hatte, ließ sich nichts anmerken. Er selbst konnte noch immer nicht genau einordnen, wo er war. Die Frau war zwar Asiatin, über dem Dekor nach konnte das Hotel überall auf dem Planeten sein, außer vielleicht in Afrika. Afrika ist immer die Ausnahme.

Er erklärte ihr, was geschehen war, bekam einen neuen Schlüssel ausgehändigt und, nachdem er Namen und Adresse aufgesagt hatte, seine Zimmernummer mitgeteilt.

Zurück in seinem Zimmer war ihm, als säße dort im Finstern eine Frau, die lachte und sich anpisste. Er schaute ihr fasziniert zu und vergaß dabei, endlich ins Bad zu gehen. Er blickte nur durch das Fenster hinter der lachenden Frau auf die schwach beleuchtete Stadt, deren Name ihm nicht einfallen wollte, und wurde endlich von seinem eigenen Harndrang übermannt. Er spürte die warme Flüssigkeit seine Schenkel hinunterrinnen und ahnte, dass es bald wieder einen großen Krieg geben würde.

PJÖNGJANG
NORDKOREA
1998

31

WASSER UND ANDERE SPIEGEL Als das Flugzeug auf der Landebahn des Sunan-Flughafens aufsetzte, dachte er an Dick und Doof. Es gab Dinge, die fielen ihm immer auf Deutsch ein, weil er mit ihnen aufgewachsen war. Dazu gehörten auch Fred Feuerstein, die Fernsehserie *Mit Schirm, Charme und Melone*, aber auch Tick, Trick und Track. Er dachte also an Dick und Doof, und da speziell an die Szene, in der Dick das gemeinsame Auto vor einer Lacke anhält und Doof mit einem Stab losschickt, um die Tiefe zu überprüfen. Doof steigt aus, wie immer ängstlich und unwillig, geht mit der Stange in der Hand vorsichtig auf die Lacke zu und steckt sie prüfend hinein. Nur wenige Zentimeter versinkt die Stange, bevor ihre Spitze auf festen Boden trifft, also watschelt er fröhlich zum Auto zurück. Und jeder Zuschauer weiß, was kommen muss, und beginnt schon zu lachen. Als das Auto vollends versinkt, ist das Glück des Publikums perfekt.

Er wurde von Herrn Min Yongha, seinem perfekt Deutsch sprechenden Aufpasser, vom Flugplatz abgeholt und in einem schwarzen Auto durch menschenleere Straßen zu einem Hotel auf der Insel in der Mitte der Stadt geführt. Er war darauf vorbereitet, alle ausländischen Gäste wurden hier untergebracht. Die Atmosphäre war freundlich, aber bestimmt. Es war nichts verboten und doch alles. Er wurde in sein komfortables Zimmer begleitet, dort wurde ihm mittels eigenartiger Formulierungen zu verstehen gegeben, dass er bis zur Abholung am nächsten Tag nirgends allein hingehen solle. Er werde ja schließlich von der langen Reise müde sein.

So blieb er im Zimmer und schaute aus dem Fenster auf eine Stadt hinunter, die friedlich und sauber dalag. Der Anblick erinnerte ihn an den Wienerwald: Ein Wald ohne Unterholz, mit geordneten Bäumen und praktisch ohne wilde Tiere (zumindest keine in Freiheit). Oder sah man sie einfach nicht? Hier sah er auch nur wenig – er hatte allerdings das Gefühl, beobachtet zu werden, so wie er gerade beobachtete. Nur nicht aus solcher Ferne. Er drehte sich um und ließ die Stadt in seinem Rücken Stadt sein. Der Wandspiegel am anderen Ende des Zimmers zog seinen Blick magisch an. Er war so groß, dass man hätte glauben können, das gleiche Stadtbild wäre in beide Richtungen zu sehen.

Es gab für ihn zwei Arten von Hotelzimmern: solche, die man durch die eigene Präsenz und Unruhe automatisch in Besitz nahm, und solche, in denen man sich das Territorium erst erarbeiten musste. In den einen lebte er aus dem Koffer, in die anderen zog er ein, als würde er in ein Zuhause kommen. Hier war Zweiteres der Fall, also hängte er Jacken und Hemden auf Kleiderbügel, legte T-Shirts, Unterwäsche und Socken in Schubladen und räumte sein Necessaire im Badezimmer aus. Er ordnete Zahnbürste und Rasierzeug in Gläser und legte Seife und Shampoo in die Seifenschale. Da er seit über zwanzig Stunden unterwegs war, wollte er sich ausziehen und duschen, zögerte aber, da er angesichts des Wandspiegels das Gefühl hatte, nicht allein zu sein. Nicht, dass er grundsätzlich besonders schamhaft war, aber er wollte auch vor niemandem, den er noch nie gesehen hatte, nackt herumlaufen. Und nackt fühlte er sich plötzlich, obwohl er noch Unterhose und T-Shirt trug. Er schlug sich also ein Handtuch um die Hüften, wand sich dann erst aus der Unterwäsche, schlüpfte schnell in die Duschkabine, warf das Handtuch über die halbdurchsichtige Wand und drehte das Wasser stark auf.

In der Nacht träumte er, unter Wasser zu schlafen, und im Aufwachen sah er verzerrt über sich das Gesicht von Doof durch die Wasseroberfläche. Dann war das Gesicht weg, und ein Stab stach fordernd auf ihn herunter. Er war also das Maß für die Tiefe der Lacke.

Herr Min Yongha wartete schon auf ihn, als er zum Frühstück kam, und erklärte ihm, während er seine Morgensuppe löffelte, das Programm der nächsten Tage. Der erste Tag war vollgestopft mit Besichtigungen. Es sollten diverse Monumente, Museen und Häuser, die dem Lieben Führer Kim Jong-il zur Ehre gereichten, besucht werden. Herr Min Yongha war, wie schon am Vortag, freundlich, aber bestimmt. Als er das naive Ansinnen vorbrachte, auch ein paar Orte des Alltagslebens besuchen zu wollen, wurde er höflich vertröstet, und daraus wurde klar, dass er immer vertröstet werden würde.

Der Tag verging wie eine nicht enden wollende Schulführung. Er fragte sich, wofür Museen überhaupt gut waren. Für Sammler und Wissenschaftler, die damit einen Außenposten in der Wirklichkeit erhielten? Für Touristen, damit sie einen Vorwand hatten, ihre Heimat zu verlassen? Oder für Führer, die sich keine Mausoleen mehr bauen lassen konnten? Er ließ alles über sich ergehen und blieb hie und da an der Auslage eines Lebensmittelgeschäfts oder an einem offenen Fenster stehen. Er starrte hinein, als wären ebenfalls Ausstellungsstücke zu sehen. Als wären Menschen Ausstellungsstücke im Museum der Wirklichkeit.

Und so sammelten sich in seinem Kopf Bilder über Nordkorea: alle hinter Glas. Da verpackten Verkäufer feinsäuberlich bunte Flaschen und rohe Eier, da bügelte jemand mit einer altmodisch wirkenden, aber blitzsauberen Maschine Bettlaken, da fand sich eine Familie zum Essen ein, da wurde jemand unter eine Trockenhaube gesteckt, da zog jemand eine Uniform an. Waren alle Fenster in diesem Land halbdurchlässige Spiegel? Und wie verhielt es sich wirklich mit dem Spiegel in seinem Hotelzimmer? Eines Abends hatte er nach dem Konsum einiger Fläschchen des lokalen Schnapses *Moonbaeju* vor diesem Spiegel Grimassen geschnitten und den unbekannten Zuschauern die Zunge gezeigt. Ob er dabei wirklich gesehen wurde, blieb völlig unklar. Er verstand in diesem Land einfach nicht, wie tief die Lacke war.

Nach zwei Wochen fragte ihn Herr Min Yongha, warum er immer in Geschäfte starrte, wo es nichts zu sehen gab. Er sann lange über eine plausible Antwort nach und fragte dann seinerseits Herrn Min Yongha, ob er Dick und Doof kenne. Sein Begleiter überlegte eine Weile und sagte dann: »Nein, wer ist das?« »Das sind zwei Herren, die nie das tun, was man von ihnen erwartet, obwohl sie sich sehr bemühen, genau das zu tun. Aus ihrem unerwarteten Tun entsteht aber am Ende genau das, was man erwartet hatte. Und das ist dann lustig, weil es im Unerwarteten vorhersehbar ist« – so versuchte er unbeholfen, die beiden zu beschreiben. Herr Min Yongha bemühte sich redlich zu verstehen, scheiterte aber offenbar daran, dass er keinen Begriff davon hatte, was es hieß, etwas Unerwartetes zu tun. In seinem Verständnis konnte die Welt nur funktionieren, wenn jeder genau das tat, was von ihm erwartet wurde.

Sie schauten gerade durch eine riesige Glasscheibe in ein Schwimmbad. Ein junges Mädchen testete mit dem linken Fuß die Temperatur des Wassers. Dann stieg sie auf das Drei-Meter-Brett, um hineinzuköpfeln. Er hoffte für sie, dass das Becken tief genug war.

Am Abend stand er wieder vor dem Spiegel in seinem Zimmer. Er hatte einen Kugelschreiber in der Hand und näherte sich wie Doof der glatten Oberfläche.

PUSAN
SÜDKOREA
2000

32

GESCHICHTEN AUF DER HAUT Er liebte es, egal wo auf der Welt, ins Schwimmbad oder in die Sauna zu gehen. Er hatte schon gekachelte Dampfbäder erlebt, mit großen, dicken Männern, die aussahen, als wäre die Sauna ihre natürliche Umgebung. Man konnte den Eindruck haben, sie würden sich ausziehen, wenn sie sich anzogen, um in die Welt hinauszugehen, wo sie dann angezogen nackt wirkten. Egal wo, die Sauna war ein Ort mit eigenen Gesetzen. Er hatte sich mit Birkenzweigen auspeitschen lassen und war mit hochschwangeren Frauen nackt durch den Schnee gelaufen; er war mit Japanern, die bunte Badekappen trugen, auf genau abgesteckten Bahnen im Wasser spazieren gegangen; er war bei Minusgraden im Freien durch dampfendes Wasser geschwommen und hatte einen Striptease erlebt, während mit Wodka aufgegossen wurde. Sich vor lauter Nackten auszuziehen fand er damals ein seltsames Konzept. Doch er verstand, dass man nur dann wirklich nackt sein konnte, wenn jemand die Nacktheit sehen oder jemand sie nicht zeigen wollte. Deshalb ist die nackteste Nacktheit einer schamhaften Jugend und einem verletzlichen Alter vorbehalten. Dazwischen ist der Mensch für andere auch in der Nacktheit unsichtbar. Außer es streift ihn ein liebender Blick.

In Pusan ging er sofort nach seiner Ankunft in die Sauna, und dort kam er sich nicht nur nackt, sondern auch schmutzig vor. Ein kräftiger Masseur, der aussah wie ein Sumō-Ringer, packte ihn, warf ihn mit einer schnellen Bewegung auf einen Tisch und begann, ihn von oben bis unten mit einem Lappen einzuseifen und zu schrubben, bis er ihm allen Schmutz aus der weißen Haut gerieben hatte. Lachend zeigte er ihm immer wieder den rauen, schwarz gewordenen Lappen, damit er ihm auch glaubte, wie unglaublich schmutzig er gewesen war. Der Masseur sparte weder seinen Hintern noch seine Genitalien aus, und er wand sich auf dem Tisch wie ein Wurm, der nicht wusste, ob er sich dieser Behandlung hingeben oder sich wehren sollte. Er wurde mehrmals eingeseift und abgerieben und stand dann mitten im gekachelten Raum, eingeschüchtert und rein wie ein kleiner Bub. Es fehlte nur, dass ihm der Masseur zum Schluss mütterlich durch die Haare fuhr.

Sämtliche anderen Saunabesucher waren Männer mit Ganzkörpertätowierung. Es war ihm, als wäre er in einer Galerie gelandet, in der lebendig gewordene Gemälde zwischen Schwitzraum, Jacuzzi-Becken und Massagebänken hin und her schlenderten. Er fühlte sich besonders blass und nackt unter diesen Kunstwerken, doch sie nahmen ihn mit stoischen Mienen in ihre Mitte auf. Nach mehreren Aufgüssen wurde sein eigener Blick so ruhig und undurchdringlich wie der ihre. Und dann begannen die Figuren auf ihren Körpern mit einem Mal zu leben und bewegten sich mit jeder Drehung der Körper, jedem Dehnen der Muskeln und jedem Strecken der Glieder. Er sah Schlangen sich winden, Drachen wildes Feuer speien und Prinzessinnen ihr volles, schwarzes Haar aufschütteln; er sah Nebel der Vergangenheit über schneebedeckte Hügel ziehen und Bäume ihre Blütenblätter über verliebte Köpfe fallen lassen; er sah Schwerter aufblitzen und grausame Morde in Hinterhöfen, kalte Augen vor den erbärmlichen Zuckungen eines Opfers. Aber all das hatte nicht die glatte, bunte Gefügigkeit eines Yakuza- oder Mafiafilms. Es war gemalt und dennoch echter. Es war über Generationen von Haut zu Haut weitergegeben worden. Er musste an den französischen Schriftsteller Eugène Sue denken und an die Legende, nach der er sein Lieblingsbuch mit der Haut seiner verstorbenen Geliebten habe binden lassen. Und sah die Männer dann eher als Bücher voller Bilder denn als Gemälde.

Er wurde schläfrig, als ein Mond im Nacken seines Nachbarn hinter einem Schriftzeichen unterging. Das Zeichen bekam lange Arme, floss über den Rücken des Mannes und glitt in eine Art fleischliche Unendlichkeit. Dösend ahnte er, was das Zeichen bedeutete, vergaß es aber wieder, als er in einen traumlosen Schlaf sank. Aber das Wort, das das Zeichen meinte, tat weh. Es war die Hälfte von etwas, von dem er nicht sicher war, ob es ein Ganzes werden konnte.

Als er im Abendlicht durch die Gassen der Stadt zum Meer hin spazierte, dachte er an diese Tätowierung, meinte aber, sie sich nur eingebildet zu haben. Doch die Tür in seinen Gedanken war offen. Er stellte sich die Menschen in den Straßen vor, wie sie ihre eigenen Geschichten am Leib trugen. Es gab Tätowierungen von dampfenden Suppentöpfen, Brautkleidern, Schürzen, zuckenden Fischen, Elektroherden und Geldscheinen. Da ragten Stacheldrähte, Dornenkronen, Elektrokabel und Hanfseile aus Krägen, und unter ihrem Haar trugen sie Kronen und Diademe als Ausdruck dessen, was sie gerne wären und wie sie sich oft fühlten. Dabei waren sie getrieben von Furcht und Neid und allen sieben Todsünden. Genau wie er selbst.

Je dunkler es wurde, desto besser konnte er die Bücher auf der Straße lesen. Sie handelten von Krankheiten, von Einsamkeit, und immer wieder vom Tod. Der Tod hielt diese Bücher am Leben, und doch wollten sie einander nur lesen, um sich zu beruhigen. Um zu sehen, dass im Buch des anderen Ähnliches stand wie im eigenen; und wenn man einander beim Lesen trösten und vom Tod ablenken konnte, dann blieb man eine Weile zusammen und blätterte ineinander. Manchmal waren beim anderen die Seiten noch nicht aufgeschnitten, oder sie waren, soviel man auch darin blätterte, nicht beschrieben oder bemalt. Sie blieben einfach leer, auch wenn sie schon am Vergilben waren.

Das Einzige, woran man ein Buch, ob es nun Bilder hatte oder nicht, untrüglich erkennen konnte, war der Geruch. Eine ältere Marktfrau ging an ihm vorbei, laut schimpfend und stark riechend. Ihre Ausdünstung war scharf, aber angenehm. Er wollte ihr gern die Kleider vom Leib ziehen, um zu sehen, welche Bilder sie tätowiert hatte, aber das hätte sie wohl nicht verstanden. Stattdessen lächelte er sie an, aber sie bemerkte ihn nicht.

Am nächsten Kiosk kaufte er sich ein Heft mit vielen Bildern drin und setzte sich an einen Speisenstand. Er hoffte, die simple Geschichte von Kindermenschen, die mit weit aufgerissenen Augen gegen das Böse kämpften, würde ihn in die Realität zurückholen. Aber die unbekannten Schriftzeichen in den Sprechblasen wirkten, als würden die Helden mit vielen Worten nichts sagen; die Farben waren schal und stumpf, und selbst das Monster verbreitete keinen Schrecken. Das Heft roch nach nichts und lag leblos vor ihm auf dem Tisch. Als er den Blick hob, bemerkte er, dass die Marktfrau von vorhin ihm gerade Sushi servierte. Sie lächelte ihn jetzt freundlich an, als wären sie schon länger miteinander bekannt – als hätten sie schon ineinander gelesen, dachte er. Er klappte das Heft zu, nahm dankbar das Sushi und steckte sich das erste Stück in den Mund. Es war aus einem noch lebenden Fisch geschnitten worden und zuckte gegen seinen Gaumen. Die Marktfrau sah ihn zögern und nickte ihm aufmunternd zu. Er biss in diese Reste von Leben und Energie, und etwas Unbekanntes machte sich in seinem Inneren breit.

Im Hotel ging er schnell in sein Zimmer, zog sich aus und stellte sich nackt vor den Badezimmerspiegel. Gerne wäre er das unbeschriebene Blatt gewesen, das er da sah.

DIR
PAKISTAN
2002

33

FREMDE WAHRHEITEN Oft stellte er, wenn er ein Hotelzimmer betrat, nur rasch den Koffer ab, um schnell wieder nach draußen zu kommen. Er wollte gehen und schauen und mehr nicht. Hier in Dir war das eine Frage der Zeit, denn es dämmerte schon, bald würden die wenigen Marktstände und Teehäuser schließen. Danach würden nur mehr ein, zwei Geschäfte übrigbleiben, in denen die Männer der Stadt standen und auf den Fernseher in einer Ecke starrten. So, dachte er, würde es sein.

Aber dann bot sich ein anderes Bild. Hier waren keine Fernseher. Oder hatte er doch einen durch einen Vorhang schimmern sehen? Nein, es war wohl nur eine flackernde Neonröhre gewesen. Er hätte es eigentlich wissen müssen: Fernseher waren Teufelswerk und nicht Gottes Beitrag. Alles andere war weitgehend so, wie er es erwartet hatte: Männer in rostbraunen Umhängen und mit Kopfbedeckungen aus aufgerolltem Filz wanderten scheinbar ziellos durch die Straßen, nach und nach begannen die Läden zu schließen – praktisch im Gleichklang mit dem Heraufziehen der Nacht.

Manche der Männer trugen zur traditionellen Bekleidung Ray-Bans, obwohl man die Hand kaum mehr vor Augen sah. Pro Straßenzug gab es nur eine Laterne. Die Sonnenbrillen mussten eine bestimmte Bedeutung haben. Zum Beispiel, dass es sich bei ihren Trägern um die Reichsten und Mächtigsten der Stadt handelte, oder um die, die es gerne wären. Vielleicht waren es die Polizisten oder die Mitglieder der Geheimpolizei. Dir war der Knotenpunkt zwischen den Nord-Territorien von Pakistan und Kaschmir. Hier tummelten sich islamische Fundamentalisten ebenso wie Rucksacktouristen und Bergsteiger. Jedenfalls waren es immer die Ray-Ban-Träger, die ihn in den Wochen und Monaten, die er in diesem Land verbrachte, ansprachen, um ihn zu einem Tee einzuladen. Auch hier taten sie es, und er ließ sich einladen. Er wusste, was kommen würde: Es wurde ihm für sein Kommen nach Pakistan wärmstens gedankt. Das war keine Geste oder Floskel, sondern tatsächlich tief empfundener Dank für seine bloße Anwesenheit, denn es war die Zeit kurz nach der Enthauptung eines US-amerikanischen Journalisten namens Daniel Pearl. Damals kam niemand nach Pakistan. Hätten die Menschen gewusst, wie viele freundliche Worte und Einladungen zum Tee ihnen entgingen, sie hätten das Land gestürmt. Er unterhielt sich also mit den Ray-Ban-Trägern in verklausulierten Worten über Politik, Gott und Daniel Pearl. Der Abschied fiel besonders herzlich aus, und man umarmte sich, weitere Einladungen aussprechend und mit den besten Wünschen für die Familie.

Um acht Uhr war die Stadt stockdunkel, und er war zurück im Hotel. Das Huhn und das Naan waren aufgegessen, in Ermangelung einer anderen Beschäftigung blätterte er das dicke Gästebuch durch. Es gab nur einige wenige Einträge. Der letzte stammte von einem Schweizer Paar, das den Norden Pakistans mit Mountain Bikes bereist hatte. Er stellte sich zwei zur Unkenntlichkeit verkleidete Wesen vor, in neonfarbenen Trikots und mit stromlinienförmigen Helmen. Er nahm sich vor, die beiden bei nächster Gelegenheit bei den Ray-Ban-Trägern anzuschwärzen. Als die Frau namens Magdalena dann noch schrieb, wie traurig sie angesichts von Frauen in Burkas sei, und das inmitten einer so wunderschönen, ja paradiesischen Natur, schlug er das Buch ärgerlich zu, ohne selbst einen Eintrag zu machen. Beim Versuch einzuschlafen, krochen Bilder von durchtrainierten Menschen in bunten Fahrradanzügen, die durch die paradiesische Landschaft Nordpakistans radelten, in sein wehrloses Bewusstsein.

Als er nach einer kleinen Ewigkeit auf die Uhr schaute, war es erst zehn Uhr. Sein Zimmerfenster gab nur den Blick auf ein Stück Straße frei, das in einer langgezogenen Kurve zum Hotel heraufführte. Eine Frau in Burka ging dort ihres Weges. Ihr Gang wirkte wie der einer alten Frau, müde, wenn nicht gar erschöpft vom Leben, und es war ihm, als zöge sie ihr rechtes Bein ein wenig nach. Er schaute ihr lange zu, ohne das Bedürfnis zu verspüren, ihr Gesicht zu sehen. Er sah auch so, was es zu sehen gab.

Da er am nächsten Tag weiterfahren würde, machte er seinen Koffer erst gar nicht auf. Wenige Kilometer nördlich von Dir sollte er eine Familie von Ingenieuren besuchen, die sich darauf spezialisiert hatte, große Öltanker in ihre Einzelteile zu zerlegen. Ein Beruf, den man in diesem bäuerlichen Territorium kaum vermuten würde. Die Zähne hatte er sich geputzt, weitere Ansprüche an sein Gepäck hatte er nicht. Er öffnete die Nachttischladen in der vagen Hoffnung auf einen englischsprachigen Koran, in dem er schmökern konnte, bis der Schlaf vielleicht doch kam. Stattdessen fand er eine deutsche Ausgabe von *Schuld und Sühne*, herausgegeben vom Buchclub *Ex Libris* in Zürich. Ein Stempel auf der ersten Seite verwies auf eine Besitzerin namens Magdalena, und es waren einige wenige Stellen im Buch angestrichen.

Mit Bleistift: *Er ging ruhig, ohne Hast, ganz im Fieber und – ohne sich dessen bewusst zu werden – erfüllt von dem neuen, unfassbaren Gefühl, dass plötzlich das Leben in hohen, mächtigen Wogen auf ihn zubrandete.*

Mit rotem Kugelschreiber: *Zuallererst machte er sich daran, seine blutverschmierten Hände an dem roten Stoff abzuwischen.*

Mit schwarzer Tinte: *Wenn die Vernunft am Ende ist, dann hilft der Teufel weiter.*

Mit blauem Kugelschreiber: *Stellen Sie sich nur vor, wenn die Ewigkeit nur ein kleines Zimmer wäre, etwa so groß wie eine Badestube auf dem Land, und ganz verräuchert, und Spinnen säßen in allen Ecken, und das wäre sie dann, die Ewigkeit.*

Mit Bleistift, aber gespitzter als beim ersten Eintrag: *Er hatte das Gefühl, als hätte er sich in diesem Augenblick mit einer Schere von allem und allen abgeschnitten.*

Rot unterstrichen: *Lüg mich an, aber ich werde dich dafür küssen. Auf eigene Weise zu lügen ist ja fast noch besser, als fremde Wahrheiten nachzuplappern; im ersten Fall bist du ein Mensch, und im zweiten höchstens ein Vogel! Die Wahrheit läuft nicht davon, aber mit fremder Wahrheit kann man das eigene Leben ersticken.*

Er stellte sich Magdalena aus der Schweiz vor, wie sie mit dem Rad durch Pakistan fuhr, ein Raskolnikow des 21. Jahrhunderts, und wie sie Dostojewskijs Worte dachte oder sie sogar, in die Pedale tretend, vor sich hin murmelte. Ihr Freund und Weggefährte fragte sie: »Sag mal, woran denkst du gerade?«, und sie antwortete beiläufig: »Ach, an nichts. Es ist so schön hier!«

Am nächsten Morgen schlug er noch einmal das Gästebuch auf und schrieb doch etwas hinein. Er bedankte sich wortreich für die Gastfreundschaft in Dir und dafür, dass er von den Männern mit den Ray-Bans zum Tee eingeladen worden war. Er blätterte zurück zum Eintrag von Magdalena und Ueli. Es war keine genaue Adresse verzeichnet, sondern nur der Ort Baden bei Zürich, sowie der Nachname – und der lautete schlicht »Schweizer«.

Lange Zeit trug er diese Ausgabe von »Schuld und Sühne« mit sich und las darin, als handelte es sich um ein Buch voller Anekdoten, das man irgendwo aufschlagen und zu lesen beginnen konnte. Irgendwie funktionierte das auch, aber wohl nur, weil er es so gut kannte. Auf einer Zugfahrt von Wien nach Zürich las er es noch einmal ganz, und als er morgens in Zürich ankam, ging er auf die Hauptpost und suchte im Telefonbuch von Baden bei Zürich nach einer Magdalena Schweizer. Er fand sie.

In der S-Bahn nach Baden rang er mit sich, ob er vorher anrufen sollte. Er entschied sich dagegen und klingelte wenig später an einem unauffälligen Einfamilienhaus in der Vorstadt von Baden, das wiederum eine Vorstadt von Zürich war. Im Garten standen zwei Fahrräder. Eine junge Frau kam aus dem Haus, irgendwo schrien Kinder, aber das hätte auch von nebenan kommen können. Die Frau musterte ihn verwundert und fragte höflich, aber reserviert, was er wolle. Er grüßte ebenfalls höflich und hielt ihr das Buch mit den Worten hin: »Ich glaube, das gehört Ihnen. Sie haben es in Pakistan vergessen.« Sie blätterte kurz darin und gab es dann über den Gartenzaun zurück. »Sie müssen mich verwechseln. Das ist nicht mein Buch.« Er nahm es und wollte schon weiterreden, doch sie ließ es nicht dazu kommen. »Ich war noch nie in Pakistan. Und ich habe auch keine Intention, dieses Land zu besuchen.« Auf seine Frage, warum, überlegte sie kurz und fügte dann trocken, aber mit einem leicht ironischen Unterton hinzu: »Man sagt, es sei eines der gefährlichsten Länder der Welt.« »Wie wahr«, hörte er sich antworten, und als er sich verabschiedet hatte, war ihm, als sagte sie: »Auf eigene Weise zu lügen ist fast besser, als fremde Wahrheiten nachzuplappern.« Als er sich noch einmal umdrehte, war sie auf dem Weg zurück ins Haus.

Er hätte sie gerne geküsst, einfach über den Gartenzaun hinweg.

DAS HAUS GEGENÜBER Er stand im Afrikazimmer und schaute auf das Haus gegenüber. Er hätte auch im Orientzimmer oder in der Kaiser-Suite stehen und auf dieses Haus schauen können. Es wäre immer der gleiche Blick gewesen, nur aus verschiedenen Winkeln. Über die Jahre war er das eine oder andere Mal Gast in diesem Hotel gewesen, wie wohl viele seines Alters und seines Umfeldes, und er hatte nach dem Sex immer auf das Haus gegenüber geschaut. Im Erdgeschoss war eine zur Straße hin offene Autowerkstatt, anscheinend darauf spezialisiert, Winter- gegen die Sommerreifen zu tauschen und umgekehrt. Im Stockwerk über diesem Bereich, wo es zwei Hebebühnen gab und sich die Reifen bis auf den Gehsteig hinaus stapelten, befand sich ein kleines, helles, gut einsichtiges Büro, und an einem Tisch am Fenster dieses Büros saß jahraus, jahrein eine junge Frau an einem Computer. Er bildete sich ein, dass die Computer in gewissen Abständen anders aussahen, die Frau aber immer gleich. Als er sie das erste Mal sah, musste sie um die fünfundzwanzig gewesen sein, aber sie schien sich auch später nicht zu verändern. Sie war immer in ihre Arbeit vertieft und hatte immer das Gleiche an. So schien es.

34

WIEN
ÖSTERREICH
1993

Das konnte daran liegen, dass er, wenn er zu ihr hinüberschaute, jedes Mal eine Erdbeere oder ein Stück Schokolade aß. In diesem Hotel gab es nämlich zum Rotwein, den man im Zimmer konsumierte, immer Erdbeeren und Milketten in Herzform. Jedes Mal stellte er fest, dass die Erdbeeren wieder nach nichts schmeckten und Milka-Schokolade grundsätzlich ungenießbar war, denn die Frau über der Werkstatt konnte kaum dieselbe sein, da sich ihr Alter nicht veränderte. Aber tatsächlich hatte sie immer das Gleiche an: Jeans und ein blau-weißes T-Shirt.

An jenem Tag war ihm, als würde sie sich umdrehen und zu ihm schauen. Der Augenblick war viel zu kurz, um daraus einen tatsächlichen Blickkontakt ableiten zu können. Vielleicht spürte sie seit Jahren die Blicke jener Menschen in ihrem Nacken, die sich am Fenster des Hotels Erdbeeren in den Mund schoben, und war vorsichtig geworden, sich auch nur für einen Moment umzudrehen und ihrerseits auf das Hotel zu schauen. Vorhänge hatte sie keine, also konnte sie davon ausgehen, dass sie gesehen wurde, täglich, stündlich, von anderen Menschen. Also konzentrierte sie sich lieber auf den Wechsel von Semperit zu Goodyear, auf Felgen, Speichen und Profiltiefen. Oder sie war Buchhalterin und verwaltete nur nackte Zahlen. Vielleicht fälschte sie auch Bilanzen. Aber nie hob sie den Blick zu den Zimmern oder zum Eingang des Hotels, in dem Liebes- und Sexhungrige jeden Alters und aller Neigungen ein- und ausgingen. Oder sah sie alles und ließ es sich nur nicht anmerken? Wie viele Geschichten, dachte er, fanden vor ihren Augen statt? War sie diesem Treiben gegenüber gleichgültig? Oder erzählte sie ihrem Freund bei jedem Abendessen, wer an diesem Tag wieder alles in diesem Hotel gewesen war?

Unten stieg gerade eine dicke Frau aus einem Taxi. Sie hatte einen riesigen Koffer dabei, den sie kaum tragen konnte, mit dem sie sich selbst abmühen musste, da das Hotel kein helfendes Personal beistellte. Es gab Zimmermädchen, aber die brachten nur den Sekt, den Wein, die Erdbeeren und die Schokolade. Sonst waren sie unsichtbar. Nach der dicken Frau kam ein Mann um die vierzig mit wirren Haaren, der sich dreimal umsah, bevor er schnell im Eingang verschwand. Danach huschten ein Schauspieler, den er kannte, und eine Filmstudentin, die er auch schon einmal gesehen hatte, herein. Die Filmstudentin trug ein extravagantes Kleid mit einem Muster aus Märzenbechern. Die Frau gegenüber blickte starr auf ihren Bildschirm und tippte in die Tasten.

Hinter sich hörte er, wie die Frau, mit der er hier war, die Dusche aufdrehte und nach ihm rief. Er antwortete nicht und steckte die letzte geschmacksfreie Erdbeere in den Mund. Dann öffnete er das Fenster und suchte nach etwas, das er nach unten werfen konnte, um die Aufmerksamkeit der Frau über der Werkstatt zu erregen. Er fand einen kleinen Stein in der Hosentasche, den er schon lange mit sich herumtrug und mit dem er immer geistesabwesend spielte, wenn er jemandem zuhörte. Der Stein war ein Geschenk gewesen, und er zögerte, ihn zu benutzen. Er war eigentlich auch zu groß, um für den Zweck ideal zu sein. Die Distanz war beträchtlich und der Winkel relativ steil. Wollte er wirklich treffen, musste er also recht entschieden werfen, und die Gefahr, das Fenster kaputtzuschießen, war nicht gering. Traf er nicht, wäre es ihm leid um den Stein. Er hatte nur einen Versuch.

Während er noch überlegte, sah er unten einen Lamborghini ankommen. Er fragte sich, wer in so einem Wagen vor diesem Hotel vorfahren würde, bevor er erkannte, dass der Fahrer die Werkstatt ansteuerte. Es war ein Mann in einem Blazer mit Lederflicken an den Ellenbogen, Stecktuch und einer Herrenhandtasche. Er war zu perfekt, um wahr zu sein, und rundete seine Erscheinung ab, indem er eine Pfeife aus der Tasche kramte. Er scherzte mit dem Mechaniker, der in seinem Blauzeug und mit den schmutzigen Händen, die er sich an einem öligen Lappen abwischte, ein ähnlich perfektes Bild abgab. Er konnte den näselnden Tonfall fast hören, in dem der Mann zwischen zwei Zügen an seiner Pfeife sprach.

Er spielte mit dem Stein aus seiner Hosentasche und versuchte, sich zu konzentrieren. Er wollte schon werfen, konnte sich aber doch nicht entschließen. Die Frau rief ihn zum wiederholten Mal aus dem Badezimmer. Er hatte keine Lust zu duschen, wollte den Nachmittag lieber nach Sex riechend verbringen und schenkte sich in Ermangelung weiterer Erdbeeren noch ein Glas Rotwein ein. Sie rief ihn wieder. Er antwortete nicht.

Dann hob er die Hand, wild entschlossen, den Stein endlich zu werfen – da stand die Frau von ihrem Arbeitsplatz auf und ging weg. Er dachte, dass sie vermutlich zur Toilette ging, und stellte sich vor, wie sie ihre Jeans und die Unterhosen in einer Bewegung nach unten zog, sich auf ihre Hände setzte und gedankenverloren pisste. Die Frau im Badezimmer wollte wissen, ob er sie lieb habe. Er war weit davon entfernt, eine Antwort zu wissen, und wurde stattdessen steif bei dem Gedanken an die Buchhalterin, die im Haus gegenüber auf dem Klo saß. Als die Frau, mit der er hier war, nackt aus dem Bad kam, hatten sie noch einmal Sex. Sie wunderte sich, aber er war heftig und bestimmt. Es war schöner als der Sex zuvor. Sie schaute ihm erstaunt in die Augen, als er in ihr kam.

Als er später durch die Stadt ging, nahm er drei in Plastik verschweißte Strafmandate von drei verschiedenen Autos und steckte sie in seine Hosentasche. Zu Hause klebte er sie in sein Tagebuch und schrieb drei Geschichten, die davon handelten, was dieser Diebstahl im Leben dreier Menschen auslöste. Am meisten mochte er die Geschichte von der Augenärztin, die drei Jahre lang prozessierte, um die Einmahnung des Strafmandats, das sie nie bekommen hatte, nicht bezahlen zu müssen. Den Tatbestand des Falschparkens leugnete sie, und auch, dass sie mit zwei Rädern auf dem Gehsteig geparkt hatte. Nach zwei Jahren verliebte sie sich in ihren Anwalt, der sie nicht liebte. Er verlor den Prozess. Am letzten Verhandlungstag lernte sie bei einem abschließenden Abendessen den Bruder des Anwalts kennen und heiratete ihn wenige Wochen später. Er liebte sie, und sie war glücklich mit ihm bis an ihr Lebensende.

Jahre später fand er in einem Container eine Schachtel voller Dias von Augenkrankheiten. Er war sich sicher, dass sie von dieser Ärztin kamen. Er projizierte sie gerne an eine Wand zu Hause und fühlte sich der Frau sehr nahe. Die Bilder waren von schauriger Schönheit. Er liebte besonders eines mit grünen Augen, die große, blaugraue Flecken aufwiesen. Das Dia war schon ganz blass, und trotzdem strahlten die Augen in einem berückend intensiven Grün.

KATMANDU
NEPAL
2006

35

DER DUFT DER FRAUEN Er spürte schon im Flugzeug, dass er drauf und dran war, krank zu werden. Zuerst hoffte er, es wäre nur seine übliche Klimaanlagen-Allergie, die ihn in nicht enden wollende Niesattacken trieb, aber als es ihm auch Stunden nach dem Aussteigen nicht besser ging, musste er akzeptieren, schwer verkühlt zu sein.

Sein Freund, der Fotograf, hatte ein Hotel vorgeschlagen und sein Kommen für die nächsten Tage angekündigt. Das Zimmer war geräumig, mit zwei großen Betten darin, schweren Vorhängen, einem klebrigen Spannteppich und unglaublich staubig. Als er über die Schwelle trat, musste er sofort niesen. Er ließ Koffer und Tasche fallen und nieste mit einer Intensität, die keine andere Tätigkeit zuließ. Kleine Explosionen formten sich hinter der Stirn und entluden sich durch die Nase. Zurück blieb ein Kitzeln entlang der Nasenwände, das die nächste Entladung schon ankündigte. Er versuchte, die Nase zu- und die Luft anzuhalten oder an zehn Glatzköpfe zu denken, aber es half alles nichts. Es kam wie ein Trommelfeuer in Zeitlupe. Ein Zimmermädchen hatte bereits das Weite gesucht.

Die Attacke dauerte rund zehn Minuten. Danach blieb noch ein leichtes Kitzeln, aber das Schlimmste war vorüber. Er hätte seinen Organismus gerne mit einer heißen Dusche beruhigt, und es traf ihn besonders hart, was angesichts des Zimmers eigentlich vorhersehbar gewesen war: Es gab nur kaltes Wasser, und das tröpfelte mehr, als dass es rann. Er wusch sich, so gut es ging, und kroch unter zwei dünne Leintücher, um sich aufzuwärmen. Das gelang nicht. Er stand wieder auf, öffnete seinen Koffer und zog fast alles an, was er darin fand. Auch das half nur bedingt, denn er war gerade aus Vietnam gekommen, wo es zu dieser Zeit besonders heiß war. Ganz anders hier in Katmandu. Nicht einmal Socken hatte er dabei.

Es hielt ihn nicht im Zimmer. Er wickelte das bisschen Klopapier, das er im Bad fand, von der Rolle, steckte es in die Hosentasche und verließ schniefend das Hotel. Die Innenstadt war voller Shops, die den Touristen, bevor sie weiter in die Berge und zu den Klöstern zogen, bunte Kleider und Tücher anboten. Ihm war nur kalt, also sah er sich bald in Jeans, T-Shirt und mehrere bunte Tücher gehüllt durch die Straßen stapfen. Sogar die Tauben, die sich im Innenhof eines Klosters zu Hunderten niedergelassen hatten, weil sie hier von Mönchen und Touristen gefüttert wurden, flatterten erschrocken auf, als er – mittlerweile wieder laut niesend – die Anlage betrat.

In diesem Moment stieg etwas in seine Nase (wahrscheinlich, weil er die Luft gerade besonders tief einsog, um nicht gleich wieder zu explodieren), das er lange nicht mehr gerochen hatte. Trotzdem war es ihm so vertraut, als wäre es die ganze Zeit bei ihm gewesen. Er wusste den Namen der Frau nicht mehr, die dieses Parfum benutzt hatte, aber er wusste, dass es die achtziger Jahre gewesen waren, dass sie immer schwarz angezogen gewesen war, schwarze Haare hatte und schwarz geschminkt war. Er wusste auch, dass sie, als er sie zum letzten Mal gesehen hatte, schwarze Strumpfhosen getragen hatte, auf denen lauter weiße Hände prangten, als hätte ein Malermeister ihre Beine abgegriffen, nachdem er ein Zimmer weiß ausgemalt hatte. Mehr und mehr Bilder fluteten seinen Kopf, während sich die Tauben langsam wieder herabsenkten wie ein lebender Vorhang aus Fleisch und Federn.

Er hatte keine Zeit, sich umzublicken, ob die Frau, die so klar vor seinem inneren Auge aufgetaucht war, tatsächlich hier war, da er gleichzeitig sein läutendes Telefon aus der Tasche ziehen, abheben und wieder niesen musste. Sein Freund freute sich über die herzliche Begrüßung, und sie verabredeten sich in einer Dance Hall an der Hauptstraße. Der Freund war gekommen, um Fotos von den hiesigen Bordellen zu machen, die sich als Tanzlokale ausgaben und dabei Frauen vom ganzen Subkontinent beschäftigten. Prostitution war nicht erlaubt, tanzen hingegen schon.

Auf dem Weg zum Treffpunkt musste er mehrmals so laut niesen, dass sich die Menschen nach ihm umdrehten. Nach dem Vorfall im Taubenkloster war er für alle Gerüche, die ihn umwehten, plötzlich besonders sensibel geworden. Die Bilder, die er dazu empfing, verwirrten ihn zusätzlich. Das schwere Chanel-Parfum seiner Mutter ging in Form einer verhüllten Touristin aus Dubai an ihm vorbei, und eine durchtrainierte Amerikanerin in Cargo Pants und Tanktop verwendete den gleichen Duft wie er selbst. Gerüche, die er noch nie wahrgenommen hatte, verbanden sich mit dem Patschuli aus einem Nippes-Geschäft und einer Benzinwolke, die ein vorbeifahrender Militärjeep ausstieß. Wieder musste er niesen.

Der Abend war früh, und in der Dance Hall war noch nicht viel los. Für das Vorhaben seines Freundes war das gerade richtig, denn wenn der Laden erst einmal voller Kunden war, würde er keine Fotos machen können. Sie zahlten den Mädchen, die gelangweilt herumsaßen, Drinks, um sie bei Laune zu halten. Der Ort war geruchstechnisch zwischen Himmel und Hölle angesiedelt. Es roch nach Schweiß, Sex, billigem und teurem Parfum, Staub und warmem Brot. Er wusste nicht, woher der Brotgeruch kam, aber es war, als stünde er vor einem Erdofen im Süden Pakistans, aus dem gerade das frische Roti herausgeholt wurde. Ihn ereilte eine Niesattacke nach der anderen, was die Mädchen zuerst überraschte und dann amüsierte. Sie brachten ihm Taschentücher und ließen sich dafür weitere Drinks spendieren. Es war ein Kommen und Gehen von Frauen und Gerüchen, bis sie alle von einer verscheucht wurden, die das Kommando über ihn übernahm.

Sie war schön. Ihre Augen waren groß und mandelförmig, ihre Haut alabasterfarben, und für eine Frau aus der Gegend war sie groß und schlank. Ihr Blick war leicht irr und schwer von Jabba umwölkt. Ihr Mund zuckte an den Winkeln, als sie ihn abschätzig musterte und in mäßigem Englisch schalt, dass es von schlechtem Benehmen zeugte, alle einzuladen und ihnen dadurch Hoffnungen zu machen. Dann wollte sie selbst einen Drink, setzte sich neben ihn und warf die Beine über seinen Schoß. Ihre raue Schönheit schmerzte ihn an einer unbekannten Stelle in seinem Inneren. Sie küsste ihn ohne Vorwarnung auf den Mund – als Dank für den Drink, wie sie meinte. Er war zu überrascht, um zurückzuküssen, wurde aber von einem Schwall an Gerüchen weggeschwemmt: Kaugummi, Zwiebel, Chili, Zahnpasta, Rosenwasser, bitterer Schweiß, Urin und Regelblut. Ihm wurde schwindlig und er musste niesen. Rotz rann ihm über den Bart, und sie verzog angeekelt den Mund. Sie holte eine Serviette und zog ihn mit sich auf die Damentoilette, um ihn zu säubern. Das Waschbecken war kaum benutzbar, da es von Toilettenartikeln und Schminksachen überquoll. Jedes der Mädchen hatte ihr Täschchen mit dem Notwendigsten hier geparkt. Sie wusch ihm das Gesicht, um sich dann ihrem eigenen Make-up zu widmen. Sie malte mit einem dicken Kajal das Schwarz um ihre Augen noch breiter, und er sah, dass ihre Hand dabei zitterte. Als sie sah, dass er das sah, verschwand sie in einer Toilette – wahrscheinlich, um ihr Jabba zu erneuern. Er nieste und ging nach draußen.

Sein Freund, der es mit dem Fotografieren übertrieben hatte, mahnte zum Aufbruch, weil die Stimmung am Kippen war. Sie zahlten und gingen Richtung Ausgang, als sie ihnen nachgelaufen kam. Sie war außer sich. Sie schrie ihn an, dass er sie verachten würde. Sie habe ihm ihr Herz geschenkt, und er würde einfach weglaufen. Ihre Augen glänzten wild vor Drogen und vor Wut, und als er ihr einen Geldschein in die Hand drückte, begann sie zu hyperventilieren und erbrach sich über sein lose von Tüchern umwickeltes T-Shirt. Eine neue Flut von Gerüchen brach über seine Sinne herein, während es mit einem Mal so still wurde, als ginge ein Engel durch den Raum.

EINE SCHÖNHEIT Er ging mit seinem Freund im Winter übers Land. Sinnlos, könnte man sagen. Sie gingen auch meistens im Kreis, weil sie sich bei Abzweigungen nie einigen konnten, welchen Weg sie nehmen sollten. Es war ein Spiel, bekam aber ernste Züge, wenn nach einer Zeit des Wanderns der gleiche Strauch, die gleiche Steinmauer oder die gleiche Ebene vor ihnen lag. Dann regte sich in jedem eine gewisse Erbitterung gegen den anderen, denn es gab auf der Halbinsel von Istrien auch relativ wenige Hotels.

36

MOTOVUN
JUGOSLAWIEN
1982

Im Grunde machte das nichts, denn das Ziel der Wanderung war, verloren zu gehen. Das war ihnen damals zwar nicht ganz bewusst (zumindest sprach es keiner aus), aber nachdem sie zum ersten Mal vom Weg abgekommen waren, überkam beide eine tiefe Ruhe. Sie schritten einfach gemeinsam aus, schweigend. Wenn dann, wie so oft, der gleiche Strauch, die gleiche Steinmauer oder die gleiche Ebene auftauchten, nahmen sie es unter wilden gegenseitigen Anschuldigungen, aber doch auch mit einem stillen Lächeln zur Kenntnis und setzten den Weg in jene Richtung fort, die sie zuvor nicht ausprobiert hatten. Sie würden schon irgendwo ankommen, wo es Wein gab und ein Stück Käse. Und schließlich war dies keine Expedition, sondern einfach eine kleine Wanderung.

Menschen sahen sie fast nie. Da und dort gab es Steinhäuser, in denen aber niemand zu wohnen schien, obwohl die Felder so aussahen, als wären sie bestellt worden. Wahrscheinlich kamen die Bauern nur zur Arbeit hierher. Er versuchte, sich so ein Leben vorzustellen. Wäre er ein solcher Bauer, hätte er nur wenige Hosen. Die Hosen wären aus grobem Stoff, er konnte fast spüren, wie das Hemd, das er dann tragen würde, ein wenig auf der Haut kratzte. Er mochte das Gefühl. Er sah sich, wie er unter sengender Sonne den steinigen Boden mit einer Hacke bearbeitete, das Hemd auszog und sich in einen einsamen Furor hineinhackte. In seiner Vorstellung gab es natürlich auch einen Esel, der ihn aus einiger Entfernung missmutig beobachtete.

Sein Freund war ein wenig schneller unterwegs als er. Er blieb dann in einiger Entfernung stehen, schaute ihn forschend an und wollte wissen, woran er gerade dachte. »Dass du ausschaust wie ein Esel«, antwortete er, was sein Freund natürlich falsch verstand. Aber da war nichts zu machen, es war, wie es war. Er hing weiter seinen Gedanken nach und verklärte die Frau des Bauern, von deren Händen, als er nach Hause kam, Blut tropfte, weil sie gerade ein Schwein geschlachtet hatte. Sie liebten einander mitten auf dem Hof, und sie grub ihre blutigen Hände tief in seinen Rücken. Dann aßen sie vom frisch geschlachteten Tier, tranken Schnaps und leckten einander die fettigen Lippen.

Es wurde ein Marsch von mehreren Stunden, bis sie ein malerisch gelegenes Städtchen auf der Spitze eines Hügels erreichten. Es wirkte verlassen. Nur ein paar kultivierte Gärten an den Hängen nährten die Hoffnung auf Leben. Von einer Gaststube wagten sie nicht zu träumen.

Es gab zwar ein Gasthaus, aber es war geschlossen. Weit und breit war niemand zu sehen. Die meisten Häuser stellten sich aus der Nähe als verfallen heraus, und war eines renoviert oder in noch gutem Zustand, dann war es versperrt. Aber auf der verlassen daliegenden Terrasse des Gasthauses standen ein Tisch und zwei Sessel. Die waren fraglos für sie beide dorthin gestellt worden, daran bestand kein Zweifel. Es fehlte nur Musik von Albinoni. Sie setzten sich und schauten über das Land. Es war so schön hier, dass keiner sprach. Es war egal, dass niemand da war, egal, dass es Abend wurde, egal, dass sie nichts zu essen hatten und nicht wussten, wo sie schlafen sollten. Es war sogar egal, dass es kalt war.

Mit einem Mal ratterte ein hellblauer, mächtig Lärm und Abgase ausstoßender Lastwagen mit Getöse durch den Ort. Er trug seinen Teil zur unwirklichen Schönheit bei, und wäre er nicht so laut gewesen, hätten sie an eine Fata Morgana geglaubt. Plötzlich tauchte eine dicke Kellnerin mit prächtigem Oberlippenbart aus dem Nichts auf und fragte sie nicht gerade freundlich, aber bestimmt, was sie gerne hätten. Wenig später tranken sie schweren, sauren Wein und aßen dazu herben Käse und Brot.

Sie wurden nicht eingeladen zu bleiben, und so setzten sie, immer noch verwirrt von so viel Schönheit, ihren Weg durch die stockdunkle Nacht fort. Irgendwo auf dem nächsten Berg sahen sie ein Licht. Sie gingen schneller, wichen den Wegen aus oder verloren sie ganz, denn sie steuerten einfach gerade auf das Licht zu. So standen sie bald zwischen Bohnenstöcken in einem Garten, der an eine hohe, steile Stadtmauer stieß. Daran, diese hochzuklettern, war nicht zu denken, war sie doch errichtet worden, um Eindringlinge abzuhalten. Und wer, außer Eindringlingen, würde sich der Mauer durch diesen Garten nähern?

Sie mussten also wieder zurück ins Tal und stapften weitere zwei Stunden die gewundene Straße nach oben. Am Ende ihrer Kräfte, kurz vor Mitternacht, kamen sie am Stadttor an. In diesem Moment erlosch das Licht, und sie ließen nahezu alle Hoffnung fahren. Und doch: Jemand musste das Licht ja abgedreht haben, und tatsächlich hörten sie Stimmen aus einem großen Gebäude auf dem Hauptplatz. Ein Schild mit der Aufschrift *Hotel* prangte über dem Eingang. Es war im eleganten Stil des Tito-Kommunismus gehalten und stand damit in krassem Gegensatz zur verspielten italienischen Bauweise der anderen Häuser. Der Eingang war allerdings versperrt. Klingel gab es keine, also klopfte er, so fest er konnte, an das große Tor. Sie fühlten sich wie in einem Horrorfilm, und hätte Riff Raff die Tür geöffnet, hätten sie sich wohl erschreckt, aber nicht gewundert.

Stattdessen öffnete ein dicklicher Mann mit wulstigen Lippen. Er trug einen leicht speckigen Anzug, und aus seinem geöffneten Hemd unter der gelockerten Krawatte quollen dichte Brusthaare. Sein Kopf hingegen war fast kahl, und so, wie er da stand, sich mit einer Hand in den Schritt fasste und nicht glauben konnte, was er sah, war offensichtlich, dass er sturzbetrunken war. Er stieß, nachdem er sie eine Weile angestarrt hatte, einen kleinen Schrei aus, gefolgt von haltlosem Gelächter. Dann nahm er sie herzlich in den Arm, führte sie ins Innere und in das »Veranstaltungszimmer«. Dort gab es eine ganze Gruppe von Männern im Anzug, und innerhalb kürzester Zeit waren sie Teil dieses merkwürdigen Kongresses. Sie aßen, tranken und sangen gemeinsam bis in den frühen Morgen.

Als er am nächsten Tag in einem Stockbett erwachte, wusste er nicht mehr, wie er hierhergekommen war. Sein Freund schlief in voller Montur im Bett unter ihm. Mit einiger Mühe kletterte er die Stiege des Bettes hinunter, fand ein Waschbecken, klatschte sich kaltes Wasser ins Gesicht und machte sich daran, zu erkunden, wo er war. Das Hotel schien leer. Keinerlei Zeichen vom Gelage des Vorabends, und wieder war keine Menschenseele zu sehen. Auch der Platz vor dem Hotel lag verlassen da, nur eine aufdringlich läutende Kirchenglocke ließ vermuten, dass es hier doch Leben geben musste.

Er erklomm die Stadtmauer und blinzelte in die bereits hoch stehende Sonne. Da sah er einen Konvoi aus schwarzen Limousinen die gewundene Straße hinunterfahren. Die Scheiben reflektierten das Sonnenlicht. Es wirkte, als würde die Regierung des Landes den Ort verlassen, nachdem ein wichtiger Vertrag unterschrieben worden war. Er sang laut die Internationale – das schien ihm passend.

Als er sich umdrehte, stand da eine Hotelangestellte in einer Schürze und schaute ihn an. Es war nicht auszumachen, was sie dachte, aber sie war eine Schönheit. Es hätte ihn nicht überrascht, wären ihre Hände voller Blut gewesen.

DIE STADT DER ESEL Die Straße nach Real de Catorce war 20 Kilometer lang und hatte Kopfsteinpflaster. Das Auto ratterte dahin, und er fragte sich, wer diese Unmengen Steine in dieser verblüffenden Regelmäßigkeit verlegt hatte. Er stellte sich Chinesen vor, weil es im Western immer Chinesen sind, die die Eisenbahnschienen verlegen. Die Straße begann mit einer sieben Kilometer langen Geraden und wand sich dann langsam einen Hügel nach oben, bis man vor einem Tunnel Halt machen musste. Der Tunnel war uralt und jeweils nur in eine Richtung befahrbar.

37

REAL DE CATORCE
MEXIKO
2011

Er wartete im Auto, während Kinder um ihn herum Früchte, Getränke und Süßigkeiten aus Körben zum Verkauf anboten. Nach einer Viertelstunde krochen zwei Pickups aus dem finsteren Schlund, und ein Wächter sprach in ein Walkie-Talkie. Dann gab er die Durchfahrt frei. Wie immer, wenn er durch einen Tunnel fuhr, hatte er nach wenigen Minuten das Gefühl, geradewegs nach unten auf den Mittelpunkt der Erde zuzufahren, und musste sich konzentrieren, um nicht jegliches Gefühl für Raum und Zeit zu verlieren. Am rechten Rand tauchte ein Heiligenschrein auf, der ihm dabei half, den Tunnel für eine reale Angelegenheit zu halten. Die Statue der Guadalupe war von einer schlichten Glühbirne warm beleuchtet. Die Fahrt verlief also durchaus in der Wirklichkeit, die er kannte.

Am anderen Ende des Tunnels bestätigte sich diese Wahrnehmung. Er wurde als ein Tourist unter vielen in der »Stadt der Esel« willkommen geheißen. Straßenstand reihte sich an Straßenstand, und jeder bot die gleichen billigen Devotionalien feil. Er hatte schon vor einer Weile mit der Tatsache Frieden geschlossen, dass die Welt ein triviales Museum ihrer selbst geworden war. Greenwich Village, Disney-Harlem, die Pseudo-Hippie-Kaosan-Road, die Pyramiden von Gizeh, Angkor Wat oder die Verbotene Stadt in Peking – die gloriose Vergangenheit jedes Ortes war die Gegenwart des mittelmäßigen Ausverkaufs. Britische Touristen mit Kafka-T-Shirts in den Gassen von Prag, russische Familien, die in Salzburger Zuckerlgeschäften Mozartkugeln kiloweise in Louis-Vuitton-Taschen füllen. Mozart wäre wahrscheinlich vor Lachen mit dem Sessel umgefallen, Kafka hätte es eher kafkaesk gefunden.

Der Museumsbereich der Minenstadt Real de Catorce war bald zu Ende. Es war nur eine Straße voller gelangweilter Indios in einer Tracht, die sie nie tragen würden, wenn sich ihre Ware so nicht besser verkaufen ließe – sowohl die Plastikrosenkränze als auch die sorgfältig designten Tücher für die Upper-Middle-Class-Europäerin, die sich exotisch und doch stilvoll kleiden möchte.

Sonst stapften noch Cowboys durch das Viertel und boten ihre Pferde zum Reiten an. Die Esel hielten sie im Hintergrund. Oder die Esel hielten sich selbst im Hintergrund. Das Abendlicht ließ die Wüste mit dem Himmel eins werden.

Auch das Hotel war ein Museum. Es war wohl in ein Wohnhaus im Zentrum der Stadt hineinrenoviert worden. Alles authentisch, und in diesem Fall wirklich schön. Es gab sogar richtige Zimmerschlüssel. Er empfand ein stilles Glück, als er das Schloss klacken hörte. Es gab auch WiFi, und so setzte er sich mit seinem Laptop auf das große, alte Bett und beschwerte sich bei seinem Tausende Kilometer entfernten Arbeitgeber über eine unerhebliche Kleinigkeit. Er hatte kaum Zeit, sich dafür zu schämen, denn in diesem Moment begannen draußen die Esel zu schreien.

Fast alle Tiere auf der Welt haben sich mit den Menschen arrangiert, dachte er, bis auf die Esel. Hunde sind sowieso Schlampen, von den Straßenkötern einmal abgesehen, und Katzen tun zumindest so, als würden sie die Menschen an ihrer Seite akzeptieren. Rindviecher lassen sich massenweise abschlachten, Schweine protestieren zwar lautstark, fügen sich aber in das gleiche Schicksal, Fische sind riesigen Schleppnetzen völlig ausgeliefert, Raubtiere lassen sich in Zoos sperren, als wären sie Teil eines Puppentheaters. Nur Insekten machen ihre Insektensachen und scheren sich dabei nicht viel um die Anwesenheit der Menschen, weshalb sie sie auch gelassen an Gesamtgewicht übertreffen. Esel können das nicht, aber auch sie sind nicht bereit, hinzunehmen, was man ihnen zumutet. Sie lehnen sich auf und zeigen dabei sehr charakteristische Formen der Resistenz. Deshalb bezeichnet der Mensch sie gerne als bockig und stur und zieht ihren Namen in den Dreck, indem er ihn für dumme Exemplare der eigenen Spezies missbraucht.

Am nächsten Tag wurde ihm angeboten, einen Esel zu reiten. Der Esel schaute ihn misstrauisch an und verdrehte seine flauschigen Ohren. Er wusste, dass es keine gute Idee wäre, diese Ohren zu berühren, wollte ihm aber zumindest durch sein struppiges Fell fahren. Er hatte Glück, nicht getreten zu werden. Der Blick des Esels wurde strafend, und er schämte sich sofort für jede Scheibe Salami, die er in seinem Leben je gegessen hatte. Man schämt sich überhaupt leicht in der Nähe eines Esels und weiß gar nicht so genau, warum.

Er verzichtete also auf den Ritt, spazierte stattdessen durch die Stadt und versuchte, ihre Anlage zu begreifen. Sie war so verschlungen in den Berg gebaut, dass er immer wieder unerwartete Abzweigungen nehmen musste. Es gab viele verfallene Häuser, deren Restmauern als Ställe genutzt wurden. Pferde und Esel standen darin Seite an Seite und schauten auf die Wüste hinunter, die autistisch vor sich hin glühte. Er setzte sich zu ihnen, hatte aber wieder das Gefühl, missbilligt zu werden. Vorsichtig griff er nach den Ohren eines Esels, aber er drehte mit einer heftigen Bewegung seinen Kopf weg.

Als er am nächsten Morgen in seinem Museumsbett erwachte, war die kleine Bergstadt von einer Eselsymphonie erfüllt. Es klang, als würden die Tiere, die ja über die ganze Stadt und die gegenüberliegenden Hänge verteilt waren, beratschlagen, wie der Tag gestaltet werden sollte. Zwischen dem Osthang und dem zentralen Hügel schien Uneinigkeit zu herrschen, und als sich ein offener Stall auf der höchsten Erhebung im Norden einmischte, gab es kein Halten mehr. Erst als die Sonne wirklich aufgegangen war, verstummte das Plenum der stolzen Tiere.

Als er am Nachmittag die Stadt durch den Tunnel verließ, war ihm wieder, als würde er bergab fahren. Das Schreien der Esel hallte noch bis weit in den Tunnel nach, und diesmal konnte er die Statue der Guadalupe nicht mehr ausmachen. Der Schacht sog ihn in sich hinein, und er befand sich im freien Fall – in Zeitlupe.

Auf der anderen Seite war Wüste, menschenleere Wüste. Nur die Joshua Trees ließen ihre Köpfe nachdenklich baumeln, sonst schien alles stillzuhalten. Das Rattern der Reifen auf dem Kopfsteinpflaster war an Monotonie nicht zu übertreffen, und die Luft schien im Takt zu zittern. Als er durch die letzte Kurve fuhr, die ihn auf die lange Gerade bringen würde, stand ein Esel mitten auf der Straße. Ein besonders großer Esel mit großen, weichen Ohren. Er war so langsam unterwegs, dass es ihm nicht schwerfiel zu bremsen.

Jetzt oder nie. Er stieg aus, ging zu dem Tier und kraulte es hinten am Kopf. Er glaubte, ein Nicken zu spüren, und stieg unbeholfen auf. Kaum war er oben, schoss der Esel los. Es musste ein sehr lächerlicher Anblick gewesen sein, da Esel ihren Reiter in die aberwitzigsten Schwingungen versetzen. Er klammerte sich an den Hals des Tieres, um nicht herunterzufallen, während die ganze Wüste um ihn herum zu laufen begann. Kojoten, Road Runners und Stinktiere rannten um ihr Leben, aber auch die Kakteen, die Sträucher und die Joshua Trees. Die Joshua Trees waren schwerfällig und brauchten ein wenig, um an Tempo zu gewinnen, doch dann liefen sie mit großen Schritten, und ihre Köpfe baumelten bei jedem Schritt.

Er war in eine Stampede geraten, und es war nicht abzusehen, ob und wo sie enden würde. Ein junger, nackter Mexikaner lief, sein Peyote-indiziertes Glück in die Welt hinausschreiend, irgendwo am Horizont vor der sinkenden Sonne.

PARIS
FRANKREICH
1999

38

UNSICHTBAR Er stahl keine Dinge aus Hotelzimmern. Keine Aschenbecher, keine Handtücher, keine Bademäntel und auch sonst keine Souvenirs. In seinem Necessaire drängte sich zwar eine Unzahl von Shampoos, Duschgels und Seifen aus allen Hotels, in denen er auf seinen Reisen gewesen war, aber das diente einem praktischen Wohlbefinden, das er sich gönnte. Er duschte in Dubai mit einem Gel aus dem *Four Seasons* in Austin, Texas, wusch sich in Laos gerne die Hände mit einer Seife aus Eisenstadt und putzte sich in Berlin am liebsten die Zähne mit einer Zahnpasta, die ein Nachtportier in Bogotá organisiert hatte. Selten verwendete er die Dinge dort, wo er sie bekam. Mit den Toilettenartikeln verhielt es sich umgekehrt wie mit Büchern und Geschichten. Eine Geschichte, die in Afrika spielt, verlor für ihn in Europa ihre Bedeutung, und warum sollte er in Island etwas über Indien lesen? Nur Japanisches, Chinesisches und Schwedisches ergab überall Sinn.

In Paris allerdings stahl er einmal ein kitschiges Bild. Es hatte einen massiven Rahmen mit barocken Schnörkeln, der die bescheidene Kunst eindrucksvoller wirken lassen sollte. Aber es war schön, das Bild. Zumindest um vier Uhr morgens war es schön. Es war so schön, dass er glaubte, nicht ohne dieses Bild weiterleben zu können. Es hing in seinem Hotelzimmer, und sicherlich hatte es davor noch nie jemand betrachtet. Ein Bild, das in einem Hotelzimmer hängt, schaut nie jemand an. Da könnte man die echte Mona Lisa hinhängen, und keiner würde sie sehen. Und sähe sie doch einmal jemand, wäre er davon überzeugt, dass sie nicht echt sei, denn in Hotelzimmern hängen immer nur Reproduktionen oder überdesignter Unsinn. Es gibt wohl kein Hotel auf der Welt, in dem ein Bild hängt, das man ansehen möchte. Ein Hotelzimmer muss als der kleinste gemeinsame Geschmacksnenner funktionieren, damit der Funke einer Möglichkeit bleibt, dass jeder Gast sich darin wohlfühlt. Bei Menschen, die viel in Hotelzimmern leben, stellt sich eine gewisse Nostalgie ein, wenn sie auf ein vertrautes Objekt von belangloser Geschmacklosigkeit treffen, sie fühlen sich gerade deshalb geborgen.

Genauso musste es bei dem Bild gewesen sein, bei dem er nicht anders konnte, als es aus dem kleinen Hotel in der Nähe des Centre Pompidou mitzunehmen. Da er sich inzwischen in Hotelzimmern mehr zu Hause fühlte als dort, wo er dachte, zu Hause zu sein, wollte er zu Hause etwas haben, das ihm das Gefühl gab, in einem Hotelzimmer zu sein. Er klemmte sich also die violetten Lilien mit Goldrahmen unter einen Arm und ging zur Rezeption, um auszuchecken. Der verschlafene Concierge nahm das Geld für das Zimmer, fragte routiniert nach den Extras aus der Minibar, kassierte den Restbetrag, stellte eine Rechnung aus und steckte diese in ein Kuvert, wie er es schon tausend Mal getan hatte. Dann bemerkte er das Bild und fragte, ob er es sehen dürfe.

Als er es ihm zeigte, zog der Concierge bewundernd eine Augenbraue hoch und wollte wissen, wo er es gekauft hatte. Er antwortete wahrheitsgemäß, dass er es nicht gekauft, sondern aus seinem Zimmer gestohlen habe. Der Concierge fand das sehr komisch, glaubte ihm kein Wort und wünschte ihm eine gute Reise. Wohin es denn ginge, fragte er noch. »Nach Hause«, antwortete er. »Zu Hause ist es am schönsten«, gab ihm der Concierge noch mit auf den Weg. Er bedankte sich und lächelte kumpelhaft.

Die ganze Reise über bewunderten die Menschen das Bild. Der Taxifahrer wollte es ihm abkaufen. Das Bodenpersonal am Flughafen bemühte sich, eine angemessene Verpackung dafür zu finden, und verrechnete kein Übergepäck, der Schaffner im Lokalzug nickte anerkennend, und seine Sitznachbarin daselbst merkte an, dass sie selten ein so strahlend schönes Violett gesehen habe. Er wollte es ihr beinahe schenken, überlegt es sich aber im letzten Moment. Er hob es hoch und ließ die leuchtende Spätfrühlingslandschaft dahinter vorbeiziehen. Das Violett gehörte durchaus hierher.

Als er nach Hause kam, war seine Frau in der Arbeit, nur die Katzen nahmen ihn in Empfang. Sie beschwerten sich, wollten Futter und behandelten ihn, als wäre er nicht ein paar Wochen, sondern nur ein paar Stunden weggewesen. Er mochte dieses untheatralische Verhalten, das die Beziehung zwischen ihnen und ihm auf das Wesentliche reduzierte. Wenn sie gefressen hatten, sprangen sie auf den Schreibtisch, rieben ihre Mundwinkel an den Kanten seines Laptops, um ihm zu zeigen, wem das Gerät gehörte, und wollten gestreichelt werden.

Er hängte das Bild in seinem Arbeitszimmer auf und betrachtete es wohlgefällig. Der Nagel dafür war schon vorhanden – er wusste nicht, wer ihn eingeschlagen hatte oder was dort vorher gehangen hatte, aber das Bild passte dorthin, als wäre es immer dagewesen.

Dann beantwortete er E-Mails, sortierte liegen gebliebene Post, führte einige Telefonate und nahm sich ein Bier aus dem Kühlschrank. Er schaute sich das letzte Spiel der laufenden Fußballmeisterschaft zwischen Sturm Graz und Wacker Innsbruck an. Sturm Graz siegte durch zwei Tore von Haas und eines von Martens mit drei zu null. Damit war Sturm Graz österreichischer Fußballmeister der Saison 1998/99. Danach schlief er glücklich ein.

Das Bild vergaß er, und auch seither hat niemand bemerkt, dass es in seinem Zimmer hängt.

BANGKOK
THAILAND
2010

39

WENN DIE MÄDCHEN NACKT SIND In Patpong, dem legendären Vergnügungsviertel von Bangkok, behält nichts und niemand seinen Namen. Eine Gogo-Bar, die gestern noch *Pink Panther* hieß, heißt heute schon *The Pink*, und was heute noch *Spankys* ist, kennt morgen jeder unter *The Strip*, und zwar mit einer Eindeutigkeit, die einen daran zweifeln lässt, dass es jemals anders gewesen sein könnte. Die Mädchen wechseln von Bar zu Bar, und eine, die man kürzlich im *King's Corner* gesehen hat, arbeitet plötzlich in ähnlichem und doch anderem Outfit im *Queen's Castle*. Es gibt zwar einige Orte, die wie Inseln in diesem Meer aus Bars, Geschäften und Marktständen ihr Gesicht und ihren Namen behalten, aber das bestätigt nur, dass hier alles fließt, ohne sich wirklich zu verändern.

Eines frühen Abends saß er in einer Bierbar und überlegte, ob er das Lokal schräg gegenüber schon kannte. Er war sich nicht sicher, hatte aber eine vage Erinnerung an ein italienisches Restaurant an dieser Stelle, in dem er mit einem österreichischen Arzt (oder war es doch der belgische Fotograf?) schon einmal gegessen hatte. Wer auch immer es gewesen war, er hatte ihm von Burma erzählt, und entweder war er dort verhaftet worden oder hatte jemanden mit der Flugrettung abgeholt. Seine Vorstellungen von Burma waren vage, da er es nur aus Geschichten anderer kannte. Er trank sein Chang-Bier, während die Mädchen nach und nach zur Arbeit eintrafen. Teils waren sie schon entsprechend gekleidet, teils noch in Jeans und T-Shirt. Sie kauften buntes Essen in Plastiksäckchen oder Wertkarten für ihre Telefone, und manche blieben kurz vor einem Geisterhaus stehen und verbeugten sich. Er meinte, das Kleid der einen schon vor drei Jahren gesehen zu haben. Es hatte breite weiße Streifen auf schwarzem Grund. Oder waren es schwarze Streifen auf Weiß? Die roten Schuhe kannte er noch nicht. War die Große mit den Stoppellocken früher nicht immer mit dem Moped gekommen?

Der Obdachlose, der immer genau gegenüber auf dem Gehsteig geschlafen hatte, war jedenfalls verschwunden.

Und der war bisher immer dagewesen. Irgendetwas musste also aus dem Lot sein. Er trank das Bier aus und ging in eine der Gogo-Bars. Wahrscheinlich in die *Pussy Collection*.

Die Bars hier wirken meist leer, und man merkt auch nicht, wenn sie sich zu füllen beginnen. Es ist immer alles in Bewegung. Die älteren Frauen laufen in Uniformen herum, servieren Getränke und knutschen die Kunden ab, um Trinkgeld zu bekommen, während die Mädchen auf einem Podium an den Stangen tanzen. Das Licht wechselt ständig, sodass man nie weiß, welche Farbe die phosphoreszierenden Miniröcke und Tops tatsächlich haben. Er schaute von seinem wässrigen Whisky auf. Er hatte vergessen, der wievielte es war und ob er den gleichen nicht schon vor fünf Jahren von derselben Frau serviert bekommen und sie ihm dabei den gleichen nassen Schmatz auf die Wange gedrückt hatte. Er versuchte zu erkennen, welche der Tanzenden Frauen waren, welche Kathoeys, und welche sich in einem Stadium dazwischen befanden. Seine Annahmen verschwammen aber gleich wieder – dort vielleicht ein zu großer Adamsapfel (oder war das vor sieben Jahren gewesen?), hier recht große Füße, da ein gelangweilter Blick, dort hinten dicke Oberschenkel, und da die Nummer 64, nein, die Nummer 46. Die Tänzerinnen, egal ob Frauen, Männer oder Kathoeys, trugen Nummern, damit der Kunde sie leichter auswählen konnte. Waren sie rot oder blau, diese Nummern? Er versuchte, sich zu konzentrieren, aber dann war Schichtwechsel, und neue Tänzerinnen begannen sich auf der Bühne zu rekeln. Waren sie heute besonders aufgedreht und sexy, oder war das gestern gewesen?

Er suchte in der nächsten Bar nach der 46 und musste drei Wechsel abwarten, bis eine mit dieser Nummer kam. Wie viele Mädchen Nummer 46 hatte es in dieser Bar schon gegeben? Wie viele in ganz Patpong? Er sah eine Kaiserschnittnarbe über den Rand ihres Höschens herausragen – und er sah, wie eine Großmutter in Isaan im Norden Thailands ein Kinderbett, das in einem offenen Bauernhaus an Schnüren von der Decke hing, mit geübten Bewegungen in sanften Schwingungen hielt, während bunt gekleidete Komödianten aus dem Fernseher plärrten. Er sah den großen Tiger hinter der Tänzerin rot, grün und gelb werden. Er sah, wie ein Mann nach dem anderen die Schönheit der Pussy Nummer 46 pries, während sie alle ihr weit offenes Geschlecht betrachteten wie Gynäkologen, und er sah, wie sich die Narbe wieder in ein straffes, weißes Bäuchlein verwandelte, auf dem ein britischer Lagerarbeiter glücklich einschlief. Und als er seinen nächsten Whisky fast ohne Whisky bekam (oder war es der mit besonders viel Whisky?), war die Nummer 46 nicht mehr auf der Bühne, nur die Kaiserschnittnarbe war geblieben. Die Neue hatte keine Nummer und lächelte ihn verheißungsvoll an. Er wollte ihr sagen, dass er sie lieb habe, und er wollte überhaupt allen sagen, dass er sie lieb hatte, aber als sich die Serviererin auf seinen Schoß setzte und versuchte, ihre Zunge in seinen Mund zu stecken, vergaß er das wieder, zahlte und ging. Er kam noch einmal zurück, um der Serviererin zu sagen, dass er auch sie lieb habe, aber inzwischen war sie zur Nummer 46 geworden, und der hatte er es ja bereits gesagt.

Die Touristen, die auf dem Nachtmarkt vor den Gogo-Bars auf- und abgingen, kannte er schon lange, und auch sie tauchten auf und traten ab wie durchsichtige Erscheinungen. Sie schwitzten und schauten und kauften und fotografierten und schauten wieder. Sie schauten schüchtern oder begehrlich durch die offenen Türen der Bars. Sie wollten da sein und auch nicht, sie wollten da gewesen sein, sie wollten das Erlebnis schon hinter sich haben, sie wollten die Sau rauslassen, sie wollten sich über die empören, die die Sau rausließen, sie wollten eine Nummer wählen, sie wollten sich empören darüber, dass Frauen hier zu Nummern degradiert wurden, und sie wussten nicht, dass sie nichts auf dieser Welt mehr wollten als aus falschen Brüsten Muttermilch zu trinken, bis dieser unendliche Durst gestillt wäre. Da ein verstohlenes Foto mit dem iPhone. Gestern gab es noch kein iPhone, also mit der Polaroidkamera. Oder doch noch mit der Kodak Instamatic? Was ist auf diesem Foto zu sehen? Das Pink? Der

Panther? Der Pink Panther? Der glatte Bauch, der Kaiserschnitt, die Tätowierung, die alles Böse vom Körper fernhält? Oder bleibt auch das Foto unentschieden? Ein Fotoalbum, nach Jahren wieder aufgeschlagen, kann ein ganz anderes geworden sein, und ein Computer tut sowieso, was er will.

Er kehrte zurück in die Bierbar und zurück zu Chang-Bier, als ein Krankenwagen vorbeifuhr. Zwei Sanitäter öffneten die hintere Tür und hoben den Obdachlosen auf einer Trage heraus. Sie legten den alten Mann in seinen schmutzigen Kleidern genau dort auf den Gehsteig, wo er immer gelegen hatte. Der Alte blinzelte kurz und schlief wieder ein. Der Krankenwagen fuhr ab. Vielleicht war die Kontinuität jetzt wiederhergestellt.

Er ging allein in eines der Stundenhotels, das *Strand Inn* (oder war es das *Love Inn*?) und wimmelte den Mann an der Rezeption ab, der ihm verschiedene Aoms, Nings, Earns oder Joys anbot. Er nahm sich trotzdem Handtücher und Kondome mit und legte sich in einem der Zimmer aufs Bett. Er fühlte sich von einem Meer aus Sex und Nacktheit umgeben, das da draußen ruhig vor sich hinschwappte. Es war gerade Ebbe, und so wurde es ganz still.

Wenn die Mädchen nackt sind, sind die Leute still –
Keiner kann sich regen, weil auch keiner will!
Wenn die Mädchen nackt sind, fällt das Leben schwer –
Gut und Böse gibt es dann bestimmt nicht mehr!

Der Geist dieses Reimes war in seine Gedanken geschlüpft, und plötzlich sah er das ganze Zimmer voller Geister, von denen die Thais immer behaupten, dass es sie gibt. Sie waren nicht furchteinflößend, sondern damit beschäftigt, das Zimmer umzuräumen, und sie waren uneins, wo die Sachen hingehörten.

Und so kommt es, dass man manchmal meint, der Aschenbecher hätte auf dem Nachttisch gestanden, aber dann ist er gar nicht da.

HONGKONG
CHINA
1999

40

ÖSTERREICH Er wurde von einem Botschaftsangestellten in Livree mit einer Limousine vom Flughafen abgeholt. Der Mann benahm sich sehr zuvorkommend und souverän, trug seine Koffer mit weißen Handschuhen zum Auto, öffnete ihm die hintere Tür, ließ ihn einsteigen und schloss die Tür mit exakt jenem Druck, dass sie kein Geräusch von sich gab. Der Wagen schwebte in die Stadt hinein, und der Fahrer verlor kein unnötiges oder aufdringliches Wort. Das Erste, was ihm an Hongkong auffiel, war, dass die Taxis rot waren. Er würde diese Stadt ab nun an ihren Taxis erkennen.

Er war jener Typus von Reisendem, von dem fast niemand je wusste, wo er gerade war. Er versuchte immer, zu entkommen und so unauffällig wie möglich zu bleiben. Er vermied es, im Ausland auf Landsleute zu treffen. Besonders vermied er das in den sogenannten Schwellenländern, denn dort beschränkte sich die Konversation meistens auf die vermeintliche Unfähigkeit der Menschen, ihr Land zu organisieren. Manchmal wurde mit gespielter Mitleidsmiene die Armut beklagt, oder man unterhielt sich des Längeren darüber, wie sehr man das heimatliche Bier vermisste. Man hoffte dann, die Globalisierung würde es bald zuwege bringen, dass jeder sein Ottakringer oder sein Gösser in jedem Dschungeldorf trinken könnte. Das allerdings würde ein beliebtes Gesprächsthema unter Reisenden zunichte machen und sie auch sonst nicht glücklich stimmen. Ein Gösser schmeckt in Dakar eben nicht so gut wie in Leoben, und Ducados rauchen sich am Meer in Barcelona sitzend besser als im Winter, vor Kälte zitternd, vor einer Bar in Vancouver. Einmal hatte er, nach einem siebzehnstündigen Flug in Los Angeles angekommen, Marillenknödel serviert bekommen, als wären sie genau das gewesen, was ihm auf der ganzen Reise gefehlt hatte.

Manchmal ließ sich ein solches Zusammentreffen aber nicht verhindern, denn es gab Auslandsösterreicher, die in der U-Bahn oder auf öffentlichen Plätzen emsig nach ihresgleichen suchten, um ihr eingerostetes Deutsch aufzufrischen oder in Erinnerungen an die Heimat zu schwelgen. Anders als zum Beispiel Chinesen oder Japaner haben Österreicher keine eigenen Ghettos in fremden Großstädten – vielleicht spitzen sie deshalb so eifrig die Ohren, wenn sie ein vertrautes Idiom vernehmen oder einen ironischen Satz aufpicken, der achtlos fallengelassen wurde.

Er meldete sich auch selten bei österreichischen Botschaften, selbst wenn er sich in Ländern aufhielt, die gerade auf der Liste mit den Reisewarnungen vermerkt waren. Botschaften sind Inseln im Ausland und vom Ort ihrer Niederlassung so weit entfernt wie das Heimatland selbst. Gerade in sogenannten »gefährlichen« Ländern dürfen Botschaftsangestellte ihr Territorium nur sehr eingeschränkt verlassen – wie also könnte ihm ausgerechnet so jemand helfen, wenn er tatsächlich in Schwierigkeiten geriete?

Trotzdem – hie und da gab es Umstände oder Verstrickungen, die ihn in der Fremde in das Surrogat von Heimat, also in eine österreichische Botschaft führten. Dann schaute er sich Fotos von gelangweilten Außenministern auf Ölfeldern an, hörte Geschichten über Franz Ferdinand oder Klagen über undurchsichtige Geschäftspraktiken. Manchmal gab es aber durchaus interessante Begegnungen. So bekam er einmal fantastischen Geschichtsunterricht über den italienischen Faschismus in Addis Abeba oder wurde in die Korruptionsstrukturen von Nigeria eingeführt. Er mochte auch die Anekdote, dass Omar Bongo, Langzeitpräsident von Gabun, sich eine eigene Autobahn für seine Ferraris hatte bauen lassen, nachdem er erkannt hatte, dass die in seinem Land vorhandenen Straßen für solche Autos nicht geeignet waren. Niemand außer ihm habe diese Autobahn je benutzen dürfen – so ging zumindest die Mär.

Wahr oder nicht, er musste an Omar Bongo denken, wie der in einem gelben Ferrari 550 Maranello über seine private Autobahn den Atlantik entlangbrauste, während er selbst mit der Limousine (einem Jaguar!) der österreichischen Botschaft durch die Straßen von Hongkong fuhr. Dass ihm die Ehre einer solchen Abholung zuteil wurde, hatte mit einem Telefonanruf zu tun, der ihn im dritten Wiener Gemeindebezirk während einer Besprechung ereilt hatte. Der Anruf kam aus dem Außenministerium, und die Dame am Telefon ließ einen Tonfall höchster Dringlichkeit in ihre Begrüßung einfließen. Dem Herrn Botschafter in Hongkong wäre zu Ohren gekommen, dass er eine Reise nach Hongkong plane, und das träfe sich besonders günstig, weil er dem Herrn Botschafter einen Gefallen tun könne, nämlich eine größere Menge Frankfurter Würstel mitzunehmen. In Hongkong, wo es fast alles gäbe, gäbe es ausgerechnet keine Frankfurter Würstel, und der Herr Botschafter wolle einen Empfang mit etwas typisch Österreichischem krönen und habe beschlossen, dort Frankfurter Würstel zu servieren. Ob es ihm also möglich wäre, eine Kiste Frankfurter Würstel nach Hongkong zu bringen – selbstverständlich verschweißt?

Selbstverständlich war es ihm eine Ehre, diesen Transport für das Vaterland durchzuführen.

In der Woche darauf wurde er mehrmals mit der Causa »Frankfurter für Hongkong« beschäftigt, denn was anfangs so einfach geklungen hatte, war das natürlich nicht. Da gibt es Einfuhrbestimmungen, gerade, was verderbliche Güter betrifft – und wer weiß schon, was wirklich in einem Frankfurter Würstel steckt? Also wurden Briefe geschrieben, Formulare ausgefüllt, Dokumente gestempelt und Unbedenklichkeitserklärungen erstellt, all das kam in edlen Kuverts zu ihm geflattert, versehen mit den Insignien der Republik.

Am Tag vor der Abreise brachte ein Fahrer des Außenministeriums eine große Schachtel voller Würstel zu ihm nach Hause. Die Schachtel war exakt so beschaffen, dass sie von ihren Abmessungen her als Handgepäck durchging – und das war kein Zufall. Schließlich wisse man nicht, welche Temperaturschwankungen es im Gepäckbereich des Flugzeuges gäbe, und man wollte nichts riskieren, das zu geschmacklichen Einbußen führen könnte.

Das Bodenpersonal am Flughafen zeigte sich durchaus einsichtig mit ihm und seiner Schachtel und war von den

Begleitbriefen derart beeindruckt, dass er von Economy auf Business upgegradet wurde. Er machte eine innere Notiz, ab jetzt nur mehr mit Wurstkisten zu reisen, und ließ sich mit frisch gekochtem Tafelspitz und Zweigelt vom Iby verwöhnen. Zum Nachtisch gab es Mohnnudeln mit Käsevariationen, und er war nahe daran, die Bundeshymne anzustimmen, so stolz war er auf sein Land.

Der livrierte Fahrer und der Jaguar waren das Sahnehäubchen auf einer märchenhaften Reise ins Zentrum der österreichischen Seele. Der Empfang in der Botschaft war ebenso märchenhaft, auch wenn die Damen in Abendgarderobe ein wenig mit dem Senf haderten, der zu den Würsteln gereicht wurde. Die Würstel selbst wurden allseits gepriesen, und mehrmals wurde Verwunderung darüber laut, dass etwas so Köstliches in Hongkong nicht erhältlich sei. Er mochte Frankfurter Würstel eigentlich recht gerne, aber hier hatten sie den gleichen Effekt wie Ducados in Leoben oder Gösser Bier in Vancouver.

Für seine Fahrt zum Hotel standen dann weder der Fahrer noch der Jaguar zur Verfügung – beide waren anderweitig beschäftigt. Er nahm also eines der roten Taxis, und als er sein Hotelzimmer betrat, war ihm übel. Er drehte das Licht nicht auf, nahm sich einen Whisky aus der Minibar und genoss es, auf die Skyline von Kowloon zu schauen. Nach einer langen Reise durch die Nacht hatte er österreichisches Territorium verlassen.

Hongkong war zwar schon seit 1997 keine britische Kronkolonie mehr, aber man brauchte immer noch ein Visum, um für einen Tag nach »Rotchina« zu reisen und den Qingping-Markt in Guangzhou zu besuchen. Touristen tun das gerne, um sich daran zu ergötzen, dass Chinesen alles essen, was sich bewegt. Sie machen Fotos von den Schlangen, Skorpionen, Schildkröten, Hunden, Affen und Asseln, die dort zum Verkauf angeboten werden, und zeigen die Bilder später angeekelt ihren Nachbarn. Er schlenderte durch den Markt und an einem Stand vorbei, an dem ein älterer Herr gerade eine Katze kaufte. Die Katze strampelte wild, als sie abgewogen und in einen Plastiksack gesteckt wurde. Sie schien nicht damit einverstanden, am Abend verspeist zu werden.

Er dachte daran, sich für den Posten des österreichischen Botschafters in Gabun zu bewerben. Dort hatte Österreich sicher keine Botschaft, aber er hätte doch zu gerne mit Omar Bongo im Ferrari Frankfurter Würstel gegessen.

LENINS SCHWANZ Ganz Russland tanzte in den Straßen, und er tanzte mit. Fahnen wurden geschwungen und Lieder gesungen. Der Rote Platz war in Aufruhr, und vermutlich war es im ganzen Land ähnlich, denn man hatte gerade bei der Fußball-Europameisterschaft im Viertelfinale gegen die Niederlande gewonnen. Das war eine Überraschung, und die Russen feierten mit geschwellter Brust. Dies waren die letzten Kriege, für die einem noch auf die Schulter geklopft wurde. Und sie dauerten nur neunzig Minuten, hundertzwanzig maximal. Arshavin hatte Russland in einen Freudentaumel versetzt – in der zweiundzwanzigsten Minute der Verlängerung mit einer Flanke auf Torbinski und mit einem eigenen Treffer vier Minuten später. Damit hatte niemand gerechnet – am wenigsten die Russen selbst.

41

MOSKAU
RUSSLAND
2008

Langsam begann sich die Menge auf dem Platz aufzulösen, und auch er wankte leicht betrunken zu seinem Hotel zurück. Auf Höhe des Lenin-Mausoleums musste er wieder daran denken, dass es Restauratoren gab, die Tag für Tag den Leichnam des ehemaligen Diktators auf Vordermann brachten, damit er respektabel und repräsentativ aussah. Dazu gehörte auch sein Schwanz. Er dachte sogleich an seinen eigenen Schwanz, um den sich vierundachtzig Jahre nach seinem Tod niemand mehr kümmern würde. Das war Diktatoren vorbehalten. Oder überhaupt nur Vladimir Iljitsch Uljanov. Als Nächstes fiel ihm ein, dass sich gestern im Hotel eine der Hausprostituierten um seinen Schwanz gekümmert hatte. Die Erinnerung daran war fremd und schön.

Im *Hotel National* saßen die Frauen Tag für Tag und Nacht für Nacht in einem mit Glas überdachten Innenhof, sehr darum bemüht, ihr Aussehen und vor allem ihre Langeweile zur Schau zu stellen. Die Männer, die allein in das Hotel kamen, waren hingegen bemüht, so zu tun, als würden sie die Frauen nicht bemerken. Denn eigentlich war es unfassbar, dass im besten Haus am Platz so einfach die Huren herumsaßen. Dennoch war es der Fall, und an den

Tischen und an der Bar diskutierten die Ausländer darüber hinter vorgehaltener Hand. Darüber zu sprechen war ja noch nicht anrüchig.

Er hatte sofort gewusst, welche er wollte. Er lud sie auf einen Wodka ein und vernahm einen exorbitanten Preis, den er nicht hinterfragte. Es konnte zwar kaum seine Mutter gewesen sein, die ihm beigebracht hatte, dass man mit Prostituierten nicht handelte – trotzdem wusste er, dass es sich nicht gehörte. Mit tiefer Stimme und schwerem Akzent flüsterte sie ihm ins Ohr, dass er vorangehen und die Türe offen lassen solle. Er gehorchte.

Als er nach der Siegesfeier mit der Bierflasche in der Hand Richtung Hotel ging, dämmerte schon der Morgen. Er kam gerade dort an, da stöckelte die Prostituierte vom Vortag aus einem Hintereingang. Sie trug noch immer ihre Arbeitskleidung, darüber aber einen einfachen Mantel. Da alle Frauen in Russland darauf bedacht sind, besonders gut und auffällig gekleidet zu sein, fiel sie außerhalb des Hotels nicht auf. Im Hotel war sie jedem aufgefallen.

Einer seltsamen Stimmung folgend, ging er ihr nach. Zuerst Richtung Bolschoi-Theater, dann durch eine Unterführung zur U-Bahn. Da und dort kamen noch singende, Fahnen schwenkende Gruppen auf sie zu oder überholten sie. Einer grölte die Nationalhymne. Die vielen Menschen auf der Straße machten es ihm leichter, ihr zu folgen. Normalerweise wären selbst in Moskau die Straßen um diese Zeit fast leer gewesen. Er stieg nach ihr in die U-Bahn, setzte sich an das andere Ende des Waggons und beobachtete sie in den spiegelnden Fenstern. Ihr Gesicht war ausdruckslos. Woran sie wohl dachte? An den Schwanz eines Scheichs, an die Brustbehaarung eines finnischen Bauingenieurs, an die Haut eines japanischen Software-Programmierers oder an den Geruch eines ungarischen Pianisten? Unsinn, dachte er, wahrscheinlich einfach an ihre Tochter, für die sie das tut. Oder an gar nichts.

Als sie die U-Bahn verließen, stand die Sonne strahlend am Himmel. Er wunderte sich jedes Mal, wenn in Russland die Sonne schien. In allen Filmen, die er kannte, und in allen Monaten, die er hier gewesen war, kam das selten vor, und in der Vorstadt, wo Russland endlich wie das Russland aussah, das er früher gekannt hatte, wirkte die Sonne besonders deplatziert. Die Fußballfans waren deutlich weniger geworden, hie und da hatte noch jemand eine zusammengerollte Fahne in der Hand oder war mit einem weiß-rot-blauen Hut neben einer halbvollen Bierflasche eingeschlafen. Ihm wurde warm ums Herz, hier in der sonnigen Stadt, und so folgte er ihr unvorsichtigerweise in einen kleinen Laden. Sie kaufte Milch, Brot und Eier und zahlte gerade, als die Verkäuferin ihn bereits fragte, was er wünsche. Er wusste es nicht und konnte gar nichts sagen. Noch nie in seinem Leben hatte er so wenig gewusst. Er wusste ja nicht einmal, warum er hierhergekommen war. Warum er der Frau gefolgt war.

Die Frau schaute ihn an. Sie schaute ihn fest und eindringlich an. Ohne ein einziges Wort zu sagen, teilte sie ihm in aller Deutlichkeit mit, dass er verschwinden sollte. Dass er nicht hierhergehörte und dass es dumm gewesen war, ihr zu folgen.

Die Verkäuferin wiederholte ihre Frage an ihn. Er brachte die Worte Kefir und Gleb heraus. Mit seinem Kefir und einem Laib Brot auf dem Schoß fuhr er zurück ins Hotel. Angesichts einer vergessenen Fahne im Waggon dachte er, dass der Sieg Russlands über die Niederlande auch schon Schnee von gestern war. Der Kefir würde bald sauer, das Brot alt und trocken sein.

Nur Lenins Schwanz, der würde noch eine Weile frisch gehalten werden.

42

SHENYANG
CHINA
2012

LISTEN Siebzehn Mal Shell, vierzehn Mal BP, neun Mal Agip, sieben Mal Avanti, vier Diskonter – und gewonnen hatte schließlich Jugopetrol mit neunzehn Tankstellen, an denen er mit seinen Eltern auf dem Weg in den Urlaub vorbeigefahren war. Er hatte immer gerne Listen gemacht, schon als kleiner Bub. Listen, welche Filme er schon gesehen hatte oder welche Bücher er noch stehlen wollte. Später kamen Listen von den Stempeln in seinem Pass und den Autos, mit denen er schon gefahren war, dazu. Und die Liste von allen Leichen, die er schon gesehen hatte. Die Leiche, die ihn am nachhaltigsten beeindruckt hatte, hatte auf einer Verkehrsinsel in Port Harcourt, Nigeria gelegen. Es war der Körper eines großen, fetten Mannes. Er lag auf dem Rücken, und sein Schwanz ragte steif in die Höhe. Ein Polizist erklärte ihm, dass der Mann solange dort liegenbleiben würde, bis die Menschen in jenem Viertel den Mörder verraten hatten. Was sie angeblich nach einer gewissen Zeit bestimmt täten, denn sie wollten, dass die Leiche von der Straße wegkam. Der schönste Stempel im Pass stammte aus Guatemala. Er hatte die Form eines Quetzals, und jede Feder im grafisch gestalteten Gefieder des Vogels war in einer anderen Farbe gehalten. Das Auto, mit dem er am liebsten gefahren war, blieb wohl für alle Zeiten sein erstes eigenes – ein zitronengelber Ford Escort. So gesehen war die Autoliste eine besonders sinnlose. Aber man soll die Hoffnung nie aufgeben, dass noch etwas Besseres kommt.

Irgendwann wurden Listen modern, ja fast zum Wahn. Ihm kam es vor, als wären alle Zeitschriften voller Listen und als würde alles nur mehr daran gemessen, ob es in einer solchen Liste vorkam. Die besten Filme aller Zeiten, die schönsten Bücher des vergangenen Jahres, die feinsten Restaurants in Castrop-Rauxel, die größten Fußballstadien der westlichen Hemisphäre, die billigsten Tankstellen im Bezirk Wiener Neustadt – ganz zu schweigen von den geschmackvollsten Boutique-Hotels südlich des Äquators. Er fand auf diesen Listen meist ebenso wenig Brauchbares wie in Reiseführern – wobei es bei den Reiseführern eine Ausnahme gab: *Nigeria is only for the most masochistic of travellers*. Dieser Satz aus einer *Lonely-Planet*-Ausgabe, offenbar aus der tiefsten Überzeugung des Verfassers geschrieben, führte dazu, dass er selbst nie wieder einen Reiseführer zur Hand nahm und seine Reise durch das wunderbare Land Nigeria ohne anderer Leute Meinung fortsetzte. Das hatte er auch später nie bereut, und insofern war dieser Satz von Nutzen gewesen.

Als er daran dachte, wieder einmal eine Liste zu beginnen, saß er an einem kleinen Schreibtisch vor einem Panoramafenster mit Blick auf das abendliche Shenyang in der chinesischen Provinz Liaoning. Er hatte den Tisch eigens dorthin geschoben, damit er über die Stadt und auf den Platz mit dem riesigen Mao-Zedong-Denkmal schauen konnte, während er seine Post erledigte. Von hier oben wirkte das Denkmal nicht ganz so gewaltig wie von unten, wenn man unter dem ausgestreckten Arm Maos stand, mit dem er den Arbeitern, Bauern und Soldaten den Weg in eine glorreiche Zukunft wies, die mittlerweile schon Gegenwart geworden war. Er fand es eigenartig, wie wenig in diesem Land an den Stein gewordenen Gesten, den heroischen Posen und der visionären Monumentalität des ehemaligen Diktators seit seinem Tod gerüttelt worden war. Saddam Husseins Statuen waren bereits gefallen, und die Bilder von Josip Broz Tito in den Greißlerläden des ehemaligen Jugoslawien wurden auch immer seltener. Vielleicht lag das auch daran, dass Greißlerläden in Slowenien, Kroatien, Serbien, Montenegro, Bosnien-Herzegowina, Mazedonien und dem Kosovo (auch eine Liste) insgesamt seltener geworden waren. Und vielleicht lag es hier schlicht an der Dimension der Dinge – die Statue dort unten war einfach zu groß, als dass man sie hätte stürzen können.

Er beschloss, eine Liste der größten Denkmäler der Welt zu machen. Es sollten aber nur solche gelten, die eine Person darstellten. Seine Nachforschungen ergaben, dass die größten Statuen hauptsächlich riesige Buddhas waren. Der erste Jesus rangierte auf Rang 6, und der erste Mensch war Zar Peter der Große auf Rang 12. Er ließ diese Liste gleich wieder bleiben, da es sie sowieso schon gab, ebenso wie die der höchsten Gebäude oder der sieben Weltwunder. Wirklich gute Listen, wie die aller Tankstellen zwischen Graz und Rijeka, hängen immer von etwas Bestimmtem ab: von einer Reiseroute, vom Zufall oder vom persönlichen Standpunkt. Er machte also zunächst eine Liste der zehn besten Listen:

Die zehn am sinnvollsten ausgegebenen Hundert-Dollar-Noten (Dollars haben die beste Streuung)

Die zehn glücklichsten Momente seines Lebens (von da an grinste er zu Mao hinunter)

Die drei besten Kuss-Szenen der Filmgeschichte (da kam er nicht auf mehr)

Die zehn dreckigsten Straßenköter der Welt (da hatte er Fotos)

Die zehn besten Suppenstände in Bangkok (die wollte er in dieser Reihenfolge wieder aufsuchen)

Die zehn am besten riechenden Bücher (darüber wurde es Nacht)

Die zehn besten Donald-Duck-Geschichten (das Lesen einer davon überschnitt sich mit den Glücksmomenten)

Die zehn besten Räusche (da fielen ihm auch gleich die zehn schlechtesten ein)

und

Die sieben lustigsten Witze (hier fehlte es vielleicht am Publikum, um auf zehn zu kommen)

Fast verschämt endete er mit der Liste der zehn besten Hotels.

Diese letzte war natürlich heikel, da sie objektiv wirkte, aber doch besonders persönlich war. Oft schon hatten ihn befreundete Menschen um Tipps für ihre Reisen gefragt, aber das hatte meistens schlecht geendet. Die Sehenswürdigkeiten, die er vorschlug, wurden selten als solche wahrgenommen, und die Hotels, die er empfahl, empfanden andere als schmutzig, hässlich, unangenehm oder alles zusammen. Ein Freund hatte ihm einmal aus Äthiopien einen handgeschriebenen Beschwerdebrief geschickt und seinen Zustand in dem von ihm vorgeschlagenen Hotel als »Duldungsstarre« bezeichnet. Von da an behielt er derlei Empfehlungen für sich.

Der Mao unten auf dem Platz wies gerade dem neuen Tag den Weg, und er dachte, dass diese so wegweisende Hotel-Liste nur jemand bekommen sollte, der sie zufällig fand und sich auch noch die Mühe machte, sie zu entziffern. Er nahm einen Stift und schrieb die Namen und Orte spiegelverkehrt auf ein Blatt Hotelbriefpapier, das er dann mitten in den Briefpapierstapel zurückschob. Irgendjemand würde früher oder später auf diese Liste stoßen, und da der Schreibtisch bis dahin sicher wieder an die Wand unter den Spiegel zurückgestellt worden war, musste er den Zettel nur hochheben, um ihn lesen zu können:

MUMBAI
INDIEN
2012

43

DIE SCHÖNHEIT DER BÜROKRATIE Eigentlich war die Geschichte ganz einfach. Er war von Mumbai nach Bangkok geflogen und wollte von dort – wieder über Mumbai und dann München – zurück nach Wien. Er würde also in Mumbai umsteigen und fünf Stunden Aufenthalt haben. Schon in Wien hatte er ein Double-Entry-Visum für Indien gelöst, um Schwierigkeiten mit den indischen Behörden wegen des Transits vorzubeugen. Er war sicher, dass er den Flughafen während dieser fünf Stunden nicht verlassen würde.

Ganz einfach also. Der Transit klappte, und so reiste er nicht nach Indien ein, sondern nur in die Flughafen-Lounge. Eine Lounge ist das psychische Niemandsland eines jeden Reisenden, voller gepflegter Nebensächlichkeiten und kulinarischer Halbirrtümer zum Nulltarif. Alles dort ist überflüssig, aber es ist auch billig: billiger Whisky, mittelmäßiger Wein, Buffetessen und Geleefrösche. Und doch fühlt sich jeder, der eine Lounge benutzen darf, privilegiert. Das Einzige, was in einer Lounge kostbar ist, ist die Zeit, die man dort verbringt. Sie wird länger und gleichzeitig dünner, bis man sie nicht mehr spürt. Eine Lounge ist eine Wagner-Oper in der Interpretation von Richard Clayderman.

Auch hier in Mumbai floss die Zeit träge vor sich hin. Irgendwann brachten Flugbegleiterinnen in dunkelblauen Kostümen mit gelb karierten Stecktüchern seine Boarding-Pässe vorbei und schauten dabei so zurückhaltend und bedeutungsvoll, als hätte er gerade einen Preis gewonnen. Der Preis war, dass sich die Zeit noch weiter ausdehnte. Clayderman spielte den Liebestod in Zeitlupe.

Endlich im Flugzeug, schlief er sofort ein. Das Nichts nichtet, hatte er einst gelernt, was Martin Heidegger behauptet habe, und lange Flugreisen helfen, die Bedeutung dieses Satzes zu verstehen. Oder hatte ihn die Ausdehnung der Zeit einfach nur niedergerungen? Als er mit steifen Gliedern aus einem traumlosen Schlummer erwachte, hörte er über die Lautsprecher eine Durchsage des Kapitäns, dass die Crew im hinteren Bereich des Flugzeugs seltsame

Gerüche wahrgenommen habe und man daher nicht abfliegen könne. Er war sich nun sicher, dass er noch schlief und träumte, und wollte an diesem Zustand gar nichts ändern.

In der nächsten Ansage erklärte der Kapitän, dass er versuchen würde, auf das Rollfeld zu fahren und die Klimaanlage zu aktivieren (was er im stehenden Flugzeug nicht könne), und wenn sich damit die Gerüche bekämpfen ließen, würde man fliegen. Wieder entschied er sich, an einen Traum zu glauben, und gab dem Kapitän in diesem Traum recht. Wer will schon in einem stinkenden Flugzeug über Tschetschenien abstürzen?

Als Nächstes hörte er die Geräusche der Klimaanlage durch die Gänge pfeifen. Es stank immer noch, und der sehr einleuchtend argumentierende Kapitän erläuterte eben, dass man nun doch nicht würde fliegen können, da die Maximalarbeitszeit der Crew bis München überschritten würde. Das klang so sehr nach der Welt, wie er sie kannte, dass er sicher war, wach zu sein. Die Passagiere wurden aufgefordert, das Flugzeug zu verlassen.

Mittlerweise dämmerte es über Mumbai, und es hieß, dass die theoretisch getätigte Ausreise aus Indien erst ungültig gemacht werden müsste, damit sie morgen wieder ausreisen könnten. Aber da hörte schon niemand mehr zu, denn alle wollten nur in ein Hotel oder zumindest an sonst einen Ort, an dem es nicht stank. Es folgte ein »reverse check-in«, Immigration als Exmigration, Koffer holen, Zoll, auf ein Taxi warten, Hotelrezeption. Die forsche Dame erklärte, dass alle Alleinreisenden einen Zimmergenossen bekämen. Seiner kam aus Augsburg, hatte nette Augen und konnte auch nicht fassen, was geschah. Er hatte doch nur seine Maschinenteile hier in Indien verkaufen und nicht mit einem fremden Mann in einem Bett schlafen wollen. Beide standen mit ihren Koffern in der Hand vor dem schön gemachten Bett, als sein Telefon klingelte. Ein schnell sprechender indischer Beamter informierte ihn aufgeregt darüber, dass er sich illegal in Indien aufhalte und sofort zum Flughafen zurückkommen müsse. Irgendwie war er erleichtert. Immerhin musste er mit dem Augsburger nicht darüber diskutieren, wer links und wer rechts schlafen würde.

Trotz einer Begleitperson, die er innerlich »den Boten« nannte, war es nicht ganz einfach, zurück in das Flughafengebäude zu kommen. Er hatte kein neues Flugticket und konnte am ängstlichen Gesicht des Boten sehen, dass der Weg, den sie nun antraten, ein langer und verschlungener sein würde. Er nahm sich vor, gelassen durch dieses Labyrinth zu schreiten und niemandem Vorwürfe zu machen, seien sie auch noch so gerechtfertigt. Schließlich war er der Illegale und wusste mit einem Gefühl tiefer Scham, wie solche Menschen in seinem eigenen Land behandelt wurden.

Unterdessen versuchte der Bote, während er ununterbrochen schwitzend telefonierte, einen Wachbeamten mit astreinem Turban und frisch gebügelter Uniform dazu zu bringen, ihn zum diensthabenden Offizier zu führen, der für das Betreten der Flughafenanlage zuständig war. Der Offizier blickte von seinem Schreibtisch auf, hatte kein Verständnis für die Anwesenheit des Boten mit seinem Illegalen und schüttelte erst einmal den Kopf. Diese Szene sollte sich mit verschiedenen Uniformen, Anzügen, Kopfbedeckungen und Krawatten mehrmals wiederholen. Dann wurden der Pass des Illegalen und seine Bordkarte von gestern Nacht in dreifacher Ausführung fotokopiert – das passierte in Folge noch weitere elf Mal. Dann wurde ein Bericht verfasst, der gestempelt und von einem unsichtbaren Vorgesetzten im Nebenzimmer unterschrieben werden musste. Jeder dieser Vorgänge führte einen kleinen Schritt weiter in das Innere des Labyrinths, und nach jeder Erledigung huschte der Anflug eines Lächelns über das Gesicht des Boten, bevor er wieder zu schwitzen begann.

Vermutlich, um die Angelegenheit zu beschleunigen, leitete der Bote seine Erklärungen immer damit ein, dass der Sachverhalt ganz einfach sei. Aber genau das schien das Gegenteil dessen zu bewirken, was es bewirken sollte. Gerade das Wort »einfach« rief immer mehr Uniformierte und Beamte auf den Plan, als wollten sie beweisen, dass etwas, das nicht rechtens war, nicht einfach sein konnte. Schon gar nicht, wenn es sich um einen falschen Stempel in einem richtigen Pass handelte. Nichts tat dem Auge, der Seele und dem Status so weh wie das. Und es ließ sich nicht aus der Welt zu schaffen, denn der Pass bewies, dass er vor zwei Wochen aus Indien ausgereist, diese Ausreise aber annulliert worden war. Also konnte er nicht da, aber auch nicht weg sein. War das der Grund, dass niemand ihn eines Blickes würdigte, geschweige denn grüßte? Er stand in einem Winkel zwischen Abreise und Ankunft – einem Winkel, den es gar nicht geben durfte, einem toten Winkel sozusagen. Seine Papiere bewiesen, dass er zugleich da und nicht da war, und demgegenüber war »Das Nichts nichtet« ein geradezu banaler Sachverhalt.

Dann kam eine neue, frisch gebügelte Uniform mit blauer Kappe, drei glänzenden Sternen auf der Schulter und einem strahlenden Gesicht, das Lösung verhieß. Doch wieder gab es einen Vorgesetzten, der eine lange Liste von Problemen erstellte, die abgestempelt und beglaubigt werden musste, und wieder wurde jemand losgeschickt, um den Pass und die Bordkarte von gestern zu fotokopieren. Zum nunmehr zwölften Mal in insgesamt vier Stunden.

Dann geschah das gänzlich Unerwartete. Der Vorgesetzte des Vorgesetzten des Vorgesetzten fragte ihn, den Illegalen, was er selbst von der Sache hielte! Der Illegale war zuerst sprachlos und begann dann bedächtig zu erklären, was er glaubte, das geschehen sei, und wie man nun vorgehen könne. Konzentriert achtete er darauf, dabei das Wort »einfach« unter allen Umständen zu vermeiden. Man müsse, sagte er, um blumige Formulierungen bemüht, den versehentlich angebrachten Annullierungsstempel über dem Ausreisestempel der letzten Ausreise handschriftlich annullieren und dies dann beglaubigen. Dann könne man einen neuen, alten Ausreisestempel daruntersetzen und ihn, der dann nicht mehr illegal wäre, besonders hier auf dem Flughafen nicht, neu einreisen lassen. Am Aufleuchten der Augen ringsum sah er, dass das schön klang und im Sinne der Bürokratie, die ja nur einer höheren Ordnung dienen sollte, eine anstrebenswerte Lösung darstellte. Alle Anwesenden fügten diesem Plan noch ein paar Details und Schnörkel hinzu und begannen sogleich, ihn in die Tat umzusetzen. Er sah für einen Moment so etwas wie Respekt in den Augen der Uniformierten und Krawattenträger, und der Boss klopfte ihm sogar auf die Schulter, bevor er seinen Pass und seine Bordkarte von gestern ein letztes Mal fotokopieren ließ.

Weniger als eine Stunde später war er legal in Indien, legte sich neben den Augsburger ins Bett (links) und schlief friedlich ein.

44

ŁÓDŹ
POLEN
2006

EINE TRAGÖDIE Es gibt Tage, da fallen einem die einfachsten Dinge schwer. Da stand er mitten in einem Hotelzimmer, das er kaum wahrnahm, weil es einfach nur ein weiteres Hotelzimmer war, und konnte seine Socken nicht anziehen. Sooft er das in seinem Leben auch schon getan hatte, ohne dass es ihm als Tätigkeit überhaupt bewusst geworden war – nun schien ihm das Sockenanziehen eine fast unüberwindbare Mühsal zu sein.

Als er mit den Socken in der Hand dastand, nachdachte und sich zu keiner weiteren Bewegung entschließen konnte, klingelte das Zimmertelefon. Er wollte gar nicht abheben, denn wer rief heute noch ein Festnetz-, geschweige denn ein Hotelzimmertelefon an, außer jemand, der sich in der Nummer geirrt hatte? Einfach weiter so dazustehen würde den Sonntag aber auch nicht besser machen, also griff er nach dem Hörer.

Eine halbe Stunde später traf er den Schauspieler, die Schauspielerin und die Frau mit dem spitzen Kopf in der Lobby. Die Frau mit dem spitzen Kopf war eingefleischter Fußballfan und hatte vorgeschlagen, den Sonntag für einen Besuch der Partie Widzew Łódź gegen Belchatow zu nutzen. Er hatte zwar letztendlich die Schuhe ohne Socken angezogen, aber die Aussicht auf ein Spiel der polnischen Ekstraklasa, wie die oberste polnische Liga heißt, hatte ihn in eine bessere, wenn nicht fast träumerische Stimmung versetzt. So brauchte er keinerlei Initiative zur Bewältigung des Tages aufzubringen, sondern musste sich nur treiben lassen. Sein Freund, der Schauspieler, fand sich bei der Schreibweise des Wortes »Ekstraklasa« wieder einmal in seiner Theorie bestätigt, dass die Polen nicht rechtschreiben konnten. Weitere schlagende Beweise dafür fand er in den Worten Apteka, Szpital, Restauracja, Dyskoteka und Tramwaj, und er erklärte diesen Umstand auch gerne allen Polen, die er kennenlernte. Manche fanden das lustig, aber nicht alle.

Als sie zu viert vor dem Stadion aus dem Taxi (Taksówka) stiegen, wähnten sie sich inmitten einer Großdemonstration.

Das Aufgebot an schwer bewaffneter Polizei mit Helmen, Schilden und Schlagstöcken war beeindruckend. Die Polizisten hatten zwei Korridore gebildet, die die Fangruppen der Auswärts- und der Heimmannschaft in ihre jeweiligen Sektoren leiteten, ohne dass sie vor den Eingängen aufeinandertreffen mussten. Und die Männer, die da durch die Korridore schritten, würdigten ihre Gegner keines Blickes. Sie marschierten stoisch, mit schweren Stiefeln, nackten, meist tätowierten Oberkörpern und spiegelnden Glatzen in die Arena. Es wirkte, als wären sie selbst die Spieler, die Gladiatoren eines bevorstehenden Kampfes. Ihn fröstelte bei dem Anblick – wahrscheinlich, weil er keine Socken trug.

Die Ränge waren ausverkauft bis auf den letzten Platz, und es fand sich niemand, der bereit gewesen wäre, für ein paar ahnungslose Ausländer eine Ausnahme zu machen. Er hatte von einem Aufenthalt im VIP-Sektor geträumt, wo er seine angekratzte Seele mit einem gepflegten Bierchen und einer Krakauer hätte trösten wollen, während unter ihm Widzew Łódź mit Belchatow kurzen Prozess machen würde. Nach ein paar Tagen in einer Stadt entwickelte er oft patriotische Gefühle, und so fieberte er innerlich einem Heimsieg von Łódź entgegen. Ähnlich war es ihm schon auf den Fußballplätzen von Port Harcourt, Mexiko-Stadt und Drosendorf ergangen.

Nun hörten sie nur, wie es im Stadion (*Stadium*) zu brodeln begann, während der Schauspieler die Frau an der Kassa (*Kasacja*) darüber aufklärte, dass er und seine Freunde extra aus Graz angereist wären, um das Match zu sehen, und ob sie sich vorstellen könne, wie groß ihre Enttäuschung sei. Sie konnte. Aber Tickets (*Bilet*) gab es trotzdem keine.

Also setzten sie sich mit Bier im Plastikbecher und einer besonders fettigen Wurst vor dem Stadion an einen traurigen runden Tisch, der in der Mitte ein Loch für den Sonnenschirm hatte, und beklagten ihr Unglück. Der Besitzer des Buffets (*Bufet*) war damit beschäftigt, die Reste der Verwüstungen, die die letzte Stunde angerichtet hatte, zu beseitigen, um für den Ansturm nach dem Spiel gerüstet zu sein. Einige

Paletten Dosenbier wurden aus einem Lieferwagen in Richtung Kühlschrank getragen, und die Frau des Besitzers kehrte mit einem Reisigbesen den gröbsten Müll weg.

Plötzlich stand ein Hüne mit nacktem Oberkörper vor ihnen und schaute sie prüfend an. Seine Brust zierte ein nicht sehr sauber tätowierter Totenkopf auf dem Körper eines Pin-ups, auf seinen Oberarmen wimmelten Schlangen und Skorpione. Er habe vernommen, dass sie von weit hergekommen seien, um das Spiel zu sehen. Der Schauspieler war nun weniger selbstbewusst als vorhin, der Kassafrau gegenüber, und fand, dass es bei Bier und Wurst doch recht gemütlich sei. Der Hüne war jedoch nicht zum Diskutieren gekommen. Er bedeutete ihnen mit einer Kopfbewegung, mitzukommen, also trotteten sie folgsam hinter ihm her. Ein fettes Hakenkreuz prangte auf dem breiten Rücken, und er nahm sich vor, ab jetzt jeden Morgen ohne zu zaudern seine Socken anzuziehen und nie wieder so kleinlich zu sein.

Vor dem Sektor, auf den sie zusteuerten, war ein weiteres Polizeiaufgebot postiert, das der Hüne mit einem Nicken und einer Handbewegung teilte, als wäre er Moses vor dem Roten Meer. Sekunden später waren sie im Stadion. Sie gingen durch einen unterirdischen Gang und eine Stiege hoch und fanden sich inmitten Hunderter Männer, die in einer gespenstisch synchronen Choreographie den Auftritt ihrer Mannschaft befeuerten. Die nackten Oberkörper schnellten nach oben. Ein chorischer Gesang ertönte, und ein weiterer kahler Riese gab mit einer Trommel den Takt an. Es war wie auf der Galeere in »Ben Hur«. Der Hüne wies ihnen einen Platz zu und bedeutete den Umstehenden, dass ihre Anwesenheit von ihm gebilligt war. Ihnen gab er wiederum zu verstehen, dass sie sich an der vorgegebenen Choreographie zu beteiligen hätten.

Es wurde ein anstrengender Nachmittag. Die verschwitzten Körper wogten auf und ab, Totenköpfe, Kiss-Logos, Drachen, Samurais und viele weitere Hakenkreuze tanzten auf nackter Haut. Das Spiel selbst fand wenig Beachtung. Stattdessen wurde es von Zeit zu Zeit fast mucksmäuschenstill, da man horchen musste, welche Beleidigungen vom gegnerischen Fansektor herübergebrüllt wurden, um sich dann kurz zu sammeln und umso heftiger, lauter und in synchroner Einigkeit dem anderen Lager eine Welle an Schmähungen zurückzuschleudern. Das einzige Tor des Spieles für die Heimmannschaft wurde zwar mit Jubel entgegengenommen, im Fluss der Inszenierung zwischen den Fangruppen war es aber eher störend.

Am Abend schaute er sich die Zusammenfassung des Spieles vom Bett aus im Hotelfernseher an. Es war ein mittelmäßiger Kick. Auch hier wurde das Tor bejubelt, aber es war kein einziger Mensch mit nacktem Oberkörper, Glatze oder Tätowierung zu sehen. Das mochte an dem technischen Umstand gelegen haben, dass die Kameras an der Längsseite postiert und die Tribünen hinter den Toren erhöht waren. Doch dass von alledem, was er erlebt hatte, gar nichts zu hören war, wunderte ihn doch. Vielleicht hatte sein TV (*Telewizor*) keine guten Lautsprecher?

Später in den Nachrichten wurde ein ausgebrannter Zug gezeigt, und ein Politiker im Anzug verdammte das Unwesen der Hooligans. Das Verhalten dieser Barbaren sei eine Tragödie.

SPÄTER NICHT MEHR WAHR Er liebte dieses Land. Er liebte es, stundenlang durch genau diese Landschaft zu fahren. Er liebte die verstreuten Dörfer, den Winter, die Reste der kommunistischen Kultur, die monumentale Anlage der Mine, die *Juri Gagarin* hieß, die bunten Kreuze auf den Friedhöfen im Nirgendwo, die braunen Gräser, die aus dem Schnee ragten, und die Schlackehaufen, die aussahen, als habe sie die Hand eines Riesen wie Zucker in die Ebene gestreut. Er erfreute sich am Dampf und am Rauch, die aus den altertümlichen Fabrikanlagen aufstiegen, und bestaunte die Statuen, die am Straßenrand eine kleine Stadt ankündigten. Die pastellfarbenen Häuser hätten ihn deprimieren, die wenigen Menschen in den Straßen traurig machen und die Plattenbauten in den Vorstädten, die sich dann als keine Vorstädte, sondern als die Städte selbst entpuppten, hätten ihn in stumpfes Brüten versetzen können. Doch nichts dergleichen geschah. Die Kälte machte ihn warm, und das weite, verschneite, fast menschenleere Land ruhig und leutselig. Er wollte immer einkehren und bleiben, aber nirgendwo gab es Gasthäuser und nur selten ein Hotel. Und gab es ein Gasthaus, dann gab es dort nichts zu essen, und gab es ein Hotel, verscheuchte ihn eine herrische Babuschka mit heftigen Gebärden und strengem Gesicht.

45

KRASNI LUTSCH
UKRAINE
2001

Nicht so in Krasni Lutsch, was so viel heißt wie *Der Rote Strahl*. »So oder so, die Erde wird rot, entweder lebend rot oder tot rot«, hieß es hier früher. Das machte das Mosaik auf einer alten Fabrikmauer klar, auf dem ein Arbeiter mit Schutzhelm in eine verklärte Ferne blickte und von einem roten Strahl erleuchtet wurde. Das Rot war inzwischen verblasst, aber rot bleibt rot, dachte er, während sein Chauffeur an einem See hielt. Dort gab es ein kleines Häuschen aus Holz, das mit einer Glühbirne beleuchtet war. Das Licht dieser Birne leuchtete im abendlichen Blau besonders gelb, wie in einem frühen Farbfilm. *Du hast den Farbfilm vergessen, mein Michael*, war er versucht, zu singen. *Du hast den Farbfilm vergessen, mein Michael. Nun glaubt uns kein*

Mensch, wie schön's hier war. Du hast den Farbfilm vergessen, bei meiner Seel'. Alles blau und weiß und grün und später nicht mehr wahr. Es war ihm noch nie aufgefallen, wie wahr dieses DDR-Liedchen war, auch wenn der Text kaum diese Gegend meinen konnte. Der Gedanke allein war zu schön, um wahr zu sein.

Sie kauften einen großen Plastiksack voller Krebse, und der Chauffeur sagte, die schmeckten besonders gut mit Bier. Das war neu, denn sonst schmeckte hier alles besonders gut mit Wodka. Besonders mit dem selbst gebrannten Samagon, auch wenn der stark war und roch, obwohl Wodka weder riechen noch schmecken, sondern den Geschmack dessen, was man isst, verstärken und sich selbst im Hintergrund halten soll. Deswegen ist Wodka auch der genialste Schnaps der Welt, da kann kein anderer mithalten. Auch das gehörte zur Wahrheit, zur Wahrhaftigkeit dieses Landes, das er so liebte. Es fehlte vielleicht ein wenig an Farbe. Die Krebse schwammen rosarot im Wasser in der Küche des Hotels, das sie schließlich doch aufgenommen hatte. Sonst war auch dort keine Farbe zu finden, außer das glühende Orange der Stäbe des Heizstrahlers. Des einzigen übrigens im ganzen Haus.

Es war viel Überzeugungskraft nötig gewesen, bis die Babuschka ihnen erlaubt hatte, die Krebse in der Hotelküche zu kochen. Jetzt stand sie mit verschränkten Armen daneben und gab Kommentare ab. Er verstand die Sprache zwar nicht, aber es war offensichtlich, dass sie der Meinung war, sie würden alles falsch machen. Ebenso offensichtlich war, dass das dazugehörte – es hätte alle irritiert, hätte sie nicht genau das getan, was sie tat. Sie brachte nützliche Sachen wie einen blechernen Kochlöffel, ein Sieb und einige Teller, von denen keiner dem anderen glich. Trotz ihres zur Schau gestellten Unmuts achtete sie darauf, dass sie alles hatten, was sie brauchten.

Es waren noch zwei andere Gäste da, große, schweigsame Kerle mit großen Händen, großen Köpfen und einer großen Flasche Wodka. Angenehme Gäste also. Zu fünft aßen sie die Krebse, tranken Bier und Wodka dazu, ihre

Gesichter wurden immer röter und ihre Gemüter immer erregter. Die Fenster waren beschlagen, weil es draußen minus siebzehn Grad hatte und die Temperatur weiter im Fallen war. Je kälter es draußen wurde, desto wärmer wurde allen ums Herz. Bald hatte man einander sehr lieb, die Ukrainer, die immer noch lieber Russen sein wollten, sangen ein altes Bergarbeiterlied, das sehr schön und melancholisch war, und er sang zum Gaudium aller *Du hast den Farbfilm vergessen*. Er tanzte dazu mit der Babuschka, die gar nicht mehr mürrisch war und ihren breiten Hintern schwang. Bevor alle in ihre Zimmer verschwanden, umarmten sie einander und schworen, bald wieder Krebse zu essen und Bier zu trinken. Hatte er schon erwähnt, dass er dieses Land liebte?

Im Lux-Zimmer war es so kalt wie draußen. Es war eine unbeschreiblich schöne Eishöhle, alles sowjetisch, alles Ton in Ton. Das »Lux« bezog sich auf Luxus, weil es fließendes Wasser gab, auch wenn das jetzt eingefroren war. Selbst jenes Wasser, das im Badezimmer in Plastikbehältern vorbereitet worden war, hatte bereits eine dicke Eisschicht. Er verzichtete darauf, diese einzuschlagen, um sich wenigstens die Zähne zu putzen, sondern gurgelte stattdessen mit dem letzten Glas Wodka, das er mit ins Zimmer genommen hatte. Dann zog er jedes Kleidungsstück an, das er dabeihatte, kroch unter die Decke und rollte sich ein. Eine Stunde lang schlief er glücklich, wachte aber dann wieder auf, weil er glaubte, vor Kälte sterben zu müssen. Er stand auf und war fest entschlossen, die Babuschka zu überzeugen, ihn bei sich und dem Heizstrahler schlafen zu lassen. Doch sie war verschwunden. Es waren überhaupt alle verschwunden. Nur am Ende des farblosen Ganges sah er einen orangefarbenen Lichtschein unter der Tür. Er steuerte bibbernd darauf zu. Die Tür war nur angelehnt, und dahinter schliefen und schnarchten die großen Männer und sein Chauffeur im wärmenden Licht des Heizstrahlers. Zu gerne hätte er sich dazugelegt, aber jeder Quadratmeter in dem winzigen Zimmer war besetzt. Also tat er etwas, von dem er nie gedacht hätte, dass er es tun würde: Er stahl den Heizstrahler.

Am nächsten Morgen kam er in die Küche. Der Heizstrahler war wieder dort, wo er hingehörte, und die Babuschka war dabei, Eier zu braten. Die großen Männer und der Chauffeur waren noch am Leben, alle machten sich schweigend über das Frühstück her. Er war unsicher, ob sie nichts sagten, weil sie ihn wegen des Diebstahls verachteten, also sagte er auch nichts. Die Babuschka briet mehr Eier mit schönem, fettem Speck. Nach dem Essen öffnete einer der Männer eine Flasche Bier und musterte ihn von oben bis unten. »Du da«, sagte er mit tiefer Stimme, »wie ging noch mal das Lied von gestern?« Schüchtern begann er zu singen, und alle stimmten ein, ohne den Text zu verstehen:

Du hast den Farbfilm vergessen, mein Michael –
Nun glaubt uns kein Mensch, wie schön es hier war –
Du hast den Farbfilm vergessen, bei meiner Seel' –
Alles blau und weiß und grün und später nicht mehr wahr.

Der Heizstrahler wurde nicht mehr erwähnt. Ja, er liebte dieses Land.

DER SCHLAFENDE AUTOSTOPPER Als Kind hatte er sich oft darüber gewundert, wieso ein gesuchter Verbrecher sich nicht einfach irgendwo versteckte, wo ihn niemand fand. Die Welt war doch so groß! Allein im Wald hinter seinem Haus hätte er verschwinden können, solange er wollte. Aber er hatte auch Angst vor diesem Wald gehabt, und so war er insgeheim froh, sich nicht verstecken zu müssen. Später wusste er, dass sich dauernd jemand in diesem Wald herumtrieb – Schwammerlsucher, Förster, Spaziergänger und manchmal auch Polizisten. Außerdem gab es (außer den Schwammerln und manchmal Himbeeren) in diesem Wald nichts zu essen, und Einkaufen gehen war nicht so einfach, wenn man nicht gefunden werden wollte. Aber anderswo auf der Welt gab es sicher Wälder, die noch viel größer waren – so groß, dass man dort genug zu essen fand und sich daher auch würde lange verstecken können. Nicht, dass er zum Verbrecher geworden wäre, um das auszuprobieren, aber er hatte sich des Öfteren vorgenommen, wegzufahren und nie wieder zurückzukommen oder zumindest eine Zeitlang unterzutauchen. Die Sache ist nur die: Solange man die Türen nicht hinter sich zuschlagen muss, sind sie immer offen. Und im Wald versteckt man sich nicht ohne Grund. Aber zumindest eine Weile kann man so tun, als habe man vergessen, wo die Tür ist.

46

PALENQUE
MEXIKO
1979

Er fuhr auf der Ladefläche eines Pick-up durch ein Grün, das so leuchtete, dass es Wellen des Glücks in ihm hochsteigen ließ. Er hatte schon lange nicht mehr an zu Hause gedacht. Aber mit einem Mal wusste er, dass er alle, die er kannte und liebte, daran teilhaben lassen wollte, was er jetzt fühlte: dieses Grün, dieser Wind, dieses Strahlen des Lichts und dieses Fremdsein. Gleichzeitig wusste er, dass das nie möglich sein würde, denn es war niemand da, mit dem er das teilen konnte. Und brächte er das nächste Mal jemanden von zu Hause mit, dann wäre es ja wieder anders. Wenn er von diesem Gefühl erzählt hätte, dann würde der andere danach suchen und es natürlich nicht finden, weil ja alles immer anders wird. Deswegen beschreibt jeder Reiseführer

Orte, die es so nicht gibt. Deswegen sind Reiseführer immer Anleitungen zum Enttäuscht-Werden. Deswegen reiste er meistens alleine, sprach selten darüber und genoss es, überall fremd zu sein. Doch davon wusste er damals auf dem Pick-up noch nicht viel. Er wusste nur, dass er nie wieder nach Hause wollte, denn dort wartete stumpfe Sicherheit und irgendetwas, das Namen wie Beruf, Karriere oder Alltag hatte.

Der Maisbauer, der ihn mitgenommen hatte, riss ihn aus seinen Träumen und bedeutete ihm, dass er an dieser Kreuzung abbiegen müsse. Er sprang mit seinem Rucksack von der Ladefläche und stellte sich bester Dinge an den Straßenrand. Das Gute am Autostoppen in Mexiko war, dass einen praktisch jeder mitnahm – das Schlechte, dass hier kaum jemand vorbeikam. Er lehnte seinen Rucksack an einen Baum, setzte sich daneben und war bald darauf eingeschlafen. Es dämmerte schon, als er vom Hupen eines Autos geweckt wurde. Tatsächlich hatte er schlafend eine Mitfahrgelegenheit gefunden. Als er einstieg, fing der Fahrer zu sprechen an und hörte bis zur nächsten Stadt nicht mehr auf. Er verstand nicht viel von dem Redeschwall, aber er ahnte, dass es sich um eine elterliche Ermahnung, nicht im Finsteren herumzutrampen und dann auch noch einzuschlafen, handelte. Von einem mexikanischen Fremden konnte er das besser annehmen als von den eigenen Eltern. Besonders, weil sein Spanisch sehr schlecht und der Dialekt dieser Gegend sehr speziell war. Sie fuhren die ganze Nacht, später sprach er selbst auf den Mann ein, mit allem, was er an Spanisch aus seinem Kopf zaubern konnte, noch später sogar auf Deutsch, nur damit der Mann nicht einschlief. Als sie am Morgen auf Palenque zufuhren, hatten sie das Autoradio auf maximale Lautstärke gedreht und sangen aus vollem Hals mexikanische Volkslieder mit. Der Fahrer schien alle Texte zu kennen, er selbst grölte irgendetwas.

Palenque war ein Mekka der Archäologen und Schwammerlsucher. Es gab, wie zu Hause, einen Wald hinter dem Haus. Nur dass die Schwammerln hier vor Psychocybin triefften und die Schwammerlsucher meist lange Haare, lange Bärte und bunte Ponchos trugen, die sie im Bergland oder in Guatemala gekauft hatten. Schon am selben Nachmittag hatte er mit neu gewonnenen Freunden eine erkleckliche Anzahl von Hongos gefunden. Viele Gerüchte kursierten, wie sie am besten verzehrt werden sollten. Man dürfe nicht zu viele essen, hieß es, man müsse sie langsam und in gewissen Abständen zu sich nehmen, sie würden sich hervorragend mit Cannabis mischen, man müsse sich wohlfühlen, wenn man sie äße, denn sonst könne das Ganze leicht zum Horror werden. Man müsse sehr viel Wasser trinken. Er hatte ein bisschen Angst, denn er erinnerte sich an ein Schwammerlgulasch zu Hause, bei dem sein Vater offensichtlich einen falschen Pilz erwischt hatte und ihm so übel geworden war, dass er geglaubt hatte, sterben zu müssen. Seitdem hatte er überhaupt keine Pilze mehr gegessen, geschweige denn mexikanische. Der einzige Mensch dort, zu dem er Vertrauen fasste, war eine Bäuerin, die einen Essensstand hatte und den Hippies, die hierherkamen, mit Hongos Omeletts briet. Ihre Hongos waren zwar teuer, aber er traute ihnen mehr als den selbstgepflückten. Das Omelett war köstlich, es stellte sich jedoch keinerlei Wirkung ein.

Am Abend saßen sie wie langhaarige Vögel auf der langgestreckten Pyramide und schauten in den Sonnenuntergang. Da noch immer keine Wirkung zu spüren war, begann er doch, sich einige der eigenen Hongos in den Mund zu schieben und daran herumzukauen. Die anderen taten es ihm gleich. Man würde also gemeinsam sterben. Drei Stunden und einige Biere später spürte er noch immer nichts, und er war müde von der vorigen Nacht. Der Mann an der Rezeption der Herberge, die ihm empfohlen worden war, schlief schon, als er kam, und wachte auch nicht richtig auf, als er die geforderten Pesos entgegennahm und ihn in ein Zimmer führte, das nichts anderes war als vier kahle Wände mit einem Sessel, auf dem eine Waschschüssel stand. An den Wänden gab es außerdem zwei Metallhaken. Er holte also seine Hängematte aus dem Rucksack und spannte sie quer durch den Raum. Er fiel in einen leichten Schlummer. Als er wieder aufwachte, waren Gesicht und Hände so von Moskitos zerstochen, dass er beinahe in Panik geriet. Es surrte wie verrückt in seinen Ohren, und er versuchte sich zu schützen, indem er seinen Schlafsack über den Kopf zog. Aber kaum verschob er den Stoff ein wenig, um Luft zu bekommen, handelte er sich neue Stiche ein. Er flüchtete in das Gemeinschaftsbad auf dem Gang und schüttete sich kaltes Wasser über Kopf und Körper, bis er nichts mehr zu spüren glaubte. Als er zurückging, hörte er, dass das Summen und Surren noch lauter geworden war, und spürte, dass er schon auf dem Weg zwischen Bad und Zimmer wieder gestochen wurde. Als er die Zimmertür öffnete, war der Raum so voller Insekten, dass er die Hängematte nicht mehr sehen konnte. Irgendwo in seinem Unterbewusstsein kam ihm der Verdacht, dass das nicht wahr sein konnte, aber er musste etwas unternehmen, denn seine Augenlider begannen bereits zuzuschwellen. Er lief ins Bad zurück und hielt den Kopf an die zehn Minuten immer wieder unter kaltes Wasser. Dann rannte er in sein Zimmer, kniff die Augen zusammen, stopfte die Hängematte blind in seinen Rucksack und zog sich an, während das Dröhnen der Insekten um ihn herum symphonische Ausmaße annahm. Sein Körper glühte von den Stichen. Als er vom Hotel auf die Straße trat, öffnete er zögernd die Augen, aber auch hier flogen die Moskitos so dicht, dass man die Häuser nur mehr als Schemen, wie durch einen Wirbelsturm, wahrnehmen konnte. Er querte den Platz ganz vorsichtig und schob dabei die Insekten mit beiden Händen zur Seite, als würde er über ein Dach gehen, auf dem Leintücher zum Trocknen aufgehängt waren. Er setzte jeden Schritt so, als könnte er bei einer einzigen unbedachten Bewegung in die Tiefe stürzen.

Er ging und ging, endlos ging er. Er schlief im Gehen. Oder hoben ihn die Milliarden von Moskitos hoch und ließen ihn über dem Boden schweben? Schwer zu sagen. Wie er zum Bahnhof gekommen war? Ebenfalls schwer zu sagen. Woher er wusste, wann ein Zug ging? Ganz schwer zu sagen. Wie er sich in diesem Wirbelsturm aus Moskitos eine Fahrkarte hatte kaufen können? Fast unmöglich zu beantworten. Wie er überhaupt drei Bahnsteige überqueren und in den Zug steigen konnte? Die Insekten mussten ihm bei alldem geholfen haben, dessen war er sich sicher, als er im Zug einschlief.

Als er erwachte, war er ganz allein. Licht quoll durch die Fenster des Waggons wie Watte, und kaum hatte er begonnen, an die vergangene Nacht zu denken, ging die Tür auf, und das ganze Abteil füllte sich mit bewaffneten Soldaten. Sie verteilten sich auf die Sitze und schienen seine Anwesenheit nicht zu bemerken. Es wurde ganz still im Abteil, bis ein Kommandant polternd durch die Tür kam. Er war etwa ein Meter sechzig groß und ein ausgewachsenes Moskito in Uniform. Seine Fühler wackelten erregt, während er seine Befehle durch den Waggon brüllte.

Er wusste, dass er sich nicht länger verstecken konnte. Er war gefunden worden.

SACRAMENTO
USA
2003

47

PALMEN Er war früher schon in Sacramento gewesen, konnte sich aber nicht mehr richtig daran erinnern. Zumindest nicht an die Stadt. Er wusste nicht mehr, wie die Häuser ausgesehen hatten oder ob es sehr grün war oder eher braun und trocken. Gab es Palmen? Er hatte nur Erinnerungsfetzen. Zum Beispiel war er hier zum ersten Mal in seinem Leben in einem Autokino gewesen. Der Film war Nebensache, aber die Lautsprecher, die einem an den Wagen geklemmt wurden, hatten ihm gefallen. Und er erinnerte sich an ein Einfamilienhaus in einem großen, eher verwilderten Garten, wo er sich mit einem Jugendfreund eingeraucht hatte. Sie hatten damals sehr ernsthaft über Jack Kerouac gesprochen, und der Vater des Freundes hatte Baloney-Sandwiches zubereitet. Und er erinnerte sich an die Greyhound-Station, und wie es dort in den siebziger Jahren gerochen hatte. Das war Sacramento.

Diesmal schaute er aus dem Fenster seines Hotelzimmers auf einen großen, halbleeren Parkplatz, den er schon im selben Moment nicht hätte beschreiben können. Er fuhr mit dem Lift nach unten, durchquerte eine Lobby, die aussah wie die Blaupause einer Lobby, und stieg vor dem Hotel in ein Taxi. Die Straße, die er entlangfuhr, war von Palmen gesäumt – zumindest diese Frage war geklärt. Als er aus dem Taxi stieg, spürte er die Hitze. Es war, als müsste man die Luft zur Seite schieben, um vorwärts zu kommen. Und wieder konnte er das nicht einordnen. War es immer heiß in dieser Stadt? War sie bekannt für ihre Hitze? Er wusste, dass Sacramento dafür zu weit nördlich lag. Oder war es überall heiß, wo es Palmen gab? Er nahm sich vor, all das seinen Freund, den Schriftsteller, zu fragen. Aber er vergaß es, als er dessen makellosen Rasen überquerte, der aussah wie die Blaupause eines Rasens und sich vor dessen Einfamilienhaus erstreckte, das aussah wie die Blaupause eines Einfamilienhauses. War alles hier eine Blaupause von etwas, das es überall anders auch gab, aber eben in echt? Oder waren die ganzen USA zu einer Blaupause von etwas geworden, das einmal die Neue Welt geheißen hatte? Er nahm sich vor, seine Gedanken in den Griff zu bekommen.

Seinem Freund rannen dicke Schweißtropfen über den großen Kopf. Der Kopf musste groß sein, denn er saß auf einem wuchtigen Körper, der jeden kleineren Kopf zum Köpfchen gemacht hätte. Der Mensch, der da vor ihm stand, wirkte nicht wie eine Blaupause – das erste Mal an diesem Tag. Er sprach gerne, und zwar auf eine Weise, die einem einen Knoten in den Kopf machte, weil er die Betonungen immer dort setzte, wo sie nicht hingehörten. Wenn man versuchte, das einzuordnen, war man schon einen Satz hinterher. Er sprach zwar nicht schnell, aber sehr eindringlich, fast hypnotisch. Sein Schielen trug zur emotionalen Verwirrung bei, die man in seiner Nähe empfand, und so brachte einen alles, was er sagte, ins Schleudern. Er war wie ein Hypnotiseur des Alltags, der für seine Arbeit kein Geld verlangte. Und da war sie schon wieder, diese seltsame Betonung mitten in einem Satz. Man war fast verleitet, zu sagen, »falsche Betonung«, aber sie klang so richtig im Falschen. Die interessantesten Dinge auf der Welt, so begriff er, als er mit dem Freund zu dessen Garage ging, sind diejenigen, die richtig scheinen, obwohl man immer geglaubt hatte, sie seien falsch. Es gibt nicht nur Richtiges im Falschen, es gibt sogar Schönheit darin.

In der Garage hatte der Freund eine Waffensammlung, so ordentlich, gepflegt und sauber, wie andere Amerikaner ihre Werkstatt haben, in der sie angeblich die meiste Zeit ihres verheirateten Freizeitdaseins verbringen. Und wie Werkzeug war hier alles, was die Welt an Schusswaffen zu bieten hat, fein säuberlich aufgereiht, an der Wand befestigt, Seite an Seite gelegt oder auf dem Boden ausgebreitet. Hier gab es Glocks, Magnums, Smith & Wessons, AK 47 Assault Rifles vulgo Kalaschnikows, israelische Militärpistolen, eine Mauser, eine Winchester, Uzis, wie sie die Gangs in den Vorstädten von Chicago für Drive-by-Shootings verwenden, sowie Handgranaten und kambodschanische Landminen. Die Anordnung der Waffen hatte etwas Feierliches, und es hätte ihn nicht gewundert, wenn irgendwo ein Kirchenchor erklungen wäre. Stattdessen erklärte und beschrieb sein Freund mit seiner durchdringenden Stimme und seinen synkopischen Betonungen Waffe für Waffe. Beim Betreten der Garage hatte er fragen wollen, ob denn der Besitz all dieser Waffen im Staat Kalifornien erlaubt sei, aber mit jedem Satz, den sein Freund sprach, rückte dieser Gedanke in weite Ferne. Das Reich der Waffen an sich braucht keine Rechtfertigung. Wer sie hat, lebt in ihrer Welt, wer sie nicht hat, fürchtet sie. Er wusste nur, dass er selbst sie nicht verstand, aber ihr Reich gerade betreten hatte.

Dann führte sein Freund ihm einige der Waffen vor. Fein geöltes Metall glitt über fein geöltes Metall, Elemente rasteten ein, als wären sie Teile eines Organismus, Kugellager glitten mit elegantem Schnarren über Trommeln, und Hähne spannten sich präzise und lautlos. Trotz dieser kleinen Serenade beäugte er misstrauisch die kambodschanischen Landminen und fragte sich, wie die wohl hierher gekommen waren. Aber diese Geschichte würden die Waffen hier nicht preisgeben. Stattdessen nahm sein Freund die israelische Militärpistole, die Magnum und die Glock, entlud und sicherte sie und verstaute sie in einer Sporttasche. Dann fuhren sie in einem hellroten Toyota Camry durch eine Landschaft, die mehr braun als grün war, und er wusste, dass er sich an sie schon in einer Woche nicht mehr genau erinnern würde. Die Polizeistreife, von der sie aufgehalten wurden, war die Blaupause einer Polizeistreife: fleischige Männer in schweren Uniformen mit schweren Gürteln, schweren Waffen, schweren Abzeichen und spiegelnden Sonnenbrillen. Da es in den USA nicht verboten ist, Waffen ohne Munition zu transportieren, verlief die Kontrolle ohne besondere Vorkommnisse. Im Gegenteil, die Polizisten zollten dem Freund und den Waffen Respekt – auch für deren einwandfreien Zustand.

Eine halbe Stunde später feuerte er aus der israelischen Militärpistole den ersten Schuss seines Lebens ab. Trotz genauester Anweisungen seines Freundes versetzte ihn der Rückstoß drei Schritte nach hinten, und seine Arme vibrierten. Dann war es um ihn geschehen. Er besorgte sich im Büro der Shooting Ranch – die Wildwest-Variante eines europäischen Schießstands – eine größere Schachtel 5-mm-Munition und schoss. Der hypnotische Zustand, der am Vormittag begonnen hatte, setzte sich Schuss um Schuss fort. Dabei war er sich nicht bewusst, auf etwas Bestimmtes zu zielen. Irgendwo zwischen aufgestapelten Reifen und den von den täglichen Salven malträtierten Holzpuppen staubte es, oder etwas splitterte. Aber das war nicht wichtig. Nach der dritten Packung Munition begannen seine Arme und Schultern zu schmerzen, und er ließ die schwere Waffe sinken. Am Stand nebenan war gerade eine Frau um die fünfzig angekommen, gestylt in Rock, Bluse, Stöckelschuhen und etwas zu aufdringlichem Schmuck, die Haare wie frisch vom Friseur. Sie lächelte ihm freundlich zu, öffnete ihre Handtasche, fischte einen kleinen Trommelrevolver heraus, lud ihn und feuerte drauflos. Und als er eine halbe Stunde später Schluss machte, schoss sie noch immer – auf was auch immer sie da draußen oder in einem dunklen Zimmer ihres Kopfes zielen mochte.

Er schlief glücklich ein an diesem Tag. Er hatte nicht mehr die Kraft, sich zu schämen. Er hatte eine größere Rebellion in seinem Inneren erwartet und nie gedacht, dass er je eine Waffe würde abfeuern wollen. Auch er hatte die Tür zu einem dunklen Zimmer aufgestoßen. Er würde es wahrscheinlich nie betreten, aber er wusste mit einem Mal, dass es da war.

Jahre später sah er in Thailand einen alten Hund, der jeden Tag zur Ebbe auf eine Sandbank ging und im seichten Wasser Fische jagte. Voller Hingabe schnappte er drei Stunden täglich nach seiner flinken Beute. Nichts konnte ihn aus der Konzentration bringen – nicht, wenn man ihn am Kopf kraulte, nicht, wenn man ihn mit Wasser bespritzte. Er hatte mit den Fischen und mit sich selbst zu tun. Hinter dem Hund ragten Palmen in den Himmel, die so hoch waren, dass ihre Stämme sich neigten. Er dachte, dass er sich an diese Palmen erinnern würde.

DROSENDORF
ÖSTERREICH
1993

48

KFZ-REHE Er erwachte mit einem Wadenkrampf und biss in den Polster. Er wusste, dass er das Bein bewegen sollte, um den Krampf zu lösen, aber der Schmerz war einfach zu stark. Als er endlich etwas nachließ, drehte er sich herum und versuchte, mit dem Fuß zu kreisen und die Zehen zu strecken. Er war aus einem Traum gerissen worden, und mit jeder Sekunde, die er sich dem endgültigen Wachzustand näherte, flohen dessen Spuren in eine unergründlichere Tiefe. Er starrte auf die Stuckdecke seiner Unterkunft.

Diese Unterkunft war größer als seine Wohnung damals. Die Betten waren alt und durchgeritten, aber dafür gab es gleich drei davon, und ein weiteres im Nebenzimmer. Nicht, dass er sie gebraucht hätte, aber es fühlte sich gut an, dass sie da waren. Gleich rechts neben dem Eingang stand ein ehrwürdiger Kachelofen, den früher die Dienstboten vom Gang aus hatten heizen können. Er hätte gern in der Zeit gelebt, als das noch gemacht wurde. Heute gab es eine Zentralheizung, die aber nicht recht funktionierte, so war es immer ein wenig klamm in diesem alten Schloss. Draußen schneite es in dicken Flocken, und er vergaß den Schmerz. Er war immer glücklich, da zu sein. Der Traum war mittlerweile wie weggeblasen. Die Ahnung eines Aufpralls war noch irgendwo in seinem Unterbewusstsein, aber das hätte auch vom Krampf kommen können.

Als er mit hochgeschlagenem Kragen nach draußen und zu seinem Auto stapfte, wusste er plötzlich wieder, wovon er geträumt hatte: Er hatte mit einem weißen BMW in einer weißen Winterlandschaft ein Reh überfahren.

Tatsächlich war ihm am Vortag genau das beinahe passiert. Er hatte – in Tschechien, kurz vor der Grenze zu Österreich – ein Reh angefahren, und ein paar Fellreste klebten noch am kaputten rechten Scheinwerfer des Wagens. Dieser war allerdings ein roter VW-Golf, und gestern hatte noch kein Schnee gelegen.

Der Anblick der Fellstücke schmerzte. Er war sofort stehengeblieben, aber das Reh war offenbar weitergelaufen. Er hatte das Auto mitten auf der Fahrbahn stehen gelassen und war dem Tier nachgegangen, konnte es aber nicht finden. Die Dämmerung neigte sich schon zur Nacht hin, und der Grenzübergang bei Drosendorf würde in weniger als fünfzehn Minuten schließen. Also war er zum Auto zurückgelaufen. Rechts funktionierte nur mehr das Abblendlicht, aber er kam über die Grenze und nahm sich vor, am nächsten Tag zurückzufahren.

Nun schneite es, zunehmend dichter, und in dieser flauschigen Kälte unter der tiefgrauen, winterlichen Wolkendecke erschien ihm das Unterfangen zwecklos. Trotzdem fuhr er los. Er erkannte den Unfallort kaum wieder. Die Kuppe, hinter der das Reh aufgetaucht war, war schon dick verschneit, und der Wind blies den Schnee über die Fahrbahn. Er blieb stehen, sah aber keinen Sinn darin, hier auszusteigen. Mit dem Schnee war die Welt eine andere geworden. Er fuhr weiter, ziellos auf kleinen Nebenstraßen und durch mehrere Ortschaften. Niemand kam ihm entgegen außer einigen wild blinkenden Schneepflügen, die wie Monster schon von weitem zu sehen waren. Die Fahrer schauten strafend auf ihn herunter, wenn sie an ihm vorbeifuhren. Niemand sollte an einem Tag wie diesem unterwegs sein. Auf verfallenen Grenzschutzbunkern am Straßenrand saßen Falken und blickten blasiert in die Gegend.

Als er ein alleinstehendes Haus passierte, hing ein frisch gehäutetes Reh im Garten. Es war ausgenommen, und der Schnee unter dem Tier war blutrot. Er wusste, dass es sein Reh war, und fand den Gedanken tröstlich, dass eine Familie es verspeisen würde. Er sah eine warme Stube vor sich und strahlende Gesichter. Er sah Fleisch und Knödel und Birnenhälften mit Preiselbeeren. Alle bekamen noch ein Stück, und niemand sprach, weil es so gut schmeckte.

Elf Jahre später starb sein Vater und vermachte ihm seinen alten weißen BMW. Er liebte dieses Auto, aber mit dem Vorderradantrieb war es nicht sehr wintertauglich. An einem Februarabend fuhr er damit nach Hause und war in Gedanken versunken, da seine Frau und er gerade eine schmerzliche Zeit erlebten. Sie schwiegen viel miteinander, und obwohl alles wehtat, fühlte er eine seltene Nähe zwischen ihnen beiden. Er würde sie in einem Gasthaus treffen, und er dachte eben darüber nach, ob sie miteinander würden sprechen können, als er aus einem Waldstück ins offene Feld fuhr. Die Straße führte von dort weiter auf eine Brücke, die eine vierspurige Autobahn querte. An dieser Stelle stieg er immer aufs Gas. Ob bewusst oder unbewusst, hätte er nicht sagen können – es war ein Gefühl, als würde er über die Brücke und die Autobahn fliegen. So auch an diesem Tag. Und genau in diesem Moment sprang von rechts ein Reh auf das Auto zu. Er bremste viel zu hart, kam ins Schleudern und rammte das Tier mit voller Wucht. Den Bruchteil einer Sekunde sah er ihm in die Augen, bevor es hoch durch die Luft flog und im Graben landete. Nur mit Mühe konnte er das Auto auf der Straße halten.

Als er zum Stehen kam, war alles ruhig, der Verkehrslärm der Autobahn rauschte unter ihm wie ein fernes Meer. Beide Scheinwerfer waren zerbrochen, der eine leuchtete ohne Glas in den Abendhimmel. Er erlebte seinen eigenen Traum von damals, im Schlosshotel Drosendorf. Das war sein erster Gedanke, als er zitternd ausstieg und über die Böschung nach unten stolperte. Das Reh lag auf einem Feldweg am Fuß dieser Böschung mit gebrochenen Beinen und aufgerissenem Bauch und hechelte. Es versuchte sich aufzurichten, fiel aber immer wieder zurück. Er überlegte, ob er zum Auto rennen und den Wagenheber holen sollte, um es zu erschlagen, als die Augen des Tieres brachen.

Auf der Polizeistation hörte er zum ersten Mal den Ausdruck »KFZ-Reh«. Als er den Vorfall zu Protokoll gab, dachte er daran, dass es viele solche Worte gab, die eine Sache marginalisierten, um ihren Inhalt fassbarer zu machen. »Erlegen« für töten kam ihm als Erstes in den Sinn. Das hatte er zum ersten Mal gehört, als er als Bub seinen Vater auf die Jagd begleiten durfte. Er und ein paar Altersgenossen gingen als Treiber mit Stöcken in der Hand durchs Unterholz und scheuchten Fasanen und Hasen auf, die kopflos flohen und zur leichten Beute für die Jäger wurden. Am Ende des Tages gab es eine »Strecke«, die nichts anderes war als eine Reihe säuberlich aufgereihter Tierleichen. Reh an Reh, Fasan an Fasan, Hase an Hase. Strecke, wieder so ein Wort. Trotzdem erinnerte er sich auch an die Feierlichkeit dieses Augenblicks.

Der weiße BMW war Schrott, er war alt und eine Reparatur wäre viel zu teuer gekommen. Er war froh, weil es den endgültigen Abschied von seinem Vater bedeutete und dieser Abschied überfällig gewesen war.

Mehr als ein Jahr lang sah er jedes Mal seine Bremsspuren, wenn er auf diese Brücke zufuhr. Jedes Mal sah er dabei das Auge des Rehs brechen, und jedes Mal stieg er wieder aufs Gas und flog über die Brücke nach Hause zu seiner Frau.

49

MANILA
PHILIPPINEN
2011

DAS PUZZLE Eine berühmte Kofferfirma hatte gerade eine neue Edition von Koffern mit einer biegsamen, aber doch widerstandsfähigen Schale, ähnlich einem Tierpanzer, auf den Markt gebracht.

Es gab diese Koffer in vielen verschiedenen Farben und vier Größen. Am beliebtesten waren die, die man gerade noch als Handgepäck ins Flugzeug mitnehmen konnte, sowie die ganz großen Reisekoffer. Gerade bei diesen machte sich die neue Edition bezahlt, da sich das Material durch besondere Leichtigkeit auszeichnete. Er sah diese Koffer in einem Shoppingcenter in der Wiener Innenstadt. Die Ausstellungsstücke waren nach der Größe aufgereiht und erinnerten ihn an die Daltons. Beinahe hätte er alle vier gekauft, entschied sich aber dann doch nur für Joe, den kleinsten und lautesten, und dazu passend für Averell, den größten und dümmsten. Und er wählte ein kräftiges Rot für seine neuen Reisegefährten.

Bei seiner ersten Reise mit ihnen genierte er sich noch ein bisschen für Averell, als er das massive, knallrote Ding durch die Abflughalle in Wien-Schwechat hinter sich herzog. Er bewährte sich aber aufs Beste, denn er war tatsächlich viel leichter als seine bisherigen Koffer, ließ sich aufrecht stehend auf vier gut ausbalancierten Rädchen bewegen, man konnte ihn wie einen Hund neben sich herlaufen lassen. Er musste ihn nicht ziehen und fing nach einer Weile sogar an, mit ihm zu sprechen.

Der Flug nach Manila verlief ohne nennenswerte Unannehmlichkeiten. Kurz drohte zwar ein Mittelsitz, da jemand anderer für ihn gebucht und dabei vergessen hatte, seine Flugmeilen-Kartennummer und den Platzwunsch anzugeben.

Aber eine freundliche Dame am Check-in bewahrte ihn vor diesem Unheil. Er schaute drei Filme, die er nicht sehen wollte, zur Hälfte an, las ein Buch, das er nicht lesen wollte, bis er es gar nicht mehr lesen wollte, aß Essen, das ihm nicht schmeckte, und trank Rotwein, bis er ihm schmeckte. Ein ganz normaler Flug also.

Bald stand er in einer Halle, die er als zu laut und zu hell empfand, und suchte das richtige Förderband. Erfreut sah er, dass Averell als Erstes aus dem Schlund des Bandes gespuckt wurde. Mit einem Griff hatte er ihn neben sich und wanderte mit ihm nach draußen. Die Reise war sehr kurzfristig geplant worden, und so wunderte es ihn nicht, dass niemand mit einem Namensschild auf ihn wartete. Aber er wusste den Namen seines Hotels, und das würde reichen.

Zuerst stand er über eine Stunde lang im Stau. Der Taxifahrer hatte sehr viel über diesen Stau zu sagen, und aus den wenigen englischen Fetzen, die er verstand, konnte er sich zusammenreimen, dass das wohl öfter vorkam. Trotzdem kam ihm die Bewegung – oder besser Nicht-Bewegung – der Autos etwas sonderbar vor. Schließlich passierten sie eine Unfallstelle, und er konnte einen menschlichen Arm unter einem Autobus hervorragen sehen. Eine Blutlache stand auf dem Asphalt. Das Blut wirkte eher schwarz als rot, sodass er es auf den ersten Blick gar nicht als Blut erkannte. Von irgendwo drang Schreien und Schluchzen. Es ging alles sehr schnell, aber die Bilder würden ihm bleiben, das wusste er sofort.

Er stellte Averell in sein Hotelzimmer, sein Name stand schon zur Begrüßung auf dem Fernsehschirm. Er aß eine Frucht aus dem Begrüßungskörbchen, nahm sich ein kaltes Bier aus der Minibar und schaute auf die unbekannte Stadt hinunter. Manila hatte nicht auf ihn gewartet. Er überlegte, ob er duschen und die Zähne putzen sollte. Aber wenn er nicht gleich loszog, würde er den Abend versäumen und durch leere Straßen gehen. Er sehnte sich nach dem Gefühl des Fremdseins unter vielen Menschen.

Als er die Zimmertüre hinter sich geschlossen hatte, läutete drinnen das Telefon. Er erwartete keinen Anruf, und sein erster Termin war erst für den Nachmittag des nächsten Tages vorgesehen.

Der erste Abend in einer neuen Stadt war immer etwas Besonderes, und er vermied es, vorher irgendwelche

Informationen einzuholen. Er wollte sich verlieren und das Verlieren genießen. Dieses Gefühl stellte sich in letzter Zeit nämlich nicht mehr so oft ein. In vielen Städten hatte er Gewohnheiten entwickelt, oder ihm war von Anfang an, als wäre er schon dagewesen. Das lag mehr an ihm selbst als an der Welt. Jedenfalls versetzten ihn hier die ersten Filialen der allgegenwärtigen Bekleidungsketten, die es in jeder Großstadt gab, in eine gewisse Agonie, und als er dann in einer Auslage genau die Koffer sah, die er zu Hause eben gekauft hatte, verlor er jegliches Interesse. Er ging in einen Sushi-Laden, wie es sie auch in Bangkok und New York gab und wo alles völlig gleich schmeckte, und wie um sich selbst zu geißeln, betrank er sich anschließend in einem Hard Rock Café. Dort hörte er einem amerikanischen Botschaftsangestellten zu, der ihm seine Meinung über die Philippinen und die Verdauungsprobleme, die ihn plagten, seit er hier lebte, detailreich schilderte. Um sich den Gnadenstoß zu geben, wechselte er noch in ein Bierlokal und sang zum Schluss, vor deutschen Touristen auf einem Sessel stehend, den Vogerltanz. An den Rest konnte er sich nicht mehr erinnern, aber irgendwie musste er in sein Hotelzimmer zurückgekommen sein.

Er erwachte vom ununterbrochenen Klingeln des Telefons. Er hatte keinen Weckruf bestellt, und niemand wusste, wo er war. Seit er ein Handy hatte, sagte er keinem mehr, in welchem Hotel er absteigen würde. Er hob das Telefon nicht ab, schlug aber die Augen auf. Er war in seinen Kleidern eingeschlafen und noch immer betrunken. Ein Zustand, von dem er wusste, dass er ihn beibehalten musste, wollte er den Tag überstehen. Er nahm ein Bier aus der Minibar und stürzte es zur Hälfte hinunter. In seinem Kopf pochte es. Das Telefon begann wieder zu klingeln. Er trank die zweite Hälfte des Biers, zog sich aus und ging unter die Dusche. Er genoss das heiße Wasser auf seinem pulsierenden Schädel, als er merkte, dass er seine Zahnbürste vergessen hatte. Er hatte sich seit Wien die Zähne nicht mehr geputzt und liebte es, das unter der Dusche zu tun. Also ging er triefend ins

Zimmer und öffnete Averell, der brav dort stand, wo er ihn gestern abgestellt hatte.

Der Koffer war voller Gebisse. Das war im Moment nicht so leicht zu begreifen – außerdem läutete wieder das Telefon, klopfte es an der Tür, und sein Handy schnarrte. Er blieb also erst einmal stehen und schaute die Gebisse an. Dann und wann fiel ein Tropfen von seinem nassen Haar auf die künstlichen Zähne. Er hatte sich doch nur seine putzen wollen, die hatten ihm bisher immer gereicht. In seinem Zustand fand er das lustig, obwohl er wusste, dass es nicht wirklich lustig war.

An der Tür klopfte es immer noch, also warf er sich schließlich einen Bademantel über und öffnete. Ein livrierter Bellboy informierte ihn darüber, dass unten ein Herr für ihn sei, der seine Zähne zurückhaben wolle. Da sah er schon einen Mann mit einem roten Koffer im gläsernen Innenhoflift des Hotels nach oben fahren.

Der Herr Doktor Tillmann wollte kein Bier mit ihm trinken, war aber äußerst erleichtert, seine Gebisse zurückzubekommen. Für seinen nachmittäglichen Vortrag benötigte er sie dringend. Er ließ sich zu einem Kaffee überreden, sie tauschten Freundlichkeiten über Kofferkaufen, Biergärten auf den Philippinen und Zahnprothesen für Jung und Alt aus. Schließlich bestellte er zwei Burger und Bier, die beiden aßen schweigend und schauten auf Manila hinunter. Dann erzählte er dem Zahnarzt, dass er einmal drei menschliche Zähne in einer Dose Inzersdorfer Gulasch gefunden hätte. Das sei viele Jahre her. Er war dann in den Supermarkt gefahren und habe alle dort vorrätigen Dosen mit diesem Gulasch gekauft, in der Hoffnung, darin weitere Körperteile zu finden. Wie in einem Puzzle. Der Doktor Tillmann fand das lustig und öffnete ein zweites Bier. »Und?«, wollte er wissen.

»Nichts. Aber ich hab dann eine Gulasch-Party geschmissen.«

»Ich hab von Inzersdorfer das Reisfleisch lieber mögen«, sagte der Doktor Tillmann.

BANGKOK
THAILAND
2009

50

NIEMANDSLAND Er war zu spät gekommen und hatte das Flugzeug verpasst. Wie schon oft hatte er das E-Ticket nur flüchtig gelesen und sich in der Zeit vertan. Jetzt war er im Niemandsland des Suvarnabumi-Flughafens irgendwo zwischen Abflugs- und Ankunftsebene gestrandet. Hier standen nur die, die nicht wussten, wohin. Die anderen Reisenden waren unterwegs zu den Taxis, zu einem Restaurant, einem Schalter, einer Bankfiliale, einer ATM-Maschine, einem Menschen, der mit einem Namensschild bereitstand, um sie abzuholen, zu einer geheimen Verabredung, einem Kongress, einem Billigflug nach Chiang Rai oder zum Skytrain, der sie in die Stadt bringen sollte. Hier mit ihm standen nur die Raucher, die, die schon zu alt waren, um den Flughafen zu verstehen, und die, die aufpassten, dass nicht zu viele herumstanden.

Er hätte einfach in die Stadt zurückfahren können, aber etwas in ihm sträubte sich. Er hatte sich bereits von allen und allem verabschiedet. Von seinem Lieblings-Suppenstand, von den Hunden auf dem chinesischen Friedhof, von den Hähnen, die ihn jeden Morgen weckten, von den Waranen im Lumpinipark, die immer faul herumlagen und große Fische im Ganzen verschluckten, während sich um sie herum Thai-Chinesen beim morgendlichen Thai-Chi verrenkten. Und von der pummeligen Kellnerin, die ihren Hintern schwenkte wie eine Ente. Er wollte nicht zurück. Er würde in allen Gesichtern ein Zucken der Enttäuschung spüren. Denn einer, der gesagt hatte, dass er gehe, sollte nicht wiederkommen. Zumindest nicht gleich. Sogar die Warane würden ihn mit Verachtung strafen, wenn er im Lumpinipark auftauchte.

Sein neuer Flug ging erst am nächsten Tag, und das Flughafenhotel war ausgebucht. Er fragte sich, wer dort übernachtete. Gibt es Stop-overs, die eine ganze Nacht dauern? Schlafen Passagiere von Frühmaschinen dort, um nicht zu zeitig aufstehen zu müssen? Ist es ein Treffpunkt für Männer in speckigen Anzügen, um dubiose Geschäfte zu machen? Ist es ein Stundenhotel für Paare, die sich gerade im Flugzeug kennengelernt haben und kurz danach wieder getrennter Wege fliegen würden? Gibt es Menschen, die Flughafenhotels romantisch finden, weil sie unter den Bäuchen der startenden Maschinen von fremden Ländern und Abenteuern träumen? Oder sind es hauptsächlich schlampige Leute wie er selbst, die ihren Flug versäumt haben?

Als er so dastand mit seinem roten Köfferchen, das er liebevoll Joe nannte (dessen großer Bruder Averell war diesmal zu Hause geblieben), kam eine Frau mit einem Fotoalbum auf ihn zu. Das Album zeigte ein einfaches Hotel in der nahen Umgebung des Flughafens. Ein Zimmer mit Bett und Fernseher war zu sehen, und die Speisekarte des Restaurants gegenüber konnte man auch begutachten. Es gab also einen Markt für Leute wie ihn, die hier im Niemandsland herumstanden und nicht wussten, wohin mit sich und der Welt. Er deutete dieses Album als Wink des Schicksals und folgte der Frau. Er schaute auf ihre schlanken, aber muskulösen Waden und versank in sexuellen Fantasien, die so plötzlich und heftig waren, dass er sie nur verwundert zur Kenntnis nahm. Sie drehte sich um und lächelte ihm aufmunternd zu, als hätte sie seine Gedanken gelesen. Aber wahrscheinlich wollte sie sich nur versichern, dass er wirklich mitkam.

Er ließ sich von ihr in einen Bus setzen und wartete geduldig, bis sie zwei weitere Verlorene aufgelesen hatte, die sich schweigend zu ihm gesellten. Dann fuhren sie durch eine Landschaft von Autobahnauf- und -abfahrten und langen, breiten Straßen – Vorboten der Metropole, die irgendwann beginnen würde. Jede große Stadt hat diese toten Flecken, die Einfahrten und Ecken, bei deren Anblick man sich fragt, was die Menschen hier tun und wovon sie ihr Einkommen bestreiten. Es gab hier weder Industrie noch Lagerhäuser noch Einkaufszentren. Nur Geschäfte, Restaurants, Autowerkstätten und Hotels – und manchmal nicht einmal das.

Das Hotel, das sie ansteuerten, lag hinter einem solchen Potemkinschen Dorf an einer der großen Straßen.

Seitengassen endeten abrupt, dahinter lag offenes Land mit ein paar alten, verrosteten Maschinenteilen. Ein streunender Hund schnüffelte sein Terrain ab. In einiger Entfernung glitzerte die Autobahn in der Mittagssonne, die die dahingleitenden Autos wie Leuchtkäfer aufblitzen ließ. Am Himmel quälte sich Flugzeug um Flugzeug fast geräuschlos nach oben. Er blieb im lieblos zubetonierten Hof stehen und schaute ihnen nach. Joe glänzte rot neben ihm, während die anderen Gestrandeten rasch in Richtung Rezeption verschwanden. Sie hatten es eilig, in ihre Zimmer zu kommen. Er hingegen fürchtete sich ein wenig davor. Er hatte es ja schon auf dem Foto gesehen, und da es die Aufgabe von Hotelfotografen ist, auch das Unansehnlichste attraktiv zu gestalten, war von diesem Zimmer wenig zu erwarten.

Es sah noch trister aus, als er befürchtet hatte, und eine neue Fantasie spülte durch seine Gedanken. Die Welt würde über Nacht einen Riss bekommen, woraufhin keine Flugzeuge mehr fliegen und alle Autolenkräder blockieren würden. Im Umkreis von zehn Kilometern würden sich unüberwindliche Spalten in der Erdkruste auftun, sodass ihm nichts anderes übrig bliebe, als hier zu leben. Wahrscheinlich könnte er nicht einmal mehr dieses Zimmer verlassen und mit der Außenwelt nur über den Fernseher in Verbindung stehen. Als er in die Lobby ging, um sich ein Bier zu holen, verstärkte sich das Gefühl, dass eine unsichtbare Kraft ihn hier festhalten würde und dass alle Menschen so tun würden, als wäre er immer schon dagewesen. Er würde durch die Straßen gehen und Dinge kaufen, die ihm verkauft werden würden, solange er sie bezahlen konnte. Und dann nicht mehr. Ihm würde immer freundlich zugelächelt, aber er würde nie hereingebeten werden. Er würde die Sprache lernen und trotzdem nicht verstanden werden. Er würde Arbeit suchen und finden, aber bei deren Ausführung immer langsamer werden, während sich die Welt um ihn so beschleunigte, dass er nur noch verwischte Schemen wahrnehmen könnte. Am Ende würde er beten, und Gott würde ihn auslachen.

Als er aus diesem Tagtraum erwachte, fühlte er sich verloren wie noch nie. Oder hatte er wirklich geschlafen? Er konnte sich eine halbe Stunde lang nicht bewegen, starrte auf die weiße Decke und dachte nur daran, wie sinnlos dieses Weiß war. Dann stand er auf, zog seinen Laptop aus der Tasche und versuchte, online zu gehen. Er klickte Google Earth an und suchte das Haus, in dem er gerade war. Er fand zuerst den Flughafen, dann die Autobahnen, dann das freie Feld mit den Maschinenteilen – aber das Hotel fand er nicht. Im ersten Moment nährte das seine Theorie, dass er tatsächlich im Nichts verschwunden war. Doch dann fiel ihm ein, dass es Google Earth ja nicht in Echtzeit gab, dass das Hotel wohl erst nach dem letzten Satelliten-Update gebaut worden war. War das plausibel? Er wusste es nicht.

Er hatte aber gesehen, dass es das Restaurant aus dem Fotoalbum tatsächlich gab. Er ging dorthin und bestellte sich eine Suppe. Die Suppe dampfte heiß und war köstlich. Sie war ihm Beweis genug, dass er noch auf der Welt war. Er lächelte den Mann, der sie ihm serviert hatte, dankbar an. Der Mann lächelte zurück, obwohl er nicht wusste, wie ihm geschah.

Für ihn war das Niemandsland ja die Welt.

SEATTLE
USA
2012

STUMME GERÄUSCHE Das Hotel lag an einem Hang, und das Zimmer war so klein, dass das Fenster direkt an das Kopfende des Bettes angrenzte. Er konnte, wenn er im Liegen über die Schulter blickte, über die Häuser des alten chinesischen Stadtviertels bis zum Meer sehen. In der Nacht schaute er auf das Haus gegenüber und direkt in das hell erleuchtete Atelier eines Künstlers. Er sah eine Staffelei mit einem halbfertigen Bild, aber nie jemanden, der daran weiterarbeitete. Tagsüber regnete es meistens, und er sah hauptsächlich chinesische und vietnamesische Hausfrauen, die mit kleinen Rollwägelchen aus Stoff oder Plastik langsam den Hügel erklommen, auf dem das Hotel stand.

51

Er liebte es, am offenen Fenster einzuschlafen, und die Geräusche der Stadt lieferten den Stoff für seine Träume. Oder etwas Ähnliches, denn seine Gedanken flossen zäh dahin, es hätte auch sein können, dass er halbwach dalag und der Stadt beim Leben zuhörte. Nur zwei Blocks entfernt liefen Zuggeleise in einen Bahntunnel direkt unter dem Stadtzentrum – über dem Tunnel reckten sich die gläsernen Türme der Wolkenkratzer. Auch dieses Wort hatte er immer geliebt: Wolkenkratzer. Waren es die Türme, die sich an den Wolken rieben, oder nicht eher die Wolken, die sich staunend über die Türme hermachten? Während er die Grenze zum Schlaf vorsichtig überschritt, hörte er einen Zug aus dem Tunnel kommen. Er sah die fünf aneinandergereihten Lokomotiven und versuchte, am Rattern der großen Eisenräder über die Schwellen zu erraten, wie viele Waggons die Lokomotiven zogen. Es mussten Hunderte gewesen sein, denn diese Züge waren länger, als er sehen konnte. Weil er gerade einschlief, wurde ihm der Zug unendlich lang, und er sah die Lokomotiven ihre Last ächzend auf einen Berg ziehen, während die hinteren Waggons noch im Tunnel steckten.

In diesem Traum schien jedes Geräusch zu ihm heraufzudringen, auch wenn es in Wahrheit viel zu leise und zu weit entfernt war. Er hörte die Glut von Zigaretten britzeln, wenn die rauchenden Obdachlosen daran zogen. Er hörte die weichen Laufschuhe der Jogger rhythmisch unter deren Gewicht seufzen. Die Musik, die aus ihren Kopfhörern drang, tat fast schon weh, so laut war sie, und er wunderte sich, dass Menschen so spät noch nur in Shorts und Tanktops unterwegs waren. Er hörte einen Mann mit langen, grauen Haaren, der sein Tourette-Syndrom an diesen Joggern ausließ. Die Schimpfwörter kamen in Stößen aus seinem Mund, und er konnte die kleinen Speicheltropfen durch die Luft fliegen hören. Er hörte den Gummi jedes einzelnen Autoreifens über den Asphalt reiben. Die Möwen schrien in Abständen alles nieder, wie um zu beweisen, dass sie die Kakophonie dominierten. Das Meer im Hintergrund gab einen steten und metrisch präzise fließenden Tonteppich ab. Den konnte man betreten, wenn man wollte, und seine Fasern auf den Fußsohlen des Gehörs spüren. Als ein Taxi um eine Ecke quietschte, übernahm ein Platzregen und führte dazu, dass in seinem Bewusstsein der Vorhang fiel. Ein schwerer Samtvorhang wie in einem alten Theater, das schon zu viele Vorstellungen gesehen hatte und dessen Balken schwer angeschlagen krachten, unter dem Gewicht der immer gleichen Stücke.

Er erwachte zum Knattern eines Presslufthammers. Es war nah und doch nicht sehr laut. Die Geräusche des Tages unterscheiden sich von den Geräuschen der Nacht. Sie sind nüchtern und eindeutig, und man hört nur die oberen Töne. Die, die sich abheben und wichtig machen. Die Straßen glänzten noch vom nächtlichen Regen, und die vielen tausend Reifen, die durch die Nässe pflügten, bildeten die Tonlage einer morgendlichen Ouvertüre, die erhebend sein wollte, aber gerade dadurch an sich selbst scheiterte. Der Presslufthammer darüber schwang sich zu neuen Höhen auf, übertrumpft nur von der herrschsüchtigen Sirene eines Feuerwehrautos.

So lag er reglos im Bett und schaute in das perfekte Hotelzimmer. Es gab ein Waschbecken in der Ecke und einen Spiegelschrank darüber. Eine Kommode, deren Laden mit

Zeitungspapier ausgelegt waren, ein Tischchen, das gleichzeitig als Nachtkästchen und als Arbeitstisch diente, einen Sessel, einen Fauteuil, einen Kasten, dessen Rückwand aus Pressholz gefertigt war, und eine Stehlampe, deren Glühbirnen man mit kleinen Kettchen einschalten konnte. An der Wand hingen zwei Bilder, die japanische Menschen in japanischen Kleidern zeigten. Das Bett war aus Metall, und die Sprungfedern der Matratze waren das Einzige, das in diesem Ensemble ein Geräusch erzeugte. Bei jeder Bewegung quietschten sie leicht und gaben so die tonale Fußnote zur Welt hinter seiner linken Schulter.

Er wollte nicht aufstehen und fiel, vom Quietschen der Matratze getragen, neuerlich in einen leichten Schlaf. Der Traum war stumm und ohne Bilder. Trotzdem erwachte er mit dem Gefühl, er habe alles verändert. Er lag auf dem Rücken und sang leise ein Lied, das er selbst noch nie gehört hatte, in einer Sprache, die er nicht sprach. Er konnte alle fünf Strophen des Liedes auswendig und traf jeden Ton. Es klang wunderschön und brachte sogar die Matratzenfedern zum Verstummen. Auch von draußen war kein Ton mehr zu hören. Der Zug, der in der Nacht zuvor ratternd und schwer beladen aus dem Tunnel gekommen war, fuhr lautlos in diesen zurück. Die Waggons waren leer, wurden aber immer noch von fünf Triebwagen gezogen. Die Autos glitten still über die noch regennasse Fahrbahn. Die Menschen sprachen miteinander, ohne dass ein hörbares Wort über ihre Lippen kam, und die Bärte der Katzen in den Vorgärten zitterten in stummer Erregung.

Als er fertig gesungen hatte, lag er da und wagte nicht, sich zu bewegen. Da klopfte jemand an die Wand seines Zimmers. Es sollte ihm wohl signalisieren, dass er mit dem Lärm aufhören solle.

EIN MORD Er saß auf dem Steinboden vor der Toilette eines Hotelzimmers in der kubanischen Küstenstadt Cárdenas und schaute einer Kakerlake zu, wie sie den Rand der Kloschüssel entlangspazierte. Sie war ein Prachtstück und die größte Kakerlake, die er je gesehen hatte. Dabei war die Konkurrenz beachtlich.

52

CÁRDENAS
KUBA
1996

Zum Beispiel im Hotel *Ukraina* in Moskau, in dem seit Jahrzehnten zwischen September und Mai bei geschlossenen Fenstern geheizt wurde, sodass es sich in Wahrheit um ein als Hotel getarntes Terrarium handelte. Auch in argentinischen Etablissements hatte er Kakerlaken von majestätischen Ausmaßen gesehen, und in Nicaragua war eine ganze Familie in sein Zimmer eingezogen. Er hatte ihnen Namen und dem Zimmermädchen ein sattes Trinkgeld gegeben, damit sie ihnen nichts antat. Sie hatte zwar sowieso nicht daran gedacht, sich mit den Kakerlaken anzulegen, das Trinkgeld aber trotzdem gerne genommen.

Diese Kakerlake in Cárdenas war nun so groß, dass er schon beim Gedanken, sie zu töten, rot wurde. Er konnte ihren Panzer knacken hören, das wäre einem Mord gleichzusetzen. Stattdessen brachte er sein Gesicht auf die Höhe der Kloschüssel, die hier in all ihrem schmutzigen Glanz in der Mitte des Badezimmers stand wie ein Thron, und beobachtete das elegante Fühlerspiel des Tieres. Es lag etwas Zärtlich-Sinnlich-Kommunikatives in dieser ihm leider unverständlichen Gebärdensprache.

Er erzählte ihr eine Weile von seinem Tag: Dass in sein Auto eingebrochen und dabei seine Badehose gestohlen worden war, dass er einen Radfahrer angefahren hatte, aber Gottseidank ohne ihn zu verletzen. Die Kakerlake fuchtelte mit den Fühlern. Wahrscheinlich hatte sie auch einiges erlebt. Angesichts ihrer Lebenserwartung war ein Tag nicht etwas, was man einfach so abhakt und hofft, dass es am nächsten besser wird.

Er schob sein Gesicht näher heran, sodass die Fühler fast seine Nase berührten. Je länger er sie ansah, desto bekannter kam sie ihm vor. Entgegen seiner Eingangsbetrachtung glaubte er plötzlich, genau diese Kakerlake in den späten siebziger Jahren schon einmal getroffen zu haben. Damals hatte sie Uniform getragen und ihm an den Kragen gewollt. Ihre Fühler waren Waffen gewesen, der Kontakt mit ihr war tunlichst zu vermeiden gewesen. Sollte er sie also doch lieber töten? Kakerlaken gehören nicht in Uniform, dachte er laut. So apart sie aussehen, und so schmuck sie in Uniform daherkommen – die beiden Dinge passen nicht zusammen. Da hilft nur eines, das wusste er noch ganz genau aus seiner Zeit in Mexiko: das Licht aufdrehen.

Es geschah, was geschehen musste: Eine unglaublich schnelle Bewegung erfasste das ganze Bad. Was genau vorging, war kaum zu erkennen. Ein Rascheln, als würde eine große Menge trockenen Papiers zerknüllt, ein Huschen wie ein Wimpernschlag, ein wischendes Sausen. Kakerlaken gehören zu den schnellsten Insekten der Welt. Ahnen sie das Licht auch nur, sind sie schon weg. Fühler, Panzer, Flügel, Beine – alles bewegt sich auf einmal. Hat man nur eines der Tiere gesehen, kommen sie plötzlich von überall her und sind auch sofort wieder verschwunden. Sehen – oder besser: erraten – kann man nur eine Bewegung, die an eine langzeitbelichtete Fotografie erinnert.

Die braun glänzenden, unscharfen Spuren ihrer Fluchtbewegung konnte er noch auf seiner trägen Hornhaut spüren, als er auf den Balkon trat und die nächtliche Stadt betrachtete. Anscheinend war er der einzige Mensch hier, der das Licht aufgedreht hatte. Wie ein einsamer König stand er auf dem Hotelbalkon und schaute auf sein nicht vorhandenes Volk. Nur eine Parade von Pferdekutschen zog unten vorbei, die wie sehr einfach Fiaker aussahen. Es waren die Taxis der Stadt, die nach Hause fuhren, da es keine Kunden mehr gab.

Die Pferde waren alle schmutzige Schimmel. Zwischen ihren Hinterbeinen waren kleine Stoffplanen angebracht, die ihren Kot in eine Wanne unter dem Kutschenboden beförderten. Er bewunderte den Einfallsreichtum seiner Untertanen und freute sich, dass seine Stadt auf diese Weise sauber gehalten wurde. Er nahm sich vor, die Fiaker in Wien in seiner nächsten Ansprache besonders hervorzuheben und dafür zu sorgen, dass Kakerlaken nicht mehr ins Militär aufgenommen wurden. Doch mit einem Mal spürte er ein Kribbeln am Rücken. Die ihm seit wenigen Stunden bekannte Kakerlake rannte gerade auf ihren zierlichen Beinchen seine Wirbelsäule hoch. Er spürte jedes Detail ihrer Berührungen, als wären ihre Glieder aus feinem Titan, und er wusste, wenn er weiter solche Sachen dachte, würde sie sich in seinen Kopf bohren, gleich dort, wo der Hals endete. Dann gäbe es kein Entkommen mehr. Dann wäre es aus mit ihm als König.

Das Licht hinter ihm erlosch. Ob es ein Stromausfall war, der auch das Hotel betraf, war nicht klar, aber jetzt hörte er, was er zuvor eine Sekunde lang gesehen hatte. Es raschelte und huschte im Dunkeln, und das Gefühl, dass die ganze Kakerlaken-Armee dabei war zurückzukehren, kroch in ihm hoch.

Er war barfuß und trug nur ein Badetuch um die Hüften, das er festhielt, als er einen ersten zögernden Schritt ins Zimmer wagte. Er war sicher, dass es gleich knacken würde und sich die ersten Gefallenen dieser Armee klebrig an seine Fußsohlen heften würden, doch obwohl er hie und da glaubte, Fühler zu spüren, gelang es ihm, unbeschadet das Bett zu erreichen. Er legte sich vorsichtig hin und fühlte sich in Sicherheit, doch das Rascheln um ihn schwoll weiter an und brandete auf dem Zimmerboden wie eine Flut. Trotzdem schlief er schnell ein und befand sich bald wonnig im Zoo seiner Träume.

Als er erwachte, verspürte er einen heftigen Harndrang. Er sprang auf und rannte in Richtung Badezimmer. Er dachte zwar daran, das Licht aufzudrehen, sparte sich aber diesen Sekundenbruchteil. Er würde auch so in die Muschel treffen. Nur noch drei Schritte hatte er – noch zwei, noch einen. Da spürte er es unter seiner rechten Fußsohle knacken. Er hörte das Brechen des Panzers und fühlte gleichzeitig den Urinstrahl aus sich herausschießen.

Er pisste mit voller Kraft, hörte die Flüssigkeit in der Muschel auftreffen und spürte unter der Fußsohle die Fühler zittern. Er schämte sich für diesen Mord und wollte auf keinen Fall nachsehen, ob die sterbende Kakerlake eine Uniform trug.

DER KÖNIG Er war schon fast eingeschlafen, als es an der Tür klopfte. Ein Zimmermädchen hielt ihm, professionell lächelnd, einen großen, flauschigen Polster entgegen. Das war gut, denn um annehmbar schlafen zu können, brauchte er ein zweites Kissen, um es zu umarmen, während er seitlich in Embryohaltung schlief. Hatte er keines zur Verfügung, schlief er schlecht oder gar nicht. In den meisten Hotels der Welt fand sich das zweite Kissen im Schrank, oder man musste es an der Rezeption bestellen. Nun ließ er sich mit diesem Polster zurück ins Bett fallen und schlief sofort ein. Eine Stunde später war er wieder wach.

53

SÃO PAOLO
BRASILIEN
1995

Er versuchte zu lesen, aber seine Gedanken mäanderten durch die Stadt, die er heute stundenlang durchwandert hatte. Es war sein erster Tag in Brasilien und in Südamerika überhaupt gewesen. Er war gegangen und gegangen, wie er es immer tat, wenn er neu an einem Ort war, aber selten war er so wenig weitergekommen. Stundenlang war er an zur Straße hin offenen Autowerkstätten vorbeispaziert und später durch langweilige Wohnsiedlungen geschlendert, bis er in einer Gegend gelandet war, wo es mehr Menschen und auch da und dort ein Lokal gab. Er nahm in einer Bar Platz, die dunkelblau ausgemalt war; die Speisekarte war mit schön geschwungenen, weißen Pinselstrichen an die Wand geschrieben. Er trank ein Bier und aß ganz dünnes Fleisch mit Bohnen und eingelegten Zwiebeln.

Wenig später hatte er mitten auf einer von Müllhaufen übersäten Straße einem jungen Mann gegenübergestanden, der, in eine Steppdecke gehüllt, mit zitternden Händen versucht hatte, aus einem Tetrapack mit Strohhalm Saft zu trinken. Er war so verdreckt gewesen, dass seine Hautfarbe kaum auszumachen war, und hatte aus glasigen Augen durch ihn hindurchgeschaut. Sie hatten eine Weile so dagestanden. Schließlich hatte der junge Mann es geschafft, den Strohhalm in den Mund zu stecken und zu trinken. Er hatte die Steppdecke enger um den Körper gezogen und war weitergestolpert, an seinem Getränk nuckelnd. Nach ein paar Schritten war ihm die Steppdecke von den Schultern gerutscht. Er war darunter nur mit einer Unterhose bekleidet, die so schmutzig war wie er selbst. Er hatte jede Kontrolle über sich verloren und bemerkte den Verlust der Decke nicht. Er war weitergegangen, ohne sich umzusehen.

Jetzt, da er nicht schlafen konnte, saß er am Panoramafenster seines Hotelzimmers im siebzehnten Stock und schaute auf die Stadt. Er versuchte, sich vorzustellen, wo der junge Mann jetzt war. Er wünschte, er wäre ihm heute Nachmittag nachgelaufen und hätte ihm die Decke wieder über die Schultern gehängt. Es war kalt um diese Jahreszeit in São Paolo – oder zumindest, mit zehn Grad in der Nacht, relativ kalt. Ein Journalist hatte ihm erzählt, dass Immigranten aus den heißen Gegenden des Landes, die als Bauarbeiter hierhergekommen waren, erfroren waren. Er konnte das kaum glauben, erinnerte sich aber an eine Gruppe von Taxifahrern in Mumbai, die sich bei plus zwanzig Grad Celsius ein Feuer am Straßenrand gemacht hatten, weil ihnen so kalt gewesen war.

Er stellte sich vor, wie der junge Mann auf einer Matratze unter einer Brücke lag. Er hatte noch immer den Strohhalm im Mund, die schmutzige Unterhose an und lag, wie er selbst, in embryonaler Haltung da. Aber so war es vermutlich nicht. Er hatte sicherlich eine andere Decke gefunden, hoffentlich jemanden überfallen und sich mit der Beute Drogen gekauft, mit deren Hilfe diese Nacht für ihn noch schön wurde.

Er versuchte einzuschlafen, wusste aber nach wenigen Minuten, dass es nicht gelingen würde. Er drehte sich von einer Seite auf die andere und umarmte jeden Polster und jede Decke, derer er habhaft wurde. Schließlich griff er zur Fernbedienung und schaltete sich durch eine Vielzahl portugiesischer Programme. Er blieb bei einem alten brasilianischen Spielfilm hängen. Der Film war eher zweitklassig, aber von einer flapsigen Grandezza, die ihn dabeibleiben ließ, obwohl er kein Wort verstand. Er war nicht einmal sicher, ob es sich nicht vielleicht um die Synchronfassung eines Hollywood-B-Pictures aus den dreißiger Jahren handelte.

Jedenfalls sah er einen König in einer großen Thronhalle, der eben dabei war abzudanken. Der König trug einen Hermelin-besetzten Umhang, der ihm auf seinem Weg aus der Halle von den Schultern glitt. Der König hielt nicht einmal für einen Herzschlag lang inne, sondern schritt, ohne sich umzudrehen, nach draußen.

Er erwachte in derselben Haltung, in der er eingeschlafen war. Aus dem Fernseher schrien schrille Kinderstimmen in aggressiver Fröhlichkeit Unverständlichkeiten in sein vom Schlaf verklebtes Gesicht. Er stand auf, holte sich eine Flasche Wasser aus der Minibar und trank sie leer. Draußen lag São Paolo, von einer unentschieden milchigen Sonne mehr schlecht als recht beleuchtet.

Er wusste mit einem Mal, dass der junge Mann nicht mehr am Leben war.

54

VILNIUS
LITAUEN
1991

IKONEN Es war neblig und kalt in Moskau, als das Flugzeug mit einem solchen Knall aufsetzte, dass man glauben musste, das Fahrwerk wäre gebrochen. Das Flughafengebäude war ein Schemen, irgendein graubrauner Kasten hinter einem dunstigen Vorhang. Die hohen Lampen am Rand des Rollfelds warfen grünblaue, wie mit dem Stift gezogene Lichtstrahlen in das Weiß. Er war ein wenig besorgt, da er hier in Moskau nur zwischenlanden wollte. Ziel seiner Reise war Litauen, das sich vor einem Jahr im Zuge der Perestroika von der Sowjetunion losgesagt hatte. Für Russland hatte er daher gar kein Visum, und sein Gepäck (ein Koffer und ein sorgfältig verpacktes Gemälde) war in Wien direkt nach Vilnius durchgecheckt worden. Nun hatte er, angesichts des dichten Nebels, seine Zweifel, dass das Ganze einen einfachen Verlauf nehmen würde. Immerhin hatte das Bodenpersonal in Wien seine Reisepapiere überprüft, und niemand hatte nach einem russischen Visum gefragt.

Der russische Grenzbeamte hatte jedoch weder für die Existenz eines Staates namens Litauen noch für seine Erläuterungen, dass sein Aufenthalt nur Transit sei, irgendein Verständnis. Er wurde in eine Art Vernehmungsraum geführt und von einem Uniformierten mit einer eindrucksvollen Schirmmütze angebellt, wie er es wagen könne, ohne Visum in sein Land zu kommen. Er setzte wieder zu einer Erklärung an, aber das Wort Litauen wollte ihm nicht mehr so recht über die Lippen. Er wählte stattdessen den Weg, sich für sein Unwissen und seine Unachtsamkeit zu entschuldigen. Daraufhin wurde ihm gegen ein Entgelt von hundert Dollar die Einreise gewährt. Er war an diesem Tag nicht sehr ausgeschlafen und achtete nicht darauf, dass ihm diese Gebühr quittiert wurde. Stattdessen bekam er lediglich seinen Pass zurück und wurde an der eigentlichen Passkontrolle vorbeigeschleust. Aber das schien ihm nicht wichtig, er wollte ja schließlich nur weiter nach Litauen.

Er machte sich also flugs auf die Suche nach einem Gate für seinen Anschlussflug, denn er hatte es bereits eilig.

Besser gesagt, er dachte, er habe es eilig – doch es gab kein solches Gate. Eine lachende Russin in Uniform erklärte ihm strahlend seine Dummheit. Das hier wäre der Flughafen Moskau-Scheremetjewo, hier gäbe es nur internationale Flüge. Er hingegen müsse offensichtlich zum Flughafen Domodedowo, der wäre circa vierzig Kilometer entfernt. Auf die Frage nach seinem Gepäck meinte sie, das würde schon okay gehen.

Als er in einem überfüllten Bus durch das winterliche Moskau ratterte und über die lachende Russin nachdachte, kam ihm diese letzte Auskunft plötzlich zweifelhaft vor. Er erinnerte sich an ihren Tonfall, und als er ihre Bemerkung im Kopf vor- und zurückspulte, klang sie verdächtig nach dem »Jaja«, mit dem jemand antwortet, der eine Frage nicht wirklich verstanden hat, sich aber auch nicht weiter damit beschäftigen will.

Die Dame beim Check-in auf dem nationalen Flughafen, der einem Flüchtlingslager glich, lachte darüber noch herzlicher als die Uniformierte in Scheremetjewo, und als er seine Frage wiederholte, um sicherzugehen, wurde sie richtig streng. Und zwar so, wie nur Russinnen streng werden. Auf seine nächste Frage, ob er denn seinen Flug noch erreichen würde, wenn er zurückführe, um sein Gepäck auf dem internationalen Flughafen zu suchen, wurde sie wieder sehr fröhlich. Ob er denn den Nebel draußen nicht gesehen habe, wollte sie wissen. Ob überhaupt jemals wieder ein Flugzeug in diese Stadt, deren Namen sie partout nicht in den Mund nehmen wollte, gehen würde, wüsste niemand. Aber eine kleine Chance, dass es in etwa zwanzig Stunden einen solchen Flug gäbe, die wäre vorhanden. Vorausgesetzt, der Nebel würde sich lichten.

Er stieg also über Hunderte schlafende Menschen, die in der Abflughalle lagen, und schaffte es in einen Bus zurück nach Scheremetjewo. Nach einer mehr als zweistündigen Fahrt durch die Nebelsuppe und diverse Straßensperren betrat er die Ankunftshalle, die fast leer war. Die unzähligen Glühbirnen, die von der Decke herabstrahlten, erhellten den

Raum selbst kaum, ließen aber den Boden leuchten. Dieser reflektierte das Licht der Glühbirnen, als wären sie Sterne, und glitzerte selbst wie polierter Marmor, da er gerade von einer Babuschka in Schürze mit einem Bodenreinigungsgerät gepflegt wurde. Mitten in der Halle stand – sein Koffer. Und an den Koffer gelehnt das Gemälde. Jegliche Verpackung war entfernt worden. Das Bild zeigte Dan Rather, einen Nachrichtensprecher des US-Senders CBS – eine Ikone seines Gewerbes, hier dargestellt als Ikone. Das Werk sah aus wie ein mexikanisches Heiligenbild und stammte aus einer Serie von Arbeiten, in der ein Maler Menschen der medialen Öffentlichkeit als Ikonen im Wortsinn porträtiert hatte. Es machte sich eigentlich ganz gut in dieser Halle. Dan Rather wirkte in seiner ironisierten Heiligkeit so, als würde er Scheremetjewo seinen Segen erteilen.

Er ging auf sein Gepäck zu und schaute sich dabei um wie ein Dieb. Niemand schien Notiz von ihm zu nehmen, und so stand er bald zum zweiten Mal, diesmal mit Koffer und in Begleitung von Dan Rather, im dicht besetzten Bus nach Domodedowo. Ein Russe mit Pelzkappe kommentierte das Bild wortreich und hörte auch nicht auf, als er bemerkte, dass er kein Russisch sprach. Er hätte gern gewusst, was der Mann gesagt hatte, und Dan Rather hätte das vielleicht auch interessiert.

Aus den zwanzig Stunden wurden achtundvierzig. Er schlief oder musste über den Heiligen Rather diskutieren, der hier in Russland nicht sehr bekannt war, weder als Journalist noch als Heiliger. Dass ihm ein dicker Industrieller für das Bild Geld geben wollte, hätte seinen Künstlerfreund sicher gefreut, aber da er die Hoffnung auf seinen Flug noch nicht aufgegeben hatte, mochte er es dem Mann nicht verkaufen. Der hatte schon ein Bündel Hundert-Dollar-Noten gezückt, steckte es schließlich aber wieder ein und bedachte ihn mit einer abfälligen Handbewegung.

Schließlich kam eine Stewardess zu ihm. Sie hatte Beine wie ein Storch und trug zu ihrer schicken Aeroflot-Uniform hochhackige Schuhe. Dabei war das Flugfeld draußen von einer dicken Eisschicht überzogen. Trotz dieser Absätze ging sie sicherer über das Eis als er mit seinem Dan Rather. Sie blieben bei jeder Maschine stehen, die auf dem Rollfeld stand, sie schrie nach oben in jedes Cockpit, woraufhin der jeweilige Pilot die Nase aus dem Fenster steckte und irgendetwas zurückschrie. Beim zwölften Flugzeug war es soweit – der Pilot bejahte, dass er nach Vilnius fliegen würde. Er kletterte die vereiste Gangway nach oben und setzte sich in das ungeheizte Innere. Dort blieb er eine Stunde lang allein und dachte über das Leben nach. Danach brach eine Art Flüchtlingsstrom über die propellerbesetzte Tupolev herein. Circa zehn Personen hatten keinen Sitzplatz, quetschten sich zwischen ihre Angehörigen oder machten es sich im Mittelgang bequem. Es wurde eine schöne Reise. Eine Gruppe Georgier ließ eine Flasche Wodka kreisen, und eine ältere Frau hatte eine Schüssel voller Pelmeni dabei, die sie freigiebig verteilte.

In Vilnius holte ihn niemand ab – besser gesagt, die Leute, die ihn abholen wollten, erkannten ihn nicht, sondern glaubten, er gehöre zu den Georgiern, mit denen er dann auch in die Stadt fuhr. Aus dem Auto sah er eine Stadt voller gestürzter Lenin-Statuen. Köpfe aus Stein waren gerollt, Arme abgeschlagen und Zeigefinger gebrochen worden. Sie wiesen nirgendwo mehr hin.

Aus seinem Hotelzimmer, das von der Tapete über den Spannteppich bis zum hellblauen Telefon noch tiefster Sowjet war, schaute er auf eine finstere Plattenbaustadt hinunter, die den gleichen Eindruck machte. Als er das Fenster öffnete, hörte er, dass unten gefeiert wurde. Er prostete der Stadt mit dem Wodkarest in der Flasche zu, die ihm die Georgier überlassen hatten.

Da erst bemerkte er, dass er das Gemälde im Flugzeug vergessen hatte. Aber das machte nichts. Die Zeit in Litauen war weder reif für Dan Rather noch für die Ironie bildender Kunst aus Österreich.

Später, als CNN schon die mediale Oberhoheit über die Welt übernommen hatte, und Christine Amanpour in kugelsicherer Weste auf Hoteldächern in kriegs- und krisengeschüttelten Ländern stand, um in wohldosierter Aufgeregtheit amerikanische Betroffenheitsbotschaften zu verkünden, besuchte er das Land wieder. Er ging in einige Ramschläden und kleine Galerien mit dem Hintergedanken, irgendwo seinen Dan Rather zu entdecken. Doch alles, was er fand, waren Bilder und andere Memorabilien mit dem Porträt Lenins.

Manche Ikonen überdauern alle Zeiten.

DIE STILLE NACH DEM KOMMUNISMUS Er erwachte, weil der Kasten in seinem Zimmer umfiel. Er wusste nicht gleich, wo er war, fand aber, dass man etwas unternehmen musste, wenn im Zimmer der Kasten umfällt. Zumindest schauen, was drin ist. Gleichzeitig dämmerte ihm, dass er nur aus einem Minuten- oder Sekundenschlaf aufgewacht war. Da polterte es im Kasten, und die Tür flog von innen auf. Es qualmte ein wenig: Sein Freund und Reisegefährte hatte drinnen seine Gute-Nacht-Zigarette geraucht.

55

PODHRADI NAD DYJI
TSCHECHISCHE REPUBLIK
1993

Begonnen hatte der eiskalte Wintertag damit, dass ein tschechischer Bauer seine Gummistiefel über die bloßen Füße gezogen hatte, um ein Schwein schlachten zu gehen – mit dem Rausch vom Vorabend im Kopf. Schon als der Bauer den Hof betrat, wusste das Schwein, was es geschlagen hatte. Schweine sind bekanntlich gescheit, weshalb man sie auch nicht essen sollte. Aber vielleicht schmecken sie gerade deshalb so gut. Irgendwie menschenähnlich vielleicht, weil süßlich. Kannibalen berichten ja immer wieder, dass Menschenfleisch süßlich schmeckt. Das Schwein wurde dennoch geschlachtet, und der Hof füllte sich mit Menschen aus dem Dorf, das nahe an der Grenze zu Österreich lag. Der Tag war strahlend hässlich, der Himmel spielte alle Grautöne, und das Schlachtfest wurde zum Glücksmoment. Das körperwarme Fett wabbelte, die Wangen des Bauern waren von einem rosigen Blau, mit feinen Äderchen durchzogen, und die Augen seines Freundes glänzten vor Alkohol und glühendem Wohlbefinden. Mit einem Schwein im Bauch lässt es sich gut trinken.

Da es zu dieser Jahreszeit früh dunkel wird, begann der Nachmittag bereits zu Mittag, und in diesem Teil der Welt wurde es damals sehr bald still. Nicht einmal Flugzeuge sah man am Himmel, und hören konnte man sie schon gar nicht. Selbst ein einzelner Lastwagen kündigte sich Minuten vorher an, bevor er lärmend durch den Ort polterte, und betonte damit die Stille rundum. Die Gesellschaft, die zum Schweineschlachten gekommen war, hatte sich wieder in die wenigen Häuser des Dorfes zurückgezogen, und die Lichter waren überall schon ausgegangen. Irgendwo schimmerte das blasse Blau eines Fernsehschirms durch den weißen Spitzenvorhang eines kleinen Fensters, und TV-Gelächter wehte über den winterlichen Hauptplatz. Die einzige funktionierende Straßenlaterne leuchtete über einem Denkmal aus der erst jüngst vergangenen kommunistischen Ära. Von dem einst prächtigen Monument waren nur Hammer, Sichel und ein sehr verblasster roter Stern auf einer Konstruktion aus verrosteten Metallstreben übrig geblieben. Wahrscheinlich hatte sich die Straßenlaterne auch deshalb entschieden, nicht kaputt zu gehen und ihr grünblaues Licht diesem Denkmal weiter zu schenken. Daneben parkte ein weißer Nissan Micra Mouse. Der Schlüssel steckte innen, der Wagen war versperrt, und das einzige Mobiltelefon lag auf dem Beifahrersitz. Es hätte sowieso nicht funktioniert, denn Empfang gab es nur auf der Anhöhe nahe beim Schloss.

Sein Freund lag mit einem Ohr am Asphalt und lauschte nach Indianermanier, ob er ein Auto kommen hörte. Es kam keines. Er hatte Angst um seinen Freund, denn der schlief bei seinen Lauschversuchen immer wieder ein, und die Nacht wurde kälter. Die Wolkendecke über ihnen riss auf und gab einen sternenklaren Himmel frei. Und irgendwo weit oben zog jetzt doch ein Flugzeug stumm seinen Kondensstreifen.

Er hatte seinen Hotelzimmerschlüssel eingesteckt, nur war der Ort, in dem dieses Hotel lag, fünf Kilometer entfernt. Und so folgte ein schweigender Fußmarsch durch den tschechischen Winter. Zuerst durch einen Wald bergab, dann an der ersten Kreuzung nach rechts und einen kleinen Fluss entlang. Sie gingen schneller, um sich warm zu halten. Der Atem stand vor ihren Mündern, und der Alkohol wich aus ihren Blutbahnen und Gedanken. Es wurde immer stiller, nicht einmal nachtaktive Tiere machten im Unterholz Geräusche. Es war, als habe der Tod des Schweins die Welt zum Verstummen gebracht.

Der Ort, auf den sie zusteuerten, hatte drei funktionierende Straßenlaternen und ein etwas größeres Denkmal.

Dafür war der Hammer abgebrochen, vielleicht hatte jemand ihn gebraucht, um etwas zu reparieren. Mit einem Hammer aus Beton kann man nichts reparieren, bemerkte sein Freund, als könnte er plötzlich Gedanken lesen.

Im Hotel entzündete sich die Wut des Freundes darüber, dass es vollkommen finster dalag, weil der Wirt samt Personal schon schlafen gegangen waren. Immerhin gelang es uns, hinter der Bar eine Flasche Becherovka ausfindig zu machen. Und diese Flasche hatte dazu geführt, dass der Freund im Kasten rauchen und übernachten wollte und damit umfiel. Nun machte sich der Freund neuerlich auf die Suche nach dem Wirt. Er selbst hatte, da er schon kurz eingeschlafen war, keine Kraft mehr, dieser Suche Einhalt zu gebieten. Er gab auf und versank in einen tiefen, erholsamen Schlaf.

Am nächsten Morgen fand er den Freund und den Wirt an einem Tisch im Schankraum sitzen. Zwischen ihnen ein voller Aschenbecher und zwei weitere Flaschen Becherovka. Sie waren in eine angeregte Unterhaltung verstrickt. Der Freund redete Deutsch, der Wirt Tschechisch. Der Freund verstand kein Tschechisch, der Wirt kein Deutsch. Und doch hatten sich zwei Menschen noch nie besser verstanden.

Worüber sie sich denn unterhalten hätten, wollte er später von seinem Freund wissen. Über das und jenes, antwortete er kryptisch, aber hauptsächlich darüber, ob Tiere, wenn sie im Kommunismus geboren wurden, auch Kommunisten sind. Und ob man seine Genossen dann essen dürfe. Er dachte an das Schwein vom Vortag und meinte, dass es sicher bereits im Kapitalismus geboren worden sei. Da war der Freund erleichtert.

TAMPERE
FINNLAND
2013

56

FALLENDE FINNEN Er war schon eine Weile mit seinem Hund spazieren gegangen, als ihm auffiel, dass er gar keinen Hund hatte. Er warf also das Stöckchen, das er in der Hand hatte, irgendwohin. Ein anderer Hund, der gerade von einem älteren Herrn ausgeführt wurde, zerrte aufgeregt an seiner Leine und wollte dem Stöckchen hinterherrennen, doch er durfte nicht. So blieb das Stöckchen einfach liegen, irgendwo im Schnee. Es war kalt, und er wollte seinen Kragen hochziehen. Aber er hatte auch keinen Kragen. Und er trug Schuhe mit viel zu glatten Sohlen, also musste er bei jedem Schritt darauf achten, nicht hinzufallen. Er zog und schob seine Füße, als trüge er schlecht geschliffene Schlittschuhe. Den anderen Leuten ging es ähnlich, da es untertags schon warm war und alles schmolz, während am Abend die Kälte zurückkehrte und das Flüssige zu eine spiegelglatten Eisdecke erstarren ließ. Er schaute auf zu einer Brücke, wo eine Frau mit Pelzkappe gerade ausrutschte und auf dem Gesäß landete, während ihre Beine hoch in die Luft flogen. Es sah gefährlich aus, endete aber offensichtlich glimpflich, da sie gleich wieder aufstand.

Es war der Beginn einer längeren Reise. Es war wieder einmal ein ultimativer Aufbruch gewesen – wie so oft. Entweder würde er danach für immer zu Hause bleiben oder gar nicht erst nach Hause zurückkehren. Beides würde nicht der Fall sein. Er hatte sich selbst in all den Jahren schon gut genug kennengelernt, um immerhin das zu wissen. So, wie er sein Telefon gerade im Hotelzimmer hatte liegen lassen, um es dann nie wieder einzuschalten oder überhaupt ganz zu vergessen. Es läutete dort wahrscheinlich gerade vor sich hin. In der Zwischenzeit war er, wie gesagt, erst einmal mit seinem Hund spazieren gegangen. Und nun war ihm kalt. Er hatte, was er nicht oft tat, seinen Fotoapparat mitgenommen und wollte, bevor es ganz finster wurde, ein paar Bilder von Finnen machen. Er hatte gehört, dass die Finnen ganz besonders angenehme Menschen seien, und so dachte er, es wäre eine gute Idee, ein paar von ihnen zu fotografieren.

Er konkretisierte diese Idee und hielt Ausschau nach Leuten, die gerade ausrutschten. Fallenden Finnen also. Nicht ganz leicht, dachte er, aber einen Versuch wert – und innerhalb von nur einer Stunde hatte er tatsächlich sechs fallende Finninnen und Finnen im Kasten. Mit den Füßen in der Luft, dem Hintern auf dem Eis oder dem Gesicht im Schnee. Eine dralle Dame mit schweinchenrosa Gesicht winkte ihm fröhlich zu, während sie stürzte, und bei einem Buben hatte er sogar das Gefühl, er wäre extra für ihn gefallen. Dann wurde es zu dunkel. Den letzten Fallenden, einen Obdachlosen, zählte er nicht mehr mit, denn man sah ihn nur mehr als schwarzen Schemen durch blauviolette Luft segeln. Die Leuchtschrift *Tampella* strahlte im Hintergrund in überbelichtetem Glanz. Es war das Gebäude einer ehemaligen Fabrik, in der Lokomotiven und Waffen hergestellt worden waren. Auch sehr schön.

Er half dem Obdachlosen wieder auf die Beine und wollte ihm Geld geben, aber der Mann wollte nur das Foto sehen. Es gefiel ihm, weil er, wie er sagte, gut getroffen war. Das sei sein Leben. Alles sei finster, er fiele, und die Vergangenheit überstrahle alles. Sie gingen in einen Fotoshop, und nach zehn Minuten hielten sie einen DIN-A4-großen Abzug des Bildes in der Hand. Der Mann bedankte sich höflich und humpelte mit dem Foto in der Hand davon. Er hatte sich offensichtlich doch ein bisschen wehgetan. Dann drehte er sich noch einmal um und kam zurück. Er hatte es sich überlegt, er würde doch Geld für ein Bier annehmen. Er wollte schon mit dem Mann in eine Bar gehen, aber der Gedanke machte ihn traurig. Die meisten Etablissements hießen *Hemingway Bar* und waren Teil einer Kette wie *Starbucks* oder *Wendy's*, nur eben für Bars. Er wollte nicht mit dem Mann nichts sprechen und nur trinken an einem Ort, an dem er nicht sein wollte, also gab er ihm einfach das Geld.

Wo er stattdessen sein wollte, darüber wollte er auch nicht so genau nachdenken. Er stand auf einer Brücke zwischen zwei Ufern, und das war es, wo er tatsächlich gerne war. Irgendwo zwischen zwei Unternehmungen, zwischen zwei Momenten, zwischen zwei Ländern – und am liebsten zwischen zwei Gedanken. Gut, dachte er, dass er angesichts der Brücke zumindest noch festen Boden unter den Füßen hatte. Er hätte ja auch in den eiskalten Fluss gefallen sein können, oder jemand hätte ihn dort hineingeworfen haben können. Für ein gutes Foto zum Beispiel.

Das brachte ihn auf die Idee, ein Bild von sich selbst zu machen, wie er gerade hinfiel. Das konnte nicht so schwer sein, denn er stand unter einer Straßenleuchte, die schönes, fettes Neonlicht auf ihn herabfallen ließ. Die Brücke hatte ein breites, gerades hüfthohes Geländer, sein Fotoapparat einen Selbstauslöser, und er trug diese glatten Schuhe, die er vor einem Jahr in München gekauft hatte. Damals hatte er viel über Schuhe nachgedacht.

Er platzierte den Fotoapparat also sorgfältig auf dem Geländer und schaute durch den Sucher. Im Hintergrund war, unscharf, aber doch, eine der *Hemingway Bars* zu sehen, in der mit großer Wahrscheinlichkeit gerade sein neuer Freund, der Obdachlose, saß und über sein eigenes finsteres Bild sinnierte. Nun gut, so soll es sein, dachte er, schaltete die Zeituhr ein und ließ sich, als er das digitale Ticken schneller und schneller werden hörte, theatralisch fallen.

Er brauchte fünf Versuche. Einmal war nur sein Knie zu sehen, einmal sein linkes Ohr, einmal unscharf sein Hosenboden, und einmal schaute er blöd aus im Fallen. Das fünfte Foto war gut geworden, aber er hatte sich, wie der Obdachlose vorhin, verletzt. Und so humpelte auch er mit seinem Foto von dannen.

Im Hotellift wurde er nervös. Er fürchtete, zwischen zwei Stockwerken stecken zu bleiben, weil er so sehr an dieses Thema gedacht hatte. Aber nichts geschah. Bloß seine elektronische Zimmerkarte funktionierte nicht. Er fuhr also noch einmal nach unten, blieb wieder nicht stecken, fuhr nach oben und blieb ebenfalls nicht stecken. Als seine Tür mit dem üblichen Klicken und dem Aufblinken des kleinen grünen Lichtes aufsprang, fiel ihm auf, dass er schon lange kein Bild von seiner Frau in einem Hotelzimmer gemacht hatte. Er ließ also die Tür halb offen und trat so weit er konnte zurück. Er stellte sich vor, sie säße da drinnen auf dem Bett und rauchte, wie sie es immer tat. In diesem Fall würde sie zum Fenster hinaus rauchen, denn man durfte ja nirgends mehr rauchen, nicht einmal in Finnland. Man schrieb das Jahr 2013, und wahrscheinlich würde sofort der Feuermelder anspringen.

Er schaute durch den Sucher und sah, dass das Zimmer die für ein Hotelzimmer klassische Nummer 69 hatte. Ein goldener Sechser und ein goldener Neuner zierten die beige Tür. Er drückte auf den Auslöser, um zu schärfen. Er drückte zu fest und nahm damit nicht nur die Schärfe, sondern löste gleich eine ganze Sequenz von Bildern aus. In diesem Moment wurde die Tür von einem Windstoß zugedrückt und fiel mit einem Knall ins Schloss. Der Sechser drehte sich und wurde zu einem Neuner. Ehrlich.

Drinnen begann sein Handy zu läuten, und die Zimmerkarte lag auf dem Boden hinter der Tür. Als er mit dem Lift wieder nach unten fuhr, blieb er zwischen zwei Stockwerken stecken.

PRIZREN
KOSOVO
2012

57

JEDES ZWEITE WORT ... bis einer der Straßenköter den Kopf hob. Es war einer von zweien, die sich im leeren Becken eines aufgelassenen Schwimmbads herumtrieben. Der Hund wusste, dass er gemeint war, spitzte die Ohren und schaute hinauf zum Balkon des Hotels. Eigentlich war er viel zu weit weg, als dass der Hund seine Witterung hätte aufnehmen können, aber dieser bewegte seine empfindliche Nase in einer Art, die darauf hindeutete, dass er genau das tat. Sie schauten einander einen Moment lang an, und er rief ihm einen Namen zu – einen, den er gerade für ihn erfunden hatte. Aber der Hund fühlte sich davon nicht angesprochen und rannte wieder der Hündin hinterher, die sich erst gar nicht die Mühe gemacht hatte, auf den Pfiff zu reagieren. Sie schnüffelte an einer aufregenden Fährte, die Futter verhieß.

Er schlief kurz und voller Gedanken, was der nächste Tag wohl bringen würde. Er wälzte sich hin und her, es kam ihm vor, als schliefe er fast gar nicht. Wenn man schlecht schläft, hat man verschobene Wahrnehmungen – man kann Wachheit träumen und Träume herbeidenken. Man schwebt durch eine Welt zwischen Wachtraum, Halbschlaf und dem Gefühl, wach zu sein, auch wenn man schläft.

Eine Stunde, bevor sein Handywecker geläutet hätte, war er hellwach und beschloss aufzubrechen. Seine Reisetasche hatte er gepackt, nur der Kulturbeutel stand noch im Badezimmer. Er duschte, und als er zurück ins Zimmer kam, fröstelte ihn. Er trocknete sich mehr schlecht als recht ab – eine alte Angewohnheit, die er nicht loswurde. Täglich nahm er sich vor, sich ordentlich abzutrocknen, aber es gelang nicht. Es war ihm zu langweilig. Genauso langweilig, wie sich ordentlich die Zähne zu putzen oder zwei gleiche Socken zu suchen.

Dass in der Tiefgarage nur zwei Autos standen, fiel ihm auf, weil er schon auf »zwei« gepolt war. Er fuhr in den heraufdämmernden Tag hinein und genoss es, als gehöre ihm die Welt. Es war kaum Verkehr auf der Straße, die in das Bergland hinter Sarajewo führte. Die Gegend fühlte sich wie

Grenzland an, obwohl der Weg bis zur serbischen Grenze noch weit war. Was diesen Eindruck erweckte, war ihm nicht klar. Vielleicht nur weil ihm seit dem Zerfall Jugoslawiens nie klar geworden war, wann und wo eine neue Grenze errichtet worden war. Auch den Karten war nicht zu trauen. Er hatte kürzlich eine Straßenkarte von Serbien gekauft, auf der es keine Grenze zum Kosovo gab. Das war zwar insofern logisch, als Serbien den Kosovo nicht anerkannte, aber doch verwirrend für den neutralen Reisenden.

Jedes zweite Straßenschild zeigte eine dem vorherigen widersprechende Kilometeranzahl bis zur nächsten größeren Stadt. Bosnien hatte anscheinend eine andere Auffassung von Metrik als das ehemalige Jugoslawien. Aber irgendwo in der Mitte würde man sich schon finden. Zwischen 298 und 304 Kilometern war der Unterschied ja nicht so groß, und vielleicht war die Straße einfach ein wenig länger geworden, seit sie durch zwei Länder führte.

Als er den ersten Autostopper sah, wusste er, dass etwas hier anders war. Im Rest von Europa gab es kaum mehr Autostopper. Fast jeder hat dort ein eigenes Auto, obwohl verschiedene Initiativen sich Mühe geben, die Menschen davon zu überzeugen, ihre Fahrzeuge zu teilen. In den USA gibt es sogar eigene Spuren für Leute, die nicht allein fahren. Die sind meist leer, und man kommt sehr schnell vorwärts, wenn man sie benutzt. Die meisten quälen sich lieber durch den Stau, als jemanden mitzunehmen. Einmal wurde ein Fahrer mit einer aufgeblasenen Sexpuppe auf dem Beifahrersitz erwischt. Er hatte sie hübsch angezogen und wollte die Polizei täuschen. Ein Königreich für einen Beifahrer!

Dieser erste Autostopper hatte ihn so überrascht, dass er staunend an ihm vorbeigefahren war. Den zweiten nahm er mit. Besser gesagt: die Zweite. Es war eine Frau um die fünfzig, die in die nächste Stadt zum Einkaufen musste und nicht stundenlang auf den Bus warten wollte. In den wenigen deutschen Worten, die sie kannte, klärte sie ihn darüber auf, dass auf den öffentlichen Verkehr hier kein Verlass war, dass man nie wusste, ob überhaupt ein Bus käme. Es freute ihn, ihr bei ihrem Tagwerk helfen zu können. Wenn die Verwaltung eines Landes nicht funktioniert, fördert das das Miteinander. Alle wissen, was schwierig ist, und man hilft sich gegenseitig. Er schwor sich, das gut Organisierte weiterhin zu verachten. Trotzdem fasste er einen organisierten Plan: Er wollte an diesem Tag jeden zweiten Autostopper mitnehmen.

Der nächste tat ihm zwar leid, aber dafür hätte er den Übernächsten nicht mitgenommen, weil er noch mit dem Nächsten unterwegs gewesen wäre, mit dem er sich so gut unterhalten hätte, dass er keine zusätzliche Begleitung wollte. Der Übernächste war ein Mann, der wohl über die neunzig war. Er roch nach Bauernhof, nach Gras, nach Stall – auch nach Urin und danach, dass er lange seine Kleider nicht gewechselt hatte. Aber er roch gut. Alle Gerüche passten zu ihm und zueinander. Er hatte auch nicht verschämt am Straßenrand gestanden, sondern mitten auf der Fahrbahn mit den Armen gewunken. Wahrscheinlich fand er, dass, wenn einmal ein Auto hier durchkam, es ihn auch mitnehmen müsse. Das war hier immer so gewesen und würde weiter so sein, solange er lebte. Er fragte ihn, ob er lange habe warten müssen, und der alte Mann zeigte mit seinen verrunzelten Fingern die Zahl zwei. Er wunderte sich nicht.

Er war inzwischen durch das zweite Land unterwegs. Serbien würde er nur durchqueren, und obwohl der Kosovo nicht anerkannt war und ihm somit auch niemand Auskunft geben wollte, wie er dorthin käme, war hinter einer Kurve an einem Fluss und nach einer Brücke die zweite Grenze. Sie wirkte unfreundlich wie im Grunde jede Grenze, aber hier gab es außerdem stapelweise Panzersperren, und die Straße war zerfurcht von Kettenfahrzeugen, denen der Asphalt nicht standgehalten hatte.

Er besaß zwei Pässe: einen für jene Staaten, deren Visa bei einer Einreise in die USA Schwierigkeiten machen, und einen für alle anderen Länder inklusive der USA. Beim Kosovo war er nicht ganz sicher, in welche Kategorie der gehören würde. Er nahm den Pass mit den Visa für Pakistan,

Tschetschenien, Aserbaidschan, Nordkorea und Syrien und zeigte ihn dem holländischen KFOR-Mann. Der musterte ihn misstrauisch, verglich das Foto mit seinem Gesicht und konnte offenbar keinen naheliegenden Bezug zwischen der Person und den bereisten Ländern herstellen. »Do you ever go to any nice places?«, fragte er. Dann wünschte er ihm mit zynischem Unterton eine schöne Zeit im Kosovo und bemerkte nicht, dass dieser Zynismus im sanften Abendwind verwehte wie trockenes Laub. Möge ihm nach Dienstschluss das zweite Bier in der Kantine nicht schmecken, dachte er, ganz im Rhythmus dieses Tages gefangen.

Nach der Grenze tat sich eine idyllische Landschaft auf, die nach Krieg und Tod roch. Er sah mehr Uniformen als Alltagskleidung und mehr Militärfahrzeuge als Privatautos. Es war ein Gebiet im Ausnahmezustand, und das seit fast fünf Jahren. Die Serben, die dort lebten, wollten weder zu Serbien noch zum Kosovo gehören und vertraten dies mit gewalttätigem Nachdruck. Das Ergebnis war eigentlich der perfekte Zustand für diese Menschen. In einem Land zu leben, das es völkerrechtlich nicht gibt, heißt auch, weder hier noch dort zu sein und den Status eines Niemandslandes zur Normalität werden zu lassen. Er fühlte sich den Leuten verbunden – gewalttätig hin oder her. *Eins, zwei – Polizei, drei, vier – Grenadier* sagte er, wie so oft, laut zu sich selbst, als er die zweite Straßensperre nach der Grenze passierte. Ein fetter Soldat im Tarnanzug salutierte ihm. Er salutierte zurück.

Als er im Hotel ankam, war er so müde, dass ihm alles egal war. Das Zimmer roch nach Ikea, das Bier kam aus Leoben, der Rezeptionist hatte eine Schwester in Neunkirchen, und es gab zwei Moscheen im Umkreis von hundert Metern.

Er an Satz auch Sinn, schriebe nur zweite nieder.

Das nicht einfach.

BOSTON
USA
2012

58

SCHMUTZWÄSCHE Als es noch Travellerschecks gab, hatte er sich immer gewundert, dass man seine Schecks akzeptiert hatte, denn schon auf einem einzelnen Scheck hatte seine Unterschrift nie zweimal gleich ausgesehen. Er hatte das Gefühl, noch niemals gleich unterschrieben zu haben. Seine Unterschrift war nicht mehr als eine schnell geschwungene Linie, die mit einem G begann, das wie ein S aussah, und sich irgendwo verlor. Diese Linie repräsentierte den Nachnamen. Danach folgte eine weitere kurze, geschwungene Linie, die wieder mit einem G begann, das für den Vornamen stand. Er fetzte diese zwei Linien in Sekundenschnelle aufs Papier, jedes Mal nervös, dass er es wieder schlecht machen würde, sobald er einen Stift zur Hand nahm. Dann schielte er unsicher auf diejenigen, die die Unterschrift gewollt hatten. Er erwartete Protest oder zumindest eine misstrauisch hochgezogene Augenbraue. Oft setzte er noch da oder dort ein Strichlein oder ein Pünktchen hinzu, wie um zu beweisen, dass es sich um seine Unterschrift handelte. Das tat er aber nicht immer, und so glichen die Unterschriften einander oft gar nicht. Er dachte, das sei der Ausdruck eines unsteten und wankelmütigen Charakters, und schämte sich ein wenig. Gleichzeitig gefiel ihm der Gedanke, mehrere unterschiedliche Wesenszüge in sich zu tragen. Trotzdem beneidete er andere Menschen, die die unmöglichsten und kunstvollsten Kritzeleien, die sie ihre Unterschrift nannten, auf die immer gleiche Weise aufs Papier zaubern konnten, und er liebte Unterschriften, die so aussahen, als würde ein Volksschüler ganz artig seinen Namen in ein Übungsheft schreiben – Buchstaben um Buchstaben. Im Alter würde dann das A oder das R dieses Namens ein wenig zittriger werden, aber immer standen da noch in naiver Einfachheit ein Vorname und ein Nachname.

Er hatte gerade in einem Pub in der Nähe der Penn Station einen Kreditkartenbeleg für zwei Biere und einen Hotdog mit süßsauren, karamellisierten Zwiebeln und French Fries unterschrieben und schaute nervös zum Kellner, der seine Kreditkarte mit der geleisteten Unterschrift verglich. Wie immer erwartete er ein Problem, doch der Mann bedankte sich höflich für das Trinkgeld und wünschte ihm einen wundervollen Tag. Er wünschte ihm das Gleiche und ging nach draußen in einen besonders hellen, besonders wundervollen Tag. Er schaute an den Hochhäusern hinauf und sah, wie die Fenster in der Sonne glitzerten. Die Taxis waren gelb, und irgendwo heulte eine Polizeisirene. Er hatte das alles schon erlebt. Ja, die Taxis waren anders gelb, und die Menschen waren anders gekleidet, und auch gerochen hatte es anders. Trotzdem war es irgendwie gleich – ein Déjà-vu. Es waren banale Ereignisse. Aber bezogen sich Déjà-vus nicht immer auf banale Ereignisse?

Er überquerte die Straße, obwohl die große, rote Hand der Fußgängerampeln von Manhattan ihn davon abhalten wollte. Er hatte das schon Hunderte Mal getan. So wie unterschreiben. Er kaufte sich am Bahnhof eine Fahrkarte nach Boston. Die Frau am Schalter beantwortete gelangweilt seine Fragen über ein zu laut aufgedrehtes Mikrofon. Es bewegte sich nur der obere Teil ihres massiven Körpers, als wäre sie zu dick, als dass sich der untere Teil mitbewegen könnte. Er kannte diese Frau. Er hatte ihr schon oft eine Fahrkarte abgekauft. Er lächelte ihr zu, um zu schauen, ob sie ihn auch so gut kannte, aber sie ermahnte ihn nur, für den nächsten Kunden Platz zu machen.

Er wartete mit anderen Reisenden darauf, dass die Anzeigentafel anzeigte, von welchem Gleis sein Zug abfuhr, als er von einem großen, schlaksigen Schwarzen angesprochen wurde. Der Mann hatte eine leicht hängende, wulstige Unterlippe und trug eine gestrickte Haube. Seine Jeans hingen tief unter seiner Gürtellinie, das T-Shirt unter seiner Polyesterjacke war so schmutzig, dass es jegliche Farbe verloren hatte. Er habe vor Tagen seinen Zug versäumt, sagte er, war hier gestrandet und wartete darauf, dass seine Mutter ihm Geld überweisen würde. Bis dahin müsse er sich durchschlagen. Er habe Hunger und würde sich gerne eine Suppe und ein Sandwich für 12 Dollar 72 kaufen. Er würde das

Geld an seine Adresse zurückschicken. Er bräuchte sie nur aufzuschreiben. Er gab dem Mann einen Vierteldollar, und der Mann wollte noch einen.

Der Zug fuhr auf Gleis zwölf ein, alle Wartenden machten sich in geordneter Hast auf den Weg in diese Richtung. Im Zug war es hell, im Tunnel unter dem East River war es dunkel. Er schaute die Glasscheibe an, an der er lehnte. Sein Gesicht war das Gesicht von heute – zweifellos. Er erkannte es am Bart, der frisch gestutzt war. Der Friseur hatte ihm auch die Augenbrauen in Fasson gebracht. Es war untrüglich sein heutiges Gesicht. Er hatte schon oft so in die Schreibe eines Zuges geschaut, und fast immer hatte ihn dabei eine seltsame Melancholie ergriffen.

In Boston war es Abend geworden. Das Hotelzimmer verfügte über ein Bett mit einer doppelten Matratze, einen grauen Spannteppich, einen Spiegel über dem Schreibtisch, einen Fernseher, einen Einbaukasten mit Bügelbrett und Bügeleisen, einen Safe, einen weiteren Spiegel an der Eingangstür und viele Lichtschalter. Um herauszufinden, welcher Schalter für welches Licht war, würde er genauso lange brauchen, wie er hier bleiben würde. Er packte seinen Koffer sehr sorgfältig aus, hängte die Hemden auf die Kleiderhaken, legte die Unterhosen, T-Shirts und Socken in die Laden und sortierte die Schmutzwäsche aus. Er vermerkte auf dem dafür vorgesehenen Formular, wie viele Socken, wie viele Hemden, wie viele Hosen und wie viele Unterhosen er abgab. Dann packte er alles in den dafür vorgesehenen Plastiksack und rief die Rezeption an, um zu sagen, dass man seine Schmutzwäsche abholen möge. Er behielt sogar den Durchschlag des Formulars. Schließlich duschte er ausgiebig und lange und putzte sich drei Mal die Zähne. Er schaute aus dem Fenster und fühlte sich einsam wie oft.

Bekommen Tage ein Muster, dann behalten sie es auch. Er spazierte durch die Stadt und versuchte, sich für ein Lokal zu entscheiden, in dem es ihm angenehm wäre, allein zu Abend zu essen. Es sollte nicht zu schick und nicht zu abgefuckt sein. Er stellte sich ein chinesisches Restaurant vor, das nur spärlich besetzt war, in dem es Holztische gab und weiche Stofftischtücher. Er würde ein scharfes Melanzani-Gericht und Schweinebauch bestellen und dazu wässriges Tsingtao-Bier trinken. Er fand ein solches Lokal, doch machte ihn der große, verkrüppelte Fisch im Aquarium so traurig, dass er die in Plastik eingeschweißte Speisekarte zur Seite legte, aufstand und wieder ging. Im Kino auf der anderen Straßenseite wählte er, ohne zu schauen, den nächsten Film und ließ sich von einem fetten Kaukasier mit Taschenlampe zu seinem Platz führen. Der Film war zu laut, zu schnell, und er kannte ihn schon. All das hatte er genau so schon erlebt. Dafür hatte er nicht unterschrieben, und schon gar nicht immer anders.

Auf dem Rückweg zum Hotel schlug im Park kein Meteorit ein. Es landete kein Glühwürmchen auf seiner Nase, es umarmte ihn kein Obdachloser, um seine Seele zu retten. Es sprach ihn keine Ratte an, um ihm die Unterwelt zu erklären, er sah keine Toten auf der Kühlerhaube eines Ferrari Csárdás tanzen. Aber die so ordentlich abgegebene Schmutzwäsche ging am Tag darauf verloren.

Das war ihm noch nirgendwo auf der Welt passiert, und er nahm es in tiefer Dankbarkeit zur Kenntnis. Stolz zeigte er auf seine Unterschrift auf der einbehaltenen Kopie des Abgabescheins und fragte die sich vor Freundlichkeit und Scham verbiegende Dame an der Rezeption, was er denn jetzt anziehen solle? Er müsse jetzt abfahren und werde nicht wiederkommen. Sie versprach, ihm alles nachzusenden, falls er bereit sei, ihr seine Adresse zu überlassen.

Er gab ihr einen Vierteldollar. Sie wollte keinen zweiten. Stattdessen gab sie ihm die Rechnung und bat um seine Unterschrift. Noch nervöser als sonst zückte er seinen Kugelschreiber.

59

BARCELONA
SPANIEN
1991

DAS R Sein Vater hatte die Angewohnheit, in der eigenen Wohnung sein Zimmer zu versperren. Im Zimmer selbst war auch das meiste versperrt, Schreibtischladen ebenso wie der altdeutsche Kasten, in dem die Münz- und die Briefmarkensammlung aufbewahrt wurden. Er wusste das, weil er immer herausfand, wo sein Vater all die Schlüssel versteckte. Je mehr sein Vater ihn aussperrte, desto mehr interessierte ihn das Verschlossene. Hätte sein Vater das Zimmer einfach offen gelassen, hätte er es wahrscheinlich nie betreten.

Nachdem er zum ersten Mal bemerkt hatte, dass das Zimmer versperrt war, hatte er keine zehn Minuten gebraucht, um den Schlüssel zu finden – er lag auf dem Boden eines Kupferkruges, der auf einer Kommode im Vorzimmer stand. Er fischte ihn heraus und machte sich über das Zimmer her. Zu seiner Enttäuschung fand er nichts, das ihn interessiert hätte. Alles in diesem Zimmer zeugte von einem Hang zu pedantischer Ordnung. Die Stifte lagen aufgereiht auf der Arbeitsfläche des großen Schreibtisches. Zettel, Unterlagen und Bücher bildeten thematisch geordnete Stapel. Der Kalender war auf der Seite der laufenden Woche geöffnet, die Termine darin waren mit Bleistift eingetragen, damit man sie im Falle einer Änderung ausradieren konnte. Durchstreichen hätte schlampig gewirkt. Parallel zur Tischkante, aber doch in absturzsicherer Entfernung von dieser stand ein Kofferradio, immer auf denselben Sender eingestellt. Den Mittelpunkt dieses kunstvollen Ensembles bildete eine kleine, gelbe Schreibmaschine, in die immer ein gelochtes DIN-A6-Blatt eingespannt war. Auf diese Blätter tippte der Vater sein Tagebuch. Er notierte darin nur die täglichen Vorkommnisse, ohne sie mit irgendeinem Kommentar oder gar einer Emotion zu versehen. Die Ausgaben waren auf Schilling und Groschen festgehalten. Hie und da wurde hinzugefügt, wenn die Mutter oder er etwas gemacht hatten. Diese trockenen Beschreibungen seines Daseins las er ganz gerne. *Goran hat heute Lateinschularbeit*, stand da etwa zu lesen. Oder: *Goran war beim Friseur. Goran hat sein Fahrrad kaputt gemacht.* Insgeheim hoffte er, dort einmal *Goran stöbert in meinem Zimmer herum* zu lesen. Genau so, und ohne den Sachverhalt in irgendeiner Weise zu werten. Er war oft versucht, diesem Tagebuch den einen oder anderen Satz hinzuzufügen, holte gelegentlich schon aus – und einmal war ihm dabei die Bewegung zu heftig geraten. Er geriet an die Tasten und tippte ein kleines *r*. Ein kleines *r*. Er starrte es an. Er überlegte, ob er es mit Tipp-Ex übermalen sollte, ließ das aber bleiben. Das *r* wirkte fett und falsch in der perfekten, kleinen Welt seines Vaters, aber es verschwinden zu lassen würde alles schlimmer machen.

Er wartete ab, ob sein Vater das *r* erwähnen würde. Er hatte das Gefühl, dass er ihn während des gemeinsamen Mittagessens anders anschaute. Aber er sagte nichts. Ob er wohl dachte, er habe das r aus Versehen selbst geschrieben? Oder wusste er insgeheim genau, wie es dahin gekommen war? Er hoffte, in den nächsten Tagen vielleicht eine Notiz im Tagebuch selbst zu finden, die einen Hinweis darauf gab, ob sein Vater über das r nachgedacht hatte oder nicht. Aber nichts geschah. Der Vater hatte das r einfach stehen gelassen und weitergemacht. *24.3.1972: Zum Frühstück Kaffee getrunken und zwei Semmeln mit Butter und Marmelade gegessen. Franziska 700 Schilling Haushaltsgeld gegeben. Von 8 bis 9.30 Uhr Impfungen. Eine Reisegruppe nach Kenia gegen Hepatitis und Tollwut geimpft. Vorlesung MTA-Studentinnen. Linsen mit Knödel zum Mittagessen. Ein Schulfreund von Goran zu Besuch. Im Kaffeehaus einen Verlängerten getrunken. 12 Schilling 50 Groschen, 50 Groschen Trinkgeld gelassen. Bluntuntersuchungen vom Vortag ausgewertet. Der Chef ist in mein Arbeitszimmer gekommen. Besprechung über die kommende Woche. Dienstplan erstellt. Auf dem Heimweg im Weißen Kreuz ein Achterl Wein getrunken. 29 Schilling. 1 Schilling Trinkgeld gelassen. Zu Hause ferngesehen. Eine Dokumentation über Buckelwale. Beim darauffolgenden Film eingeschlafen. Zur Bundeshymne aufgewacht. Ins Bett gegangen.*

Er fing an, Kleinigkeiten im Zimmer des Vaters zu verändern. Er vertauschte zwei der sieben geordneten Kugelschreiber, änderte die Reihenfolge der Seiten eines Artikels über rote Blutkörperchen und verschob das kleine Blatt in der Schreibmaschine um ein paar Millimeter. Er hatte sich vorgenommen, so lange an der Verschiebung dieser geordneten Welt zu arbeiten, bis der Vater ihm ein Zeichen gab, dass er es bemerkt hätte. Er wurde immer dreister und verrückte die Stehlampe, die neben dem Schreibtisch stand, um einen guten halben Meter. Am nächsten Tag hörte er den Vater die Mutter ermahnen, beim Putzen seines Zimmers seine Sachen nicht in Unordnung zu bringen. Die Mutter blieb gelassen; sie müsse sein Zimmer auch gar nicht putzen, wenn er das nicht wolle. Der Vater sprach daraufhin mehrere Tage lang mit niemandem.

Er hingegen ging immer mehr ins Detail. Er veränderte die Reihenfolge der Briefmarken in den Alben, drehte die Münzen in den mit Samt ausgelegten Schachteln um und klaute bei dieser Gelegenheit einen Maria-Theresien-Taler. Er steckte eine Schallplatte mit tibetanischen Mönchsgesängen in die Hülle von *Cosí van tutte* und schob Georg Kreisler zwischen Beethoven-Sonaten. Er schraubte die Glühbirnen im zwölfarmigen Luster so um, dass die eine, die seit Monaten nicht mehr funktionierte, an einer anderen Stelle saß. Und er setzte einen Ziervogel, der an ein Blatt des Gummibaumes geklammert war, auf ein anderes Blatt. Es war ein Vogel aus Blech, wie sie manchmal an Christbäumen hängen, und er wusste nicht, wieso sein Vater ihn an diesem Gummibaum befestigt hatte.

Am nächsten Tag war der Schlüssel nicht mehr im Kupferkrug, und er konnte ihn auch sonst nirgends finden. Mittlerweile hatte er sich so an die Ausflüge in die väterliche Welt gewöhnt, dass er ihn wie besessen suchte. Er durchkramte sogar die Hosen- und Sakkotaschen seines Vaters und stöberte in den Aktenkoffern, aber alles ohne Erfolg.

Als es beim nächsten Mal Linsen mit Knödel gab, fragte er seinen Vater, ob er Linsen mit Knödel eigentlich gern habe. Der Vater meinte, es ginge so. Er fragte weiter, ob er wieder Kaffeetrinken war oder auf einen Wein im Weißen Kreuz. Der Vater bejahte oder verneinte, je nachdem. Niemand maß dem eine Bedeutung zu. Es war nichts dabei, das er nicht hätte wissen können. Und Geheimnisse hatte er nie gefunden. Also beschloss er, krank zu spielen. Er steckte ein Fieberthermometer in heißen Kakao und schüttelte die Temperatur dann von 42 Grad auf 37,8 hinunter. Die Mutter wunderte sich zwar, dass seine Stirn nicht heiß war, ließ ihn aber gewähren. Er las in Comic-Heften, bis er die Mutter das Zimmer aufsperren hörte. Er sprang aus dem Bett, aber er kam zu spät – er hatte nicht sehen können, woher sie den Schlüssel hatte. Er versuchte, bei ihr zu bleiben, bis sie mit dem Putzen fertig war, und sah schließlich, dass sie den Schlüssel einfach in das Schloss der Schlafzimmertür steckte. Anscheinend hatten alle Schlösser die gleichen Schlüssel.

Er ging daraufhin nur mehr ein Mal in das Zimmer seines Vaters. Da er es wieder konnte, merkte er, dass es ihn langweilte.

Später in seinem Leben konnte er selbst nichts zusperren. Er ließ seine Wohnungen offen, seine Autos, seine Spinde und seine Hotelzimmer. Nie wurde ihm etwas gestohlen, obwohl er wertvolle Dinge in Autos und hohe Geldbeträge in Hotelzimmern liegen ließ.

Als er zum ersten Mal einen Magnetkartenschlüssel bekam, wunderte er sich über diese Neuerung. Und die Karte funktionierte nicht an der Tür von Zimmer 406. Sooft er es auch versuchte, es leuchtete immer nur ein rotes Licht auf, bis ihm ein Zimmermädchen, das ihn dabei beobachtet hatte, die Tür kurzerhand aufsperrte. Als er das Zimmer betrat, war klar, dass es nicht an der Karte gelegen hatte. Er war einfach im falschen Zimmer. Es war bewohnt, aber der Gast war nicht da. Mit seinem Koffer in der Hand schaute er sich um. Alles war sehr ordentlich. Auf dem Schreibtisch unter dem Spiegel stand eine kleine Reiseschreibmaschine. Daneben lag ein Blatt Papier mit säuberlichen Notizen, und einige Kugelschreiber waren sorgfältig bereitgelegt. In die

Schreibmaschine war ein Blatt eingespannt. Es wurde nicht von der dafür vorgesehenen Metallstütze nach oben gehalten. Er setzte sich und hob es mit zwei Fingern an, um es lesen zu können. Es war ein Liebesbrief – einer, der offensichtlich schon mehrmals geschrieben worden war. Auf dem Blatt neben der Schreibmaschine waren einige ähnliche Formulierungen ausprobiert worden. Die Worte wirkten steif und unbeholfen, aber voll ernst gemeinter Zuneigung.

Er las den Brief noch einmal und schrieb dann einen letzten Satz dazu. Er war selbst gerade unglücklich verliebt und konnte spüren, was der Mann spürte. Aus einem Satz wurde ein Absatz, und schließlich vollendete er den Brief. Dann ging er und öffnete mit seiner Karte das richtige Zimmer, das die Nummer 506 hatte.

Die ganze Woche, die er in Barcelona verbrachte, malte er sich die schönsten Geschichten aus, die daraus folgten, dass der Mann den Brief abgeschickt hatte. Aber wahrscheinlich hatte er es nicht getan.

Am letzten Tag seines Aufenthalts sah er ihn in der Lobby. Er erkannte ihn an der Schreibmaschine, die er bei sich trug. Er war schon sehr alt, elegant gekleidet und hatte einen Gehstock mit einem verzierten Metallknauf. Er grüßte ihn höflich, und der Mann grüßte zurück. Einen Moment wünschte er sich, der Mann wäre sein Vater, aber er schämte sich gleich dafür.

In Gedanken schrieb er den Buchstaben *r* in sein Tagebuch. Doch er führte kein Tagebuch. Er hatte nie eines geführt.

ASYMMETRISCH Es war zu einer Zeit, in der die Buchstaben noch in gewisser Unregelmäßigkeit das Papier zierten, weil sie von Hand oder mit der Schreibmaschine geschrieben waren. Ein persönliches Schreiben war also bereits an der Form erkennbar. Und die Welt fühlte sich unveränderbar an. Bis in alle Ewigkeit würde man Briefe und Postkarten schreiben, es würde immer Bücher geben, Geld und Autos. Das Gefüge der Welt, es schien in Stein gemeißelt.

60

MEXICO CITY
MEXIKO
1979

Er warf den Rucksack aufs Bett und schaute sich um. Er inspizierte jedes Detail. Doch es gab in diesem einfachen Raum nicht viel zu sehen: Bett, Kasten, Dusche und Spiegel. Der Spiegel bestand aus kaum mehr als aus der gesprungenen Aluminiumschicht und war so alt und kaputt, dass er seinem mädchenhaften Gesicht ein wenig von der noch nicht gelebten Vergangenheit vorzugaukeln imstande war. Die überdimensionale Leuchtreklame vor dem Fenster war viel eindrucksvoller als das Interieur. Sie war so groß, dass man nur vier Buchstaben ausmachen konnte, das *A*, das *R*, das *L* und das *O* von *CARLO*. Es beschäftigte ihn, dass Hotels mit ihren Namen oft eine Sehnsucht nach dem Anderswo ausdrückten, nach geheimnisvollen Orten der Exotik und des Luxus. Manchmal versuchten sie, sich mit dem Glanz des Verruchten zu schmücken. So hieß dieses Hotel in Mexico City *Monte Carlo*. Man konnte auch das *Nizza* in Peru oder das *Hotel Paris* in Vietnam finden. Als er Jahre später in Tansania ein *Hotel Bremen* entdeckte, kam er über diese Theorie noch einmal ins Grübeln. Augenscheinlich war aber Folgendes: Wenn Hotels zu noch hochtrabenderen Namen wie Excelsior, Waldorf oder Ritz griffen und es nicht die originalen Excelsior, Waldorf oder Ritz waren, dann handelte es sich ausnahmslos um besonders heruntergekommene Etablissements, in denen nur noch der Hauch eines vergangenen Glanzes durch die verstaubten, wenn nicht gar verdreckten Gänge wehte. Aber Glanz ist Glanz, und er liebte den verstaubten mehr als den glänzenden.

Das Hotel Monte Carlo wurde in einem Reiseführer für Rucksacktouristen empfohlen, und das Foyer war ein Ort der Geschichten, Abenteuer und Lügen, die die Luft schwängerten wie der Zigarettenrauch, der über den Köpfen hing. Dort hörte er von blauen Wasserfällen im Dschungel, in denen sich Mensch und Schlange tummelten, von Höhlen, die so voller Fledermäuse waren, dass der Himmel sich verdunkelte, wenn sie aufflogen, von Gärten voller Blumen aus Beton, von einer Wüste geheimnisvoller Kakteen, deren Saft zu trinken den Horizont vergrößert, und von Pilzen, die gleich das Bewusstsein als Ganzes erweitern würden. Bis dahin begnügte er sich mit Bier und Tequila.

In einer Cantina, nur wenige Häuserblöcke entfernt, fanden die Geschichten ihre Fortsetzung, und er trank mit einer wachsenden Zahl von neuen Freunden bis spät in die Nacht hinein. Er war begeistert von dem Umstand, dass desto mehr Essen an den Tisch gebracht wurde, je mehr man trank. Man musste nicht einmal dafür bezahlen. Dann und wann wehten melancholische Klänge aus verbogenen Trompeten herüber. Die Welt kam ihm so schön vor, und überall lag das Versprechen auf noch mehr in der Luft.

Als das Lokal schließen wollte, kamen ein gedrungener Mann und eine junge Frau an den Tisch. Sie stellte ein seltsames Kästchen auf den Tisch. Das Kästchen hatte einen Schalter, ähnlich dem an der Eieruhr in der elterlichen Küche. Zwei bunte Kabel hingen heraus. Bei genauerer Betrachtung erinnerte es an eine hölzerne Version des Transformatorteils der Märklin-Eisenbahnanlage, die zu Hause im Keller stand. Nur führten die Kabel nicht zu Gleisen, sondern zu zwei Metallgriffen. Mehrere Männer versammelten sich um den Tisch. Der gedrungene Mann versuchte vergebens, Sinn und Zweck des Geräts darzulegen. Erst ein älterer Mann mit einem Oberlippenbart wie ein Bleistiftstrich konnte Aufklärung schaffen. Jeder der Kontrahenten müsse einen der Metallstäbe in die Hand nehmen. Dann gebe man sich die andere Hand. Die junge Frau werde daraufhin, mit Hilfe des Eieruhrschalters, mehr und mehr Strom fließen lassen, und wer zuerst loslasse, sei der Verlierer und müsse die nächste Runde schmeißen. Der gedrungene Mann nickte und brachte sich in Position. Das Spiel konnte beginnen.

So seltsam es klingen mag, er hatte darin Übung. Der Vater eines Schulfreundes war Psychiater. Er hatte in seiner Ordination, neben der obligaten Couch, ein kleines Elektroschockgerät. Dieses Gerät hatte früher eine magische Anziehungskraft auf ihn und den Freund ausgeübt. Man konnte damit hinter den Augenlidern ein seltsames Licht blitzen lassen – als ob man mit den Fingern auf die Augenlider drückte und Farbenspiele sah, nur waren sie kräftiger, heller, magischer. Man konnte süchtig danach werden.

Er ergriff den Metallstab und die Hand des gedrungenen Mexikaners und schloss die Augen. Durch seinen trunkenen Kopf pfiff gleißendes Licht, er sah Schlangen tanzen und Pilze sich verneigen, er sah wilde Götter und tollwütige Hunde, und irgendwo, ganz weit hinten, kroch eine namenlose Angst in ihm hoch. Gerade, als er bereit war, dem Spiel ein Ende zu machen, ließ der andere los. Der Jubel und das Gelächter waren groß. Der schmächtige kleine Gringo hatte gewonnen! Alle gaben einen aus und wollten Revanche. Doch die Angst war bei ihm angekommen und ging nicht wieder weg. Er weigerte sich.

Auf dem Heimweg schlugen sie dann auf ihn ein. Aber das erlebte er, als wäre es nur ein kleiner Sturm in einer fremden Nacht – in einer noch viel fremderen Stadt.

Er erwachte in einem Hotelzimmer. Das Laken neben seinem Kopf war voller Blut, aber die Zähne hatte er noch alle. Einen Kasten gab es auch, einen kaputten alten Spiegel, eine Dusche und einen Tisch. Das machte ihn stutzig. In seinem Zimmer war kein Tisch gewesen. Er stand vorsichtig auf. Draußen war heller Tag. Die Leuchtreklame vor dem Fenster hing schlapp da wie ein totes Tier. Nur las er jetzt *ELLA* statt *ARLO*. Ella Fitzgerald statt Arlo Guthrie, dachte er. Sonst war sein Hirn noch bewölkt und leer.

Eine Geschichte fiel ihm ein. Wie so oft wusste er nicht, woher er sie hatte: aus einem Buch, aus einem Film? Oder war es eine Gutenachtgeschichte seines verrückten Onkels gewesen? Aber vielleicht hatte er sie geträumt oder erfunden. Sie handelte jedenfalls von einem jungen Mann, der einer alten Frau jeden Mittag ihr Essen brachte. Er arbeitete bei der Vereinigung, die »Essen auf Rädern« hieß. Eines Mittags klingelte er, doch niemand öffnete. Das war ungewöhnlich. Die Tür war nur angelehnt. Er trat also ein und schaute sich um. Es gab nur wenige Möbel hier, und es wirkte noch trostloser als sonst. Die Frau war nicht da. Er überlegte, wie er ein wenig Abwechslung in den Alltag der Alten bringen könnte, doch es fiel ihm nichts ein. Er stellte das Essen auf den Tisch. Als er ging, sah er, dass die Tür zur Wohnung gegenüber ebenfalls offenstand. Er betrat auch diese Wohnung. Sie war leer und vollkommen symmetrisch zur Wohnung der Alten. Nur war der Ausblick schöner. Innerhalb einer Stunde hatte er alle ihre Möbel übersiedelt und verkehrt symmetrisch angeordnet. Als er fertig war und nur mehr das von ihm gebrachte Essen auf die andere Seite tragen wollte, brachten zwei Rettungsfahrer die Alte gerade mit einer Bahre von einer Untersuchung nach Hause. Der junge Mann half den Rettungsfahrern, die noch bewusstlose Frau in ihre »neue« Wohnung zu bringen und sie ins Bett zu legen. Ihr Essen stellte er an den gewohnten Platz. Er lächelte und hoffte, ihr Leben bereichert zu haben. Die Frau wurde eine Woche später wegen eines schweren Tinnitus und altersbedingter Orientierungslosigkeit in die Geriatrie eingeliefert.

So gesehen war er selbst noch gut beisammen, er musste sich nicht einmal anziehen. Und doch ging er ganz vorsichtig nach unten. Fraglich, ob seine Schmerzen im Kopf von dem Kater stammten oder von den Schlägen, die er hatte einstecken müssen. Ihm war noch immer, als schreie man auf ihn ein. Ihm war, als kotze er aus einem grünweißen VW-Käfer-Taxi. Ihm war noch immer, als stände er unter Strom.

Das Hotel war bereits bezahlt. Er nickte nur wissend, als er das erfuhr, und ging vorsichtig durch das Foyer. Dort saßen sehr große Mennoniten, mit blonden Haaren, blauen

Haaren, Latzhosen und weißen Hüten. Sie unterhielten sich über Stoffe. Sie waren in die Stadt gekommen, um einzukaufen, und redeten in einer Sprache, die entfernt wie Deutsch klang und die er trotzdem nicht richtig verstand. Er schrieb sein Nichtverstehen dem Knoten in seinem Kopf zu.

Er ging nach draußen. Und was für ein weißer Himmel war das? Wer um alles in der Welt hatte zugelassen, dass der Himmel so weiß sein durfte? Die Kirche, die gestern noch links gewesen war, war rechts. Er hatte einen Moment lang das Gefühl, er werde nie wieder wissen, wo sein Essen stände. Nicht auf welchem Tisch, nicht in welchem Zimmer, nicht in welcher Stadt.

Das Restaurant, in dem er frühstückte, hätte auch *Alice's Restaurant* heißen können. Es hieß aber einfach nur *Sanborns* und war Teil einer Kette. Die Welt hat oft kein Verständnis für Zusammenhänge und Symmetrien.

Das Hotel, in dem er aufgewacht war, hieß nämlich auch bloß *Isabella*.

61

ST. PETERSBURG
RUSSLAND
1994

DER FERNSEHER Er war im Zug eingeschlafen und wachte auf, als die Nacht heraufdämmerte. Er sah schon die ersten Häuser, schaute auf den Schneeregen draußen und sah alles verlangsamt. Die Straßenbahnen ratterten in Zeitlupe über die verbogenen Gleise und leuchteten dabei wie künstliche Glühwürmchen. Die Fassaden der grauen Häuser rückten näher und näher, und schwaches Licht hing in den Fenstern wie im Wind flatternde Vorhänge. Man schleicht sich von hinten an, an eine Stadt, wenn man mit dem Zug kommt. In Zürich sind die Häuser so nah, dass man meint, man könnte einen Besen von einem der Balkone fischen, in Mumbai sieht man auf Wellblechsiedlungen und auf Hunderte scheißende Menschen am Rand der Gleise hinunter, in Jakarta kämpft sich die Eisenbahn über ungeregelte Straßenkreuzungen, und in Bangkok fährt der Zug im Schritttempo, weil vor ihm erst die Verkaufsstände eines kleinen Marktes von den Gleisen geräumt werden müssen. Nach dem Aussteigen am Bahnhof Hua Lamphong stehen alle Passagiere erst einmal still und müssen der Hymne des Königs lauschen. Das würde hier wohl nicht so sein.

Dass er in Russland war, erkannte er, als die Grenzbeamtinnen die Tür zur Toilette im Zug aufstießen, um einerseits zu sehen, ob sich jemand versteckt hatte, aber andererseits, um ihre Frisur im Spiegel zu überprüfen. Dann stolzierten sie langbeinig durch die Gänge und kontrollierten so streng wie kokett die Pässe. Am Bahnsteig sah er mehr Uniformierte als Zivilisten. Manche hatten Hunde an der Leine, die mit geduckten Köpfen schnüffelten. Manche hatten ihre Pelzkappen lässig in den Nacken geschoben und standen nur breitbeinig da, um Autorität auszustrahlen. Er wurde durch einen Seitenausgang auf die Straße dirigiert. Dort schien es keine Taxis zu geben, nur Privatautos. Aber das war ein Irrtum, denn in Russland war jedes Auto ein Taxi, oder besser gesagt jedes, das willens war, eines zu sein.

Er war in einer altmodischen Pension untergebracht. Es gab kein Hotelschild, aber es war, ähnlich den Taxis, doch ein Hotel. Das Zimmer sah aus wie eine Wohnung, und er setzte sich müde auf das kleine, silbergraugrüne Sofa, starrte auf das hellblaue Telefon und die violett-goldene Tapete, die sich unter seinem Blick zu bewegen schien. Das machte ihn schwindlig, und er versuchte, sich auf das Muster zu konzentrieren, um ihm Einhalt zu gebieten. Es funktionierte nicht. Ihm war mit einem Mal speiübel, und er schaffte es gerade noch zum Klo. Dann trank er hundert Gramm Wodka, die er aus Finnland mitgebracht hatte, und schloss die Augen. Er brauchte weitere hundert Gramm, bevor sich seine Augen beruhigten. Er schaffte es nicht, wie er sich vorgenommen hatte, den Koffer auszupacken. Er ließ sich wieder auf das Sofa fallen und versuchte, nicht auf die Tapete zu schauen. Das gelang nicht. Die seltsamen Muster bewegten sich zwar langsamer als vorhin, dafür schwammen sie mehr und mehr und hatten an Schärfe eingebüßt. Wieder wurde ihm übel, und wieder erbrach er sich. Diesmal fühlte es sich an, als spucke er Galle. Er versuchte es mit weiteren hundert Gramm. Schließlich half es irgendwie. Er konnte wieder aufrecht sitzen. Doch das Muster zog ihn magisch an, und er verlor sich aufs Neue an diesen violett-goldenen Tanz. Im Spiegel hatte er gesehen, dass seine Augen glasig waren und dass ihm Schweißperlen auf der Stirn standen. Doch das schien lange her. Jetzt schaute er nur mehr die Wand an, und aus weiter Ferne hörte er ein dumpfes Geräusch. Es klang, als würde ein Haus einstürzen und seine Mauern aneinanderreiben wie ein Mensch, der mit den Zähnen knirschte. Diese Wahrnehmung war wohl seinem fiebrigen Zustand zuzuschreiben. Dann schlief er im Sitzen ein.

Als er erwachte, zitterte er. Im Zimmer war es eiskalt und draußen dämmerte der Tag herauf. Die Tapete und ihr Muster klebten einfach an der Wand. Sie hatten Farbe, Bewegung und Energie verloren. Es war nur eine traurige Tapete. Er fühlte, dass er vor Fieber glühte. Er schleppte sich mühsam zum Fenster. Der Weg schien unendlich weit. Als er es geschafft hatte, barst draußen die Eisdecke auf dem Kanal, der durch die Stadt fließt. Die sich aufbäumenden

Eisplatten krachten und glitten ins Wasser. Am anderen Ufer warfen sie sich zu kleineren Erhebungen auf. Die Luft war erfüllt von einem Eisgewitter. Der Anblick war so monumental wie die Häuser, die den Kanal umgaben. Sie waren für Riesen und nicht für Menschen gebaut. Die Hofeingänge waren kolossale Torbögen, die die Menschen zu Zwergen degradierten. Die meist dunkel gekleideten Männer und die gestiefelten Frauen huschten auf Höhe der Kellerfenster dahin. Jedes Haus schien sich über Hunderte Meter zu erstrecken, man konnte das Ende eines Häuserblocks kaum ausmachen. Wuchtige Regenrinnen zierten die imperialen Gebäude wie Riesenschlangen, aus der Sowjetzeit übriggeblieben. Sie spien Wasser auf die Gehsteige, wo es sofort vereiste, wenn es kalt war. Jetzt tröpfelten nur kleine Bäche über den Asphalt. Die Sonne brach durch die dichte Wolkendecke. Ein Frühlingstag stand vor der Tür. Er schloss das Fenster, drehte sich um und wollte zurück zum Sofa. Nach dem zweiten Schritt brach er zusammen.

Er erwachte in einem Taxi. Neben ihm saß die Concierge des Hotels und sah ihn besorgt an. Ein Zimmermädchen hatte ihn gefunden. Als die Concierge ins Zimmer kam, war er schon wieder bei Bewusstsein und versicherte, er habe alles im Griff. Man glaubte ihm, doch wenig später stand er an der Rezeption und bat darum, doch besser in ein Krankenhaus zu fahren. An all das konnte er sich nicht erinnern.

Die Krankenschwestern und Ärztinnen kümmerten sich um ihn. Sie sahen aus wie das Personal einer Kantine, nur dass sie statt hellblauer Uniformen weiße Uniformen und statt weiß-blauer Häubchen weiße Häubchen trugen. Er ließ alles über sich ergehen und wurde mit dem Verdacht auf Malaria zurück nach Österreich geschickt. Im Flugzeug dämmerte ihm, dass es weder in Mumbai noch in Mexiko-Stadt, wo er die letzten Monate verbracht hatte, Malaria gab. Er erinnerte sich aber an einen Marktstand in Chimalhuacan, einem Vorstadtslum der damals größten Stadt der Welt. Er erinnerte sich an eine Suppe und an eine indianisch aussehende Frau, die sie ihm brachte. Er glaubte, dass diese

Suppe ihn krank gemacht hatte. Doch das war Monate her. Der Himmel war violett und golden, als er in Wien landete. Die Wolken rasten dahin, und ihm wurde wieder schwindlig.

Ein Arzt zeigte ihm auf dem Bildschirm seine Leber, von einer fünf Zentimeter langen Narbe verziert. Amöben, sagte der Arzt, und sie seien im Begriff, sich weiter von seiner Leber zu ernähren. Das Abtastgerät war kalt auf seiner Haut, der Bildschirm und seine schwarz-weißen Muster verwandelten sich in eine abstrakte Tapete, und es rauschte in seinen Ohren. Der Arzt versuchte, jovial zu sein, doch drang das nur aus der Ferne zu ihm durch.

Als er seine erste große gelbe Antibiotika-Tablette schluckte, war ihm, als krachte es in seinem Inneren gleich dem Eis, an jenem Morgen in St. Petersburg. Die Amöben trugen Violett und Gold und klammerten sich weiter fest an seine Leber, um nicht von der Flut der Medikamente mitgerissen zu werden. Später war ihm, als hätte er zwei Monate lang geschlafen. Er träumte abwechselnd von der indianischen Frau oder schaute auf die eierschalenfarbene Wand, ohne irgendetwas zu fühlen oder zu denken. Der Fernseher, den er tagelang anstarrte, fühlte sich kaputt an. Bild um Bild flutete aus ihm heraus, doch nichts hatte Sinn. Nicht einmal die Farben.

Er wurde gesund. Der Fernseher nicht.

MALI LOŠINJ
JUGOSLAWIEN
1968

62

DIE GEDANKENMÖRDER KOMMEN Ihm war immer langweilig. Schon wenn er morgens aufwachte, wusste er nicht, was tun, besonders in den großen Ferien. Er hatte keine Geschwister, im Mietshaus, in dem er wohnte, lebten nur alte Leute, und im ganzen Häuserblock gab es nur wenige andere Jugendliche in seinem Alter, und die waren im Sommer weg. Am schlimmsten waren die Sonntage. Die Kleinstadt war ausgestorben und nirgends war irgendetwas, das ihn hätte interessieren können. Alle Matchbox-Autorennen auf dem Wohnzimmerteppich waren gefahren, die gestoppte Zeit, in der er mit dem Maxiklapprad den Häuserblock umrundete, war nicht mehr zu unterbieten, ein Fernsehgerät hatten sie noch nicht; alle *Bessy*-Hefte waren mehrmals gelesen, und einen Plattenspieler sollte er erst in vier Jahren zur Firmung bekommen.

Es gab ein Licht am Horizont: die Urlaubsreise mit den Eltern nach Jugoslawien. Dann konnte er die Tankstellenmarken am Straßenrand von Graz bis Rijeka zählen, und er machte Stricherllisten von den Nummern der entgegenkommenden Autos, eingeteilt in Bundesland und Großstädte. Sehr aufregend war, wenn sich mit einem Mal deutsche, italienische oder sogar skandinavische unter die österreichischen mischten. Manchmal musste der Vater helfen, da er sie nicht mehr alle zuordnen konnte. Im Süden angekommen, hatten die Tankstellen von Jugopetrol die meisten Striche, dahinter kamen Shell und BP, bei den Kennzeichen hatte die Steiermark die Nase vorne. Graz und Rijeka folgten dicht auf Platz zwei und drei. Und es war nicht mehr ganz so langweilig. Man bezahlte das Benzin mit anderem Geld, man bekam zu essen, aber der Geschmack war neu, die Bäume hatten längere Nadeln, der Himmel war blauer, die Luft roch nach Salz, und wenn er das eigene Auto in der Landschaft sah, dann schien es wie ein fremdes Auto. Glücklich schaute er den Menschen nach und wünschte sich angesichts der ersten großen Frau mit Schürze und Kopftuch, dass sie seine Mutter wäre und er mit ihr nach Hause gehen könnte, nur um zu sehen, wie sein Zimmer dort wäre, wie die Küche riechen würde und ob der Schulhof zur Straße hin offen wäre oder genauso dunkel wie der in der Elisabethschule zu Hause. Er sagte nichts davon zu seinen Eltern, aber die Mutter fuhr ihm liebevoll durch die Haare, weil sie spürte, dass er glücklich war.

Das Feriendorf war wunderbar. Jeder hatte einen eigenen kleinen Bungalow mit Terrasse, und er war noch jung genug – später würde ihn jede Siedlung aus kleinen Häusern an einen Friedhof erinnern. Da besitzt jeder seine Parzelle, die er schön sauber hält, wo er den Rasen pflegt und vor dem Fernseher auf den Tod wartet. Aber als Bub empfand er die Feriensiedlung als schön und heimelig, weil hier jeder fern von daheim trotzdem sein kleines Zuhause hatte. Wie seltsam, dass genau die Dinge, die einen später deprimieren, in diesem Alter glücklich machen.

Die erste Enttäuschung war, dass er kein eigenes Zimmer hatte, sondern nur ein Klappbett im gleichen Raum mit den Eltern. Er stellte es kurzerhand auf die Terrasse und schlief zum Summen der Zikaden und dem entfernten Meeresrauschen ein. Ein bisschen mulmig war ihm dabei schon zumute, aber das machte es auch schöner.

Das Taschengeld wurde in Dinar ausbezahlt und gewährte eine gewisse Unabhängigkeit, die unklugerweise erst in Süßigkeiten verplempert wurde – bis er den Stand mit Tageszeitungen, Illustrierten und Romanheften entdeckte. Bald hatte er alle drei Tage einen neuen Silber-Gruselkrimi von Dan Shocker. Etwas, was es zu Hause an jedem Kiosk gab und ihm nie aufgefallen war, wurde hier zum Besonderen. Allein die Titel waren ihm, als würde jemand Gedichte aufsagen: *Draculas Liebesbiss, Leichenpilze, Die Mordwespen des Dr. X, Fliegende Särge, Invasion der Kraken, Totentanz der Ghouls, Striptease einer Zombiehexe, Amöba saugt die Menschen aus, Küss niemals Choppers Geisterbraut, Die Lady mit den toten Augen, Die Schlangengöttin.*

Und er musste nicht, wie zu Hause, wenn es zu spät wurde, unter der Decke mit der Taschenlampe lesen, denn sein

Klappbett stand so, dass er das Licht einer Straßenlaterne nutzen konnte. Ein geheimnisvolles, gelbes, schwaches Licht, das den Inhalt des Gelesenen nur aufs Gruseligste verdoppelte. Und wenn er neben der Schlangengöttin einschlief und unter Leichenpilzen aufwachte, dann war er weiter von zu Hause weg als je zuvor. Beim Schnorcheln sah er Ghouls mit Flossen und schwimmende Schneehexen, und wenn seine Eltern am Abend bei Sonnenuntergang und Folkloremusik weinselig den Urlaub genossen, sah er sie Leichenteile essen, während um sie herum Skelette und Kraken tanzten. Sagte seine Mutter, »du bist sicher schon müde«, nickte er, um sich auf sein Klappbett des Grauens zurückziehen zu können.

Seit diesen Tagen liebte er Hotels, und im Süden behielt er die Angewohnheit bei, mit der Bettwäsche auf den Balkon oder die Terrasse zu übersiedeln. Einmal, es muss schon in den achtziger Jahren gewesen sein, fand er in einer Wühlkiste vor einem Antiquariat in Bern zwischen vielen Heften der Kunstzeitschrift *DU* einen zerfledderten alten Silberkrimi. Es war einer, den er nie vorher gelesen hatte. Der Titel war: *Die Gedankenmörder kommen*. Er kaufte ihn sofort und nahm ihn mit, in sein Hotelzimmer mit Blick auf die Aare. Die Nacht war kühl, und er setzte sich in viele Decken gehüllt auf einen Klappstuhl, der auf dem Balkon stand. Er roch an dem Heft, wie er es seit jenen Tagen in Jugoslawien immer getan hatte, und allein der Geruch jagte ihm wohlige Schauer über den Rücken. Er hatte viele Jahre an allem gerochen, was er in die Finger bekam, an Laurence Sterne, an Eileen Chang, an Hemingway, an Potocki, an Vollmann, an Kawabata, an Su Tong, an Doderer, an Conrad, an Dick, an Handke, an Tagore, an Wang Shuo, an Brontë – aber nichts roch annähernd nach Dan Shocker. Man muss ein Buch nicht nach seinem Umschlag beurteilen (obwohl manche das tun), aber sicherlich nach seinem Geruch.

Die Gedankenmörder kommen hatte er nie gelesen, aber er trug es meistens bei sich. Er könnte es ja einmal lesen wollen, hatte aber gleichzeitig Angst davor. Mehr, als er je vor etwas Angst gehabt hatte. Er hatte kein Problem mit Ghouls in den Straßen von Bern, mit Mörderpuppen in Reynosa, Geisterbräuten in Thorez, Schneehexen auf dem Semmering und Leichen-Ladies in New York. Er tanzte freudig mit den Höllenbiestern von Barcelona und rannte gerne vor den Mörderwespen von Sankt Oswald um sein Leben. Aber vor der schieren Vorstellung von Gedankenmördern, die die Monster einer Kleinstadt sein mussten, und vor dem Gefühl eines Sonntagnachmittags, wenn das Fernsehgeräusch eines Formel-1-Rennens über den frisch gemähten Rasen der Parzelle weht, ging er wimmernd in die Knie.

PHNOM PENH
KAMBODSCHA
1999

63

ELEGANTE WESEN Seine Mutter mochte es nicht, wenn er auf die Straße spuckte. Sie drohte damit, die Straßenseite zu wechseln, wenn er es tat. Bis dahin war ihm nicht bewusst gewesen, dass er spuckte. Als er in Seattle einen alten Chinesen heftig aufziehen und spucken sah, erinnerte er sich an den Tag, an dem seine Mutter wirklich die Straßenseite gewechselt hatte. Der Chinese rotzte ungeniert einen dicken Batzen auf die Straße, zog mit seinem Rollator weiter einen Hügel hinunter und verlor sich in der Ferne, während der Wind Kirschblütenblätter über die Straße wirbelte. Seine Mutter hätte sich über den Mann beschwert. Sie konnte sich herzlich über Dinge alterieren, die ihr Bild von der Außenwelt beschmutzten. Sie fuhr selten in die Welt hinaus und wenn, dann in geordneten Unternehmungen wie Schiffs- oder Gruppenreisen. Als sie das erste Mal nach New York kam, wurden sie und die ganze Gruppe mit einem Bus des Reiseunternehmens vom JFK-Airport nach Manhattan gebracht. Von ihrer erhöhten Position in diesem Bus sah sie als Erstes einen halbnackten Mann in einem Auto sitzen und wichsen. Als der Mann bemerkte, dass sie ihn sah, wichste er noch heftiger und grinste zu ihr hinauf. Das war das Bild von Amerika, das seiner Mutter am meisten haften blieb. Es bestätigte alles, was sie über die Vereinigten Staaten schon vorher gedacht hatte. Es passte in eine Reihe mit Mickey Mouse, Dosensuppen, Andy Warhol und Fast Food. Kurz gesagt, einfach kulturlos. Sie meinte, man brauche sich wirklich nicht darüber zu wundern, da das Land doch von Verbrechern gegründet worden sei. Verbrecher aus allen Teilen der Welt seien in die USA geflohen, um dort die Indianer auszurotten und diesen Staat zu gründen. Und das Bild, das sich ihr als Erstes bot, war der wichsende Mann.

Er fuhr gerade mit einem Zug vom Narita-Flughafen nach Tokio hinein. Er musste an diesen Mann denken und wie sehr sich dessen Bild in sein Gedächtnis eingegraben hatte, obwohl er ihn nie gesehen hatte. Draußen war alles grau in grau, und dicke Regenwolken hingen über den endlosen

Vorstädten. Er sah keinen Menschen. Japan begegnete ihm, wie er es nicht erwartet hatte. Im Kopf hatte er Bilder von Manga-Menschen, die unter einem Himmel voller Leuchtreklamen gebrauchte Unterwäsche aus Automaten zogen und unter opulent blühenden Kirschbäumen ganze Flaschen Sake auf einen Zug austranken. Er nahm sich vor, sich den ersten Japaner zu merken, den er von diesem Zug aus sah. Es war eine alte Frau, und sie stand auf einem Garagendach und winkte. Es war nicht auszumachen, wem oder warum sie winkte. Eigentlich fuchtelte sie nur mit den Armen. Es hätte auch sein können, dass sie versuchte, Insekten zu verscheuchen. Aber warum war sie dafür auf das Garagendach geklettert? Er verrenkte den Kopf, so gut es ging, aber der Zug fuhr zu schnell. Das wäre also Japan.

In Jakarta fuhr er mit dem Taxi vom Soekarno-Hatta-Flughafen in die Stadt. Der Verkehr war zähflüssig, und sie schlichen praktisch auf gleicher Höhe mit einem Bus dahin. Der Bus war voller Mädchen in Schuluniformen. Er bemerkte nicht gleich, dass sie ihm zuwinkten. Er winkte höflich zurück und löste damit fast hysterische Reaktionen aus. Die Mädchen aus dem Inneren des Busses verdrängten die, die am Fenster saßen, um auch zu winken. Die Mädchen waren von ansteckender Fröhlichkeit, und so winkte er immer weiter, bis er allen Mädchen im Bus gewinkt hatte. Er hörte sie zwar nicht, aber er sah, dass sie vor Vergnügen kreischten. Sie ermüdeten nicht, und so winkten sie alle weiter, bis der Bus die Spur wechselte und in eine andere Richtung davonfuhr. Er freute sich auf die Stadt, die vor ihm lag. Die Mädchen im Bus hatten etwas ausgelöst. Vielleicht war das ja Indonesien.

Das Taxi, das ihn vom Aeropuerto Internacional Toncontín nach Tegucigalpa brachte, wurde von einem Militärpolizisten aufgehalten. Der Mann trug Ray-Bans, eine sauber gebügelte Uniform und schwere Militärstiefel. Er bewegte sich nicht von der Stelle, fuchtelte nur mit seiner Maschinenpistole und wartete, bis der Taxifahrer ausstieg und zu ihm kam. Durch die Windschutzscheibe sah er ihn sprechen, konnte aber weder hören noch verstehen, was er sagte. Er zappelte beim Sprechen wie eine wild gewordene Gliederpuppe. Der Polizist stand nur da und schaute ihn abschätzig an. Er hatte noch keine Vorstellung von Honduras, aber ein Bild begann sich zu formen, als der Taxifahrer zu ihm kam, um seinen Pass zu verlangen. Er wollte aussteigen und den Pass selbst zu dem Polizisten bringen, aber der Taxifahrer war sehr vehement dagegen. Als er vom Taxi aus sah, dass der Polizist den Pass durchblätterte und dabei verkehrt hielt, bekam er ein bisschen Angst – nur ein kleines bisschen. Dann spuckte der Polizist, als wäre das, was er gerade sah, nur seiner Verachtung würdig. Er blieb nicht sehr lange in Honduras.

Die Taxis, die am Flughafen Moskau-Scheremetjewo warteten, waren keine richtigen Taxis. Zumindest deutete nichts darauf hin, kein Schild, keine Farbe, keine Aufkleber – es waren einfach Autos. Wie er später herausfand, waren in der ganzen Stadt alle Autos Taxis oder keines. Ein solches Taxi hat dann auch keinen Taxameter. So etwas bringt viele Reisende aus der Fassung. Ihm machte das nichts aus. Wenn man auf der ersten Fahrt in eine neue Stadt betrogen worden war, hatte man seine Schuldigkeit getan und würde gewiss von da an gut behandelt werden. Er fragte beim Einsteigen niemals, wie viel es kosten würde, und zahlte beim Aussteigen, was immer von ihm verlangt wurde. Der erste Mensch, den er von einem solchen Taxi aus sah, war ein junger Mann in einer schwarzen Lederjacke. Er schickte sich an, über die Autobahn zu laufen. Die Autos fuhren hier sehr schnell, und der Körperhaltung des Mannes war zu entnehmen, dass er wusste, niemand würde für ihn bremsen. Er sah ihn vor ihrem Auto losrennen und hatte das Gefühl, es sei ein wenig knapp. Ein unterdrückter Schrei entwich ihm und ließ den Fahrer verwundert nach hinten schauen. Das machte alles nur noch schlimmer, und er schloss die Augen. Als er sie wieder öffnete und durch die Heckscheibe schaute, sah er den Jungen sich wild um die eigene Achse drehend weiterlaufen und einen absurden Tanz vollführen. Er war in Russland.

Das Taxi, das ihn vom Pochentong International Airport nach Phnom Penh brachte, wurde auch von einem Polizisten aufgehalten. Er musste an Honduras denken. Ob Kambodscha wie Honduras sein würde? Der Polizist trug auch hier Ray-Bans, kam aber zum Auto und sprach direkt mit ihm und nicht mit dem Taxifahrer. Er wollte Geld. Was sie denn falsch gemacht hätten, wollte er wissen. Der Polizist versuchte es in aberwitzig schlechtem Englisch zu erklären. Es war beim besten Willen nicht zu verstehen. Er versuchte seinerseits dem Polizisten klarzumachen, dass höchstens der Taxifahrer etwas falsch gemacht haben konnte, aber nicht er. Das wiederum wollte der Polizist überhaupt nicht verstehen. Schließlich meinte er, dass er ihm doch wirklich ein Bier zahlen könne, immerhin sei heute chinesisches Neujahr. Einer solchen Argumentation kann sich kein Mensch verschließen, und so wechselten zehn Dollar den Besitzer. Der Polizist zeigte keinerlei Dankbarkeit, ließ sie aber weiterfahren. Schon hatte er Kambodscha in sein Herz geschlossen.

Er bekam ein Hotelzimmer, in dem auf einem Schild stand, dass es verboten sei, Schusswaffen und Prostituierte mitzubringen – in mehreren Sprachen. Wenn die Übersetzungen der anderen Sprachen so waren wie die deutsche und die englische, dann würde einen jedes Gericht der Welt freisprechen, falls man es trotzdem tat. Das Zimmer war noch nicht gemacht, das Bett zerwühlt, und im Fernseher plärrte ein kambodschanisches Video, in dem eine kaum bekleidete Frau singend durch eine sehr grüne Landschaft hüpfte. Er ging ins Bad, um zu pinkeln, und sah, dass der Spiegel mit dicken Lippenstiftbuchstaben verschmiert war – auf Khmer. In diesem Moment betrat das Zimmermädchen das Badezimmer. Als sie las, was da stand, entfuhr ihr ein Schrei, sie spuckte auf den Spiegel und verschmierte das Geschriebene mit Klopapier. Auf seine wiederholten Fragen, was das geheißen habe, brach sie in hysterisches Gelächter aus und fuhr fort, den Lippenstift auf dem Spiegel zu verschmieren. Traurig verließ er das Zimmer. Er hätte zu gern den Sinn dieser Nachricht verstanden.

Draußen spuckte er auf die Straße, ohne dass es ihm bewusst war. In diesem Moment schaltete eine Ampel auf Grün, und Hunderte Mopeds setzten sich in Bewegung. Auf vielen der Mopeds saßen hinten junge Frauen im Damensitz. Sie hatten Khmerschals um oder in ihr Haar gewickelt und schauten offen, aber scheinbar ausdruckslos zu ihm. Er hatte noch nie so elegante Wesen gesehen.

TANZ AUF DEM VULKAN Er verließ das Hotel gegen acht Uhr morgens. Es war ein regnerischer Samstag und nicht viel los auf den Straßen. Der Times Square lag da wie eine ausgepresste Zitrone. Nur wenige Leuchtreklamen zuckten vor sich hin. Ein paar Polizisten sperrten die 38. Straße für eine Parade von Sikhs. Die großen Männer mit den bunten Turbanen demonstrierten mit ihren Familien für einen eigenen Staat im indischen und pakistanischen Punjab mit Namen Khalistan, was so viel heißt wie »Das Land der Reinen«. Sie fuhren dafür auf herausgeputzten Wagen mit martialischen Aufschriften und machten einen Heidenlärm. Das Ganze erinnerte stark an Karneval. Die New Yorker Polizisten schauten dem Treiben gelassen zu. Sie waren in den letzten Jahren immer gelassener geworden. Seit es keine zerbrochenen Fenster mehr gab und die Stadt ihr eigenes Museum geworden war, waren sie eher Museumswärter als Polizisten. Sie passten darauf auf, dass niemand an dem Bild rüttelte, das die Stadt von sich selbst gemacht hatte.

64

NEW YORK
USA
2012

Einige Häuserblocks weiter westlich, im Empfangsraum eines schicken Frühstückslokals, wartete er darauf, einen Tisch zu bekommen. Das Lokal war riesig, hatte bestimmt fünfzig Tische, von denen nur zwei besetzt waren. Die Empfangsdame überlegte gründlich, wo sie ihn hinsetzen sollte. Er schrieb ihr Zögern dem Ansturm von Menschen zu, der in der nächsten halben Stunde zu erwarten war, und fügte sich in sein Schicksal, als sie ihn zum kleinsten Tisch im Raum führte. Er fühlte sich wie der Mann, den er vor ein paar Tagen beim Friseur hatte sitzen sehen: ein großer Schwarzer, viel zu groß für den Friseursessel, der leicht vorgebeugt dasaß, mit dem Gesichtsausdruck eines Schafes, das gerade geschoren wird. Und der Friseur schor ihm tatsächlich den Kopf, die drahtigen dichten Locken segelten zu Boden.

Die Empfangsdame übergab ihn an den Kellner. Bei dessen Anblick befürchtete er, dieser werde ihn auf Französisch ansprechen, da das Lokal einen französischen Namen trug. Er erkundigte sich aber nur nach seinem Befinden. Was dann folgte, war dieses übliche Ritual von Frage und Antwort, bei dem jeder dem anderen auf das Freundlichste versicherte, wie gut es ihm ginge. »How are you today, Sir?« »Fine, thank you and how are you?« »Oh, I am very fine. Thank you for asking.« Dieses »Thank you for asking« erschütterte ihn. Er wusste nicht genau, warum. War es der Tonfall gewesen oder der Inhalt? Er ließ sich also Wasser bringen und wartete auf den Freund, mit dem er verabredet war. Der Freund kam, schaute ihm tief in die Augen und zeigte ihm sofort Fotos seiner kleinen Tochter auf dem iPhone. Er erzählte mit weicher Stimme von ihr. Das kleine Mädchen lachte freundlich und neugierig vom Display des Telefons in die Welt. Sie wirkte sympathisch. Er interessierte sich wenig für Kinder, besonders auf Kinderfotos, und wenn er sie in der Wirklichkeit traf, behandelte er sie wie Erwachsene. Das mochten die Kinder und sie reagierten direkt. Nicht selten wurde er dann sofort von einer Fünfjährigen getreten, damit gleich einmal klargemacht wurde, wer hier an welchen Hydranten pissen würde. Manchmal endete es mit Tränen und damit, dass man sich hinter der Mutter versteckte. Die dann versicherte, dass das gerade eine Phase sei. Er hingegen nahm es persönlich und war sich sicher, dass das kleine Mädchen, das sich da versteckte, ihn nicht leiden konnte. Phase hin oder her.

Er sah die weichen braunen Augen seines Freundes auf sich ruhen und wurde sich bewusst, dass er ihm schon eine Weile nicht zugehört hatte. Der Kellner kam, um sie mit der Speisekarte zu beschenken, und ließ wieder einen Schwall an Freundlichkeiten los. Er hätte ihn gerne geschlagen. Nicht nur geohrfeigt. Er wünschte sich, haltlos auf ihn einzuprügeln. Er sah sich auf ihm knien, ihn an seinem blütenweißen Hemd ein wenig nach oben ziehen und mit der Faust auf ihn einschlagen, bis Blut auf dieses Hemd tropfte. Das Hemd würde dann noch viel blütenweißer wirken, mit dem frischen Blut darauf.

Der Kellner schien durch das kurze Schweigen verunsichert und beteuerte, alles dafür tun zu wollen, dass sein

Frühstück hier zum angenehmsten und wundervollsten Frühstück werde, das er und die Welt je gesehen hätten. Er hätte sich gerne wie Bud Spencer in »Die linke und die rechte Hand des Teufels« benommen und ihm mit der Faust im Gesicht erklärt, dass, wenn er nicht gleich etwas zu essen brächte, es schlimm für ihn enden werde. Stattdessen überhäufte er den Kellner ebenfalls mit Freundlichkeiten, und sein Freund tat es ihm gleich. Die Freundlichkeiten steigerten sich zu einem Fortissimo, und man konnte sich unter Bekundung gegenseitiger Wertschätzung auf Raisin Bran mit frischen Beeren und gebratenem Speck als Beilage sowie einen Croque Madame einigen. Die Bestellung des Kaffees war aufwendiger. Sollte er den Latte mit Sojamilch oder Halbfettmilch bereiten lassen, und wollte er für seinen »Regular« lieber einen dunklen Kaffee aus einer kolumbianischen Rösterei? Sollte es lieber etwas Leichteres vom guatemaltekischen Hochland sein? Er glaubte sogar, das Wort lieblich gehört zu haben, und er fragte sich, ob ein Croque Madame eine neue Form von politischer Korrektheit sei oder ob es tatsächlich diese Abart des Croque Monsieur gab. Auf jeden Fall bekam er einen Toast mit Spiegelei. Er aß ihn schweigend, während sein Freund von dem Computerspiel erzählte, das er gerade entwickelte. Er beschrieb die verschiedenen Ebenen des Spiels. Im Grunde sei es nur eine Weiterentwicklung eines Konzepts, wo man so viele Außerirdische wie möglich abknallte. Er entschuldigte sich fast dafür, dass er an so etwas Dümmlichem arbeitete, meinte aber, dass, hätte man erst einmal ein Kind, sich die ganze Perspektive auf das Leben ändere und man verantwortungsvoller sein müsse. Währenddessen aß er die frischen Beeren und den Speck und schaute ihn mit diesen weichen Augen an.

Als der Kellner schon nach zwei Schlucken den Kaffee nachschenkte – er hatte sich für den kolumbianischen entschieden, zu Ehren aller noch lebenden Drogendealer –, schaute er dankbar auf, während er sich vorstellte, dass alle Außerirdischen, die man abknallen konnte, so aussahen wie der Kellner. Wie leicht er sich in die höchste und schwierigste Ebene hocharbeiten würde, wenn er die Welt nur vor ihnen retten könnte. Der Kellner schaffte es, nicht einmal zu patzen. Nicht einen einzigen Tropfen, der friedlich den äußeren Tassenrand hinab geronnen wäre, brachte er zustande.

Der Freund beschrieb die neue Firma, in der er arbeitete. Das klang spannend. Eine Art Hochsicherheitstrakt musste das sein, inmitten einer Vorstadtgegend, in der es sonst nur Einkaufszentren, Starbucks, Taco Bells und Toys'R'Us gab. Dorthin fuhren er und seine Kollegen tagtäglich zur Arbeit. Für ihn bestand die Arbeit darin, Geschichten rund um Außerirdische zu schreiben und die erzählerische Ebene zu entwerfen, die den Spieler in immer größere Bedrängnis brachte, je weiter er darin fortschritt, die Welt vor Eindringlingen zu retten. Nichts davon dürfe nach außen dringen, denn das Spiel würde in zwei Jahren Schritt für Schritt auf den Markt kommen, und man werde wöchentlich oder monatlich das nächste Level erwerben können. So wie früher bei den Groschenromanen.

Er stellte sich die Spieler als Sikhs vor: mit leuchtend gelben Turbanen. Er hatte heute Morgen auf einem ihrer Kampfwagen gelesen, dass man das Schwert sprechen lassen müsse, wenn die Vernunft versagt. Die Außerirdischen waren Kellner, in blütenweißen Hemden, Gilets, mit Kontaktlinsen und farblos lackierten Fingernägeln. Am Ende des schwierigsten Levels retteten die Sikhs die Tochter seines Freundes vom Planeten der Kellner und standen mit wehenden langen Haaren (ihre Turbane hatten sich im Endkampf gelöst) auf einem Vulkan, schwangen ihre Schwerter und tanzten, während die Kellner in der Lava schmorten.

Der Kellner fragte, ob alles recht sei bei ihnen. Ob sie eine gute Zeit hätten. Der Freund nickte und fuhr fort mit seinen Betrachtungen über das Leben. Er meinte, dass der Weg, den er eingeschlagen habe, einer sei, den er nie für möglich gehalten habe, aber dass das Leben eben geschehe, während man damit beschäftigt sei, andere Pläne zu machen.

Er ging den ganzen Tag durch die Stadt und landete in Brooklyn, wo er in einem kleinen Lokal Austern aß und österreichischen Wein trank. Der schwere Holzboden schien absichtlich uneben zu sein, und die Kellner hatten wohl gerade einen Crashkurs in schlampiger westlicher Dekadenz gemacht. Sie waren mit Absicht weniger freundlich, verkrampften sich aber dabei. Es lag ihnen einfach nicht.

Eine Woche später fuhr er mit einem Bus durch eine andere Vorstadt. Es war ein trüber Tag, und die Schwarzen, die im Bus saßen, schauten teilnahmslos aus den Fenstern. Die bunten Anzüge ihrer Vorfahren hingen wohl traurig und abgetragen in den Kästen der Großväter. Die breiten Krägen der Rüschenhemden waren speckig und abgestoßen. Man hatte ihnen einen Platz in der Welt zugewiesen mit einer Sprache, die sie an ihre afrikanische Herkunft erinnerte, die ihnen aber auch klarmachte, dass sie weder dorthin noch hierhin gehörten – mit einer Freundlichkeit, die den Hass der Vergangenheit wie Zuckerwatte schmecken ließ. Jeder hatte in diesem Land auf das Freundlichste seinen Platz zugewiesen bekommen.

WIEN
ÖSTERREICH
2010

65

DIE NEUTRONENBOMBE Es war mitten in der Nacht, und die Stadt war leer, wie nur europäische Städte leer sein können. Er kam zu einem Fußgängerübergang, wo ihm gegenüber ein Mann darauf wartete, dass die Ampel auf Grün sprang. Weit und breit war kein Auto zu sehen, auch kein Bus, keine Straßenbahn, kein Fahrrad. Er fragte sich, ob er angesichts einer solch heroischen Ausübung der Bürgerpflicht Ehrfurcht empfinden oder dem Mann erklären sollte, wie dumm es sei, nur wegen eines roten Lichtleins an einer vollkommen leeren Straße zu warten. Nun gut, es war eine breite Straße, fast ein Boulevard. Wer weiß, was alles auf dem Weg von der einen auf die andere Seite geschehen könnte, besonders, wenn man das Schicksal durch eine Gesetzesübertretung herausforderte. Ein betrunkener Zuhälter könnte mit seinem Ferrari heranbrausen, die Ampel könnte polizeiüberwacht sein, und wer will schon um drei Uhr morgens ein Strafmandat riskieren; er könnte umknicken und sich den Fuß verstauchen, und dann würde die Versicherung nicht bezahlen, weil es im Verlauf einer illegalen Handlung geschehen war; schließlich könnte er von einem Meteoriten erschlagen werden, weil er das Schicksal eben herausgefordert hatte.

Er entschied sich dafür, auch stehen zu bleiben, um zu überprüfen, wie sich das anfühlte. So stand er da und wartete, Aug in Aug mit dem Mann auf der anderen Straßenseite. Sonst war nichts und niemand zu sehen. Man hätte sich eigentlich fröhlich zuwinken oder aufmunternde Worte über diesen Akt der Aufrechterhaltung von Ordnung zurufen können. Aber natürlich tat man so, als wäre man gar nicht da. Was bis zu einem gewissen Grad stimmte. Es hat schon etwas Peinliches, nicht einfach über die Straße zu gehen, wenn nichts kommt und einem dabei keiner zusieht. Man konnte natürlich der Meinung sein, man sei ein Fels in der Brandung gegen Anarchie und Chaos. Denn wo kämen wir denn hin, wenn jeder bei Rot über die Straße ginge? Man könnte antworten: »Auf die andere Straßenseite.« Aber so billig wollen wir nicht werden. Als er so dastand und die Größe des Augenblicks in sich aufnahm, bemerkte er, dass sich die Rotphase besonders lang anfühlte. Es gab ja, wie gesagt, keinerlei Verkehr, und auch die Tierwelt schien sich verabschiedet zu haben. Außer ein bisschen Vogelgezwitscher war da nichts, kein verirrtes Reh, kein streunender Hund, nicht einmal eine geschäftige Ratte – nichts. Und so dehnte sich die Zeit. Er beschloss, öfter nachts an roten Ampeln stehen zu bleiben, dann käme ihm sein Leben vielleicht länger vor. Allerdings würde er sich wahrscheinlich bald wünschen, früher zu sterben, denn der Unterhaltungsfaktor war gering.

Inzwischen fragte er sich, ob die Ampel kaputt war. Derlei Dinge kamen vor, man konnte es an gestressten Autofahrern beobachten. Sie betätigten ungeduldig ihr Gaspedal, als wären sie am Start eines alles entscheidenden Autorennens, und trauten sich dann doch nicht loszufahren. Erst wenn sie merkten, dass rechts und links ähnliche Ungeduld am Überkochen war, wagten sie es. Aber wie würde es ihm und seinem Gegenüber ergehen? Wie lange würden sie hier stehen bleiben? Wie lange würden sie das Gesetz in so vorbildlicher Weise erfüllen? Wie lange würden sie brauchen, um einzusehen, dass das hier sinnlos war?

Dann geschahen zwei Dinge. Erstens raste ein überbesetzter Golf GTI mit offensichtlich betrunkenen Insassen so um die Kurve, dass der Wagen ins Schleudern geriet und sich nur mit Mühe auf der Fahrbahn halten konnte. Zweitens sprang die Ampel auf Grün. Als sie losgingen, hörten sie die Betrunkenen in der Ferne singen. Mitten auf dem Zebrastreifen schaute er aus dem Augenwinkel in Richtung des Mannes, der da aufrecht auf die andere Seite ging. Er glaubte, ein affirmatives Lächeln über sein Gesicht huschen zu sehen. Ja, er sah sich bestätigt. Sie hatten gemeinsam einer Brandung des Bösen widerstanden, sie hatten im Angesicht der Versuchung der Anarchie getrotzt und schritten jetzt, jeder für sich, nach Hause. Nach Hause, wo dann wieder andere Gesetze herrschten, nämlich die eigenen. Er fragte sich, nach welchen Gesetzen wohl die Familie dieses Mannes lebte. Er verspürte den Impuls umzukehren. Plötzlich wollte er alles über den Mann wissen, wollte ihn bekehren, wollte ihn überzeugen, beim nächsten Mal einfach ohne zu zögern die Straße zu überqueren, wollte mit ihm gemeinsam dessen Wohnung in Unordnung bringen, wollte mit ihm ...

Er schämte sich für seine Anmaßung. Was wusste er schon. Vielleicht war der Mann nur traurig gewesen und wollte nicht zu schnell nach Hause. Und die Ampel diente als Vorwand innezuhalten. Oder vielleicht war er nur seinetwegen stehen geblieben? Er war sich nun nicht mehr sicher, ob er zuerst stehen geblieben war oder der Mann. Irgendwie hatte das lange Stehen an der Ampel sein Gedächtnis umwölkt. Er konnte sich an den Mann schon kaum mehr erinnern. Was hatte er angehabt? Hose und Hemd? Oder doch einen Pullover? Trug er eine Tasche? Wäre er von der Polizei verhört worden, er hätte nicht einmal sagen können, welche Haarfarbe der Mann hatte, oder wie groß er gewesen war. Er drehte sich um, sah aber niemanden mehr. Er war jetzt ganz allein auf der Welt. Wahrscheinlich war die Neutronenbombe gefallen, und niemand hatte es ihm gesagt.

Er stellte sich also vor, wie er und der Mann, den er nicht mehr beschreiben konnte, an besagter roter Ampel standen, nachdem die Neutronenbombe gefallen war. Sie warteten darauf, dass es Grün wurde. Sie könnten dann beide darüber nachdenken, warum gerade sie beide überlebt hatten und wo sie jetzt hingehen wollten.

Er ging durch die ausgestorbene Stadt nach Hause und bemerkte, dass er seine Schlüssel vergessen hatte. Seine Frau war im Haus auf dem Land, und die Putzfrau konnte er um diese Zeit nicht anrufen. Es blieb ihm nichts anderes übrig, als in der eigenen Stadt ins Hotel zu gehen. Das nächste hieß *Hotel Mozart*. Das ist so gut wie jedes andere, dachte er. Die Tür war verschlossen, also betätigte er die Nachtglocke. Er wartete und wartete und war schon sicher, dass niemand kommen würde, dass sein Traum von der Neutronenbombe wahr geworden war, als ein verschlafener Concierge durch die Lobby geschlurft kam. Der Concierge war unwillig, ihm ein Zimmer zu geben, weil er nicht verstand, warum er eines wollte. Da wusste er, dass alles in Ordnung, dass er zu Hause in Wien war. Er nahm den nicht gut gemeinten Rat, bis in der Früh am Donaukanal spazieren zu gehen, einfach nicht an und lag zehn Minuten später in einem einfachen Bett. Er drehte den Fernseher auf. Das Schicksal meinte es gut, denn er erwischte sofort eines dieser Programme, die nichts anderes zeigen als den Blick aus dem Führerhaus einer Lokomotive – stundenlang. Diese hier fuhr gerade durch Südtirol in Richtung Süden. Er schaute und schaute und schaute, aber nirgendwo waren Menschen zu sehen. Als der Zug durch einen schier endlosen Tunnel fuhr, schlief er ein. Ohne den Concierge wäre er nun ganz sicher gewesen, dass er allein auf der Welt war. Er versuchte, sich noch im letzten Moment, bevor der Schlaf ihn übermannte, vorzustellen, was der Mann, der mit ihm an der Ampel gestanden hatte, jetzt gerade tat, aber selbst seinem Unterbewusstsein fiel dazu nichts ein.

DREI KLEIDER Er hatte Zeit und räumte ausnahmsweise sein Hotelzimmer auf. Im Bad schaute er dabei kurz in den Spiegel, und wie bei den meisten Menschen seines Alters entsprach der Anblick nicht der Vorstellung von sich selbst. Das Läuten seines Telefons erlöste ihn von Gedanken, die er gleich gehabt hätte, und er ging zurück ins Zimmer. Als er abheben wollte, erlosch das Display. Der Akku war leer. Das passierte ihm häufig, und zu Hause hatte er zwar eine Schachtel voller Ladegeräte, aber wieder keines dabei. Er sah die Steckdose des Hotelzimmers vor sich, wo er das letzte vergessen hatte. Früher wäre er zur Rezeption gegangen, wo es auch eine Schachtel mit Ladegeräten gegeben hätte, zum Aussuchen. Dieses Hotel aber hatte keine Rezeption mehr. Das Personal, das die Zimmer putzte, war unsichtbar. Buchen konnte man nur online. Der Zimmerschlüssel wurde einem aufs Handy übermittelt, alles andere erledigte man über den Fernseher an der Wand. Er spielte mit dem Gedanken, online ein Ladegerät zu bestellen (es wäre vermutlich innerhalb einer Stunde geliefert worden), entschied sich aber dann für einen Spaziergang durch das Shoppingcenter. Sein Zimmer lag im 61. Stock, er brauchte nur nach unten zu fahren, um alles Mögliche einzukaufen. Im Lift fiel ihm ein, dass er keinen Schlüssel für sein Zimmer mehr hätte, wenn es ihm nicht gelänge, sein Handy aufzuladen.

66

IRGENDWO
DIE WELT
2017

Er hatte einen guten Orientierungssinn und kannte sich nach wenigen Stunden in jeder neuen Stadt leidlich aus, obwohl er nie Pläne oder elektronische Hilfsmittel benutzte. Er merkte sich einfach einige markante Punkte wie Straßenschilder, Aufschriften oder die Farbe von Häusern. In Einkaufszentren dagegen war er innerhalb von Minuten verloren. Er dachte darüber nach, warum das so war, und achtete dabei gar nicht mehr darauf, wo er sich gerade befand. Zwei Schwierigkeiten bei der Orientierung stachen heraus: Die Rolltreppen gingen nie an derselben Seite eines Raumes hinauf und hinunter (damit man an möglichst vielen Geschäften vorbeikam), und die Geschäfte hatten die

Tendenz, immer wiederzukehren. Egal, welche Richtung man einschlug, immer wieder passierte man Filialen von *Zara*, *H&M* und von *Vapiano*-Restaurants. Dieselben oder die gleichen? Er stieß auf einen Smart-Phone-Laden, kaufte ein Ladegerät und wollte zurück zum Hotellift, fand ihn aber nicht mehr. Er blieb stehen, sah sich ratlos um und merkte, wie müde und hungrig er war.

An einem Asian-Fusion-Cooking-Restaurant prangten große, bunte Bilder, die frische Krebse, Fische und Shrimps versprachen. Er bestellte Nudelsuppe mit Tempura und Meeresfrüchten und fermentierten Tee mit Mangogeschmack. Sein Tisch stand vor dem Lokal, mit Blick auf die Rolltreppen und einen künstlichen Joshua Tree, der über drei Stockwerke in einen ebenso künstlichen Himmel zu wachsen vorgab. Wahrscheinlich standen im Stockwerk über ihm lustige Leute, die Gesichter schnitten. Er wagte nicht, nach oben zu schauen.

Den Tisch hatte er gewählt, weil er daneben eine Steckdose bemerkt hatte. Er begann umgehend, sein Handy aufzuladen. Eine junge Frau setzte sich zu ihm, ohne zu fragen. Sie trug ein luftiges Sommerkleid mit einem Schneckenmuster auf grünem Grund und eine Sonnenbrille. Das war nichts Besonderes, dieser Tage trug fast jeder solche Brillen. Seine hatte er im Flugzeug liegen lassen. Dank dieser Brille wusste sie seinen Namen. Offenbar besaß sie das neueste Modell, und er wollte gar nicht wissen, was die Brille sonst noch alles über ihn »erzählt« hatte. Er sah, dass das Preisschild noch an ihrem Kleid hing. Er fragte sie nach ihrem Namen, und sie sagte, dass sie Agnieszka hieße. Warum er das denn nicht wüsste? Sie war schön auf eine beunruhigende Art, als wären alle Ecken und Kanten an ihr begradigt worden, aber man konnte keine der üblichen Spuren von Schönheitsoperationen erkennen. Sie überreichte ihm eine Art Speisekarte, auf der verzeichnet war, für welche Kleidungsstücke, Kosmetika oder Schmuckstücke sie welche sexuellen Leistungen erbringen würde. Sie kommentierte die Speisekarte nicht weiter, auch er sagte nichts dazu. Sie unterhielten sich, als wäre nichts geschehen. Er erzählte von seinem Flug, während er seine Suppe schlürfte, und sie beschrieb ihm neue Kleider, die es bei *Chanel* gab. Dazwischen läutete sein ins Leben zurückgekehrtes Handy an die zwanzig Mal und piepste bei ankommenden Textnachrichten. Er schielte auf das Display und las eine der Nachrichten: »Bist du tot?« Da schaltete er auf lautlos.

Nach dem Essen kaufte er Agnieszka ein neues Kleid mit Margeriten darauf. Die Blumen waren zugleich Muster und Grund. Er wollte keinen Sex dafür. Es war nicht zu erkennen, ob Agnieszka sich darüber freute. Er freute sich, da es ihr wesentlich besser stand als das Schneckenkleid. Gleich nach der Kassa nickte sie ihm freundlich zu und ging ihrer Wege. Als das Handy in seiner Hosentasche vibrierte, bemerkte er, dass er das Ladegerät wieder vergessen hatte, in der Steckdose vor dem Lokal. Er fand zwar ein Lokal gleichen Namens, war aber nicht sicher, ob es dasselbe war. Das Ladegerät war nicht mehr da, und die Kellnerin, von der er auch nicht hätte sagen können, ob sie dieselbe war, konnte sich nicht an ihn erinnern. Das Handy vibrierte wieder, und er sah, dass er 64 neue Nachrichten von jemandem hatte, den er gebeten hatte, ihn nicht mehr zu kontaktieren. Solche Bitten drangen in diesen Tagen zu niemandem mehr durch.

Er nahm die SIM-Karte aus dem Telefon und entsorgte Gerät und Karte in verschiedenen Abfalleimern. Erst als er in einem möglicherweise falschen Gebäude mit dem Lift hochfuhr, schoss ihm ein, dass er nun nicht mehr in sein Zimmer konnte. Er fuhr wieder nach unten und begann, die Mülleimer zu durchwühlen. Dabei entdeckte er etliche Kleider, darunter das mit den Schnecken und das mit den Margeriten. Er fand auch sein Telefon, doch die SIM-Karte blieb verschwunden. Mittlerweile schien ihm, dass sich, seit er die Mistkübel durchsuchte, die Überwachungskameras nach ihm umdrehten, also kaufte er eine neue SIM-Karte (möglicherweise dort, wo er zuvor das Ladegerät gekauft hatte) und ein weiteres Ladegerät. Er hoffte, dass der Zimmercode auf dem Telefon gespeichert war und nicht auf der

Karte. Sonst müsste er ihn neu herunterladen, aber wahrscheinlich war auch das kein Problem.

Das Problem war, das Hotel wiederzufinden. Er dachte, die Lösung wäre, das Gebäude zu verlassen und sich draußen zu orientieren. Auf dem Weg von einer Rolltreppe zur nächsten kam ihm Agnieszka entgegen. Sie trug ein hellblaues Kleid mit einem weißen Quallenmuster. Im Vorbeigehen schob sie ihm lächelnd eine der digitalen Sonnenbrillen auf den Kopf und ging wortlos weiter.

Er fand den Ausgang nicht und landete in einer Tiefgarage, die durch eine doppelte Schiebetür vom Lift getrennt war. Im Zwischenraum lag ein Köter und schlief. Er schaute den Hund durch seine neue Brille an und wurde informiert, dass es sich um einen illegalen Hund ohne Namen handelte. Der Hund hob den Kopf, durch die Bewegung bewegten sich die Türen auf und zu. Sie schauten einander an.

Er wollte schon zum Lift zurückgehen, als der Hund bellte, aufstand und in die Garage lief. Er ging ihm nach. Der Hund drehte sich immer wieder nach ihm um. Sie kamen zu einem Notausgang. Er öffnete die Tür, und sie betraten einen perfekt schönen Sandstrand. Der Himmel über dem Meer war hellblau, und das Meer strahlte. Hunderte tote Quallen waren angeschwemmt worden, weiß, durchsichtig und phosphoreszierend.

Der Hund legte sich hin, ließ den Kopf auf den Sand sinken, streckte die Beine nach vorn und schaute zum Himmel.

Er schaute auf das blaue Wasser und die Quallen am Strand und war sich mit einem Mal sicher, dass das Meer leer war. Hellblau und leer.

GRAZ
ÖSTERREICH
1968

67

HOTEL GOTT In seiner Zeit als Ministrant kannte er keine Hotelzimmer. Er stand sehr früh auf, um noch vor der Schule im Dom zu ministrieren. Er hatte diesen Frühdienst oft, wie alle, die neu waren. Das machte ihm nichts aus, er genoss es sogar. Wenn der Wecker um fünf läutete, war es meistens noch finster, und wenn er durch den Stadtpark ging, dämmerte es gerade. Die Schwäne begrüßten schreiend und schimpfend den neuen Tag, während sich ein paar Nachtschwärmer wunderten, dass es schon wieder hell wurde. Die Kirche selbst war kühl bis kalt, und er liebte es, den feierlichen roten Stoff über Hose, Hemd und Pullover zu tragen, während die Stadt noch schlief.

Wenn sie dann zu dritt – der Priester, ein Mitschüler und er – vor den Altar traten, war das erhaben und erbärmlich zugleich. Nur sehr wenige Leute besuchten den Frühgottesdienst, alles traurige, von Bigotterie geplagte Wesen. Er spürte eine schwere Last im düsteren Kirchenschiff, weniger von den Jahrhunderten voller Sünden, Hilferufen und tiefem Glauben geprägt als von der profunden Einsamkeit und Schlaflosigkeit einer Handvoll Frauen über fünfzig. Kaum ein Mann suchte sein Heil in dieser morgendlichen Zeremonie. Er selbst ließ sich von der tristen Stimmung in den spärlich besetzten Reihen nicht anstecken, sondern betrat so würdevoll wie möglich die Bühne unter dem Altar. Dem kleinen Ministranten war wohl bewusst, dass diese Bühne nicht die seine war – er war nur der Diener eines Dieners des Herrn. Und so läutete er die Handglocke, wenn die Handglocke geläutet werden musste, betete laut, wenn laut gebetet werden musste, und übte sich in einer erlernten, kaum empfundenen inneren Einkehr, wenn diese gefragt war.

Wenn der Priester seine Predigt hielt und Ermahnungen in den heiligen Raum hinausschleuderte, schaute er, hinter dem Priester am Altar kniend, aus den Augenwinkeln in die Gesichter der morgendlichen Stammkundinnen des Herrn. Er konnte keinerlei Regung erkennen, außer gelegentlich ein Zucken um die Augen, wenn der Priester theatralisch in die

Hände klatschte, um seinen Worten Nachdruck zu verleihen. Da sah er manchmal etwas aufblitzen in diesen Gesichtern, aber er konnte es nicht einordnen. Warum waren sie gekommen, die Schäflein? Wegen der Sünden? Wegen der Erlösung? Wegen des Priesters, der Stärke und Festigkeit ausstrahlte? Oder weil es hier um einen Deut weniger einsam war als zu Hause, mit einem gleichgültig gewordenen Mann oder in der leeren Witwenwohnung? Das hätte er sich fragen können, aber für solche Gedanken war er zu jung. Er nahm noch alles, wie es schien. Eine Gläubige war eine Gläubige war eine Gläubige. Und Gott war Gott.

Und doch fragte er sich manchmal, warum Gott bereit war, wegen dieser paar Frauen so früh aufzustehen. Gut, Gott war hier zu Hause und hatte es daher nicht weit, aber es gab viele Gotteshäuser, viele Morgenmessen und viele einsame, gläubige Herzen. War Gott immer bei allen? War Gott einer, der viel reiste? War jede Kirche Teil einer Hotelkette des katholischen Glaubens? Alle Kirchen hatten die gleiche Grundausstattung, aber in Form, Größe und Pracht wiesen sie erhebliche Unterschiede auf. Er fragte sich, wie viele Sterne dieser Dom, in dem er als Bellboy des Herrn seinen Dienst tat, wohl hatte und ob Gott eine Art Inspektor dieser Hotelkette war, der unerkannt und in Verkleidung von Zeit zu Zeit auftauchte, um nach dem Rechten zu sehen. Vielleicht war Gott eine der Frauen, die das Liederbuch aufschlugen, um gemäß den Steckbuchstaben an der Tafel links neben dem Altar das Lied des Tages anzustimmen. Vielleicht war Gott die, die am lautesten und falschesten sang. Aber dann müsste er als Ministrant an diese Frau glauben, und das war ein bisschen weit hergeholt. Das war es, woran er dachte, wenn er da kniete mit seiner Handglocke in der Hand.

Da sein Glaube solcherart ins Wanken kam, vergaß er zu läuten und bemerkte sein Vergehen erst, als ihm der Kollege auf der anderen Seite des Altars Gesichter schnitt. Die waren durchaus lustig, und so läutete er zu heftig und wurde gleichzeitig von einem Lachkrampf geschüttelt, der kein Ende nehmen wollte. Es war unbeherrschbar wie eine

Niesattacke. Je mehr er das Lachen zu unterdrücken versuchte, desto heftiger prustete es aus ihm heraus, und je verzweifelter sich sein Gegenüber bemühte, ein normales Gesicht zu machen, desto lustiger sah es aus. Der Pfarrer klatschte laut in die Hände und warf ihm einen strafenden Blick zu, bevor er den Kelch mit dem Wein gen Himmel hob.

Es folgte eine Predigt im Umkleideraum. Beide Ministranten wurden mit großer Strenge für ihr Verhalten gescholten. Sie durften sich nicht umziehen, sondern mussten zurück in die Kirche, vor dem Herrn niederknien und fünf Vaterunser und drei Ave Maria als Buße beten. Er betete und betete, und je länger er das tat, desto weniger Sinn ergaben die Worte in seinem Kopf. Er hörte sie zwar aus seinem Mund kommen, aber sie hatten keine Bedeutung mehr. Er spürte nicht mehr, was »Vater« heißen könnte, auch »Himmel« rückte in weite Ferne. Er drehte sogar die Augen zur Decke, um irgendeine Verbindung herzustellen, aber beim dritten Vaterunser entglitten ihm die Worte völlig. Es war, als lallte er nur sinnlose Silben vor sich hin. Das war seltsam, denn während der Strafpredigt hatte er sich vorgenommen, die Bußgebete als Aufgabe zur Stärkung seines Glaubens anzunehmen.

Als er bei den Ave Marias angelangt war, rutschte er bei »gebenedeit« gänzlich aus. Er hatte dieses Wort schon bisher nie richtig verstanden, und nun wiederholte er den Satz »Du bist gebenedeit unter den Weibern«, als wäre eine Platte in seinem Kopf hängengeblieben.

Als er wieder draußen in der Welt war, suchte er überall nach gebenedeiten Weibern, sah aber nur Leute, die mehr oder weniger zielstrebig auf dem Weg zu einem unbekannten Ziel waren. Plötzlich war er sicher, dass sie alle in Gottes Hotel wollten. Das wollte auch er, und so folgte er ihnen. Als sie dort ankamen, wurde er neuerlich streng gescholten, bekam eine Eselsmütze aufgesetzt, musste sich in einen Winkel stellen und über seine Verfehlungen nachdenken. Er dachte und dachte und konnte sich an nichts mehr erinnern. Das Hotel schien so voll zu sein, dass er daran zweifelte, je ein Zimmer zu bekommen. So schlich er sich aus dem Gebäude und querte die Straße. Auf der anderen Seite gab es noch ein Hotel, das war voller kleiner Esel, wie er selbst einer war. Ein Eselsmädchen mit großen, flauschigen Ohren rieb sich an ihm und stupste ihn mit der Nase. Als er sich umdrehte, biss sie ihn spielerisch in den Rücken. Plötzlich hatten die Worte des Herrn wieder Sinn. »Herr, ich bin nicht würdig, dass du eingehst unter mein Dach, aber sprich nur ein Wort, so wird meine Seele gesund.« »I-ah, I-ah, I-ah«, tönte es durch die Lobby.

Als er später sein Esel-Hotelzimmer bekam, schaute er hinüber auf die andere Straßenseite. Das Hotel dort war schon so voll, dass die Menschen aus den Fenstern in den Tod sprangen. Sie schauten seltsam glücklich aus dabei. Vielleicht deshalb, weil sie lauter Esel sahen, die zu ihnen herüberschauten.

GOLD Die Wände in diesem Hotel mussten besonders dünn sein. Er erwachte von einem Gespräch im Nebenzimmer. Es war kein Streit, kein Geschrei, nichts, was seinen Schlaf normalerweise gestört hätte. Er schlief auch in großen Städten bei offenem Fenster, der Verkehrslärm lullte ihn eher ein, als dass er ihn störte. Auch hier hatte er das Fenster in der Nacht offen gelassen und hörte die Brandung über den Strand rauschen. Und trotzdem hörte er die Stimmen. Er versicherte sich, dass er wach war, indem er zum Fenster ging und auf das Meer schaute. Dann legte er sich wieder ins Bett. Wieder hörte er das Gespräch. Ein Mann und eine Frau unterhielten sich in einer Sprache, die Holländisch, Luxemburgisch oder Schweizerdeutsch hätte sein können. Etwas, was man als Deutschsprechender zu verstehen glaubt, aber eben nicht versteht.

GIJON
SPANIEN
2011

68

Die Wand zwischen ihm und den Nachbarn musste also sehr dünn sein, und er stellte sich vor, wie sich die Zimmer, die Menschen und ihre Gespräche aneinanderreihten wie bei einem »Cadavre Exquis«, das gerade aufgefaltet wurde. Er sah sich und das Paar auf der anderen Seite der Wand Rücken an Rücken sitzen. Sie sagte irgendetwas, in dem das Wort »Gold« vorkam. Er erinnerte sich, dass eine Frau einmal zu ihm gesagt hatte, er solle ihr sein Gold geben. Sie hatte sein Sperma gemeint. Er stellte sich dann vor, dass flüssiges Metall aus seinem Schwanz quoll und, wie beim Bleigießen zu Sylvester, Formen bildete, die etwas über die Zukunft aussagten. Als er später sein Sperma über ihr Gesicht rinnen sah, glich es einem goldenen Salamander. Was sprachen die Zimmernachbarn über Gold? Gold war zurzeit wertvoll, und die Menschen lebten in der vagen Angst, dass in Zukunft alles an Wert verlieren oder sich sogar ganz in Luft auflösen würde. Dass man den Tauschhandel wieder einführen müsste. Wenn Leute darüber sprachen, glaubte er in ihren Stimmen außer der ängstlichen Ungewissheit auch Sehnsucht zu hören. Wenn die Schranken der Sicherheit erst einmal gefallen sind, dann kommt etwas Neues, etwas, das einen in Schluchten wirft, von denen man bis dahin noch nichts geahnt hatte. Er, der solche Momente beinahe herbeisehnte, hatte wahrscheinlich gerade deshalb besonders Angst davor.

Aufrecht sitzend schlief er wieder ein und erwachte, als bereits die Sonne schien. Er stand auf, duschte, putzte die Zähne, ließ spanisches Frühstücksfernsehen laufen, suchte frische Kleidung und beantwortete drei E-Mails. Als er die Tür zum Gang öffnete, schaute er nach links zu den Nachbarn, aber da kam niemand gerade zufällig heraus. Während er auf den Lift wartete, erschien ein Paar aus der richtigen Richtung. Er grüßte, doch sie nickten nur, ohne dass er ihnen ein Wort hätte entlocken können. Erst einmal im Aufzug ist das besonders schwer, vor allem in der Früh. Da fühlen sich alle noch mehr von der Enge bedroht, schauen aneinander vorbei und bemühen sich zu verschwinden. Er versuchte ein freundliches Lächeln und fragte auf Englisch, ob sie wüssten, wo der Frühstücksraum sei. Die Antwort war knapp und eindeutig von italienischem Akzent gefärbt. Italienischer und französischer Akzent sind fast nie zu verleugnen. Diese beiden Nationen waren zu stolz auf ihre Sprache, als dass sie einer anderen erlaubt hätten, in ihren Köpfen und Mündern überhand zu nehmen. Auf Italienisch heißt Gold »oro«, also schieden sie aus.

Den ganzen Tag über sah er Paare, die jenes aus seinem Nebenzimmer hätten sein können. Und da zu dieser Zeit viele Ausländer in der Stadt waren, suchte er unauffällig ihre Nähe, um das eine oder andere Wort aufzuschnappen. Asiaten, Afrikaner oder Südamerikaner ließ er aus. Er hörte viele Gesprächsfetzen und erntete verwunderte Blicke, wenn er auf der Strandpromenade zu lange und zu nah neben den Leuten herging. Ein kleiner Hund, den er übersehen hatte, biss ihn fast in die Wade. Die Besitzerin beschimpfte ihn anstelle des Tieres und scheuchte ihn weg, als wäre er seinerseits irgendein Köter. Er protestierte nicht, fühlte sich im Gegenteil schuldig, weil er eine Nähe gesucht hatte, die ihm nicht zustand.

Und er sah den ganzen Tag goldene Dinge, sogar einen goldenen Mercedes. Er hatte, soweit er sich erinnern konnte, noch nie einen goldenen Mercedes gesehen, außer vielleicht in einem Donald-Duck-Heftchen, wenn Klaas Klever Onkel Dagobert ärgern wollte. Er sah Pfandhäuser, in deren Auslagen goldene Kettchen auf Interessenten warteten, er sah große Plakate, auf denen gestapelte Goldbarren zum An- und Verkauf einluden, er sah Teenager mit goldenen Miniröcken, die nach der Disco vom Vorabend noch nicht nach Hause gegangen waren und am Strand kicherten. Als er halluzinierte, das Bondgirl aus »Goldfinger« schwämme in der heftigen Brandung, kam er sich albern vor und bemühte sich, an etwas anderes zu denken. Aber das funktioniert bekanntlich genauso schlecht, wie krampfhaft zu versuchen, sich an etwas zu erinnern.

Das Lokal, in das er allein zum Abendessen ging, war zum Brechen voll. Er fühlte sich unwohl unter den Blicken des Wirtes, der den Tisch lieber einer größeren Gruppe gegeben hätte. Doch erlöste ihn ein Paar, das sich freundlich lächelnd zu ihm setzte. Er wusste sofort, dass das seine goldenen Nachbarn waren. Es konnte nicht anders sein. Er gab vor, weiter in seinem Buch zu lesen, belauschte aber ihr Gespräch, von dem er lediglich verstand, dass sie sehr glücklich miteinander waren. Das war ihnen anzusehen. Nachher verfolgte er sie in angemessenem Abstand. Sie gingen tatsächlich zum gleichen Hotel und fuhren mit ihm im Lift hoch. Und da abends die Menschen gelöster sind, lachte man über den Zufall und noch einmal darüber, dass man Tür an Tür wohnte.

Später hörte er, wie sie Sex miteinander hatten. Er stellte sich vor, wie der Mann sie mit seinem Gold auffüllte. Er stellte sich vor, wie er am nächsten Morgen aufwachte und eine kalte goldene Frau neben sich fände. Entsetzt würde der Mann über das Metall streichen, aber mit der Zeit doch Gefallen an der neuen Glätte und der Perfektion finden.

Diese Szene lief auch am nächsten Morgen vor seinem inneren Auge ab, als er im eiskalten Meer stand und sich von der Brandung umwerfen ließ. Die rot-gelbe Morgensonne brach sich in der Gischt, und er blieb viel zu lange, gefesselt von der Schönheit des Ozeans. Zitternd rannte er über den langen Sandstrand zurück zu der hohen Mauer, hinter der die Stadt aufragte. Dort zogen sich gerade fünfzehn ältere Damen um. Alle waren dick, hatten bleiche Beine und trugen knallbunte Badekappen. Sie lachten und liefen auf das Wasser zu, um sich, wie er es gerade getan hatte, von der Brandung mitreißen zu lassen.

Ihm würde wohl lange nicht mehr so warm werden wie beim Anblick dieser fröhlichen Nixen an jenem goldenen Morgen.

BELGRAD
SERBIEN
2012

69

AUF FLÜGELN DURCH DIE NACHT In Serbien ist man dazu angehalten, viel Fleisch zu essen und viel Schnaps zu trinken. Beides schmeckt hervorragend. Das Fleisch wird meist in Haufen serviert, und der Schnaps heißt in der Übersetzung »gelbe Wespe« oder »Stich der gelben Wespe« und wird aus Zwetschgen gebrannt. Er liebte diese Mischung aus Essen und Wespen und suhlte sich darin wie ein Schwein im Dreck. Als er mit neu gewonnenen Freunden ein Lokal in der Belgrader Innenstadt verließ, war die Welt wieder einmal besonders schön, so schön, wie sie beim Betreten des Lokals noch nicht gewesen war. Die Straßenlaternen beleuchteten die nächtliche Welt in einem milden Grün, die Menschen, die er durch die Scheiben der umliegenden Gasthäuser sah, tanzten, wie es schien, glücklich und versonnen, und die Gebäude entlang der Hauptstraße wirkten in ihrer verfallenen Arroganz vertraut und fremd zugleich.

Zu Hause hätte ihm nun ein wohlmeinender Freund die Hand auf die Schulter gelegt und ihn mit sanfter Stimme gebeten, nicht mehr zu fahren. Argumenten wie: Er könne am besten Auto fahren, wenn er betrunken sei, wäre dieser Freund streng begegnet und hätte ihm die Autoschlüssel weggenommen, um ihn vor Strafe, Unfall, Gefängnis oder vor allen dreien zu bewahren. Hier war es umgekehrt. Er forderte von seiner serbischen Begleiterin die Schlüssel ihres Autos, die sie ihm widerspruchslos gab. Sie verstand, dass es sein musste. Jetzt und hier.

Das Auto war alt und das Getriebe wacklig. Um zu schalten, musste man lange auf der Kupplung bleiben und mit dem Schaltknüppel leicht rührend die Gänge suchen. Stoßdämpfer gab es praktisch nicht, und die Sitze lagen tief wie in einem Rennwagen. Beim Einsteigen hatte er noch bemerkt, dass es irgendeine japanische Marke war und olivgrün. Er startete den Motor und ließ ihn bei der ersten Berührung des Gaspedals viel zu laut aufheulen. Da es draußen kalt war, erzeugte das eine Wolke, die sich über dem grünen Auto ins grüne Licht erhob. Dann würgte er den Motor ab. Seine Begleiterin lächelte ihm zu. Sie machte keinerlei Anstalten, ihn am Fahren zu hindern, sondern wartete still, bis er den Wagen neuerlich gestartet und den Rückwärtsgang gefunden hatte. Dann stellte er den Rückspiegel ein und manövrierte das Auto aus der Parklücke auf die verlassen daliegende Straße. Er spürte, dass ihn jetzt fast nichts mehr aufhalten konnte. Er genoss sogar das aufgeregte Blinken und die schrill kreischende Sirene eines mit Höchstgeschwindigkeit überholenden Streifenwagens. Er kam gar nicht auf den Gedanken, dass das ihm gelten könnte. Alles blinkte und glitzerte, alles schwebte und flog, und die Töne kamen gedämpft aus allen Richtungen. Für jede Wahrnehmung brauchte er zwei Schläge seiner Augenlider und spürte, wie angenehm lange es dazwischen schwarz wurde. Dabei hatte er erst in den zweiten Gang geschaltet. Mit jedem Schalten heulte der Motor auf, und auch das empfand er als tonalen Subtext seines Innenlebens auf dem Flug in Richtung Hotel. Er war zuletzt vor zwanzig Jahren in dieser Stadt gewesen und ahnte höchstens, wo das Hotel war. Aber diese Ahnung wollte sich glasklar zu einem Wissen verdichten.

Er fragte nicht nach dem Weg, und die Ampeln zeigten niemals Rot. Auf einem Platz bog er links ab, raste über eine vierspurige Straße leicht bergab, bog dann rechts ab und beschleunigte noch einmal einen Abhang hinunter auf eine Brücke zu. Er hatte das Gefühl abzuheben, während seine Begleiterin von einem Schiff erzählte, das Zigeunern gehörte und auf dem bis in die Früh getanzt wurde. Er hörte das, aber es erzeugte keine inneren Bilder. Er spürte die Brücke unter sich und den großen Fluss darunter. Er sah Schiffe so schwarz wie der Fluss selbst, er sah, wie die Wasseroberfläche glitzernd verschiedenfarbige Lichter auffing und gebrochen spiegelte. Er sah grellbunte Werbeplakate, die makellose Telefon- und Internetverbindungen zu allem und jedem versprachen, und zwar umsonst. Irgendwo blinkte etwas am Himmel. Er dachte, es wäre der Stern auf der Spitze einer Moschee. Es hätte aber auch ein Flugzeug auf dem Weg nach Jordanien sein können. Und er ahnte, dass die Brücke unter ihm in leichte Schwingung geraten war.

Er trat das Gaspedal durch, aber das veränderte nichts mehr. Er dachte an das sinnlose Benzin, das in den Motor gepumpt wurde, und dosierte das Gas, bis er spürte, dass der Wagen gerade auf Höchstgeschwindigkeit gehalten wurde. Hoch in der Luft schwebende Neonschriften tanzten auf unbeleuchteten Gebäuden. *Gazprom* und *Vodafone. Ikea* wirkte schon fast wie ein eigener Planet, und ein *Cineplexxx* schien das Einkaufszentrum mit seinem geschwungenen Dreifach-x-Schriftzug geradezu in einen Pornofilmkomplex zu verwandeln. Oder hatte er eine neue Bedeutung des Buchstabens x verschlafen?

Er überholte andere Autos, ohne zu blinken, wechselte die Spur, bog nach links ab, nach rechts und wieder nach links. Sein Hotel konnte er schon sehen, doch es war mehr als ein Hotel, es war ein Hotelkomplexxx. Ein sozialistischer Prachtbau aus undefinierter Zeit. Es lag dort in einer Ruhe und Größe, die das Versprechen abgaben, die Zeiten zu überdauern und alle Angriffe der fliegenden Einkaufszentren abzuwehren. Es musste wohl einmal Intercontinental geheißen haben, jetzt hieß es nur mehr Continental. Doch überall, wo der Schriftzug auftauchte, sei es auf dem Dach, auf den Schildern neben dem Eingang oder auf den gläsernen Schiebetüren, die zur Lobby führten, wäre noch Platz für die Vorsilbe *Inter* gewesen.

Er verpasste die letzte Abzweigung und raste weiter bis zur nächsten Umkehrmöglichkeit. Das olivgrüne Vehikel schleuderte um eine Verkehrsinsel und verlor ein wenig den Halt, als er spürte, dass sein Flug durch die Nacht fast vorbei war. Er musste den Vogel nur noch landen. Da würgte er den Motor ab und stand plötzlich quer auf der Fahrbahn. Mit einem Mal war es ganz still. Die Straßenlampen waren hier gelbrot und gar nicht mehr beruhigend. Alles in ihm revoltierte. Die Balance war dahin. Fast hätte er gekotzt, als der Asphalt sich wellig und feindselig vor ihm aufzubäumen schien. Seine Begleiterin schaute ihn ruhig an und fragte, ob er noch mitginge zum Tanzen. Es sei gerade die Zeit, zu der die Zigeuner ihr Schiff aufsperrten. Ihre Stimme drang aus einiger Ferne zu ihm, doch er konnte sich ein solches Unterfangen nicht mehr vorstellen. Das bewies, dass alles in Ordnung war. Er startete den Wagen und fuhr ihn langsam zum Hotel. Es hätte ihn kaum gewundert, wenn der Wagen von außen nicht mehr olivgrün, sondern unsichtbar gewesen wäre.

Als er am nächsten Morgen in Zimmer 53 erwachte, lagen zwei große gestutzte Flügel neben seinem Bett. Er stand auf und besah sich die Federn. Eine brach ab, und er ging damit zum Fenster. Er öffnete es, kalte Luft strömte herein, die ihn mit einem Schlag wach werden ließ. Es hatte in der Nacht geschneit. Er hob die Feder hoch und ließ sie in die Welt hinaussegeln. Ein Stückchen Flaum löste sich und wurde von einer Windböe nach oben getragen. Die Feder schwebte weiter, bis sie sich im weißen Himmel verlor.

Er wusste, sie würde in der Donau landen, nach Rumänien treiben und weiter bis ins Schwarze Meer. Die weiße Feder.

70

ARANYAPRATHET
THAILAND
2000

RAUCHEN Zu viel rauchen ist weniger schlimm als zu viel essen. Wenn man das Essen, das vor einem auf dem Teller liegt, nicht mehr als etwas Sinnvolles begreifen kann, ist man im selben Moment dem Dasein entrückt. Man weiß glasklar, dass man das nicht zu essen braucht. Man mag es nicht essen. Rauchen muss man überhaupt nicht. Menschen, die sich damit beschäftigen, behaupten sogar, es sei schädlich. Aber das ist wahrscheinlich der Witz daran. Man fügt sich freudvoll Schaden zu. Der Mensch tut sich gerne weh, dachte er, als er sein Hotelzimmer betrat, sich als Erstes auf das Bett warf und sich eine Zigarette anzündete. Er stellte den Aschenbecher neben sich auf die Tagesdecke und sog den Rauch tief ein. Er dachte zum tausendsten Mal darüber nach, wie schön es doch wäre, nur die Zigaretten zu rauchen, die einem wirklich schmeckten. So wie diese, die er hier gerade rauchte. Nur den Sex zu haben, den man wirklich wollte. Und nur das zu essen, was einem wirklich schmeckte. Doch das war nicht möglich. Man musste alles lernen, die ganze Bandbreite: vom Einsaugen des Rauches, der den Körper erbeben lässt, bis zu dem falschen Zug, von dem man sich beinahe übergibt; von jenem Essen, das das ganze Glücksgefühl eines Geschmacks im richtigen Moment auf der Zunge erblühen lässt, bis zum falschen Hasenragout am falschen Ort mit den falschen Menschen, das einen innerlich kotzen macht; vom Sex, der eine Überwältigung aller Sinne ist, bis zu dem fatalen Irrtum, den ein Verlangen ohne genaues Ziel anrichten kann.

Und dann bewirken gerade die Irrtümer wieder das Gegenteil. Man lernt, präziser einzuordnen, wo der Kern des eigenen Begehrens zu Hause ist. Aber vielleicht will man selbst das nicht immer wissen, dachte er, als er sich eine zweite Zigarette an der ersten anzündete und diese zweite Zigarette wider Erwarten noch besser schmeckte als die erste. Er würde wahrscheinlich eine dritte rauchen, und die würde weniger gut sein, schlechter noch als die erste. Aber auf die vierte konnte man dann wieder hoffen.

Auf das Zimmer war Verlass. Er war schon oft hier gewesen, und nichts veränderte sich. Er vermutete sogar, dass die Bettwäsche die gleiche geblieben war, in all den Jahren, in denen er hierherkam. Das Muster war jedenfalls das gleiche. Das fiel auf, denn Bettwäsche in Hotelzimmern ist meist weiß. Hier allerdings hatte der Deckenbezug verwaschene bläuliche Streifen und erinnerte an ein Gefängnis. So weit war dieses Zimmer von einer Zelle gar nicht entfernt. Zumindest gab es nichts Überflüssiges. Was dann aber gewisse Dinge richtigstellte. So gab es nur im Badezimmer einen Spiegel, und der warf ein recht abstraktes Bild zurück, da er eher aus zerrissenem Silberpapier denn aus Glas zu bestehen schien. Das kleine Tischchen stand vor dem Fenster, und man konnte auf dem Bett sitzend darauf schreiben. Das Fenster gab den Blick auf einen kleinen Platz frei, der unspektakulärer nicht hätte sein können. Hier gab es nichts, worüber man sich hätte aufregen können. Es schien ihm sogar, dass alle paar Monate, wenn er hierherkam, das Gleiche geschah, auf dem Platz da unten. Er nahm immer das gleiche Gewand mit, weil auch er immer das Gleiche tat. Es war wie eine Zigarette, die man immer wieder rauchte, obwohl man schon wusste, wie sie schmecken würde.

Doch diesmal war etwas anders. Als er das letzte Mal hier gewesen war, hatte er ein Hemd im Kasten vergessen. Eines seiner Lieblingshemden. Zwei Jahre zuvor hatte er es in Kuta gekauft, und es besaß gleich zwei Eigenschaften, die er eigentlich nicht mochte. Es war gelb, und es war kurzärmelig. Trotzdem hatte er es gern. Nachdem er, auf dem Bett liegend, die beiden Zigaretten geraucht hatte, stand er auf und versuchte, den Kasten zu öffnen. Doch er ließ sich nicht aufsperren. Da hatte wohl jemand den Schlüssel verloren. Jetzt wollte er erst recht wissen, ob sein Hemd noch da drin war. An der Rezeption danach zu fragen war sinnlos. Das wusste er. Entweder das Hemd war noch im Kasten, oder es war weg.

Entgegen seiner Gewohnheit gab er das Zimmer nicht auf, als er am nächsten Morgen zur kambodschanischen Grenze aufbrach. Seit er sich vorübergehend in Thailand niedergelassen hatte, musste er alle paar Monate ausreisen, um sein Visum zu erneuern. Viele machten das so; manche fuhren über die burmesische Grenze, andere nach Vietnam oder Kambodscha. Es gab Busreisen, die extra zu diesem Zweck für Expatriates organisiert wurden. Er fuhr immer mit dem Zug nach Aranyaprathet, um dann bei Poipet zu Fuß über die Grenze zu gehen. Er liebte die Zugfahrt mit den schlafenden Thais, das immer gleiche Hotel, die seltsamen Motorradtaxis, die nicht aus Mopeds, sondern aus schweren Motorrädern gemacht waren und die es nur hier gab. Mit einem solchen fuhr er zur Grenze, und auch hier achtete er darauf, immer das Gleiche zu nehmen. Dann streunte er durch Poipet, aß im immer gleichen Restaurant Fisch in einer Art Vanillesauce und bewunderte die langen Fühler rund um das Fischmaul, die aussahen wie ein Bart. In Kambodscha gab es kaum köstliche Dinge zu essen, aber dieser Fisch schmeckte jedes Mal aufs Neue. So wurde die Pflicht, das Visum zu erneuern, mehr und mehr zu einer begehrten Unterbrechung seines Alltags. Meist fuhr er schon Tage vor dem Ablauf der Frist los, weil er sich darauf freute wie auf die nächste Zigarette, nach einer, die gerade so gut geschmeckt hatte.

Diesmal begann es damit, dass »sein« Fahrer des Motorradtaxis nicht da war. Freudig übernahm ihn ein anderer Chauffeur, aber es war nicht das Gleiche. Der Zöllner an der Grenze machte Schwierigkeiten und erzählte in unglaublich schlechtem Englisch etwas von einer neuen Gesetzeslage. Zwanzig Dollar ließen das Gesetz zwar kurzfristig außer Kraft treten, aber dennoch – es war nicht das Gleiche. Und dann war das Restaurant zugesperrt worden. Die Welt schien ihm irgendetwas zu Fleiß tun zu wollen. Immerhin erstand er auf dem Markt einen Dietrich, um den Kasten in seinem Zimmer zu öffnen. So etwas hatte er zwar noch nie gemacht, aber bei so vielen Unregelmäßigkeiten schien es gerechtfertigt.

Als er zu Fuß nach Thailand zurückging, begann es in Strömen zu regnen. Das wunderte ihn schon überhaupt nicht mehr. Er freute sich nicht auf sein Hotelzimmer, denn er wusste, wie es dort nach dem Regen wäre: schwül und voller Moskitos. Doch immerhin ließ sich der Kasten mit dem Dietrich leicht öffnen, und drinnen lag tatsächlich sein Hemd. Aber nicht nur das: Es fanden sich noch ein Rucksack und ein paar Sandalen. Er legte sich auf das Bett und rauchte drei Zigaretten. Sie schmeckten sonderbar, da sie nass geworden waren und nur schwer brannten.

Alles war aus dem Ruder geraten. Er probierte die Sandalen. Sie passten genau. Er ließ sie an und stellte seine Schuhe in den Kasten. Dann durchwühlte er den Inhalt des Rucksacks. Er wählte ein Hemd ohne Kragen und mit langen Ärmeln und packte dafür sein eigenes indonesisches Hemd ein. Dann versperrte er den Kasten wieder und lief zum Bahnhof, um nach Bangkok zu fahren. Als sich die Lokomotive eine halbe Stunde später schwerfällig in Bewegung setzte, schlief er sofort ein. Er träumte, dass er schliefe und ein Thai sei, der niemals träumte. Als er ankam, wurde es gerade Abend. Er stieg aus und wollte seinen Freund anrufen, mit dem er sich in dieser Stadt eine Wohnung teilte. Sie hatten sich zum Essen verabredet. Dreimal rief er an, dreimal behauptete eine geschäftige Maschinenstimme, dass die Nummer, die er gewählt hatte, nicht existiere.

Er schaute sich vorsichtig um in der Stadt und beschloss, sich auf ein neues Leben zu freuen.

Als er später mit seinem Freund zu Abend aß, lachte ihn dieser aus: Man müsse nicht gleich metaphysisch werden, nur weil jemand die Telefongesellschaft gewechselt habe. Das Hemd fand er übrigens scheußlich.

Am nächsten Tag rauchte er fünf Zigaretten und schwor sich, mit dem Rauchen aufzuhören, als er einen Hippie in einem kurzärmeligen gelben Hemd über die Kaosan Road schlendern sah. Aber er hörte nicht auf.

KUTA
INDONESIEN
2002

71

DER GUTE TOURIST Er war gekommen, um zu warten. Er liebte es, zu warten, vor allem in fremden Ländern und an Orten, von denen er nichts wusste. Schon auf der Fahrt vom Flughafen zum Hotel fühlte er sich merkwürdig wohl in seiner Haut. Zum Missfallen des Taxifahrers öffnete er das Fenster und ließ die heiße Luft ins Innere des Wagens. So zerstörte er die Wirkung der Klimaanlage, die den Status des Fahrers unterstreicht: je kälter, desto höher. Er ignorierte die Blicke im Rückspiegel und schaute sich die Straßen und Häuser an. Irgendetwas war seltsam hier, seltsam leer und ruhig, wo sonst alles auf buntes Treiben und Lärm angelegt ist. Boutique reihte sich an Boutique, Bar an Bar, Disco an Disco, Hotel an Hotel. Er war im Rimini Indonesiens angelangt. Hier würde er zwei Wochen lang warten.

Das Zimmer im Hotel war zu schön, zu geschmackvoll, zu perfekt – alles war mit zu viel Bedacht ausgewählt. Es gehörte einem Schweizer und war der Tipp eines anderen Schweizers gewesen. Missmutig starrte er auf den Miró-Druck an der fein gekalkten Betonwand und auf das prächtige, wahrscheinlich unter Fair-Trade-Bedingungen hergestellte Moskitonetz. Sein Zimmer lag im ersten Stock und teilte sich mit den anderen Zimmern des Stockwerks einen langen Balkon, gleich einer Wiener Pawlatsche. Vor jedem Zimmer standen Tische und bequeme Sessel. Da und dort las jemand, in unauffällig bequemer, aber doch sorgfältig ausgewählter Urlaubskleidung, ein gutes Buch. Wahrscheinlich sogar ein Buch, das auch er lesen würde. Er musste raus hier.

Bald darauf stapfte er durch die fast ausgestorbenen Straßen, seinen Koffer hinter sich herziehend. Er war noch nicht weit gekommen, da wurde er von den lokalen Taxifahrern wild angehupt. Auch die, die nicht in seiner Richtung unterwegs waren, empörten sich über diesen Fußgänger mit Koffer. Sie zu ignorieren zeigte keinerlei Wirkung. Auch aus den Bars, in denen nur ein paar ältere australische Expatriates ihr Leben zwischen eiskaltem Bier und abgestandener Muschi zelebrierten, tönten bald höhnische, bald einladende Rufe. Wie konnte ein Mann mit Rollkoffer und Umhängetasche bloß so viel Aufsehen hervorrufen?

An der nächsten Straßenecke löste sich das Rätsel. Da stand eine einfache Mauer. Sie diente den Hinterbliebenen jener mehreren hundert Touristen, die kürzlich bei einem Bombenanschlag ums Leben gekommen waren, als Pilgerstätte. Manche Blumen waren aus Plastik, andere vertrocknet. Die Mauer war bekritzelt mit Worten von Liebe, Trauer und Verlust. Seltsam, dachte er, dass Opfer ausnahmslos schmerzlich vermisst werden. Nie schrieb jemand: »Ich habe dich immer gehasst, was für ein Glück, dass du auf diese Weise hast gehen müssen« oder »Ich habe dir immer gesagt, bleib zu Hause. Tourismus hat doch keinen Sinn« oder »Fuck you idiot, there is justice after all« oder »Danke für das viele Geld, das du mir hinterlassen hast«.

Da stand er und las all die einfühlsamen Worte des Schmerzes, wurde weiter angehupt und gefragt, wo er denn eigentlich hinwolle. Ein Taxifahrer stieg schließlich aus, um ihm zu erklären, dass man in dieser schwierigen Lage – damit meinte er das Fernbleiben der Touristen, nicht den Anschlag der Islamisten – nicht einfach zu Fuß gehen könne. Das Leben sei schon schwer genug für die Taxifahrer. Erst versuchte er, den Mann zu ignorieren, und deutete schließlich auf eine schmale Gasse und ein Hotel, das kaum fünfzig Meter entfernt war. Der Taxifahrer zog entmutigt ab, obwohl er wahrscheinlich froh gewesen wäre, ihn sogar dorthin zu fahren. Das neue Hotel war zum Warten besser geeignet. Hier würde ihn niemand ansprechen, um ihn mit Konversation, einer Meinung oder anderem störendem Zeitvertreib zu belästigen. Auch kein Miró, Braque oder Picasso würde sich dort mit Perfektion aufdrängen. Hier war bloß ein kleines TUI-Paradies, leer wie nach dem Abwurf einer Neutronenbombe. Kleine, strohgedeckte Hütten im Boutiquestil bildeten ein unschuldiges idyllisches Dorf, in dem man sich fern der Heimat exotisch und doch zu Hause fühlen konnte. Ein klimatisierter Hüttentraum mit Badezimmer unter freiem Himmel.

Er wurde behandelt wie ein König, denn das Hotel wurde seit dem Anschlag kaum mehr gebucht. Er verlangte, zum halben Preis zu wohnen, und bekam darauf noch zehn Prozent. Er wurde von der gesamten Belegschaft in die schönste Luxushütte geleitet. Einer aus der weiß livrierten Entourage zog den abgegriffenen Koffer, ein anderer trug die Computertasche, und hätte er es zugelassen, wäre er selbst wohl auch getragen worden. Eine in Tracht gekleidete Rezeptionistin erklärte in perfektem Deutsch den Hausbrauch sowie die tragischen Umstände des Anschlags und die verheerenden Auswirkungen auf das Geschäft.

Die nächsten Tage verbrachte er mit Gehen und Laufen. In immer gleichen Spaziergängen umkreiste er sein Hotel, um am Ende wieder in seinem Zimmer zu landen und zum Summen der perfekt getimten Klimaanlage sanft einzuschlummern. Laufen konnte er nur am Strand. Dort wurden ihm zwar die Füße vom tiefen Sand schwer, aber wenigstens verfolgten ihn keine Taxifahrer. Stattdessen verfolgten ihn knurrende und schnappende Hunde. Er konnte sie erst nach einer Weile davon überzeugen, dass er einer von ihnen war. Schließlich gelang die Rudelbildung, und von da an war es ein erhebendes Gefühl, mit den räudigen Gefährten über einen menschenleeren Strand zu laufen.

Abends drehte er langsame Runden durch den Ort und fühlte sich überall willkommen. Die gegrillten Fische waren billig, immer war Happy Hour, und die Prostituierten in den Bierbars verfolgten ihn mit sehnsüchtigen Blicken. Am fünften Tag des Wartens und Nichtstuns ging er wohlig betrunken nach Hause. Er hatte zur Abwechslung eine dunkle Gasse gewählt, die er noch nicht kannte, als er das Schnarren eines frisierten Mopeds hörte. Das war nichts Außergewöhnliches. Doch klang es, als würde es sich auf ihn zubewegen. Und genauso war es. Eine ältere Frau in der schrillen Kellnerinnen-Kleidung jener Bierbars, in denen sich die Australier bewusstlos tranken, stieg ab und überzog ihn mit Schimpfworten. Fremde, unverständliche Worte, da und dort ein »Fuck« oder ein anderer Ausdruck der

Empörung. Er verstand nicht oder fürchtete, nicht zu verstehen. Aber er war doch nicht schuld! Gut, er war da, aber nicht schuld. Oder war er vielleicht doch schuld, weil er da war? Mit einer gekonnten Bewegung griff sie ihm zwischen die Beine und hielt seine Eier fest, bis er, ob er wollte oder nicht, einen Steifen bekam. Sie sah ihm dabei in die Augen und wiederholte ihren ganzen Vortrag noch einmal. Dann ließ sie los und fuhr davon. Er blieb allein zurück. Der Steife hallte noch ein wenig nach.

Plötzlich gefiel es ihm nicht mehr in seinem Boutique-Dorf. Die Klimaanlage surrte definitiv zu laut, und wer will schon die Sterne sehen beim Duschen? Am nächsten Tag bestellte er ein Taxi und musste zugeben, dass die Gasse gar nicht zu schmal für ein Auto war. Der Taxifahrer lud stolz seinen Koffer ein und fuhr in großem Bogen um die Stadt herum, zurück in das Hotel des Schweizers. Er gab ihm ein fürstliches Trinkgeld und verlangte nach dem Zimmer mit dem Miró. Es war vergeben, also begnügte er sich mit dem Zimmer, in dem ein Escher hing – in Wahrheit mochte er Escher sowieso lieber als Miró.

Ab diesem Tag fuhr er überall mit dem Taxi hin. Er ließ sich mit dem Taxi zum Strand bringen und zur Bank, wo sie die meisten seiner Dollarnoten ablehnten, weil sie im falschen Jahr gedruckt waren – bisher war ihm entgangen, dass es besondere Fälscherjahre gab: schlechte Jahrgänge, wie beim Wein. Er fuhr, wie es sich für einen guten Touristen gehört, sogar zum Abendessen mit dem Taxi, selbst zur Apotheke an der nächsten Ecke. Zufrieden schaute er dabei auf die fast menschenleeren Straßen und dachte, wie einfach doch die Welt war, wenn man ihr nichts beweisen wollte. Dann erst konnte man andere glücklich machen und sich selbst dabei wie ein König fühlen, der sein Volk liebt.

72

GDANSK
POLEN
2009

DER WIND IM PARADIES Er lag neben der Apothekerin in der Wiese und schaute in den Himmel. Sie war ihm von seinem Arbeitgeber zugeteilt worden, hatte ihn während der ganzen kalten Maiwoche begleitet, hatte alles übersetzt, was zu übersetzen war, und alles organisiert, was zu organisieren war. Unter der Woche begann ihr Dienst für ihn erst um fünf Uhr am Nachmittag, vorher arbeitete sie in ihrer Apotheke. Er hatte sie ein paar Mal, als er untertags nichts zu tun hatte, von einem Café auf der gegenüberliegenden Straßenseite aus beobachtet. Natürlich wirkte sie in der Apotheke anders, als er sie kennengelernt hatte. Schon der schlichte weiße Kittel veränderte ihr ganzes Auftreten und, soweit er es aus der Entfernung sehen konnte, sogar ihr Wesen.

Er hatte sich gewundert, warum sie als Apothekerin überhaupt für ihn arbeitete. Sie tat das als ganz normal ab. Sie wollte etwas dazuverdienen, neue Leute kennenlernen. Natürlich war sie schon am zweiten Tag darauf gekommen, dass er mittags in diesem Café saß, und hatte es ihm verboten. Es würde sie nervös machen, bei der Arbeit beobachtet zu werden, und überhaupt lasse man die Leute in Ruhe, wenn sie arbeiteten, erklärte sie mit fester Stimme. Er war anderer Meinung, behielt das aber für sich und bereute es, dass sie ihn so schnell entdeckt hatte.

Am Wochenende nahm sie ihn in die Apotheke mit. Sie öffnete die Schubladen mit den Medikamenten, erklärte deren Anordnung, Lagerung und Kategorisierung, führte ihm vor, wo und wie man die mit der Hand angerührten Cremes und Salben zubereitete, und zeigte ihm das Regal mit den homöopathischen Fläschchen voller Globuli. Sie maß seinen Blutdruck und verordnete ihm Vitamine, da er sehr blass sei. Er genoss es, wie er es immer genoss, an Orten zu sein, an denen er nicht sein sollte. Er war gern in Bäckereien, wenn morgens hektisch der Teig bereitet wurde, in Fabriken, wenn Schichtwechsel war, oder in Lokalen, wenn er noch mit den Wirtsleuten sitzen konnte, obwohl längst geschlossen war.

Die Apothekerin war eine sehr strenge Polin, und obwohl eigentlich er für diese zehn Tage ihr Vorgesetzter war, bestimmte sie meistens, was zu geschehen hatte. So gingen sie sonntags in die Kirche. In Polen, so sagte sie, geht man am Sonntag in die Kirche, und also geschah es, obwohl er Kirchen ansonsten mied. Es war eine schöne Messe, da alle Anwesenden das Geschehen sehr ernst nahmen. Sie beteten kollektiv und sagten die nötigen Worte mit kräftigen Stimmen.

Beim Verlassen der Kirche beugte sie sich zu ihm und flüsterte ihm Dinge ins Ohr. Zuerst verstand er nicht, was sie ihm sagen wollte, aber bald begriff er. Als Apothekerin wusste sie von jedem, welche Leiden ihn plagten. Und die teilte sie ihm nun mit. »Schau, das ist der Herr Palizynski, der hat Schlafstörungen, und seine Frau nimmt fünf Tropfen Strychnin morgens und abends gegen Blähungen. Ich habe ihr schon tausend Mal gesagt, dass das nichts nützt, aber sie hat im Internet gelesen, dass das auch Hitler gegen Blähungen genommen hat, und wieso soll so einer etwas nehmen, was nichts nützt? Und dort geht der Rudzinski, der hat gerade eine schwere Grippe, die er mit Hammermedikamenten unterdrückt, also komm ihm nicht zu nahe, und die da vorne, die Rowinska, vergisst immer, ihr Medikament gegen Regelbeschwerden zu holen, und dann hat sie solche Schmerzen, dass einer von unseren Laufburschen ihr die Tabletten nach Hause bringen muss.« Zuerst war er verwundert über diese Offenheit, ertappte sich aber bald dabei, dass er nach bestimmten Leuten auf der Straße fragte, die ihm krank erschienen. Sie gab bereitwillig Auskunft. Nicht selten, mitten im Gespräch, machte sie ihn aufmerksam: »Schau, der arme Janowski da drüben, der hat Leberkrebs, wird nicht mehr lange dauern« oder »Die Zielinskia hat sich wieder rausgeputzt, dabei hat sie einen Scheidenpilz, der sich gewaschen hat«.

Bald sah er nur mehr Diagnosen durch die Gegend laufen. Da ging der Herr Gonorrhöe, der Hämorrhoiden-Radfahrer querte den Park, der Schuppenflechte-Jogger überholte von rechts, und der Sodbrennen-Polizist regelte den Verkehr. Gdansk war ein Ballett der Krankheiten geworden. Unter dem strengen Blick der Apothekerin musste er eines Tages gestehen, welches Leiden er mit sich schleppte, und beichtete etwas schüchtern seinen Jahre alten Nagelpilz. Sie tat das mit einer abwertenden Handbewegung ab: »So wie du lebst, kriegst du den niemals weg.« Er wusste nicht, wie das zu verstehen war, wagte aber nicht nachzufragen.

Am Nachmittag dieses freien Sonntags, am ersten schönen Maientag des Jahres, lag er nun also in einer Wiese und schaute in den Himmel. Und da die Wolken nicht krank waren, suchte er wie jeder Mensch, der in den Himmel schaut, nach Formen und Gebilden, die einen Sinn ergaben oder ihn an etwas erinnerten. Doch die Wolken zogen zu schnell dahin, und nur vage dachte er an Elefanten, Füchse oder Hyänen. Doch plötzlich meinte er, ganz genau einen kleinen Mann mit dicken Brillengläsern zu erkennen. Er nannte ihn bei sich den Optiker und stellte sich vor, wie er in seinem Geschäft, das nur wenige kannten, Brillen anfertigte. Es waren ganz persönliche Artefakte, zugeschnitten auf die jeweilige Kundschaft. Er sah einen besonders dicken Mann das Geschäft betreten und seine Brille abholen. Der Optiker lächelte verschwörerisch, als er sie dem Kunden übergab. Als der Mann nach draußen ging, bestand die ganze Welt aus dicken Menschen. Der dicke Mann war im Paradies. Als nächster Kunde kam ein langer Lulatsch mit zerzausten Haaren und ging hinaus in eine Welt, in der alle groß waren, in der es ausschließlich Hochhäuser gab und wo immer der Wind wehte. Zuletzt kam ein Kind, das mit seiner neuen Brille eine Welt vorfand, die aussah, als sei sie in der Zeichenstunde eines Kindergartens entstanden.

Sie fragte, woran er dachte. Er sagte, es sei schön, neben ihr in der Wiese zu liegen. »Unternimm lieber etwas gegen deinen Fußpilz«, bemerkte sie trocken.

DIE TOD Seit er sich erinnern konnte, überfiel ihn oft ein starkes Bedürfnis, ganz woanders zu sein, oder dort zu sein, wo er fremd war. Das konnte sich in Form einer plötzlich heftigen Reiselust äußern, es konnte aber auch Heimweh sein, sobald ihm die Fremde zu vertraut wurde.

73

SAN FRANCISCO
USA
1980

Mit neunzehn hatte er zum ersten Mal geheiratet. In der Fremde. Kaum war er zum ersten Mal für länger in einem fernen Land, hatte er sich Hals über Kopf verliebt. Und gleich geheiratet: die Tochter eines venezuelanischen Großkaufmanns in San Francisco. Sie war, so konnte man wohl sagen, eine kämpferische Person und träumte von der Revolution. Hätte er gesagt: »Egal von welcher«, so wären die Türen geflogen, und noch anderes mehr. Es war eine in jeder Hinsicht stürmische Ehe, und jede beiläufige Bemerkung über die Sandinisten führte zu allem Möglichen, aber nie zu trauter Zweisamkeit. Er floh dann vor ihr. Er war ein Fluchttier zu dieser Zeit, und wenn er ziellos durch die Straßen von North Beach irrte, sehnte er sich nach allem, was es sonst noch gab auf der Welt. Hätte er damals die junge Leni Riefenstahl in einer Bar getroffen, so hätte er wahrscheinlich auch sie noch heiraten wollen.

Nach den Wutausbrüchen seiner Frau hielt er es für das Beste, sich für ein paar Tage woanders aufzuhalten. »Woanders« war leicht zu bewerkstelligen in San Francisco. Man musste bloß um ein paar Ecken biegen, und schon war man in Chinatown, wo keiner Englisch sprach, in der Tenderloin, wo einen niemand haben wollte, oder in South of Market, wo man sich verwegen fühlen konnte. Er ging also, sobald er Streit mit seiner Frau hatte, nicht weit, sondern begnügte sich mit einem zehnminütigen Fußmarsch, um mitten im chinesischen Viertel ein Hotel aufzusuchen. Alles war so einfach, man wollte keinen Pass sehen, man wollte nicht wissen, was er hier suchte, und man wollte nicht wissen, wie lange er blieb. Er musste die Nacht im Voraus bezahlen und bekam einen Schlüssel. Aus unerfindlichen Gründen bekam er immer den gleichen.

Das Zimmer war groß und altmodisch, und es verfügte nur über das Nötigste. Der Luxus war die große Sitzbadewanne mitten im Zimmer. Damals erschien ihm das als nichts Besonderes, da er noch nicht wusste, wie selten es in Hotels Badewannen gab, und schon gar eine solche, alt-chinesisch, aus Roheisen. Dafür gab es hier kein Bad, sondern nur ein Waschbecken, das noch älter aussah als die Wanne. Davon abgesehen wirkte das Zimmer wie aus einem x-beliebigen Film Noir. Die chinesischen Neonbuchstaben draußen vor dem Fenster flackerten ein wenig, und die Feuerleitern führten hinunter zur Straße, falls es nötig wurde, einem Feind zu entkommen. Man hatte einen guten Blick über die Stadt, und im Fernseher, der aus den sechziger Jahren stammen mochte, gab es schwarz-weißen Schnee. Sonst nichts. Jedes Mal, wenn er hierherkam, ließ er sich ein Bad ein und starrte in der Wanne vor sich hin, bis ihm kalt war und seine Fingerkuppen runzlig wurden. Dann legte er sich halbnass ins Bett, las pro forma ein, zwei Seiten in einem Buch, um dann zwölf Stunden durchzuschlafen. Er erwachte glücklich von den Stimmen, die sich auf Mandarin Bemerkungen, vermutlich über Reis, Enten oder dumme Touristen, zuriefen.

Im ersten Stock war ein Aufenthaltsraum. Dort bekam man zwar kein Frühstück, aber es gab Automaten, die einen mit dem Wesentlichen versorgten. Man konnte Oreo Cookies, Twinkies, Ding Dongs, Dr. Pepper, Root Beer und kochend heißen Kaffee bekommen, für wenige Vierteldollar. Dort hielten sich die »Regulars« auf, die in solchen Hotels wohnhaft waren. Hätte er die Menschen aufmerksamer betrachtet, wäre ihm über die Monate, in denen er bereits in dieses Hotel kam, aufgefallen, dass es hier nur ständige Mieter gab und er der einzige vorübergehende Gast war. Aber das sollte er erst Jahre später verstehen, als er es sich zur Gewohnheit gemacht hatte, hier abzusteigen – selbst wenn ein anderes Hotel für ihn gebucht worden war. Manchmal ließ er die Koffer auch im *Marriott*, *Best Western* oder *Hilton* und kam nur mit einer Zahnbürste und einem Buch. Niemals gab es Gelegenheit zu fragen, warum er als Gast hier aufgenommen wurde und immer das gleiche Zimmer bekam. Ob es Zufall war, ob das Zimmer immer frei war, oder ob es überhaupt nur für ihn existierte. Das war vermutlich nicht der Fall. Trotzdem hätte er gern gefragt. Leider sprach niemand Englisch, und vielleicht hätte ihn die Antwort ja enttäuscht.

Er merkte sich nicht alle Menschen im Aufenthaltsraum, doch eine Frau blieb ihm im Gedächtnis, eine Kaukasierin mit asiatischem Einschlag und von undefinierbarem Alter. Ihr Haar war immer gleich schön frisiert. Es zeugte, wie ihr gesamtes Erscheinungsbild, von zeitloser Eleganz. Sie trug schweren Schmuck, hatte einen kleinen Kropf und sehr weiße Haut. Sie saß immer am gleichen Tisch am Fenster und rauchte. Er sah sie nie essen oder trinken. In den Tagen, in denen er regelmäßig hierherkam, fielen ihm auch andere seltsame Gestalten auf, Querulanten, Trinker, Männer, die ständig die gleichen Geschichten erzählten, große Schwarze in schrillen Anzügen und Chinesen, die wirkten, als wären sie zweihundert Jahre alt. Doch sie kamen und gingen. Die Dame blieb.

Als er schon etwa zwanzig Jahre hierherkam, gelangte er, in der Badewanne sitzend, plötzlich zu der festen, wenn auch kindischen Überzeugung, dass sie sein Tod sei. Dass sie hier auf ihn wartete und er deshalb immer ein Zimmer bekam. Er verwarf den Gedanken als abgedroschen, bekam ihn aber trotzdem nicht aus dem Kopf. So ist das mit den unangenehmen Gedanken, sie kehren mit besonderer Heftigkeit wieder, und genau dann, wenn man sie weit weghaben will.

An diesem Abend ging er nicht aus, sondern setzte sich an den Nebentisch. Sie rauchte, wie immer. Was sich verändert hatte, war ein Rauchverbotsschild an der Wand über ihr, aber niemand hätte gewagt, ihr zu sagen, dass das Rauchen inzwischen verboten war. Wie sollte man dem Tod beibringen, nicht zu rauchen? Er gab vor, in seinem Buch zu lesen, und schielte immer wieder hinüber. Er hatte noch nie das Wort an sie gerichtet. Er konnte sie nicht einfach fragen, ob sie sein Tod sei. Die Tod. Ob sie hier darauf warte, ihn mitzunehmen.

Da sprach sie ihn an. Sie fragte, ob er das erste Mal hier sei. Ein kalter Schauer lief ihm über den Rücken, und er dachte, dass ihn der Tod gerade erst bemerkt hatte. Dann bot sie ihm eine Zigarette an. Sie lächelte ihm aufmunternd zu, er nahm dankend an. Jahrelang hatte er nicht mehr geraucht. Als er die Zigarette anzündete und das leise Knistern vernahm, breitete sich ein warmes Glücksgefühl in ihm aus. Er sog den Rauch tief ein und genoss den leichten Schmerz in seiner Lunge. Ihm wurde ein wenig schwindlig, und einen Moment lang wäre er bereit gewesen, ihr zu folgen, egal wohin.

Als er das Hotel das nächste Mal besuchte, war sie nicht mehr da. Ihr Tisch war und blieb leer. Solange er das Treiben im Aufenthaltsraum auch beobachtete, es schien, als wäre der Tisch tabu. Vielleicht, weil dort ein aufgeschlagenes Buch lag, als wäre jemand aufgestanden und nur kurz weggegangen. Er nahm jedoch an, dass sie es einfach hatte liegen lassen, als sie das letzte Mal hier saß. Er vermutete, dass sie gestorben war. Die Tod war tot. Er setzte sich an ihren Platz und sah in das Buch. Auf der aufgeschlagenen Seite war ein Absatz angestrichen. Doch es waren chinesische Schriftzeichen, und wieder war niemand da, den er hätte fragen können. Er steckte das Buch ein und trug es von da an immer bei sich. Es wäre ein Leichtes gewesen, sich die Stelle von einem Sinologen übersetzen zu lassen, aber er fand nie den Mut, es wirklich zu tun.

Später hat es ihm ein Student in Peking einmal laut vorgelesen. Der Inhalt interessierte ihn nicht mehr. Er liebte einfach nur den geheimnisvollen Klang der fremden Worte.

74

DUBLIN
IRLAND
2006

MÉMOIRE Beirut in den achtziger Jahren war in einem schlechten Zustand, die Straßen zerschossen, die Häuser zerbombt. Straßenschlachten gehörten zum Alltag. Darüber hinaus fühlte er sich fremd, wollte gar nicht verstehen, worum es hier ging, kannte niemanden und hatte nichts vor. Er war einfach vom Weg abgekommen. Eilig betrat er das nächste Hotel und hoffte inständig, dass es ein Zimmer geben würde. Es gab eins.

Der Lift war kaputt, was ihn nicht wunderte, und als er sich müde nach oben schleppte, hatte er nur einen Gedanken: Vorhänge zuziehen und schlafen ohne Ende. Der Fernseher würde bestimmt nicht funktionieren, aber das war ihm nicht wichtig. Er wollte gerade gar nichts. Er fühlte sich wie eine Puppe, die nur noch an wenigen Fäden hing. Gerade genügend Fäden, um in den dritten Stock zu kommen.

Im Zimmer begann er, seinen Koffer auszupacken. Er wollte duschen und sich sofort schlafen legen, obwohl es noch nicht einmal Mittag war. Er suchte gerade nach seiner Zahnbürste, als er ein Geräusch hörte. Er maß dem keine Bedeutung bei, bemerkte aber, dass das Bett nicht gemacht war. Und jemand bewegte sich in diesem Bett. Er ging vorsichtig näher und setzte sich mit der Zahnbürste in der Hand auf einen Sessel daneben. Eine junge Frau schlief friedlich. Die schwarzen Haare verdeckten halb ihr Gesicht und verteilten sich wie schwarzes Wasser über die Polster. Sie atmete und blies dabei eine Haarsträhne vor sich her. Er schaute ihr eine Weile beim Schlafen zu. Sie verströmte eine Aura der Erschöpfung, die ihn an seinen eigenen Zustand erinnerte.

Er überlegte, was zu tun sei. Er wollte nicht noch einmal nach unten gehen. Doch war die junge Frau in jedem Fall vor ihm dagewesen. Er war also in ihrem Zimmer und nicht sie in seinem. Es war egal, wer hier im Recht war, schließlich schlief sie schon im Bett, und nicht er. Er versuchte, ihr etwas zu sagen. Aber es war ihm nicht klar, ob die Töne, die er von sich gab, auch bei ihr ankamen. Trotzdem gewann er den Eindruck, dass sie entspannter schlief, wenn er sprach. Also sprach er weiter. Zuerst kam ihm der Klang der eigenen Stimme im Raum seltsam vor, aber mit der Zeit gewöhnte er sich daran. Er erzählte davon, dass er zwei Wochen zuvor neben einem Mann im Flugzeug gesessen hatte, dessen Stimme an einen krächzenden Vogel erinnerte und der außerdem in einem so ungewöhnlichen Rhythmus sprach, dass einem davon schwindlig werden konnte; er machte Pausen, wo keine hingehörten und verfiel in einen gleichförmigen Singsang, gerade wenn man mehr Intonation erwartete.

Zuerst hatte er kein Gespräch mit dem Mann anfangen wollen. Er war nicht darauf aus gewesen, seine Bekanntschaft zu machen, aber Menschen, die sich einsam fühlen und Kontakt suchen, nehmen eine solche Stimmung oft nicht zur Kenntnis. Sie reden einfach weiter, bis man nicht anders kann, als doch zuzuhören. Und je mehr sie erzählen, desto mehr folgt man dem Fluss ihrer Worte – auch wenn man noch so demonstrativ in sein Buch zu schauen versucht. So geschah es auf diesem Flug von Boston nach Zürich, und die krächzende Vogelstimme grub sich mehr und mehr in sein Bewusstsein. Plötzlich stellte er dem Mann Fragen, nicht umgekehrt. Der Mann war Ire und lebte in Boston. Und als er schließlich siebzehn verschiedene Plastikbehälter mit sehr bunten Tabletten aus seinem Handgepäck zu kramen begann, wurde er wirklich neugierig. Das war gar nicht unhöflich, denn der Ire hielt mit seiner Geschichte nicht hinter dem Berg.

Er hatte bei einem Verkehrsunfall sein Langzeitgedächtnis verloren und konnte sich immer nur an ungefähr die letzten drei Tage erinnern. Eigentlich sollte er schon seit zwei Jahren nicht mehr am Leben sein, aber das wusste er nur, weil seine ständige Begleiterin, eine Krankenschwester, ihm in regelmäßigen Abständen die Eckdaten seines Lebens aufs Neue erzählte. Er führte außerdem ein kleines Buch über sich mit, das er jede Woche las, um sozusagen mit seinem Dasein auf Augenhöhe zu bleiben.

Vor einem Monat hatte ihn seine Frau verlassen. Sie hatte das Leben mit ihm nicht mehr ertragen, obwohl es anfangs ein gewisser Kick war, dass er sie ständig aufs Neue kennenlernte und sich auch aufs Neue in sie verliebte. Denn es war wohl so, dass er wirklich vernarrt in sie war. Doch wurde ihr das Leben mit ihm zu unheimlich. Als er schließlich aus dem gemeinsamen Haus auszog, fand er unter den Sachen, die er ins Pflegeheim mitnahm, ein altes Tagebuch. Da stand nicht viel Persönliches drin, doch wurde klar, dass er ein Bigamist gewesen war. Seine Aufzeichnungen schilderten ein zweites Leben in Irland mit einer anderen Frau und zwei erwachsenen Kindern in einem Einfamilienhaus in einer Stadt namens Bray. Das alles hatte er ebenfalls vergessen, und er wusste auch nicht, wann er das letzte Mal dort gewesen war.

Da er den Unfall nicht selbst verschuldet hatte, war ihm eine ansehnliche Entschädigung ausbezahlt worden. So konnte er es sich leisten, Bray zu besuchen und zu überprüfen, ob er sich an etwas erinnern konnte oder jemand sich an ihn. Wahrscheinlich fuhr er der nächsten Scheidung entgegen. Es war ihm nicht erlaubt, allein zu fahren, also bezahlte er die Krankenschwester, damit sie ihn begleitete. Sie saß einige Reihen vor ihnen und schlief, seit sie eingestiegen waren.

Bald schliefen fast alle, auch er. Als er erwachte, schnarchte der Ire neben ihm. Er hatte eine Zeichnung vor sich auf dem Klapptisch liegen, die ein Gesicht zeigte. Er erkannte, dass der Ire ihn gezeichnet hatte. Der Ire hatte erzählt, dass er oft Menschen für sein Tagebuch zeichnete, um sie nicht zu vergessen. Er fischte einen Stift aus seiner Jacke und ergänzte die Zeichnung um seine Adresse. Als der Ire erwachte, war er verwirrt und hektisch und sprach von seiner Angst vor Europa. Die Krankenschwester kam, um ihn zu beruhigen. Er nahm eine Menge Tabletten und schlief wieder ein.

In jenem Hotelzimmer in Beirut beschrieb er der schlafenden jungen Frau noch, wie er sich Bray vorstellte und dass er seitdem oft vor sich sah, wie der Ire vor seinem Zweithaus und seiner Zweitfamilie stand, an die er sich nicht erinnerte.

Als er mit der Geschichte fertig war, packte er seine Sachen zusammen und verließ das Hotel. Er nahm ein anderes, weit weg von diesem. Er wollte ihr nicht begegnen, wenn sie erwachte. Als er mit seinem Koffer durch die Straßen ging, fragte er sich, ob sie sich an seine Geschichte würde erinnern können. Er bezweifelte es; er wusste ja nicht einmal, welche Sprache sie sprach.

Viele Jahre später erwachte er in einem kleinen, ungemütlichen Hotelzimmer in Dublin. Aus dem kleinen Fenster sah er auf eine graue Hausmauer und eine Regenrinne. Er blieb lange so liegen und bewegte sich nicht. Ein trostloser Tag wartete auf ihn. Später ging er am Bahnhof spazieren und sah auf einer Anzeigetafel einen Zug mit Endstation Bray angekündigt. Da fielen ihm die Geschichte des Iren und die junge Frau in Beirut wieder ein. Er bestieg den Zug. Während der Fahrt zog sich der Himmel zu, und es begann in Strömen zu regnen. Die Zugstrecke war so knapp am Meer gebaut, dass er den Eindruck hatte, er wäre von Wasser umgeben.

In Bray regnete es so heftig, dass er nicht, wie er es vorgehabt hatte, spazieren gehen konnte, um nach einem Haus zu schauen, das dem Iren hätte gehören können. Er rannte also in das nächste Pub und bestellte ein Bier. Ein betrunkener Ire kam sofort auf ihn zu und wollte eines spendiert bekommen. Er zahlte dem Mann ein Guinness, und dieser lächelte ihm dankbar zu. Er redete auf ihn ein, genau wie der Ire im Flugzeug, und mit einem Mal wunderte er sich, dass die Iren als wortkarg galten. Der Betrunkene wollte unbedingt wissen, warum er nach Bray gekommen sei. Denn in Bray lebe man nur, wenn man hier geboren sei oder weil man zum Sterben zurückkäme. Das Sterben allerdings sei sehr angenehm hier. Beinahe hätte er den Mann gefragt, woher er das wüsste. Stattdessen blieben sie noch eine Weile an der Bar stehen und tranken gemeinsam ihr Bier.

Er stellte sich die Frau vor, die im Zimmer in Beirut geschlafen hatte. In seiner Vorstellung war sie aus Frankreich und saß nun gerade mit ihrem Mann und einem befreundeten Ehepaar in einem Fischlokal in Montpellier. Sie erzählte von einem Traum und sagte, sie wäre sicher, auf Deutsch geträumt zu haben. Sie erinnere sich sogar an das Wort »Gedächtnis«.

Sie habe das Wort noch nie zuvor gehört. Erst am nächsten Morgen habe sie die Übersetzung im Internet gefunden.

UPPSALA
SCHWEDEN
2014

75

SCHWEBENDE SCHWEDEN Er ertappte sich bei dem Gedanken: »Oopsala, hier schwebt ein Schwede.« Er schaute gerade in eine Auslage voller Regenschirme und bemerkte wieder einmal, wie schön und beruhigend Geschäfte waren, in denen es nur eine einzige Sache gab: Handschuhgeschäfte, Hutgeschäfte, Messergeschäfte, Koffergeschäfte oder, eben hier, ein Geschäft für Regenschirme. Er fühlte sich beinahe verpflichtet, in solchen Geschäften etwas zu kaufen, und wollte gerade hineingehen, als er sich einbildete, in der Spiegelung der Auslage einen Schweden vorbeischweben zu sehen. Er drehte sich um, doch die Leute ringsum gingen ganz normal ihrer Wege – recht schnell allerdings, denn es begann zu regnen. Umso näher lag es, das Regenschirmgeschäft zu betreten, obwohl er wusste, dass er den Schirm bestimmt verlieren würde, kaum, dass der Regen vorbei war.

Der Verkäufer sprach gut Englisch, was er in einem so schönen Geschäft auch nicht anders erwartet hatte. Und als er in seinem Englisch den deutschen Akzent erkannte, wechselte er sogar beiläufig in ein nicht astreines, aber gut verständliches Deutsch. Als er dem Verkäufer erzählte, dass er dazu neige, Regenschirme und Handschuhe zu verlieren, ja dass er sogar die selbstgestrickten Handschuhe seiner Mutter verloren hatte, die sie extra mit einer gehäkelten Schnur zum Um-den-Hals-Hängen versehen hatte, riet ihm der Mann höflich zu einem einfachen, schwarzen Modell. Dieses wäre, so argumentierte er, nicht zu teuer, sodass der Verlust nicht schmerzen würde, aber auch nicht billig genug, dass man ihn schon von vornherein einplante. Das klang plausibel, also nahm er den Schirm.

Es regnete stark, trotzdem waren viele Menschen unterwegs. Alle schienen es eilig zu haben, nach Hause zu kommen. Die dichte Wolkendecke ließ den Nachmittag fast wie Abenddämmerung erscheinen. Ein Mann rannte an ihm vorbei. Er wirkte athletisch, doch war sein Alter nicht genau auszumachen, da er seine Jacke zum Schutz gegen den Wolkenbruch über den Kopf gezogen hatte. Im Laufen sprang er über eine große Lacke mitten auf der Straße, und plötzlich schien es ihm wieder, als wäre dieser Mann ein wenig zu lange in der Luft geblieben. Aber das konnte doch nicht sein! Hie und da gibt es zwar linguistische Eskapaden, die plötzlich mit der Wirklichkeit übereinstimmen, aber in diesem Fall? Die tschechernden Tschechen kamen ihm in den Sinn. »Tschechern« ist ein österreichisches Wort für »Alkohol in größeren Mengen trinken« –, und das kann in Tschechien durchaus vorkommen – was allerdings nicht heißt, dass es nicht auch anderswo vorkommt. Wenn man dort in ein Bierlokal geht, wird man gar nicht erst nach seinen Wünschen gefragt, sondern bekommt ein großes Bier auf den Tisch gestellt. Der Bierdeckel, auf den es gestellt wird, wird mit einem kleinen Strich versehen, der insinuiert, dass diesem Strich, also auch dem Bier, noch viele weitere folgen werden. Gern unterwirft man sich in Tschechien diesem Ritual, da das Bier von außerordentlicher Qualität ist. Dass die Finnen im Winter oft und gerne fallen, ist ebenfalls hinreichend bekannt – aber wieso sollten Schweden schweben?

Und doch glaubte er, dieses Schweben an einem einzigen Tag schon zum zweiten Mal beobachtet zu haben, und nun konnte er an nichts anderes mehr denken. Schweden, dachte er, galten früher immer als so vorbildlich mit ihrem Sozialismus, und ihre unglaublichen Frauen, mit ihrer geheimnisvollen Kühle und dem Versprechen, echte Blondinen zu sein, waren in seinen Gedanken sowieso immer geschwebt. Er bildete sich ein, dass das erste Pornoheft, das er in den siebziger Jahren mit einem Freund, der im Mietshaus zwei Stockwerke unter ihm wohnte, durchgeblättert hatte, ein schwedisches gewesen war. Das Heft war voll von diesen schwedischen Blondinen, sie trugen Hochzeitsschleier und sonst nichts. Das schwebte noch heute irgendwo in seiner Erinnerung. Vielleicht waren es ja in Wirklichkeit schwarzhaarige italienische Motorradbräute gewesen, aber wen kümmerte schon die Wahrheit? Was ihn wieder auf das Schweben der Schweden brachte. Wer konnte schon mit Sicherheit behaupten, dass Schweden nicht schwebten?

Der Wolkenbruch war inzwischen so stark geworden, dass auch sein nagelneuer Schirm kaum mehr Schutz bot, dazu wehte ein Wind, der ihm das Wasser ins Gesicht peitschte. Er begann, ein wenig nach vorne gebeugt zu gehen, und hielt seinen Schirm wie einen Schild schräg vor sich. Dadurch regnete es allerdings auf seinen Rücken, also drückte er sich in den nächsten Hauseingang, den er fand.

Wildes Wetter lässt manchmal die Zeit still stehen. Ein Gewitter, ein Sturm oder der erste Schnee des Jahres lassen die Menschen innehalten und sich umschauen. Erst kämpfen sie noch dagegen an und versuchen, den Elementen zum Trotz ihre Termine durchzuziehen, aber bald stehen sie nur noch da und schauen. Wild zuckende Blitze am Himmel, dicke Schneeflocken oder sich heftig biegende Bäume versetzen einen in ein seltenes Staunen. Ein so schönes Staunen, dass man gar nicht mehr mit dem Finger zeigen muss, um andere darauf hinzuweisen, was es zu sehen gibt. Es braucht keine Worte oder Ausrufe mehr – man steht nur da, schaut und freut sich, ein Mensch zu sein.

Erst als der Regen ein wenig nachließ, bemerkte er, dass er neben einer blonden Schwedin in einem weißen Hochzeitskleid stand. Er traute sich erst gar nicht, hinzuschauen, denn wer will schon mit einer Jugenderinnerung in Kontakt kommen? Sie wusste ja sicherlich, dass er Jahre seiner pubertierenden Jugend damit verbracht hatte, zu ihrem Bild zu wichsen. Dann warf er doch einen Blick auf sie, schaute aber schnell wieder weg. Als sie ihn ansprach, wurde er rot und stammelte, dass er ihre Sprache nicht verstünde. Sie lächelte ihn freundlich und mitleidig an, und es war ihm, als würde sie ihm mit diesem Lächeln den Kopf tätscheln, wie man es mit kleinen Jungen tat. Er brachte kein Wort mehr heraus. Doch sie tippte ihm auf die Schulter und zeigte in den Himmel. Da stand ein Regenbogen. Ein prachtvoller, doppelter Regenbogen.

Er mochte keine Regenbogen – sie waren zu kitschig, auch in Wirklichkeit. Auf Fotos waren sie sowieso völlig daneben, er war seit jeher der Meinung, dass es ein weltweites

Verbot für das Fotografieren von Regenbogen geben sollte. Aber diese beiden hier hoben sich in satten Farben gegen einen fast schwarzen Himmel ab. Der Anblick schnürte ihm die Kehle zu. Er wurde wieder einmal eines Besseren belehrt. Hier und jetzt war alles möglich. Die junge Braut schürzte ihr weißes Kleid ein wenig, damit es den nassen Boden nicht berührte, und schwebte zu einem Taxi. Er sah auf ihre hellen Waden, die schön stramm waren, und natürlich verlor sie einen Schuh. Er lief ihr nach, klaubte den Schuh auf und reichte ihn durch das Fenster. Sie lächelte ihn dankbar an, und er wünschte ihr ein schönes Leben.

Als er sich umdrehte, bemerkte er, dass sie sich im Eingang eines Hotels untergestellt hatten, also ging er hinein und nahm ein Zimmer. Er hatte somit schon zwei Hotelzimmer in dieser Stadt. Das fand er angemessen. Von diesem Zimmer aus schaute er über einen Platz voller schwebender Schweden.

Als er am nächsten Morgen in das erste Hotel zurückging, um seinen Koffer zu holen, erwischte ihn der nächste Wolkenbruch. Natürlich hatte er keine Ahnung mehr, wo er den schwarzen Schirm vergessen hatte, und wurde waschelnass.

Er dachte darüber nach, wohin er als Nächstes fahren wollte. Vielleicht nach Chile. Es könnte schön sein, mit chillenden Chilenen abzuhängen. Gähnende Ghanaer wären auch eine Möglichkeit. Aber vielleicht wäre ihm das wiederum zu entspannt.

BATTAMBANG
KAMBODSCHA
1998

76

TOTE DINGE Die Toten sind weg, wenn sie erst einmal gestorben sind. An den wenigen Tagen, an denen sie nach dem Sterben noch anwesend sind und während derer man um ihretwillen »Wege« hat, bemerkt man sie kaum, da man sich im Umgang mit dem Tod immer ein wenig unbeholfen benimmt. Nicht aus Ehrfurcht oder Scham, sondern weil es unangenehm ist. Unangenehm nicht in dem Sinn, dass man damit nichts zu tun haben will, sondern weil einem die Welt keine Zeit lässt, etwas richtig zu machen. Egal, wie träge ein System sonst ist – bei der Entsorgung der Toten muss es schnell gehen. Man hetzt der Bürokratie hinterher, und das ist man nicht gewöhnt, denn normalerweise versucht man ja im Gegenteil völlig erfolglos, die Bürokratie zu beschleunigen. Schnell hat man einen Totenschein, schnell ist ein Bestattungsunternehmen gefunden, und schnell ist ausgewählt, ob der Sarg aus Metall oder aus Holz sein soll. Und wenn aus Holz, dann ob aus Ahorn, Eiche, Fichte, Kiefer, Lärche, Pappel oder Zirbe, gewachst oder ungewachst und mit welchen Griffen. Bei einer Urne sind die Auswahlmöglichkeiten vergleichbar. Dann gilt es noch, den Partezettel zu formulieren, zu gestalten und drucken zu lassen und den Ablauf des Begräbnisses festzulegen. Im Normalfall gibt es ein Orgelspiel, eine gesangliche und/oder musikalische Darbietung, die Einsegnung, den Nachruf, den Abschluss durch noch ein Orgelspiel und dann das Ende der Trauerfeier bei einer Kremation (Feuerbestattung) oder den Kondukt (Trauerzug) zur Grabstelle. All das wurde schon millionenfach gemacht, und selbst die ungewöhnlichste Herangehensweise mündet am Ende in eine Konvention. Das Begräbnis zieht an einem vorüber, als habe man nicht das Geringste damit zu tun. Man versucht nur, die Form zu wahren, und dann ist er weg, der angehörige, geliebte, vertraute oder verhasste Mensch – unter der Erde oder in alle Winde verstreut. Was bleibt, sind die Dinge.

Er stand in einem leeren Zimmer des *Hotel Victoire*, einem erst vor kurzem aufgelassenen Hotel aus der Zeit der Khmer Rouge, und starrte auf einen fremden Koffer, der auf dem Bett lag. Jemand musste ihn, unter welchen Umständen auch immer, hier stehen gelassen haben. Die Dinge, die er darin fand, waren ein weißes, sehr ordentlich zusammengefaltetes Hemd, ein mit Tixo geklebter Elektrorasierer, eine Zahnbürste mit vergilbten Borsten, ein Paar Socken und ein Notizbuch, das aussah wie ein gebundenes Schulheft und auf dem die leicht verblichene Abbildung eines jungen Khmer beim Fußballspielen zu sehen war – er flog in Seitenlage durch die Luft und schoss gerade ein Tor. Ein guter Moment für gute Notizen, dachte er und wusste gleichzeitig, dass es tote Dinge waren, die er da anschaute. Dinge, die einem Toten oder zukünftigen Toten gehörten. In jedem Fall Dinge eines Todes. Solche Dinge haben eine Aura. Er wusste das, seit er die ebenfalls mit Tixo geklebte Fernbedienung für das TV-Gerät seines Vaters in Händen gehalten hatte. Wie oft hatte sein Vater sie wohl akribisch geklebt? Alte Menschen wollen sich nicht mehr umgewöhnen. Sie wollen ihre Dinge: ihre Serviette, ihre Tasse, ihren Wecker, ihren Nippes, ihren Plattenspieler und ihre Fernbedienung. Technische Neuerungen werden als Bedrohung empfunden und nur sehr langsam, wenn überhaupt, akzeptiert. In dem Moment, da der Mensch weg ist, machen genau diese Dinge keinen Sinn mehr. Sie liegen dann vorwurfsvoll herum. Den Fernseher wird man nicht mehr mit dieser Fernbedienung einschalten. Aber sie erinnert einen daran, dass man den Vater gern noch etwas gefragt hätte. Aber was – und warum jetzt? Man hätte ja Zeit genug gehabt. Also erinnert einen die Fernbedienung daran, dass man, obwohl man die Zeit gehabt hat, trotzdem nicht gefragt hat, und vielleicht nicht hatte fragen wollen. Das ist genau der Moment, in dem man beginnt, die Fernbedienung zu hassen.

Im *Hotel Victoire* gab es keine Fernbedienungen, und nur in einem einzigen Zimmer stand überhaupt ein altes TV-Gerät. Es stammte wohl aus den siebziger Jahren und musste in der Luxussuite dieses sozialistischen Prachtbaus übrig geblieben sein. Es war das einzige im ganzen Haus, und da ansonsten die gesamte Ausstattung des Hotels vorhanden war – von der Küche über das Restaurant und die Bar bis hin zu den Zimmereinrichtungen – hatte es wohl auch nur diesen einen gegeben. Dieser Fernseher war kein totes Ding wie das weiße Hemd oder der Rasierapparat, denn er war Teil des Hotels, und ein Hotel gehört niemandem. Der Besitzer ist entweder der Staat oder ein Superreicher oder eine Kette – kurz, jemand nicht Anwesender, jemand Unbestimmter.

Familienbetriebe sind nur die Ausnahme, die diese Regel bestätigt. In ganz neuen Hotels gibt es ja auch kein Personal mehr – man bucht und bezahlt sie über das Internet, bekommt einen Code, kann damit ins Haus und ins Zimmer und kauft Snacks und Getränke von Automaten in den Gängen. Davon war 1998 noch keine Rede, aber er spürte, dass es in einem Hotel keine toten Dinge gab, weil die Dinge allen gehörten, die sie je benutzt hatten. Ein Fernsehgerät, das fast täglich den Benutzer wechselt, ein Bett, in dem dauernd jemand anders schläft, ein Ventilator, der die Luft über immer anderen Köpfen herumwirbelt, und ein Spiegel, der schon Abertausende Spiegelbilder zurückgeworfen hat – sie alle haben viel mehr Besitzer, als sie Tode sterben könnten. Hotelinventarien sind die hartnäckigsten und reichsten Dinge auf der Welt. Sie quellen über vor verirrten, verwirrten, gütigen, streunenden, liebenden, hektischen und wagemutigen Seelen. Sie sind gelassen, sie lassen sich von allen gleich benutzen, und je abgegriffener und abgewohnter sie werden, desto ruhiger werden sie in ihrer Dinghaftigkeit. Und hier, hatte er den Eindruck, warteten sie, ob nicht doch noch jemand kommen und sie benutzen würde.

Er versuchte, den Bauern, der dieses Areal mit seiner Familie und dreiundzwanzig Ziegen als Einziger noch bewohnte, davon zu überzeugen, dass er in dieser Ruine übernachten wollte. Aber der alte Mann kicherte nur unsicher und wiegte den Kopf in einer Weise, die klarmachte, dass er Angst hatte – vor irgendeinem Besitzer im Hintergrund oder einem bösen Geist, der in dieses Gemäuer eingezogen war.

So große Angst, dass ihn auch viel Geld nicht umstimmen konnte. Er führte ihn in den Hof hinunter, wo das Gras kniehoch stand, und die beiden schauten eine Weile den Ziegen zu. Der Bauer war sehr alt, trug aber noch keine Spuren des Todes im Gesicht.

Er hatte in den letzten Tagen viele jüngere Menschen gesehen, bei denen diese Spuren schon sichtbar waren. Lag das an den Menschen oder am Blick des Betrachters? Bis vor kurzem war das anders gewesen – er hatte immer nur das Schöne gesehen, auch im objektiv Hässlichen. War er über eine Baustelle gegangen, hatte er nie an den Verlust des Alten, sondern immer an das gute Neue gedacht. Aber plötzlich, als liefe ein Schwarm Ratten über die Baustelle seines Lebens, hatte er begonnen, den Tod zu sehen – und sah ihn immer öfter. Das hatte nichts mit dem Alter der Menschen zu tun – der Tod war unabhängig davon schon in ihren Zügen.

Der Bauer war der Zeit gegenüber gelassener als er selbst und hatte keine Eile. Er hätte wahrscheinlich stundenlang mit ihm hier in der Wiese gestanden.

Am Abend schaute er in den Spiegel seines Hotelzimmers. Es war ein Zimmer, das keinerlei Spuren in seinem Gedächtnis hinterlassen würde – das wusste er, seit er es betreten hatte. Er versuchte sich vorzustellen, wie es aussehen würde, wenn er alle Menschen, die schon in diesen Spiegel geschaut hatten, im Zeitraffer sähe. Dann fragte er sich, ob andere schon den Tod in seinem Gesicht sehen konnten, wenn sie an ihm vorübergingen. Aber solange er auch schaute, er sah immer nur sich selbst.

Dann drehte er sich um und schaute auf all die Dinge, die da unordentlich auf dem Bett verstreut lagen. Und mit einem Mal verstand er, warum sich die Pharaonen immer mitsamt ihrem ganzen Krempel hatten begraben lassen.

HO-CHI-MINH-STADT VIETNAM 1999

DIE OBERFLÄCHE Erst als er sich in dem kleinen stickigen Hotelzimmer gewaschen, die Zähne geputzt, sich ausgezogen, hingelegt und das Leintuch bis zum Kinn hochgezogen hatte, spürte er dieses Gefühl in sich hochsteigen, das er, seit er fünfzehn war, nur zu gut kannte. Früher liebte er diesen Zustand, heute fürchtete er ihn, denn er hatte ihn schon in verzwickte Situationen gebracht. Er drehte sich in die seitliche embryonale Lage, in der er gewohnt war, einzuschlafen, umarmte sein zweites Polster und hoffte, dass es vorbeigehen würde. Aber schon nach wenigen Minuten wusste er: An Schlaf war nicht zu denken. Seine innere Uhr war noch nicht fertig mit dem Tag. Er hatte für heute noch nicht genug gelebt, nicht genug gegessen, getrunken, gedacht, geliebt – es war einfach nicht genug.

77

Er wusste, dass es kein Entkommen gab. Als er das zum ersten Mal erlebt hatte, lebte er noch im Hause seiner Eltern. Er wusste nicht genau, wie ihm geschah, aber er stand, nachdem er schon zu Bett gegangen war, wieder auf, zog sich schnell an, schlich aus der Wohnung und dem Haus und probierte ein paar Straßen weiter, ob ein altes Moped, das er schon eine Weile beobachtet hatte, sich starten ließ. Es war ein Modell ohne Schlüssel, nur mit einem Kickstarter. Der Besitzer musste gedacht haben, dass sich niemand dafür interessierte, denn es war völlig ungesichert. Es dauerte eine Weile und er schwitzte, wie Diebe schwitzen, bis er es gestartet hatte. Das Adrenalin floss beängstigend und verheißungsvoll durch seinen Körper. Dann fuhr er durch die nächtliche Kleinstadt. Es war ein Rausch, ein königliches Gefühl, ein fulminanter Moment, und er dachte nur: »Verbrechen lohnt sich doch!« Er war nicht sehr geübt im Mopedfahren und stürzte, tat sich aber nicht sehr weh. Ein Loch in der Hose auf Kniehöhe und ein paar Hautabschürfungen waren die einzigen Folgen.

Jetzt, in dieser angebrochenen Nacht in Ho-Chi-Minh-Stadt, war es schwieriger. Nein, er würde diesmal kein Moped stehlen – er schämte sich immer ein wenig bei der

Erinnerung, obwohl er es am Ende seiner Ausfahrt fast am selben Platz abgestellt hatte, wo es vorher gewesen war. Aber der Gedanke, dass der Besitzer sich am nächsten Tag fragen würde, ob er es vor dem blauen Auto oder doch hinter dem blauen Auto geparkt hatte, hatte ihn damals diebisch gefreut. Trotzdem – das Moped-Stehlen war erledigt. Er fühlte sich nicht so extravagant und hatte außerdem schon haarsträubendere Dinge getan, nachdem er irgendwo auf der Welt wieder aufgestanden war. Diesmal würde eine Nudelsuppe an einem nächtlichen Straßenstand oder ein warmes Bier mit Eiswürfeln (oder beides) die Sache hoffentlich bereinigen. Ein paar Fremden beim Leben zuzuschauen könnte diesmal reichen, um das Gefühl zu bekommen, auch für diesen Tag genug gelebt zu haben.

Die Stadt machte ein abweisendes Gesicht – wahrscheinlich hatte sie, im Unterschied zu ihm, für heute genug. Auf ihr war genug herumgetrampelt, genug gelärmt, genug gelebt worden. Sie hätte sich liebend gerne auf die Seite gelegt und einen Polster umarmt. Er hatte öfter das Gefühl, dass eine Stadt, bei all der Energie, die sich über Jahrhunderte in ihr ausgebreitet hat, so etwas wie ein eigenes Dasein entwickelt. Nein, das waren nicht die richtigen Worte. Vielleicht war eine Stadt die Summe aller Menschen, die je in ihr gelebt hatten – die Summe aller Gefühle und Gedanken dieser Menschen. Irgendetwas mussten all diese emotionalen Spuren doch bewirken. Oder auch nicht. Eine Stadt ist kalter Stein, warmes Holz, knisterndes Blech und quietschendes Plastik. Sonst nichts. Man ist es immer nur selbst, der eine Spur legt. Und so dichtet man das Göttliche in die Kirche, das Erhabene in den Palast und das Unheimliche in das Holzhaus im Wald. In der Verbotenen Stadt in Peking hatte er sich so bemüht, die Anwesenheit diverser Dynastien und kaiserlicher, prachtvoller und grausamer Vergangenheit zu spüren, aber wie in jedem Museum fiel er nur in die Duldungsstarre von Schulexkursionen, oder er spürte die sinnlose Anwesenheit von Heerscharen von Touristen. Hätten die Herrscher vergangener Epochen diesen Ansturm vorhergesehen, hätten sie wohl noch höhere und längere Mauern um ihr Land und ihre Paläste gebaut.

Er ging verschiedenen Menschen hinterher, die auf dem Nachhauseweg waren, die noch arbeiteten oder überhaupt ihr Dasein in der Nacht verbrachten. Aber nach einigen scheelen Blicken wechselte er die Straßenseite – er wollte ja nicht als Spinner oder Psychopath wahrgenommen werden, und unsichtbar war er als Weißer sowieso nicht. Im Gegenteil fühlte er sich in dieser fast leeren Stadt so sichtbar wie schon lange nicht mehr. Er wünschte, er hätte seinem Impuls widerstanden und wäre im Zimmer geblieben, als er unter einer Autobahnauffahrt einen Suppenstand mit ein paar Plastiktischen sah. Der Stand war hell erleuchtet, aber von einer Straßenlampe, weniger von der einzelnen Glühbirne, die über dem Kochwagen hing, auf dem ein Suppenkessel noch schwach vor sich hin dampfte. Ein Baby schlief säuberlich gewickelt auf einem Tisch mit einem dunkelgrün gemusterten Plastiktischtuch, und eine Frau mit Plastikschürze staubte einen der Plastiktische ab. Eine Sisyphusarbeit, da sich dieser Stand nicht nur unter der Autobahn, sondern auch an einer tagsüber stark befahrenen Straße und direkt neben den Bahngleisen befand.

Er stellte sich zu dem Kochwagen, wo der traurige Rest einer Ente baumelte und Grünzeug und fein geschnittenes Gemüse darauf warteten, in die dampfende Suppe geworfen zu werden. Die Frau mit der Plastikschürze kam und bereitete eine Portion Suppe, die sie ihm wortlos reichte. Er setzte sich an den frisch geputzten Plastiktisch, nahm einen Löffel aus Blech, wie sie in ganz Asien üblich sind, und begann, die heiße Suppe zu schlürfen. Ein warmes Glück breitete sich in ihm aus. Er war fremd und allein auf der Welt und in dieser Stadt, und doch hatte diese Suppe auf ihn gewartet. Erst nach einer Weile bemerkte er eine junge Frau am Nebentisch. Sie hatte ihren linken Ellenbogen auf den Tisch gestützt und ihre rechte Hand in die linke. Den Kopf hatte sie auf diese Stütze aus ihren beiden Händen gelegt. Die schwarzen Haare trug sie streng nach links gekämmt und zu einem dicken Zopf geflochten. Der Zopf war an sieben Stellen mit farbigen Gummibändern zusammengehalten. Ihr gestreiftes, kurzärmeliges T-Shirt hatte die gleiche Grundfarbe wie die Bänder in ihrem Haar. Sie schaute traurig oder melancholisch vor sich hin. Er fragte sich, was sie wohl erlebt hatte.

In diesem Moment ratterte ein langer Güterzug vorbei. Alles zitterte, dröhnte, staubte, ein Warnsignal pfiff über sie hinweg. Sie reagierte nicht, zuckte mit keiner Wimper. Er wollte sich zurückhalten und sie nicht unverwandt anstarren, konnte aber trotzdem nicht damit aufhören. Nicht, weil sie so schön gewesen wäre oder er sich zu ihr hingezogen gefühlt hätte. Es war nichts anderes als die Schönheit des Augenblicks. Die reine Oberfläche, an der alles perfekt war. Hätte er ihren Namen gekannt oder gewusst, warum sie traurig war oder wer ihr die Uhr an ihrem linken Handgelenk geschenkt hatte, wäre alles zerstört gewesen. Und als der Zug vorbeigefahren war, das Baby zu schreien begann und der Staub sich langsam legte, schaute er sie noch immer an. Sie bemerkte es nicht oder hatte beschlossen, es nicht zu bemerken. Oder war er nun doch unsichtbar geworden?

Die Suppe wärmte sein Inneres, und er war glücklich, dass er nicht schlief.

BOGOTÁ
KOLUMBIEN
2004

78

UNBEMERKT Es war einmal, als er noch daran glaubte, dass die Welt stabil sei, und sich auf dem Schulweg an einem kleinen Stück Gehsteig freute, das nicht asphaltiert war. Damals war er davon überzeugt, alles würde so bleiben, wie es war. Es würde immer Plattenspieler, Bananenfrisuren und VW-Käfer, immer Eltern und Lehrer geben. Und ebendieses nicht asphaltierte Stück Weges entlang der Sportplätze. Als es schließlich doch asphaltiert wurde, war er entsetzt und trug tagelang eine kleine innere Wunde mit sich zur Schule. Später konnte er sich nicht mehr erinnern, wo die Stelle genau gewesen war, und so veränderte sich die Welt um ihn herum – manchmal merkbar, aber oft auch gänzlich unbemerkt. Und doch blieb vor seinem inneren Auge seine Heimatstadt immer gleich. Neue Häuser blendete er aus oder redete sich ein, sie wären schon immer dagewesen. Auch mit Bäumen ging das – eine mächtige Allee, die gerodet und mit mickrigen Bäumchen neu bepflanzt worden war, blieb für ihn doch die gleiche Straße. Erinnerung und Realität verschmolzen in seiner Wahrnehmung.

Als er das Hotelzimmerfenster in Bogotá öffnete, war ihm, als wäre er hier schon einmal gewesen. Das hochaufragende, verwahrloste, grau-grüne Gebäude auf der anderen Straßenseite kam ihm bekannt vor, und auch das kleine, kanalartig regulierte Flussbett, in dem eine zähe Flüssigkeit mehr stand als floss. Beides glaubte er schon gesehen zu haben. Ebenso die provisorischen Marktstände und den Verkehr, der sich kaum schneller bewegte als das Wasser neben der vierspurigen Straße. Nun gut, ähnliche Häuser waren ihm schon in São Paulo untergekommen, und auch in Asunción, Lima und Panamá-Stadt gab es solch leerstehenden Wildwuchs, in dem sich Menschen einnisteten, weil sie sonst keine Bleibe hatten. In Mexiko war man da umsichtiger. Die Besitzer leerstehender Häuser engagierten Menschen, die darin wohnten, damit sich niemand anderer durch wildes Einziehen ein Recht »erwohnen« konnte. Als er dort einmal ein solches Haus besichtigen wollte, war er mit Steinen beworfen worden. Man hatte Angst vor jedem Fremden, der das Haus betrat.

Ihm brach der Schweiß aus, weil er sich nicht mehr sicher war, ob seine Erinnerung sich auf dieses Haus bezog oder auf ein anderes. Das Haus in seiner Erinnerung hatte wild ausgesehen. Eine Seite hatte nur aus Fenstern bestanden, viele davon geöffnet oder zerbrochen, da sich hier niemand eine Klimaanlage leisten konnte. Manche Fenster waren dekorativ mit Betongittern versehen, was den Eindruck eines Gefängnishochhauses aufkommen ließ. Die andere Seite war gerastert wie bei einem überdimensionierten Kühlregal. Es gab rechts einen Zubau für einen Lift, aber der fuhr nicht, und in der Nacht merkte man am da und dort spärlich flackernden Kerzenlicht, dass es gar keinen Strom gab in diesem Betonmonster mit seinen tausend Wohnungen. War es dieses Haus, das er gerade sah? Ja, der Kanal, die Straße, die Marktstände und selbst der verhangene graue Himmel hatten sich tief in sein Gedächtnis geprägt. Aber eines war ganz sicher – er war noch nie zuvor in Bogotá gewesen. Leichter zu täuschende Wesen hätten sich so etwas mit einem früheren Leben erklärt, aber solche Geistespfade wollte er gar nicht erst beschreiten. Trotzdem ging er zum Telefon und rief die Rezeption an, um zu fragen, in welcher Stadt er war. Das war nicht einfach, da sein Spanisch ordentlich holperte, und trug gleichzeitig dazu bei, dass ihn der Angestellte für völlig durchgeknallt hielt.

Er musste daran denken, wie er sich letztens in seiner Heimatstadt ein Bild rahmen lassen wollte. Er war mit dem Auto an die Straßenecke gefahren, wo er die Rahmenhandlung wähnte, fand dort aber eines jener Geschäfte, in denen es nur Zierpolster, Schalen mit getrockneten Blüten, Püppchen, schmiedeeiserne Kraniche und Halterungen für Brokatvorhänge zu kaufen gab. Er wollte schon verzweifelt den Kopf in den Händen vergraben, weil wieder etwas Geliebtes verschwunden war, so wie bisher jede Buchhandlung, die ihm je etwas bedeutet hatte, einer Textilkette oder einem Selbstfindungstöpferladen hatte weichen müssen.

Da ließ ihn der Anblick einer Tiefgarage auf der anderen Straßenseite stutzig werden. Ja, das dreistöckige Jahrhundertwendehaus stimmte, der Eckeingang auch – und ebenso der kleine Hundepark hundert Meter weiter sowie das Kaffeehaus gegenüber. Aber eine Tiefgarage entstand nicht so schnell, nicht einmal in seinem Leben. Und so war doch er es gewesen, der sich geirrt, und nicht die Welt, die sich gewandelt hatte – er fand die Rahmenhandlung samt ähnlichem Hundepark, ähnlichem Kaffeehaus, aber ohne Tiefgarage drei Häuserblocks weiter.

Aber hier, wie viele Häuserblocks gab es hier? Zur Auswahl standen wohl mehrere tausend Kilometer, eigentlich ein halber Kontinent in Richtung links unten, wo es dieses Haus noch einmal geben konnte. In Wahrheit war es höchst unwahrscheinlich, denn das Haus gegenüber schaute bei aller Ähnlichkeit mit seiner Erinnerung renoviert aus. Die Wirklichkeit konnte ja auch mit ihm Katz und Maus spielen. Vielleicht handelte es sich hier nur um den gleichen Architekten, so wie bei den »Sieben Schwestern« oder auch »Stalinfinger« genannten Hochhäusern in Moskau, die jeden ungeübten Reisenden täuschen, wenn nicht gar um den Verstand bringen, da es eben gleich sieben gleich aussehende Häuser gibt in einer einzigen Stadt. Und wenn man glaubte, sich an einem zu orientieren, ging man in dieser weitläufigen und schwer zu fassenden Metropole zweifellos in die Irre oder verloren. Ähnliche Häuser im stalinistischen Zuckerbäckerstil gab es außerdem in vielen anderen Hauptstädten des ehemaligen Ostblocks. Auch in Warschau, Riga, Bukarest und Prag zeigen solche Finger in den Himmel. Aber in Südamerika war das nicht zu erwarten.

Er erinnerte sich, dass er versucht hatte, das Haus zu fotografieren, als die Steine auf ihn flogen. Also beschloss er, die Probe aufs Exempel zu machen. Er nahm seinen Fotoapparat aus der Tasche, prüfte, ob der Akku geladen war, und ging hinunter auf die Straße. Unter wütendem Hupen überquerte er die vierspurige Fahrbahn und stellte sich direkt unter das Haus. Er wartete, bis ein, zwei Bewohner von den Fenstern und Balkonen zu ihm herunterschauten, und richtete dann seine Kamera nach oben. Sofort flogen Dinge. Zwar keine Steine, aber Plastikflaschen, Stanniolkugeln und sogar ein Blumenstock. Es war also ähnlich, aber nicht gleich. Waren es wirklich Steine gewesen, die man damals auf ihn geworfen hatte? Traute er seiner Erinnerung? So ganz sicher war er sich nicht, und das bewies ja auch nicht mehr, als dass Ähnliches an ähnlichen Orten geschah.

Als er abends auf dem Hotelbett lag und rauchend auf die Nacht wartete, fiel ihm ein, dass er in einem Leihwagen in Miami eine CD gehört hatte. Er glaubte noch zu wissen, dass es Musik von Tricky war. Er erinnerte sich sogar an den Titel – es hieß »Broken Homes« und war ein Duett mit P.J. Harvey. Er hatte es plötzlich nicht mehr hören wollen, als er durch einen Vorort der Stadt gefahren war. Es war ihm in dem Moment irgendwie zu nahe gegangen, also hatte er versucht, auf Radio umzuschalten. Das schien nicht zu funktionieren, weil das Lied einfach weiterlief. Erst nach mehreren Versuchen war ihm klar geworden, dass das Lied gleichzeitig auf der CD und im Radio lief.

So fühlte er sich, als es Nacht geworden war und er bemerkte, dass es im Haus gegenüber keinen Strom gab. Da und dort flackerte eine Kerze, oder jemand fuchtelte mit einer Taschenlampe.

Vielleicht lebte er ja unbemerkt ein zweites Leben.

79

ČIGOČ
KROATIEN
1996

GLÜCK Die junge Katze wälzte sich glücklich in der Wiese. Sie hatte eine Blaumeise gefangen, mit der sie seit einer guten halben Stunde spielte, und es war nicht auszumachen, ob der kleine Vogel mit seinem bunt schimmernden Gefieder schon tot war oder sich in einer Starre aus Panik und Todesangst befand. Klar war, dass er es nicht überleben würde, und klar war auch, dass die Katze einem Rausch aus Spiel, Stolz und Trieb verfallen war.

So also sieht das Glück aus, dachte er, als er an diesem sonnigen Tag an einem Holztisch saß, vor sich Speck, Brot, Weißwein und eine Schachtel Zigaretten. Auch er war so etwas Ähnliches wie glücklich. Er war schon zu alt geworden, um eindeutig sagen zu können: Das ist jetzt ein schöner Moment, hier wohnt das Glück. Es gab immer irgendetwas, im Hinterkopf, eine berufliche Ungereimtheit, eine falsche Schwingung in der Liebe oder einen unerwarteten Traum, der Salz in alte Wunden streute. Doch er wusste, wenn er in wenigen Wochen oder in einigen Jahren an diesen Moment zurückdächte, würde er finden, dass er genau da glücklich gewesen war. So wie die Katze, die gerade mit ihrer Beute spielte. Dass er für dieses Glück nicht hatte töten müssen, machte ihn noch glücklicher. Und dennoch, es lag ja ein Stück Speck vor ihm, und dieses Stück Speck war Teil seines Glücks – und wenn er das Schwein, von dem es stammte, auch nicht selbst umgebracht hatte, war es doch seinetwegen gemordet worden. Gut, er war nicht dabei gewesen und hatte mit dem Schwein nicht gespielt – glücklich gespielt! –, aber trotzdem. Damit es nicht so scheint, als sei es das Gleiche, hat der Mensch Worte wie erlegen, schlachten, schächten oder metzgern erfunden. Die Sprache muss es dann immer richten. Sonst müssten wir ja umbringen, abschlachten, hinrichten, morden oder meucheln sagen. Könnten wir auch, aber es würde mit Sicherheit zu einer geschmacklichen Beeinträchtigung führen.

Er nahm ein scharfes Messer, spießte damit ein Stück Speck auf und schob es sich in den Mund, während die

Katze den toten oder halbtoten Vogel possierlich mit den Vorderpfoten in die Höhe bugsierte, um sich noch einmal der Illusion des Jagens hinzugeben. Sie sprang in die Luft, drehte den Schwanz ein wie einen Violinschlüssel, kam wieder zum Liegen und biss der Blaumeise dann genüsslich den Kopf ab. Auch der Speck schmeckte himmlisch, und er trank einen Schluck Weißwein hinterher. Er schaute dabei nach oben und sah einen Storch auf dem Rauchfang des Nachbarhauses. Er putzte sich mit seinem langen Schnabel unter dem linken Flügel, stand dann in seiner ganzen Pracht da und schaute über das Land.

Er war ursprünglich wegen der Störche hierhergekommen. Cigoć in Westslawonien ist bekannt dafür, dass die Störche auf ihrem Weg in den Süden hier Station machen. Die wenigen Bewohner des Dorfes dehnen ihre Gastfreundschaft auch auf die großen Vögel aus und haben ihnen über die Jahre sogar etliche hoch in den Himmel ragende Podeste errichtet, auf denen sie ihre Nester bauen können. Die Störche fühlen sich willkommen, und in den umliegenden, weitläufigen Weizenfeldern, die hier noch traditionell bewirtschaftet werden, finden sie reichlich Schlangen, Eidechsen, Wühlmäuse, Maulwürfe und Hamster sowie Material für den aufwendigen Nestbau. Neben der einzigen Straße, die das Dorf entlangführt, liegt ein kleiner Teich, in dem es außerdem Fische, Kaulquappen und Frösche gibt. Die Störche leben hier wie die sprichwörtlichen Maden im Speck, und sie prägen das Bild des ganzen Dorfes. Als er mit dem Auto hier angekommen war, war kein Mensch zu sehen gewesen – nur ein Storch stand mitten auf der Straße. Er fuhr im Schritttempo auf ihn zu, bis sie auf gleicher Höhe waren, und kurbelte das Fenster hinunter. Sie schauten einander an. Es war nicht sicher, was der Storch dachte, aber fest stand, dass er keine Angst hatte. Und das war schon eine ganze Menge an Befindlichkeit.

Das war seither so geblieben – er sah viel weniger Menschen als Störche, eine recht surreale Idylle. Er ließ sich von dem Gedanken betören, dass in Wirklichkeit die Störche hier lebten und die Menschen, so wie er, auf ihrem Weg in den Süden nur Halt machten. In seinem Fall stimmte es ja sogar, nur tat er das nicht jedes Jahr zur gleichen Zeit. Er machte eine innere Notiz, das ab jetzt tun zu wollen. Und je mehr Zeit er hier verbrachte, desto mehr fühlte er sich wie in einem Märchen. Die malerischen Holzhäuser trugen ein Übriges dazu bei.

Am ersten Tag war er noch neugierig herumspaziert, hatte sich ans Ufer des Teiches gesetzt und den Muschelblumen und Wasserhyazinthen beim Schwimmen zugeschaut. Er hatte vorsichtig die Störche bestaunt und im einzigen Geschäft des Ortes Mineralwasser und Ansichtskarten gekauft. Am zweiten Tag war er durch die Felder gewandert und hatte aus der Ferne den Bauern bei der Arbeit zugesehen. Es war eine Zeitreise der besonderen Art, und bald fiel ihm auf, dass es hier nicht einmal Fernsehantennen auf den Dächern gab. Eine hatte er schließlich entdeckt, aber sie war der vielleicht einzige Hinweis darauf, dass es sich wirklich um das 20. Jahrhundert handelte. In seinem Hotelzimmer gab es nicht einmal Radio. Das Zimmer lag ebenerdig und hatte eine Tür in den Garten. Dort standen der Tisch und die Holzbank, auf der er jetzt saß. Eine junge Frau – ihm war nie klar geworden, ob sie die Besitzerin, die Kellnerin oder die Köchin war – brachte ihm zum Speck ein mit Käse gefülltes Fladenbrot und eine neue Flasche Weißwein. Wenn das so weiterginge, würde er hier nie wieder wegwollen. Die Katze war inzwischen zu ihm auf die Bank gesprungen, hatte sich zusammengerollt und war friedlich schnurrend eingeschlafen. Fünf Störche segelten hoch oben lautlos durch einen strahlend blauen Himmel. Den ganzen Tag über blies ein warmer Wind, der die Blätter an den Bäumen in ständiger Bewegung hielt, und manchmal wirbelte eine stärkere Böe abgebrochene kleine Zweige durch den Garten. Diese Bewegung unterstrich die Schönheit des Augenblicks.

Kein Menschenleben zuvor, dachte er, waren im Konzentrationslager von Jasenovac an die 100 000 Serben ermordet worden. Der Ort lag genau einundvierzig Kilometer von dem Garten entfernt, in dem er gerade saß. Es soll das Lager gewesen sein, in dem es keine »industrielle« Vernichtung gab, sondern alle Opfer von Hand hingerichtet wurden. Gegen Ende des Krieges nahm man sogar von Schusswaffen Abstand. Die Insassen wurden mit Beilen, Hämmern und Äxten erschlagen, oder man schnitt ihnen einfach die Kehle durch.

Es muss wohl so sein, dachte er, dass auch wir Wesen sind, für die es ein Glück bedeuten kann, zu morden.

MEXIKO STADT
MEXIKO
1997

80

DER AUFTRAGSKILLER Zu jener Zeit erwachte er meist zum Hüsteln des Japaners, der im Nebenzimmer wohnte. Er sah den älteren Herrn oft im Stiegenhaus des Hotels, und obwohl er bei diesen Begegnungen nie hüstelte, konnte das Hüsteln nur von ihm kommen. Es war wahrscheinlich chronisch und nicht hervorgerufen durch eine Krankheit des Rachens oder der Lunge, sondern durch eine Unruhe in Geist und Seele. Er kannte mehrere Menschen, deren Körper durch Zucken, Husten oder eine leichte Anomalie in der Sprache mehr preisgab, als andere eigentlich bemerken sollten. Das Hüsteln des Japaners drang nur sehr schwach durch die dicken Wände des alten Hotels, das einmal ein Kloster und später das Haus des Schriftstellers D. H. Lawrence gewesen sein soll.

Der Ort war magisch, heruntergekommen und perfekt. Es gab nur ganz wenige Hotels auf der Welt, die so perfekt waren. Natürlich war es auch ein perfekter Ort, um sich einsam zu fühlen, wie alle besonders malerischen Hotels. Der Schmutz, das viele Leben, das dort schon gelebt worden war, das Klebrige, das Billige, das Abblätternde, die vielen Farbschichten an den Türen, die übereinandergeklebten Tapeten an den Wänden, die vielen verstörenden Träume, die hier schon geträumt worden waren, der flüchtige und heftige Sex, die vielen Räusche, die hier schon ausgeschlafen worden waren, die vielen Gedanken, die hier schon gedacht worden waren – und eben die Einsamkeit. Er sah auch den Japaner immer allein. Das musste nichts heißen, denn die einsamsten Menschen sind oft die, die nie allein sind. Aber das Hüsteln hörte sich doch verdammt nach Einsamkeit an.

Dieser Japaner war in den letzten Monaten zu seinem lebenden Wecker geworden. Er war offensichtlich ein Dauergast, denn seit er selbst sich für längere Zeit hier eingenistet hatte, hatte er nie einen anderen Nachbarn gehabt. Und wenn sein Schlaf dünn wurde und die Mauer seiner Träume so instabil, dass sie zu bröckeln begann, trat das Hüsteln herein, und er schälte sich vorsichtig aus dem Schlaf. Er musste damals zu keiner bestimmten Zeit aufstehen, und dieses Wecken war schön, weil es so vorsichtig geschah. Schlecht war, dass sich die Einsamkeit des Japaners sanft, aber doch auf ihn übertrug.

An einem kalten Sonntag im Dezember erwachte er und blieb erst einmal ruhig liegen in seinem durchgelegenen Bett. Das Bett ließ einen in eine Grube rutschen, und es war gar nicht leicht, sich wieder herauszuziehen. An diesem Tag musste es noch sehr früh sein, da man von der anderen Straßenseite noch die dumpfen, basslastigen Rhythmen des samstäglichen Clubbings hörte. Am Vortag war er bereits am Nachmittag schlafen gegangen. Er hatte davor mehrere Tage lang gar nicht geschlafen und war trunken vom Leben in dieses Bett gesunken. Bevor er einschlief, dachte er noch: »No strings attached«, und bemerkte gar nicht, wie das Leben gerade zu dieser Zeit begann, ihm unsichtbare Bindfäden an Herz, Geist und Seele zu knüpfen.

Er sprang aus dem Bett, das war die einzige Chance, um aufzustehen – zu tief war er eingesunken, zu fest umklammerte er seine Polster. Sprang er nicht gleich, würde er noch zwölf Stunden liegen bleiben. Doch so lange würde er das Hüsteln nicht ertragen. Also sprang er mit einer heftigen Bewegung auf, zog sich mit wenigen Handgriffen an und ging in das halbverfallene, prunkvolle Haus auf der anderen Straßenseite, um im ausklingenden Clubbing zu frühstücken. Das Frühstück bestand aus einem Bier und einem gut eingeschenkten Tequila. Die Musik dröhnte immer noch, obwohl sich nur noch zwei, drei späte Tänzer zu den schweren Rhythmen abmühten. Sonst nur Alkoholleichen und ein paar Küssende.

Als der DJ endgültig Schluss machte, hörte eine der Tanzenden einfach nicht zu tanzen auf. Schön, dachte er, das ist Haltung! Man soll sich nicht unterkriegen lassen von irgendjemandem, der glaubt, es müsse etwas zu Ende sein, das man selbst noch gar nicht richtig angefangen hat. Er trank den Tequila auf einen Zug und fühlte sich draußen auf der Straße, als habe er selbst die ganze Nacht getanzt. Er aß fettige Tacos mit köstlichen Innereien und stellte sich vor, wie sich das Fleisch und das Fett in seinem Inneren mit dem Alkohol mischten. Er fühlte sich auf angenehme Art roh und wild. Er hätte gern in etwas Lebendiges gebissen.

An diesem Tag traf er den Auftragskiller. Er wusste nicht, ob stimmte, was man sich von ihm erzählte, aber nach der ersten Begegnung war ihm klar, dass er ihn wiedersehen wollte. Dabei war die Begegnung unspektakulär verlaufen. Es war in einer kleinen Bar in Guerrero, einem Bezirk unweit vom Zentrum. Er kam mit einer Frau, die kein Wort sagte – weder zur Begrüßung oder zum Abschied und auch nicht dazwischen. Sie saß nur mit gelangweiltem Gesicht da und kaute an den Fingernägeln. Auch der Auftragskiller war wortkarg, fast schüchtern. Er beteuerte in einer leisen, leicht gedehnten Sprache, kein Verbrecher im eigentlichen Sinn zu sein, zeigte ihm aber zum Schluss sein kugelsicheres Auto mit den Panzerglasscheiben.

Er hatte den Mann nicht getroffen, um jemanden ermorden zu lassen. Er traf zu dieser Zeit einfach die unterschiedlichsten Leute, um die Stadt besser verstehen zu lernen. Er traf Mariachis, Stierkämpfer, Kleinkriminelle, Huren, Tänzerinnen, Busfahrer, Bettler, Lehrer, Journalisten und Politiker. Bei seiner zweiten Verabredung mit dem Auftragskiller holte der ihn mit seinem Panzerwagen vor dem Hotel ab, und sie fuhren in ein anderes. Dort setzten sie sich in der Lobby in schwere alte Lederfauteuils und rauchten. Er wollte ihn über sein Leben ausfragen, wie man Auftragskiller wird, ob man ein schlechtes Gewissen hat (wenigstens manchmal) und ob der Job wirklich so glamourös und einträglich ist, wie man es in amerikanischen Filmen sieht.

Doch er stellte keine dieser Fragen, sie kamen ihm banal und unangemessen vor. Wahrscheinlich hatte der Auftragskiller sie erwartet und wäre sogar vorbereitet gewesen. Stattdessen fragte er ihn, ob er einen Traum habe im Leben. Anders als sonst, nämlich sofort, geradezu wie aus der Pistole geschossen, antwortete der Auftragskiller, es sei sein Traum, dass er lebe.

Ihm kam die Antwort seltsam vor. Er wusste nicht, was er denken sollte. Der Mann starrte ausdruckslos vor sich hin. Also saßen sie beide in dieser Lobby mit den Lederfauteuils, rauchten und rangen still mit etwas, das sie nicht greifen konnten.

Vor seinem inneren Auge sah er den Japaner: Er war riesengroß und saß auf einem riesengroßen Bett, in einem riesengroßen Hotel. Er hüstelte den Auftragskiller aus seinem Traum.

OSLO
NORWEGEN
2011

81

DER MANTEL Es war im Norden von Ulan Bator, im Nirgendwo. Er stapfte durch ein weites Feld, nicht weit von Bayanchadmani, durch eine fast bizarre Winterlandschaft, und in seinem Inneren meldete sich eine unkontrollierbare Wut. Die Kälte musste sie losgetreten haben. Es wunderte ihn, weil er sonst ganz gerne fror. Frieren war eine Spielart des Masochismus, die er verstand. Und solange man nicht daran starb, konnte man sich auf den Moment freuen, in dem sich in der Wärme die Gliedmaßen schmerzhaft zuckend wieder zurückmelden würden, in dem man einen roten Kopf bekommen und einem bei einem heißen, alkoholischen Getränk das Glück mit einer solchen Heftigkeit in Körper und Hirn schießen würde, wie man es sonst selten erlebte.

Doch hier war ihm nur kalt. Er war schlecht gekleidet, und es gab wenig Aussicht auf Milderung seines Zustands. Er wusste nicht einmal, wohin genau er aufgebrochen war. Er hatte eine Wanderung unternehmen wollen, sozusagen als Alternativprogramm zu den vorhergegangenen Tagen in seinem bis zum Wahnsinn überheizten Hotelzimmer, mit einunddreißig Fernsehprogrammen, von denen er außer CNN keines verstand. Aber nun hatte er sich verlaufen. Alles schaute ähnlich aus, doch nichts gleich, und es gab auch keinerlei Ansiedlung. Er war verloren, und der einzige Zustand, der unbewusst Rettung versprach, war Wut, am besten eine blinde. Er kannte dieses Gefühl nicht sehr genau und ließ, anders als sonst, zu, dass es sich in ihm ausbreitete. Er bemerkte, dass sich die Wut nicht, wie es gerecht gewesen wäre, gegen ihn selbst richtete, sondern gegen die unachtsame Bemerkung eines Arbeitskollegen am Telefon. Die Bemerkung war konstruktiv gewesen, hatte aber eine Entscheidung, die er getroffen hatte, angezweifelt – vorsichtig, aber doch. Normalerweise hätte er sich innerlich diszipliniert und nur das Konstruktive gehört, er hätte versucht zu ignorieren, dass hinterrücks und durch die Blume seine Kompetenz angezweifelt worden war. Jetzt, da er etwas gegen die Kälte unternehmen musste, sah er in dem Kollegen nur mehr einen hinterfotzigen Zwerg, der in die Schranken zu weisen war. Er merkte, dass er zu laufen begann und dem Mann lautstark Argumente entgegenschleuderte, die nicht nur dessen Denken in Frage stellten, sondern auch die Art, in der er sie vorgetragen hatte. Bald war er bereit, handgreiflich zu werden. Wie anders würde man einen solchen Intriganten zur Räson bringen, außer durch ein paar ordentliche Faustschläge ins Gesicht? Er sah dieses dumme Gesicht genau vor sich, das nicht begreifen wollte, warum es gerade geschlagen worden war. Er sah in den Zügen des Geschlagenen dessen wahre und eben überaus intrigante Dummheit hell erstrahlen. Was Gewalt nicht alles zum Vorschein bringt, dachte er triumphierend, als er am Horizont ein Licht sah. Das muss wohl eine Straßenlaterne sein, dachte er, und dieser Hoffnungsschimmer verwandelte ihn mit einem Mal wieder in den zivilisierten Menschen, der er eigentlich war. Er beschloss, besagten Mitarbeiter auf zivile Weise zu demütigen, anstatt ihn zu verprügeln, bis ihm das Blut aus der Nase schoss. Der arme Tropf war geschlagen genug damit, dass er sein Leben im Büro verbringen und darüber nachdenken musste, wie er Abläufe optimieren konnte, von denen er in Wahrheit kaum eine Ahnung hatte. Er konnte aber gut optimieren und fühlte sich wohl dadurch denen, die die Abläufe gestalteten, überlegen. Als er die Straßenlaterne schon ganz nahe wähnte, dachte er, dass dieser bedauernswerte Mitarbeiter, wäre er wirklich kompetent, zuerst sich selbst wegoptimieren müsste. Bei diesem Gedanken wurde ihm ganz warm ums Herz, und er beschloss, nie mehr zu frieren.

Am nächsten Tag kaufte er sich einen knöchellangen Pelzmantel vom sibirischen Wüstenfuchs. Er mochte den Namen, der paradox klang, und er mochte den Mantel, der von der Musterung her etwas von einem Fisch hatte. Er war hell und dunkel zugleich, das Dunkle ging in ein bläuliches Grätenmuster über. Der Kragen reichte, hochgeschlossen, bis zum Kinn. Die ganze Schwere und Weichheit des Mantels versprach, dass er nie wieder werde frieren müssen – deshalb hatte er ihn gekauft. Darüber hinaus sollte er ihm helfen, nie wieder eine solch ungerechte und haltlose Wut gegen einen Menschen zu entwickeln, der ihm im Grunde fremd war. Als er mit diesem Mantel in Ulan Bator aus dem Geschäft trat, überkam ihn ein andächtiger Schauer. Er fühlte sich geschützt, angesehen, fast klerikal, als trüge er eine winterliche Soutane. Doch bei genauerer Betrachtung würde ihm das Tragen eines solchen Mantels wohl doch kein Ansehen bringen. Selbst hier in Ulan Bator war es schwer gewesen, überhaupt ein Geschäft zu finden, das solche Mäntel verkaufte. Er hatte sich durchgefragt, auch das Internet hatte kaum Informationen zur Verfügung gestellt, denn es galt heutzutage als absolut verwerflich, echte Pelzmäntel zu tragen. Nun trottete er gewärmt durch die kälteste Stadt der Welt und nährte die nächste Wut, und zwar auf alle Menschen, die ihm seinen Pelzmantel missgönnten, und die Wut wurde noch größer, als er sich vorstellte, wie ihm irgendein Aktivist aus gutem Hause rote Farbe auf seinen sibirischen Wüstenfuchs schüttete. In Gedanken klärte er den jungen Unhold über dessen Herkunft, die bourgeoisen Wurzeln seines Denkens und Handelns auf. Ihm, dem irregegangenen Aktivisten, stünde es jedenfalls gewiss nicht zu, das Fell eines solch erhabenen Tieres zu tragen.

Er wusste, dass es albern war, so zu denken. Schließlich war der Tierschutz eine ehrenwerte Sache. Aber die Spirale seiner Wut hatte sich, ausgehend vom Erlebnis des Vortags, in einer Weise zu drehen begonnen, dass er aufs Neue auf seinen Mitarbeiter wütend wurde, dem er unterstellte, dass er ihn ebenfalls wegen des neuen Pelzmantels anfeinden würde. Er beschloss, den Mantel voller Stolz zu tragen und sich Argumente zurechtzulegen, warum ein Pelzmantel heute nicht nur vertretbar, sondern geradezu ehrenwert sei. Die Möglichkeit ergab sich, als er nur wenige Stunden später nach Oslo zu einem Meeting flog. Sein Arbeitskollege hatte ihm eine Skype-Konferenz vorgeschlagen, was er nur deswegen abgelehnt hatte, weil er immer noch wütend auf den Mann war und wusste, wie sehr dieser das Fliegen hasste. Nur deshalb hatte er auf dem Treffen in Oslo bestanden.

Als er in seinem Pelzmantel in der Hauptstadt Norwegens ankam, zog er den einen oder anderen scheelen Blick auf sich. Er bemerkte, dass die Menschen über ihn sprachen, was die Wut wieder nach oben schnellen ließ. Er schlief wütend ein, träumte wütende Träume und erwachte im Furor, vom Lärm einer Demonstration. Er hatte nackt in seinem Pelzmantel geschlafen, sprang aus dem Bett und schnellte hinaus auf den Balkon. Er blinzelte in das winterliche Sonnenlicht und sah unten Scharen von Studentinnen und Studenten im Namen von Greenwar oder Redpeace demonstrieren – gegen unmenschliches Tierleben oder untierisches Menschenleben. Wütend über so viel Gutgemeintes fiel ihm der Slogan »So oder so, die Erde wird rot« ein – »Entweder lebend rot oder tot rot«. Er dachte wirres Zeug. Er wollte runterschreien: »Und wo wollt ihr hin, wenn alle Tiere befreit, alle Kriege geschlagen sind, alles Böse im Guten ausgelöscht und alles Gute im Abgründigen erklärbar geworden ist? Wo wollt ihr euch dann verstecken? Und gegen wen wollt ihr demonstrieren? Wollt ihr euch selbst essen oder die Pflanzen und Blumen? Aber die haben auch eine Seele. Seelen kann man nicht essen. Wir sind allein! Nur die Tiere bleiben noch bei uns, und sie essen uns auch, wenn sie nicht mehr anders können. Bitte esst uns, Tiere! Uns tun unsere Seelen so weh.« Niemand hörte ihn, da er nach innen schrie. Aufgeheizt von einer Nacht im Fell und dem morgendlichen Ausblick von seinem Hotelbalkon, verwandelte er sich kurzerhand in einen Köter. Er lief auf allen vieren hinunter und biss einer Demonstrantin ins Wadel. Als sie mit einer Stange auf ihn einschlug, legte er sich auf den kalten Asphalt zu ihren Füßen, das Kinn auf den Boden gedrückt, schaute treuherzig nach oben und schlief wieder ein. Der Köter träumte von einer blauen Wiese, wo er mit einem Artgenossen raufte, bis sich ihre Zähne so in den Hals des anderen verbissen hatten, dass keiner gewinnen konnte. Das Blut tropfte und das Knurren der beiden Tiere schwang sich zu immer neuen Höhen auf.

»Trag deine Liebe wie einen Mantel«, kam ihm in den Sinn, als er schließlich wirklich erwachte.

PRIZREN
KOSOVO
2012

82

EIN NEUES LAND Jedes Mal, wenn jemand anders für ihn in einer fremden Stadt ein Zimmer gebucht hat, versetzt ihn das in sanften, inneren Aufruhr. Speziell, wenn er sich der Stadt mit dem Auto nähert. Schon nach der Staatsgrenze beginnt er auf die ersten Hotels und Pensionen zu schielen, um eine Idee davon zu bekommen, wie sein temporäres Zuhause hier wohl sein würde. Manchmal versucht er im Internet herauszufinden, worauf er sich werde einstellen müssen. Das geht ganz gut, denn sosehr sich jeder Hotelfotograf auch bemüht, jedes Etablissement möglichst vorteilhaft ausschauen zu lassen, so kann man bei Analyse der Bilder doch ziemlich genaue Rückschlüsse auf die Wirklichkeit ziehen. Sind zum Beispiel alle Außenaufnahmen in einem weichen, magisch schönen Dämmerlicht gehalten, kann man ohne Zweifel mit einem Bau rechnen, der im bleichen wie sonnigen Licht des Tages seelisch nur schwer zu ertragen sein wird. Wenn die Inneneinrichtung besonders detailreich gezeigt wird, lässt sich auf eine beengende Umgebung schließen. Man entdeckt sofort den Durchschnitt, die Extravaganz oder die unausweichliche Depression auf diesen Bildern, da braucht man weder auf die Sterne diverser Hotelkategorien noch auf Benutzerbewertungen zu achten. Menschen, die Hotelbewertungen ins Netz stellen, haben garantiert zu viel Zeit, mit Sicherheit keinen Geschmack und meistens kein Empfinden für die essentiellen Dinge. Das Wichtigste ist ihnen zu neunzig Prozent Sauberkeit. Die restlichen zehn Prozent betreffen Ähnliches bis noch Unwichtigeres. Oft verzichtet er daher darauf, das Internet zu konsultieren, und verbringt die Zeit bis zur Ankunft mit Vorahnung und Neugier.

Auch bei seiner Fahrt in den Kosovo hatte er jegliche Vorinformation vermieden, also hielt er ab der Grenze Ausschau nach Hotels. Aber er sah keine. Da und dort eine Privatpension, aber keine Hotels. Er sah hauptsächlich Schwimmbäder. Diese Bäder waren wie das ganze Land – neu. Jedes einzelne einfach so hingestellt wie ein Fertighaus, in dem zwar alles da, aber doch irgendwie nur die

Blaupause der eigentlichen Sache ist. Jedes der Schwimmbäder hatte ein prachtvolles, blaues Becken mit einer blauen Wasserrutsche und blauen Liegestühlen und blauen Sonnenschirmen in einer grünen Wiese im Nirgendwo. Aberhunderte Menschen tummelten sich in diesen blauen Mondlandschaften und schienen mehr als glücklich dabei. Er befürchtete das Schlimmste, was sein Hotel betraf, redete sich aber ein, dass man von Bädern nicht auf Hotels schließen könne. Außerdem fühlte er sich müde von einer langen Fahrt in einem Auto ohne Klimaanlage und war sicher, an diesem Tag überall schlafen zu können.

Das erste Hotel, das er in einem Vorort von Prizren erblickte, war sehr schlicht, ein Haus, wie Kinder es malen. Die Sonne über dem Hotel wirkte genauso. Er wusste, dass sein Hotel im Stadtkern lag, also musste er nicht fürchten, in der Kinderzeichnung zu schlafen. Wenig später, als er auf einer vierspurigen Straße einen kleinen Fluss entlangfuhr, erblickte er einen Prunkbau – eine Marmorburg, umgeben von einem schmiedeeisernen Zaun mit imposantem Eingangsportal.

Freudig parkte er sein Auto, vollkommen davon überzeugt, dass dieser Palast extra für ihn errichtet worden war. Doch schon nach wenigen Schritten über den roten Teppich der Empfangshalle näherte sich ihm eine Prinzessin in hochhackigen Plateaustiefeln und einem Stretchkleid, wie er es seit den frühen neunziger Jahren nicht mehr gesehen hatte. Sie erklärte ihm, dass das Hotel erst in drei Tagen aufsperren werde. Er sah sich um und fragte, ob er im Voraus ein Zimmer buchen könnte, doch diese herbe Version einer serbischen Discoqueen sagte, dass das mangels Personal und Computer nicht möglich sei. Als er den Palast enttäuscht verließ, hörte er, wie sie einen anderen Angestellten anfauchte, der offensichtlich vergessen hatte, die Eingangstür abzuschließen.

Etwas Besseres würde es in dieser Kleinstadt nicht geben, also rief er enttäuscht die eingespeicherte Nummer an und ließ sich in sein Hotel dirigieren. Es lag in einem schmalen, hohen Haus, hatte drei Stockwerke und insgesamt sechs Zimmer. Drei der potentiellen Gäste saßen in der Lobby und warteten. Sie warteten, wie sich herausstellte, auf ihre Betten. Das Hotel war eben erst eröffnet worden, aber die Bettenlieferung hatte bis dato nicht geklappt. Offenbar waren hier alle Hotels funkelnagelneu. Vermutlich hatte Prizren bis dahin kaum Bedarf an Hotels gehabt.

Gerade als er eintrat, hievten zwei kräftige Möbelpacker das erste Bett aus einem Laster, der die ganze Straße blockierte. Hinten drin waren noch fünf weitere Doppelbetten gestapelt. Erstaunt schaute er dem Treiben zu. Er war weniger erstaunt darüber, dass man ein Hotel buchen konnte, in dem es noch keine Betten gab, als vielmehr, dass ein Hotelzimmer vor seinen Augen eingerichtet wurde. Bisher hatte er Hotelzimmer als etwas Gegebenes betrachtet, als fertig, bewohnt, ausprobiert, gewachsen und unausweichlich. Und nun wurde seine Gottergebenheit dem Hotelzimmer gegenüber zerstört. »Wo kommen wir denn da hin?«, hörte er sich denken, »Da könnten ja gleich die Gäste bei der Einrichtung mitreden.«

Etwas in seinem Inneren bröckelte. Er entdeckte, dass er gerade das Fertige und Schematische an Hotelzimmern so liebte. Dass man selbst das, was einen störte, nie in Frage stellte. Gut, man konnte einen Tisch verrücken, Betten zusammenschieben oder Fernseher wegstellen, wenn es nicht anders ging. Aber das war gar nicht überall möglich. Manche Tische waren am Boden festgeschraubt, und oft hatten die Fernseher einen Metallrahmen, der sie oben in der Zimmerecke festschmiedete. Hotelzimmer waren, was die Anordnung der Möbel betraf, auf das Angenehmste undemokratisch. Man gab sich seinem Zimmer hin oder musste woandershin gehen.

Als er eingecheckt hatte, bekam er einen Schlüssel. Der freundliche Concierge bat ihn, noch zu warten, bis ein Bett in sein Zimmer gebracht worden war. Er ließ es sich nicht nehmen zuzuschauen, wie sein Zimmer fertig eingerichtet wurde. Das Bett war ein rechtes Monstrum und passte kaum durch die Türen, dafür hatte es alle möglichen Spielereien in Konsolen, die der Kommandobrücke im Raumschiff Enterprise ähnelten, am barocken Kopfende eingebaut. Einer der Möbelpacker riss gerade das Plastik von der Matratze und hob sie mit einem Kollegen auf den Lattenrost, während die Putzfrau mit dem frischen Bettzeug im Türrahmen wartete. Innerhalb von zehn Minuten war das Zimmer fertig, das Bett bezogen und das Radio, das ebenfalls im Kopfende eingearbeitet war, aufgedreht.

Dann war er allein. Vorsichtig setzte er sich auf das Bett. Er fühlte sich wie in einem Vorführraum, einem Musterhaus oder bei Ikea. Es war alles da. Aber durfte man es schon benutzen? War es nur hier, damit man es testen konnte? Er versuchte sich zu erinnern, ob er überhaupt schon jemals als erster Mensch in einem jungfräulichen Bett geschlafen hatte. Da ging noch einmal die Tür auf, und die Putzfrau brachte einen mattweißen Plastikmistkübel. Sie stellte ihn unter den Tisch, über dem natürlich ein kleiner Spiegel befestigt war. Gewisse Dinge sind und bleiben unausweichlich. Am Kübel hing noch das Preisschild. Er schaute seine saubere, frische, neue Stube eine Weile an, stand dann auf, riss das Preisschild vom Mistkübel und warf es in selbigen. Das Leben hier hat begonnen, dachte er und bezog, wie er es sonst auch tat, sein Zimmer. Er drehte den neuen Fernseher auf, beschwerte sich über das neue Telefon, weil kein Bier im neuen Kühlschrank war, trug seinen Kulturbeutel ins neue Badezimmer, pisste in die neue Klomuschel und öffnete das neue Zimmerfenster, um in einen finsteren, alten Hinterhof zu schauen. Das beruhigte ihn irgendwie: dass man wenigstens den Hinterhof so belassen hatte, wie er war. Des Nachts schlief er traumlos im neuen Bett, umarmte ein neues Polster und erwachte zu dem neuen Gedanken, dass ein neues Hotelzimmer neuen Schuhen vergleichbar sei, Schuhen, die noch nicht ganz passten. Er hatte an diesem Morgen Blasen im Gemüt.

Und alle fremden Menschen, die er später auf den Straßen sah, wirkten auf ihn, als hätten sie gerade Ähnliches erlebt.

83

SINGAPUR
SINGAPUR
2013

FRÜHER Er betrat das Hotelzimmer, wie er schon unzählige andere betreten hatte, und verkniff sich beim Anblick des Raumes den Begriff Déjà-vu, weil er nicht gestimmt hätte. Es war einfach so, dass Hotelzimmer überall so ähnlich, so gleich, so identisch waren. Das Deprimierende daran war, dass sie genau das nicht sein wollten, sondern, im Gegenteil, Individualität ausdrücken sollten. Ein Gast, der sich selbst als anders und besonders wahrnahm, sollte sich in ihnen wohlfühlen, sollte seine eigene Einzigartigkeit in der Ausstattung des Zimmers gespiegelt sehen. In solchen Zimmern stand meist eine imposante Blumenvase, in der keine Blumen, sondern farbige Stöcke ihr Unwesen trieben. Den Kasten fand man erst nach einigem Suchen, weil er geschickt irgendwo hineingeblendet war. Das Bad war durch eine Glaswand vom Zimmer abgetrennt, da der wahre Individualist des 21. Jahrhunderts ja kein Spießer ist, der auf körperliche Privatsphäre Wert legt, und die Wasserhähne waren von solch ausgeklügelter Extravaganz, dass es etlicher Versuche bedurfte, sie in Betrieb zu nehmen. Über die Farbgestaltung im Allgemeinen und die Kunstdrucke an den Wänden im Besonderen sollte man gar nicht erst nachdenken. Eine Art Rettung hätte sein können, wenn über dem Schreibtisch kein Spiegel gehangen hätte.

Er setzte sich also an den Schreibtisch und schaute sich eine Weile an. Dann nahm er sich eine Flasche Bier mit Namen Desperado (oder so ähnlich) aus der Minibar und überlegte angesichts des Flaschenöffners in Form eines ausgespuckten Kaugummis, wie er zu benutzen sei. Vielleicht sind solche Hotelzimmer eine Art Märchengrottenbahn, die den Gast mit Rätseln beschäftigen sollen? Vielleicht gab es in der Minibar auch drei Fläschchen mit magischen Essenzen, die ihn zum Riesen, zum Zwerg oder zum König machten? Doch es blieb nur der seltsame Geschmack des Bieres in seinem Mund, der an eine Mischung aus Kautabak und fauligen Limetten erinnerte. Vielleicht sollte er sich wie der Marlboro-Mann auf einer Hacienda irgendwo in Mexiko fühlen? Gut, rauchen war total out, aber der gestandene Individualist brauchte doch etwas, um sich von den anderen abzuheben. Das neueste iPhone zu besitzen, Evian zu trinken und nachhaltiges Schuhwerk zu tragen war längst Mainstream, also griff man zu alten Bräuchen und machte sie light oder alkoholfrei oder gab ihnen zumindest verruchte Namen, die an Sünden erinnern sollten, die man nie begangen hatte. Er freute sich schon auf seinen ersten alkoholfreien Gin Martini, auf den ersten Joint ohne Cannabis, auf das erste Juckpulver, das nicht juckte, und auf den ersten – ach, egal, er wurde traurig über seinen eigenen Unmut.

Der Mensch war eben vernünftiger geworden, das musste auch er zur Kenntnis nehmen. Man darf nicht einem »Früher« nachweinen, das auch einmal ein Jetzt mit einem angeblich besseren Früher war. Es hatte auch einmal silberne Sektquirls, Bierwärmer und generische Eier im Tetrapack gegeben, aber nicht jede Blüte des menschlichen Geistes überlebt die Jahrhunderte. Obwohl die Eier im Tetrapack eine reelle Chance verdient gehabt hätten.

Er ging hinunter in die Stadt, die so war wie sein Zimmer. Alles perfekt, individuell und so sauber, wie eine Stadt nur sein kann. Die Wiesen in den Parks hätten Wimbledon alle Ehre gemacht, die U-Bahnen glänzten und waren pünktlicher als die Zeit selbst, und sogar in den gesichtslosen Wohnblocks waren die einzelnen Apartments private Kleinode, als fände das Wohnen hier in einem Adventskalender statt: hinter jeder Tür eine Überraschung, ein Geschenk.

Staunend ging er durch die Straßen und dachte daran, dass dieses Wunderwerk an Qualitäts-Lebensraum, wo er nun an Geschäften von *H&M*, *Zara* und *Tommy Hilfiger* vorbeistreunte, einst einer der wildesten, schmutzigsten und berühmtesten Rotlichtbezirke der Welt gewesen war. Ein Paradies für Spieler, Gestrandete und Gauner. Er schaute sich verstohlen um, ob ihn wohl niemand bei dem Gedanken ertappt hatte, dass er dort lieber wäre, und mit dem Finger auf ihn zeigte. Was war denn schon so toll an

Verbrechen, Ausbeutung, Schmutz und illegalen Gestalten? Nichts, sagte er zu sich selbst im Brustton der Überzeugung und betrat die nächste *Hilfiger*-Filiale, kaufte sich eine halblange Cargo-Hose mit vielen praktischen Taschen, ein Polo-Shirt mit Emblem auf der Brust und eine ebenso praktische, hellgrüne Wasserflasche, aus der er den ganzen Tag Wasser ohne Sprudel würde nippen können. Einem aufregenden Nachmittag stand also nichts mehr im Wege, und der sollte mit einem gepflegten Espresso, serviert bei *Starbucks* an der nächsten Ecke, beginnen. Auch dort war die Einrichtung universell individuell, und die Wände zierten Fairtrade-Fotografien von einem Fairtrade-Fotografen für einen Fairtrade-Betrieb in der Fairtrade-Diktatur von Singapur. Er dachte, dass »Diktatur« und »Singapur« sich reimten und dass es hier früher vielleicht doch einen Tick besser gewesen sei. Nein, Schluss damit! Sein *Tommy-Hilfiger*-Tarnanzug verlieh ihm Toleranz und innere Größe.

Aber trotz dieser Verkleidung fühlte er sich nicht wohl in seiner Haut. Früher oder später würden die Menschen erkennen, was er für einer war. Einer, der einfach nicht zugeben wollte, dass Rudolph Giuliani recht gehabt hatte. Seine »Politik der zerbrochenen Fenster« war von New York aus über die Welt gekommen wie ein Tsunami der guten Menschen, die mit ihm der Meinung waren, dass alles Übel von zerbrochenen Fensterscheiben ausging. Dass alle verworfenen Menschen dort zu finden waren, wo es zerbrochene Fensterscheiben gab, Turnschuhe auf Stromleitungen hingen und Müll auf den Straßen lag. Also wurde aufgeräumt, und als Erstes war Manhattan ein sauberes Museum seiner selbst geworden. Jetzt tragen die Polizisten dort Uniformen von Museumswärtern und achten darauf, dass alle Bürger immer genug stilles Wasser zu trinken haben.

Er ging zurück in sein Hotelzimmer, legte sich aufs Bett, begriff nach einer Weile die trapezförmige TV-Fernbedienung und klickte auf CNN, das weltweite Informationsprogramm für alle, die sich nicht an dem Widerspruch stoßen, dass zwischen den Bildern von Gewalt, Schmutz, Krieg und

Fanatismus Werbeunterbrechungen dieselben Länder, aus denen die bösen Bilder stammen, als Reiseparadiese anpreisen. Und die, wenn sie in diese Länder reisen, schon vorab Hotels buchen, in denen es CNN gibt und sie mit einem Hauch von Design und Individualität umhüllt werden. Egal wo.

Auf dem Bildschirm erschien der Nachbar eines Amokläufers, der gerade ein Dutzend Menschen erschossen hatte, und erklärte erschüttert, dass dem Amokläufer diese Gewaltbereitschaft nicht anzumerken gewesen war. Er sei immer höflich und zuvorkommend gewesen. Nachbarn von Amokläufern sagen in solchen Interviews immer genau das. Wahrscheinlich, weil sie selbst genauso aussehen und sich nach einem Blick in den Spiegel sofort eingestehen müssten, dass auch sie gern all jene meucheln würden, die ihnen das Leben in dieser Vorstadtidylle zur Hölle machen. Und zwar als Erstes genau jene Nachbarn, die später im CNN-Interview erschüttert erklären würden, dass man immer so höflich und zuvorkommend gewesen sei.

Aber wozu Menschen imstande sind, sieht man sowieso nur in Filmen. Denn die Wirklichkeit mag ausgestattet sein – gecastet ist sie nicht. »Früher«, wollte er schon denken, »waren die Filme ...«. Stattdessen dachte er an Mark Twain und daran, dass der Unterschied zwischen Realität und Fiktion heute genau der gleiche ist wie früher: Die Fiktion muss Sinn ergeben.

BUJUMBURA
BURUNDI
1997

84

EIN TELEFONAT Wahre Schönheit ist ein Sonnenregen. Da liegt alles drinnen: der von Regenwolken verhangene Himmel, der das Sonnenlicht dichter und intensiver erscheinen lässt, und der Regen selbst, der wiederum weicher und milder wirkt durch die wärmende Sonne. Die berückende Gleichzeitigkeit zweier sich eigentlich widersprechender Wettersituationen versetzt einen auf das Schönste in eine ambivalente Stimmung. Sie lässt das Herz höher schlagen.

Er saß auf einer überdachten Hotelterrasse und schaute hinaus auf den Tanganjikasee, über dem der vom Wind verwehte Regen im strahlenden Sonnenlicht niederging. Er dachte, dass Burundi auf der Landkarte wie ein Herz aussah; nicht wie ein gezeichnetes Herz, sondern wie ein richtiges, menschliches Herz. Jedoch war zu bezweifeln, dass Burundis Herz höher schlüge wegen eines solchen Moments. Das Land hatte zu viele Grausamkeiten gesehen, um sich von einem Sonnenregen milder stimmen zu lassen.

Er selbst war offiziell gar nicht hier. Nie würde jemand erfahren, dass er in Burundi gewesen war. Er würde es jederzeit leugnen. Er hatte seinen Arbeitgeber, seine Familie, seine Freunde und seine Freundin belogen. Er hatte eine Lügengeschichte konstruiert, von einer plötzlichen und dringlichen Arbeit. Er hatte behauptet, dass er für eine Woche nach Haifa fahren müsse, um an einem Kulturinstitut einen Workshop zu halten. Die Lüge war von langer Hand geplant, präzise eingefädelt und nicht leicht zu überprüfen, vor allem, wenn man es gar nicht darauf anlegte, ihn einer Lüge zu überführen. Und die Lüge war vor allem eines: vollkommen sinnlos. Er hätte genauso gut sagen können, er habe einfach Lust, für ein paar Tage nach Burundi zu reisen. Er reiste so viel und hatte dafür so mannigfache Gründe, dass sich niemand besonders darüber gewundert hätte, wenn er auch nach Burundi führe. Aber noch mehr, als nach Burundi zu fahren, liebte er es, dass niemand wusste, dass er in Burundi war. So war er irgendwie gleichzeitig in Haifa und in Burundi. Das war wie Sonnenregen.

Er liebte die Anonymität dieser Situation, und die Lüge. Die Lüge, so fand er, sei schließlich der Ursprung des Geschichtenerzählens, man erfand eine Geschichte, die genau so hätte stattfinden können und die dadurch, dass man sie erst einmal erzählt hat, in einem gewissen Sinn auch stattfindet. Sie wird eine Form von Wirklichkeit. Manchmal konnte er sich selbst nicht mehr genau erinnern, ob er etwas wirklich erlebt oder einfach erfunden hatte. Die Schönheit einer Lüge entfaltet sich aber nur, wenn sie keinen Zweck verfolgt, wenn man dadurch niemanden täuschen oder im ganz simplen Sinn hinters Licht führen will. Sondern nur, wenn sie dem Selbstzweck dient.

Am Tag zuvor, als er aus Wien kommend in Entebbe in eine Maschine der Air Uganda umgestiegen war, hatte er darüber nachgedacht, welche Geschichten man sich zu Hause zusammenreimen würde, wenn er einem terroristischen Anschlag zum Opfer fiele. Wenn die Maschine auf ihrem Flug nach Bujumbura abstürzte und in den Nachrichten verkündet würde, dass auch ein österreichischer Passagier in der Unglücksmaschine gewesen sei – mit einem alten Passfoto von ihm als Beweis. Oder wenn er hier in Burundi mit einem Journalisten verwechselt und entführt würde. Wie könnte er irgendjemandem erklären, warum er überhaupt in Burundi gewesen war? Was würde er der Polizei erzählen oder dem Staat, der sich weigerte, Lösegeld für ihn zu bezahlen? Schon gar, wenn niemand wusste, was er denn in Burundi zu suchen gehabt hätte? Vielleicht war er ja auf Urlaub? Aber welcher Mensch im Vollbesitz seiner geistigen Kräfte fährt schon nach Burundi auf Urlaub? Obwohl es heute urlaubstechnisch nicht mehr viele Tabus gab. Gut, Elefantenjagen, Kriegsschauplatztourismus und Negerreiten waren ein wenig aus der Mode gekommen, aber ansonsten wurde jeder ernst genommen, der sich die hintersten Winkel der Erde anschauen wollte. Einen Grund fand man überall. Da lockten U-Boot-Parkplätze in Kroatien, illegale Goldminen in Tanzania, die Bordellinseln von Singapur oder die Schiffsfriedhöfe in Bangladesch.

Er hatte nicht die leiseste Ahnung, was er sich in Burundi hätte anschauen können. Er hatte sich vom Flughafen direkt mit dem Taxi in dieses Hotel bringen lassen und sah keinen Grund, den Ort zu verlassen, schon gar nicht angesichts des Sonnenregens, der gar kein Ende nehmen wollte. Der Wind peitschte den Regen jetzt über die Oberfläche des Sees, und die Regentropfen glitzerten in der tiefstehenden Sonne wie flüssige Diamanten. Er wollte bloß hier sitzen, Cocktails trinken und rauchen. Gegen Abend, wenn die Dämmerung den Sonnenregen ablösen würde, würde er dann durch die Stadt streunen, sich verlaufen und in irgendeinem Restaurant lokale Seltsamkeiten essen. Alle würden ihn verhohlen bis unverhohlen anschauen und darüber rätseln, was er hier suchte. Er würde sich mit einem jungen Studenten, der behauptete, Englisch üben zu wollen, obwohl er es nicht wirklich konnte, unterhalten, ohne sich zu unterhalten, und würde sich fremder und zugleich losgelöster von jeglicher Alltäglichkeit und Wirklichkeit fühlen als jemals zuvor.

Da kam der livrierte Kellner, um ihm mitzuteilen, dass er am Telefon verlangt wurde. Wer zum Teufel hatte ihn aufgestöbert? Während er von seinem Tisch mit Blick auf den See zum Telefon ging, überschlug er alle Möglichkeiten. Die Einwanderungsbehörde war auf ihn aufmerksam geworden, jemand hatte ihn in Wien bis zum Flughafen verfolgt und wusste, wohin er geflogen war, er hatte seinen Pass im Taxi liegen lassen und der Fahrer war so ehrlich gewesen, ihn aufzustöbern und ihm zu sagen, dass er zwar gerade keine Zeit habe, aber den Pass später bringen würde. Viel mehr fiel ihm nicht ein auf diesem kurzen Weg. Als er den Hörer in die Hand nahm, erinnerte er sich noch, dass er seinen Pass gerade zum Einchecken im Hotel benutzt hatte. Er sagte ganz vorsichtig »Hallo«, hörte ein Knacksen in der Leitung, wie damals bei Ferngesprächen üblich, dann ein Besetztzeichen. Und danach war die Leitung tot.

Als der Kellner ihm den nächsten Drink brachte, erkundigte er sich, ob der andere Teilnehmer am Telefon wirklich nach ihm gefragt habe. Mit einem breiten Lächeln versicherte der hochgewachsene Tutsi, dass die Dame ihn verlangt habe – er versuchte dabei unter einigen Mühen, seinen Namen richtig auszusprechen.

Die Dämmerung war inzwischen über das Land und den See hereingebrochen. Nur wenige Lichter leuchteten in den Häusern am Ufer, da und dort schien ein offenes Feuer zu brennen. Er zündete sich eine Zigarette an und konnte sich auch mit aller Kraft seiner Fantasie nicht ausdenken, wer ihn hier in diesem Hotel am Ufer des Tanganjikasees aufgestöbert und angerufen hatte.

Nach seiner Rückkehr gab seine damalige Freundin ein Abendessen. Sie hatte ein befreundetes Paar eingeladen und wunderbar gekocht. Es gab Estragon-Huhn mit breiten Bandnudeln, Radicchiosalat und argentinischen Rotwein. Nach der dritten Flasche wurde er aufgefordert, von Haifa zu erzählen. Er ließ seinen Workshop beiseite und erzählte die Telefonat-Geschichte von Bujumbura, aber so, als wäre sie ihm in Haifa widerfahren. Er verwendete dabei eine etwas schwierigere Konstruktion, indem er eine Fehlbuchung erfand – sein Hotel hatte kein Zimmer frei gehabt. Deshalb habe er woanders gewohnt, und dieses zweite Hotel habe ihm viel besser gefallen als das ursprüngliche. Dort dann der rätselhafte Anruf – aber es konnte doch niemand gewusst haben, wo er war!

»Oh, das war ich«, sagte seine Freundin. Die Leute vom Hotel hätten gesagt, dass er nicht bei ihnen wohne, und so habe sie einige Hotels in der Umgebung durchtelefoniert. Im Hotel *Leonardo* habe sie ihn dann gefunden, doch die Leitung sei in dem Moment tot gewesen, als er abhob. Sie habe seine Stimme noch gehört. Aber wenig später habe er sie ohnehin angerufen und ihr die ganze Geschichte des Hotelwechsels erzählt.

»Schade«, sagte er. Er hatte sich eine dramatischere Erklärung gewünscht. Die Wirklichkeit, sagte seine Freundin im Brustton der Überzeugung, sei doch immer ganz banal und meist sehr einfach erklärbar. Er stimmte zu, und doch fragte er sich, welcher Scharlatan sich im Hotel *Leonardo* für ihn ausgegeben hatte. Er machte eine innere Notiz: demnächst nach Haifa reisen und das Hotel *Leonardo* aufsuchen.

GESCHWINDIGKEIT Nachdem er den lauwarmen Weißwein in einem Zug hinuntergekippt hatte, starrte er in die offene Tür der Minibar. Entsetzlicherweise war sie leer. Er hatte jedes einzelne Fläschchen Schnaps, alle Bierdosen und die zwei kleinen Plastikflaschen Rot- und Weißwein ausgetrunken. Das war gar nicht vorsätzlich passiert und hatte mit dem üblichen Ritual begonnen: nach dem Betreten des Hotelzimmers eine Dose Bier aus dem Kühlschrank nehmen, ans Fenster treten und hinunter auf den Fluss schauen. Er hatte eigentlich duschen wollen, doch der Fluss hatte ihn schwindlig gemacht. Diese in sich ruhende Trägheit, diese beharrliche, schmutzige Unbedingtheit in Zeit und Raum, dieses gnadenlos fließende Wasser! Das öffnete unbekannte Schleusen in ihm, die er zwar äußerlich ruhig zur Kenntnis nahm, die den Gedanken an eine Dusche aber doch irgendwie lächerlich wirken ließen. Was waren die paar Tropfen Wasser gegen einen Fluss?

85

GRAZ
ÖSTERREICH
1989

In Indien gab es in jedem Badezimmer einen großen Plastikbehälter, dazu eine Schöpfkelle, ebenfalls aus Plastik, mit der man sich in heftigen Schwüngen mit Wasser übergießen konnte. Für seinen Geschmack war so eine westlich wohltemperierte, wohldosierte Dusche eine beinahe zu zivilisierte Erfindung. Auch eilten die Bedienbarkeit und Gestaltung moderner Duschen inzwischen seiner Lernfähigkeit voraus, und er konnte nur selten ein gutes Verhältnis zwischen Warm und Kalt erzwingen. Aus unerklärlichen Gründen ist es in den meisten Hotels unmöglich, eiskalt zu duschen. Immer ist es zumindest lauwarm, oder der Wasserdruck lässt nach. Dabei hätte man das Gegenteil erwartet, eiskaltes Wasser sollte doch umso stärker und schneller strömen, wenn es nicht durch einen Boiler muss.

Die Mur da unten gab keine Antwort auf derlei Fragen, sie war ein Sog, eine Bürde, ein Aufruf, eine Möglichkeit, ein Weg, den er noch nicht beschritten beziehungsweise beschwommen hatte. Als er sich das zweite Bier holte, wusste er, dass er nie in der Mur schwimmen würde. Vor einem Freitod in einem Fluss graute ihm. Das machte ja in all dem Unsinn des Lebens nun wirklich keinen Sinn. Es folgten zwei *Finlandia* Wodka (der Abgrund), zwei *Jack Daniels* Whisky (neutral), zwei *Southern Comfort* (würg), zwei *Gordons* Gin (so-so), eine Flasche Merlot aus Südtirol (durchaus akzeptabel) und drei kleine *Jägermeister* (oh ja). Selbst nach all diesen Getränken verlor der Fluss nichts von seiner soghaften Wirkung, im Gegenteil, er machte sich weiter breit. Wenn er das Fenster öffnete, konnte er ihn brummen hören. Nach dem lauwarmen Weißwein war ihm, als verhöhnte er ihn. Er lehrte ihn Einsamkeit und verspottete die innere Unruhe, die einen Menschen ergreift, der gerade die ganze Minibar leergetrunken hat.

Er schrie mit dem Fluss, aber der blieb unbeeindruckt. Der floss da so. »Trink du nur«, glaubte er zu verstehen, »trink, aber wenn du glaubst, dass es dir hilft, bist du auf dem Irrweg.« Die Wirkung von Rauschmitteln beschränkt sich ja meist darauf, dass sie die innere Geschwindigkeit ändern. Du denkst, du bist schneller, gescheiter, wahrhaftiger, tiefer, liebender, gerechter und klüger. Aber in Wahrheit, so sagte der Fluss zu ihm, ist das nichts anderes als ein emotionales Hochwasser; es reißt dich mit, und du bleibst doch du selbst. Du fließt, träumst, bist schmutziger als sonst, traust dich und traust dich noch mehr, und dann hast du zumindest etwas gewonnen, nämlich diese wunderliche Vertrautheit mit deinen unbekannten Grenzen. Aber es wird dir auch klar, dass man nicht alles wissen muss. Der Fluss, der dieses Thema ruhig fließend bedachte, gab schließlich zu, sich selbst auch gelegentlich zu schämen, etwa für das, was er anrichtete, wenn er als Hochwasser über die Ufer trat. Klar lachte er über die ängstlichen Menschen, die auf ihre Dächer flüchteten, klar freute ihn ein neuer BMW, der – schwarz, elegant und doch bloß designtes Blech – in ihm unterging. Der Geschmack von Rost erfüllte den Fluss mit einer kleinen Glückseligkeit, die aber nicht von Dauer war, sobald tatsächlich jemand in ihm ertrank. Aber auch da spürte er Verschiedenes. Manche sogen ihn glücklich ein als Heilsbringer ihres Freitodes, andere hatten nichts als hektisches Strampeln für ihn übrig. »Ich bin da«, murmelte der Fluss, »wer in mir sterben will, ist willkommen.«

Den lauwarmen Wein im Gemüt, spürte er plötzlich wieder das Tempo. Egal, ob sich einer mit einem Mountainbike über einen steilen Hang hinunterstürzt, um das Adrenalin fließen zu lassen, oder ob ein siebzigjähriger Junkie seine löchrigen, gierigen Venen füttert – alles dient dazu, die Geschwindigkeit im Sein zu ändern. Niemand erträgt auf Dauer das Leben im stillen Fluss, niemand erträgt die immer gleiche Schlagzahl. Komplizierte Gedanken sind eine ebenso harte Droge wie alles andere, das wehtut. Er konnte nicht mehr in diesem Zimmer bleiben. Er brauchte Nachschub. Er wusste nicht genau, was das bedeutete, aber es war ihm in jedem Fall zu langsam hier.

Einen Moment lang kam es ihm so vor, als stünde die Lobby unter Wasser. Als wäre der Fluss auf dem Weg zu ihm, so wie er sich auf den Weg zum Fluss gemacht hatte. Aber die Angestellten und die anderen Hotelgäste benahmen sich zu gelassen dafür. Niemand war nass, und der einzige Fisch, den er sah, war ein Stück geräucherter Lachs, den sich ein Mann genüsslich in den Mund schob. Er verließ das Hotel und fand einen kleinen Weg, der unten am Fluss für Spaziergänger, Läufer und Radfahrer gebaut worden war. Er lief flussaufwärts, bis er nicht mehr konnte. Dann setzte er sich völlig verschwitzt auf einen Stein am Ufer, zog Schuhe und Socken aus und streckte seine Füße in das braune Wasser. Sein Gesicht glühte, seine Füße spürten das eiskalte Wasser, sein Herz raste und seine Gedanken fühlten sich an wie Aspik, in dem lebendiges Fleisch sich breitmachte.

Ihm wurde übel. Er wollte kotzen, aber es rann nur zäher Speichel aus seinem Mund. Er versuchte, sich mit nach oben gekrümmten Handflächen das Flusswasser ins Gesicht zu schaufeln. Es gelang leidlich, doch das Wasser stank erbärmlich, und nun musste er sich wirklich übergeben. Dann wurde alles ruhig und eine milde Sonne brach durch die Wolkendecke. Der plötzliche Gleichklang kam unverhofft, und er sah, dass ein kleines Mädchen in einem violetten Kleid stehen geblieben war und ihn anstarrte. Er fragte sich, was sie sah. Ihr Blick verriet nicht, ob sie sich fürchtete, ekelte oder ob sie einfach nur interessiert war. Er wollte lächeln, um die Situation zu entschärfen, spürte aber, dass es zu einem entschuldigenden, also verräterischen Lächeln geworden wäre. Also schaute er nur zurück und hoffte, dass sein Blick genauso wenig einzuordnen wäre wie der des Mädchens.

Dann war die Stimme der Mutter zu hören. Sie ermahnte das Kind, nicht schon wieder »ins Narrenkastl zu schauen«. Er hatte diesen österreichischen Ausdruck lange nicht gehört. Er beschreibt einen Zustand, in dem der Mensch ins Leere starrt und dessen Blick verrät, dass er nicht wirklich anwesend, sondern in Wahrheit ganz woanders, in fernen inneren Welten ist. Nun trug er sein »Narrenkastl« stolz vor sich her, als er zurück ins Hotel ging.

NARBEN Sein Hotel war in der Medina gelegen und nicht im eigentlichen Sinn ein Hotel. Es war ein Haus mit einem offenen Innenhof und ganz schmalen, verwinkelten Stiegen, über die man in die Zimmer und bis aufs Dach steigen konnte. Normalerweise wurde das Haus nur an größere Familien oder Gruppen vermietet. Für eine Person wäre es viel zu teuer gewesen, aber es war gerade Winter und nur wenige Reisende kamen. Sie mieden den Regen und die Kälte. So vermietete die Besitzerin ihm das Haus günstig. Wahrscheinlich war sie froh, überhaupt einen Gast zu haben. Nie hätte man von außen ahnen können, dass dieser kleine, unscheinbare Eingang in ein solches Haus führte. Da war kein Schild, keine Rezeption, kein Personal. Er bekam seinen Schlüssel und, wenn er wollte, morgens ein Frühstück. Aber das wollte er nicht. Wenn niemand käme, konnte er sich eher der Illusion hingeben, in Marrakesch zu leben und nicht nur ein Reisender zu sein. Er liebte es, sich so etwas vorzustellen, und es gelang ihm meist schnell, sich an einem fremden Ort zu Hause zu fühlen.

86

MARRAKESCH
MAROKKO
2009

Als er an diesem Abend hinaus auf die Straße trat, bemerkte er zwei räudige Katzen, die aneinandergeschmiegt auf einem kleinen Müllhaufen schliefen. Sie hoben träge den Kopf, als er vor ihnen stehen blieb, und schauten ihn verschlafen aus wurmtrüben Augen an. Offenbar sahen sie in ihm keine Gefahr und schliefen gleich weiter. Eine andere, ausgewachsene Katze baute sich heftig fauchend vor ihm auf. Es musste die Mutter sein, ein großes, kräftiges Tier, dessen Gang den Stolz ihres wilden Lebens in Freiheit verriet. Katzen, die in Freiheit leben, bewegen sich anders. Sie haben ein Territorium zu behaupten und um ihr tägliches Überleben zu kämpfen. Und doch war der Gang dieser Katze nicht ganz balanciert, denn ihr fehlte der Schwanz. Sie hatte nur mehr einen blutigen Stummel und man konnte sehen, dass er wohl erst vor kurzem abgetrennt worden war. War es möglich, dass ihr ein großer Hund den Schwanz einfach abgebissen hatte? Er konnte sich nicht vorstellen, wie das vor sich gegangen sein sollte. Und dann, mit abgetrenntem Schwanz – verblutete das Tier dann nicht? Er krümmte sich bei dem Gedanken an ihren Schmerz und ihr erbärmlich wütendes Wimmern. Die Narbe würde ihr Leben prägen, sie würde härter und gnadenloser mit ihren Feinden verfahren, denn sie hatte nun den anderen Katzen eine Erfahrung voraus. Sie war versehrt. Gelänge es ihr, etwa wegen der fehlenden Balance, nicht, sich weiter auf den Straßen der Medina zu behaupten, würde sie zum Krüppel werden und sterben. Aber so fauchend, wie sie sich vor ihre Kleinen stellte, war das vorerst auszuschließen. Er ging weiter, ohne sich noch einmal umzudrehen. Wie so oft, wenn eine Beobachtung die Sinne für etwas öffnet, sah er an diesem Abend lauter Narben. Bettler mit grässlich zerstörten Händen, eine fette Touristin in hautengen Shorts und einem Top, das ihren Schwabbelbauch freiließ, über den eine ältere Operationsnarbe in einem dunkleren Rosa verlief, einen grobschlächtigen Kaukasier, der einen Schmiss über der rechten Wange hatte, einen grauhaarigen Araber, der sich wohl beim Rasieren geschnitten hatte. Seine Narbe war noch frisch, man konnte das eben erst getrocknete Blut sehen. Er zählte sogar den Knutschfleck auf dem tätowierten Hals einer Rucksacktouristin als Narbe mit.

In Gedanken ging er seine eigenen Narben durch. Er hatte einen fast unsichtbaren Fleck auf der Stirn, der von einem Arbeitsunfall herrührte. Heißer Teer war ihm zwischen die Augen geflogen, als er ihn auf Dachpappe verteilen wollte. Der Fleck war nur zu sehen, wenn er gestresst war, und doch war ihm der Unfall tief ins Gedächtnis gegraben. Er hatte kaum Erinnerungen an diese Zeit, doch von diesem kurzen Moment wusste er alles, die Garage, in der es geschah, das Sonnenlicht, das durch eine kleine Öffnung in der Wand fiel und sich im Dampf des heißen Teers fing, den Schmerz, als er das schnell festgewordene Stück Teer samt der Haut von der Stirn zog, und das Blut auf seinem verschwitzten Handrücken, als er sich über die brennende Stirn fuhr. Schmerz verlängert das subjektive Zeiterleben und fördert die Erinnerung. Vor vielen Jahren hatte ihm eine Frau beim Sex, ohne dass es ihr bewusst war, den Rücken zerkratzt. Die Narben, die er davontrug, waren nicht von Dauer, aber das Gefühl des Schmerzes mit der damit verbundenen Lust blieb ihm lange und eindrücklich in Erinnerung. Nicht, dass er ein Masochist gewesen wäre, der nach dieser Kombination gesucht hätte, aber es blieb ein Nachhall, dem er sich nicht verschließen konnte. Dann seine zerrissene Nasenscheidewand, die davon kam, dass er als Bub gegen einen Postkasten gerannt war, als er betete. Diese Narbe ließ ihn immer an Gott denken, oder an das Gefühl, das er damals für Gott hielt. Dann war da noch seine fehlende Vorhaut, was ja auch durchaus als Narbe bezeichnet werden konnte. Er verband damit sein erstes sexuelles Erlebnis mit einer Krankenschwester. Er dachte gerade zärtlich an sie, als ihm ein Einheimischer erklärte, dass er in die falsche Richtung ginge. Er wunderte sich, woher er das überhaupt wüsste, als der Einheimische erklärte, dass alle Touristen zum großen Obst- und Gemüsemarkt wollten. Wie immer war er sinnlos gekränkt, wenn er als Tourist identifiziert wurde, denn er empfand Herumreisen, ohne etwas zu tun zu haben, im Grunde als obszön. Zwar war er sich bewusst, dass er sein halbes Leben nichts anderes getan hatte, aber nun klassifizierte er dieses Gefühl als seelische Narbe. Tourist zu sein erinnerte ihn schmerzlich an das Milieu, in dem er aufgewachsen war. Das Leben zu dieser Zeit war ein vollbesetzter Bus, eine Gruppenreise mit Senioren nach Italien. Er war der einzige junge Mensch, und ein halblustiger Reiseleiter mit fetten Haaren erklärte die Welt da draußen über ein krachendes Mikrofon. Der Mann wechselte nie sein Sakko und bemühte sich, seine kleine Herde mit professioneller Strenge zusammenzuhalten. Mit dieser Erinnerung brachte er seinen inneren Schmerz zum Blühen. Wie hatte er sich, die Menschen und die Landschaft da draußen gehasst. Sein Verhältnis zu Italien hatte sich davon nie erholt.

Am nächsten Tag saß er in einem Flugzeug und flog nach Paris. Es hatte nur mehr einen Fensterplatz gegeben, was er nicht mochte, weil er sich von den anderen eingesperrt fühlte. Aber wenn er schon am Fenster sitzen musste, genoss er es doch, die Muster der Felder, die Verschiedenfarbigkeit eines Flusslaufs oder die zerklüfteten Furchen eines Gebirgszuges von oben zu sehen. An diesem Tag nahm er dort unten nur Narben wahr: Kiesgruben, Straßen, Staudämme, betonierte Flächen, gepflügte Äcker, ja sogar gemähte Wiesen. Er fragte sich, wie wohl ein Tsunami von oben aussähe. Er kannte mehrere Menschen, die den Tsunami von 2004 erlebt hatten, und jeder hatte es anders geschildert. Auch die Bilder im Fernsehen gaben wenig Auskunft darüber, wie das wirklich aussah. Immer waren Regentropfen auf den Objektiven der Kameras, immer schrie irgendjemand, Palmen bogen sich im Sturm, als wären sie dazu verdammt, sich ab jetzt immer im Sturm zu biegen, und es schwamm kaputtes Zeug im Meer. Später gab es Bilder von zugedeckten Leichen. Dieser Tsunami war wohl eine der größten Narben, die der Planet sich selbst zugefügt hatte.

Die Landstriche, Täler, Berge, Wälder sahen aus wie die Katze mit dem abgeschnittenen Schwanz. Es kam ihm vor, als fauche ihn die Welt da unten an; verletzt, aggressiv und bereit, sich mit allen Mitteln zu wehren.

PFINGSTROSEN Er hatte einmal gehört, dass man Pfingstrosen und Veilchen nicht züchten konnte. Wahr oder nicht, es ist schon auffällig, dass man außer in der Zeit um Pfingsten keine Pfingstrosen sieht. Blumengeschäfte – egal ob noble Innenstadtfloristen, Marktstände oder kleine, altmodische Vorstadtläden – führen diese Blume nur von Mitte Mai bis Mitte Juni. Seit er das wusste, hegte er eine stille Verehrung für die Pfingstrose, und sie half ihm, zumindest den Geburtstag eines Menschen, den er gut kannte, nur selten zu vergessen, da ihn die üppigen Blüten an diesen Geburtstag erinnerten, wann immer er zu dieser Zeit einen Markt durchstreifte oder an einer Blumenhandlung vorbeikam. Das Geschenk für diese Frau war zwar immer das gleiche, aber sie freute sich alle drei Jahre, einen großen Strauß Pfingstrosen zu bekommen. Sie sagte dann meist bedauernd, dass sie bei Schnittblumen immer das Gefühl hatte, Leichen oder, präziser gesagt, Halbtote zu bekommen, denn der Akt des Einfrischens sei nichts anderes als eine lebenserhaltende Maßnahme auf Zeit – eine Art Intensivstation für Pflanzen.

87

DROSENDORF
ÖSTERREICH
1994

Als er wieder einmal in das Schlosshotel in Drosendorf kam, das er oft und gerne besuchte, da es eines der schönsten Hotels der Welt war (vor allem, weil es noch von keiner Kette mit einem albernen Namen wie *Boutique* oder *Romantik* betrieben wurde), stand mitten im Zimmer eine Vase mit einem großen Strauß Pfingstrosen. Das war ungewöhnlich. Viele Hotels heißen den Gast mit einer Schale Obst, einem zu einem Schwan gefalteten Badetuch oder einer Süßigkeit auf dem Kopfpolster willkommen, aber dieses Hotel war gerade deshalb so wunderbar, weil es anders war: ein herrliches, kaum renoviertes Landschloss aus dem 15. Jahrhundert, mit weitläufigen Zimmerfluchten, Gemälden und Jagdtrophäen. Der geneigte Gast nahm hier nicht nur durchgelegene Betten und die schwächliche Heizung in Kauf, sondern verzichtete auch gerne auf Faltschwäne, unreife, exotische Fruchtvariationen und eben Blumensträuße.

Er malte sich also aus, dass die Leute, die bis vor ein paar Stunden dieses Zimmer bewohnt hatten, die Blumen hier gelassen hatten, und zwar absichtlich. Denn so einen prachtvollen Strauß vergisst man nicht. Man vergisst vielleicht eine langstielige Rose, die man trunken einem ägyptischen Rosenverkäufer abgekauft hat, um ihn loszuwerden, und die die Frau, der man sie gab, achtlos auf dem Tisch liegen ließ. Aber das hier musste anders gewesen sein. Er stellte sich ein sympathisches Paar vor, beide um die vierzig, das mit gepackten Reisetaschen in der offenen Tür stand. Sie schaute glücklich auf die Blumen, erklärte aber bestimmt, dass sie sie auf die Fahrt, die ihnen bevorstand, nicht mitnehmen würde. Der Weg nach Gdansk sei zu weit, das würden die Blumen nicht überleben. Die Intensivstation wäre in ihrem Auto nicht aufrechtzuerhalten, und sosehr es sie auch schmerze, den Strauß zurückzulassen, sei es ihr doch lieber, dass der nächste Bewohner dieses Zimmers sich daran erfreuen könnte.

Und er freute sich. Er stellte seinen Koffer ab und schaute sich weiter im Zimmer um. Das Bett war ungemacht, die Handtücher achtlos auf den Boden geworfen, und auf dem Tisch standen zwei Wassergläser und eine nicht ganz leergetrunkene Flasche Wodka der ukrainischen Marke *Nemiroff*. Das Paar hatte also Geschmack. Pfingstrosen und *Nemiroff* bewiesen das eindeutig.

Er setzte sich an den Tisch, schenkte sich Wodka ein und zündete sich eine Zigarette an. Da das Fenster offen stand, fiel wenige Sekunden später die Tür krachend ins Schloss, und der Vorhang wehte sanft ins Zimmer. Er fühlte sich doppelt beschenkt von diesem Moment, legte sich in das ungemachte Bett und schlief, den schwachen Geruch von unbekannten Menschen in der Nase, sofort ein.

Von diesem Tag an ließ er manchmal Sachen in Hotelzimmern zurück, gedacht als kleine Geschenke für den nächsten Gast. Das war natürlich eine trickreiche Angelegenheit, denn normalerweise kam man ja nicht in ein ungemachtes Zimmer. Normalerweise musste man artig in der

Lobby warten oder in der Stadt spazieren gehen, während resolute Putzfrauen jede Spur des vorigen Gastes beseitigten, um dem neuen Bewohner des Zimmers das Gefühl zu vermitteln, dass es einzig und allein für ihn bestimmt war. Eigentlich ja eine lobenswerte Sache. Und doch überlegte er ständig, wie er gewisse Kleinigkeiten an diesen uniformierten Dämoninnen vorbeischmuggeln könnte. In manchen Hotelketten verzichtete er darauf, denn er wusste, dass allein der Versuch völlig zwecklos wäre. Da wurde mit einer Akribie und Unnachgiebigkeit überzogen, geschrubbt und ausgemistet, dass nicht einmal ein Mon Chérie hätte überleben können. Nicht, dass er jemandem Schokolade hätte hinterlassen wollen. Er versteckte Bücher, die er liebte, aber nicht mehr herumtragen wollte, außerdem da und dort einen Schal, in der Hoffnung, er würde auf der Straße einer ganz anderen Stadt irgendjemanden damit wiedersehen, oder ein kleines Fläschchen Parfum, das er zuvor extra gekauft hatte. Aber Pfingstrosen und Wodka blieben eine unübertroffene Kombination.

In einem Zimmer im Kongo, das vermutlich noch nie eine Putzfrau betreten hatte, ließ er einmal einen großen Strauß weißer Calla-Lilien zurück, den er frühmorgens auf dem Markt gekauft hatte. Die Blumen wirkten so weiß und doch nicht unschuldig in diesem Dreckloch von einem Zimmer, dass er gerührt in der Tür stehenblieb und sein Werk betrachtete, bevor er seine Reise fortsetzte. Er hatte zwar das Gefühl, die Blumen dem Zimmer selbst und dem darin wohnenden Ungeziefer überlassen zu haben, aber auch das kam ihm richtig vor, denn Orte und Tiere brauchen Schönheit genauso wie Menschen. Er wusste zum Beispiel, dass Ameisen Pfingstrosen besonders lieben, und manchmal, wenn man in einem Garten die frisch aufgeblühten Köpfe aus der Nähe betrachtet, wimmelt es darin von Ameisen. Man betrachtet dieses Leben im Leben wie ein wildes, dunkles, fremdes Stiegenhaus hinter der glänzenden Fassade eines sanft beleuchteten, ausgeklügelt beschallten und wohlig beteppichten Viersternehotels. Manche Orte hingegen strahlen einen dumpfen Schmerz aus, weil ihr Gras auf das penibelste gestutzt ist, ihre Hecken in Habt-Acht stehen müssen und alles, was sie tragen dürfen, die Statue eines Diktators ist. Es ist ihnen anzusehen, dass sie diesem Diktator gar keinen Raum geben wollen. Die Menschen, die solche Plätze queren, halten die Köpfe gesenkt und gehen vorgebeugt, als kämpften sie gegen einen starken Gegenwind an. Zufrieden dachte er, wie gut die Schönheit der prachtvollen Callas dem Hotelzimmer, das er gerade verlassen hatte, tun würde.

In Tirana war ihm einmal ein Foto des Hotels, in dem er wohnte, in die Hände gefallen. Er hatte es einem jungen Touristen abgeluchst. Obwohl es ein Farbfoto war, wirkte es wie ein Schwarzweißbild aus dem frühen 20. Jahrhundert. Es zeigte nicht nur das Gebäude selbst, sondern auch den Platz davor und einige Menschen, die in der späten Dämmerung geschäftig in verschiedene Richtungen strebten. Er selbst war einer von ihnen. Am nächsten Tag hatte er einen Abzug davon machen und das Foto in einem Passepartout rahmen lassen. In der Nacht hatte er es gegen eine besonders belanglose Hafenimpression getauscht, die er einem Altwarenhändler schenken wollte, der ihn aber empört abwies. Also schmiss er das unhandliche Teil in den Schutt eines Abbruchhauses. Jedes Ding soll dorthin, wo es hingehört.

Als er Jahre später wieder nach Tirana kam, war er sehr gespannt, ob das Bild noch in jenem Zimmer hängen würde. Doch das Hotel war abgerissen worden, und an seiner Stelle stand ein Supermarkt für Blumen. Immerhin.

DER WIND Der Frühling in Graz konnte sich nicht entscheiden, ob er kommen wollte oder nicht. Er stand mit einem Kriminalbeamten auf der Hauptbrücke über der Mur und schaute auf das bewegte Wasser hinunter. Der Kriminalbeamte war ein biederer Mensch, der sich schon mit vierzig so anzog, als wäre er sechzig. Wahrscheinlich, um seine Seriosität zu unterstreichen. Die Sonne blinzelte durch die Wolken, die in dunkelgrauen Fetzen wild über einen blitzblauen Himmel rasten. Momentelang glitzerte der Fluss wie ein Juwelenstrom, um sogleich wieder zu einem gelbgrauen Brei zu werden, den weiß Gott wer ausgespien hatte.

88

WELLINGTON
NEUSEELAND
1989

Er wollte in diesem Augenblick nicht mit dem Kriminalbeamten sein. Er fühlte sich immer aufgewühlt in der Nähe von fließendem Wasser – schon gar, wenn das Licht, der Himmel und die Wolken sich so dramatisch gebärdeten. Wie nachmittägliche Träume vom Verlust der eigenen Zähne, die den Verlust der Sexualität implizieren – nur dass Wasser in Bewegung genau das Gegenteil bedeutete. Alles fließt, dachte er, und dieser Gedanke meinte es sexuell. Darüber konnte er nicht mit dem Kriminalbeamten sprechen, der nach seinem karierten Hut griff und über den Wind zu klagen begann. So ein Wind ginge sonst immer nur in Wien, und er würde es hassen, wegen diverser Ermittlungen dorthin geschickt zu werden, wo man dieses Windes gar nicht Herr würde. Er nähme deshalb immer einen Hut mit, denn ohne Hut könne man in Wien überhaupt nicht sein. Er wunderte sich noch über den Zusammenhang und fragte sich, wofür man bei Wind eigentlich einen Hut brauchte (wahrscheinlich, um ihn im richtigen Moment festhalten zu müssen), als der Kriminalbeamte zu weinen begann. Er war ein Freund seines verstorbenen Vaters und hatte ihn kontaktiert, um ihn persönlich vom Ableben seiner Lebensgefährtin zu unterrichten. Diese Frau war seine Firmpatin gewesen – die Beziehung war aber abgerissen, da er den Kriminalbeamten nie hatte leiden können. Und jetzt stand der Mann mit seinem albernen Hut auf dem Kopf da und weinte.

Er hatte ihn nicht in einem Kaffeehaus treffen wollen und deshalb einen Spaziergang vorgeschlagen. Auf der Brücke hatten der Wind und die eigenartige Wetterstimmung sie angehalten, und jetzt waren sie in diesem Moment vereint, ohne etwas miteinander gemein zu haben. Er hasste das Gefühl, etwas, das er eigentlich gerne erlebte, mit dem falschen Menschen zu erleben. Wenn dieser Mensch auch noch seinen Gefühlen freien Lauf ließ und er kein Instrumentarium besaß, diese Gefühle zu begreifen oder zu teilen, wurde er ganz langsam. Sein Denken, seine Bewegungen, sein ganzes Sein bremsten sich ein. Wie um das zu kontrastieren, blies der Wind umso heftiger und bewirkte, dass der Kriminalbeamte, von einem Weinkrampf geschüttelt, vergaß, rechtzeitig nach seinem Hut zu greifen. Der Hut wirbelte durch die Luft und landete im Fluss. Staunend schauten sie ihm nach, wie er sanft auf dem Wasser aufsetzte und davonschwamm. Der Kriminalbeamte nannte den genauen Preis in österreichischen Schilling, den er erst vor wenigen Tagen für das schöne Stück bezahlt hatte. Er wollte schon etwas Ironisches über den glücklichen Finder sagen, verkniff es sich aber. Ironie wäre hier verfehlt gewesen.

In einer kleinen Frühstückspension in Wellington fiel ihm dieser Moment auf der Brücke über die Mur ein. Draußen stürmte es, aber es war eher die Pension, die ihn an das Treffen mit dem Kriminalbeamten erinnerte. Es fühlte sich an, als wäre er in eine bedrohliche Grube aus Polstern, Spitzendecken, Tuchenten, Nippes und Schälchen mit getrockneten Blumen gefallen. Er war so fremd in dieser Umgebung wie Lurch, gegen den hier sicher tagtäglich mit Hingabe und Akribie vorgegangen wurde. Er hatte am Vorabend stundenlang ein brauchbares Hotelzimmer gesucht und war kläglich gescheitert. Auch die Besitzerin dieses privat geführten Hauses hatte ihn unwillig gemustert, und er musste sein nettestes Lächeln und eine herzzerreißende Geschichte hervorzaubern, um aufgenommen zu werden. Er schlief herrlich in dem blütenweißen Bett, träumte aber, mit einem Rohrstock bestraft zu werden, weil er etwas beschmutzt hatte.

Seine Zähne blieben intakt in diesem Traum, aber eine unerklärliche Scham kroch in ihm hoch, als er erwachte, weil der Wind irgendwo vor seinem Fenster etwas in Bewegung setzte, das ein blechernes Geräusch erzeugte.

Er wollte sich eine Zigarette anzünden, dachte aber an das Gesicht der Besitzerin und verwarf den Gedanken. Er öffnete das Fenster und schaute hinaus in den Morgen. Wind, dachte er, ist immer gut, denn er hat meist eine Richtung, außer er ist ein Wirbelwind oder gar ein Tornado. Man kann sich beim Verlassen des Hauses entscheiden, ob man den Tag mit Rücken- oder Gegenwind beginnen will. Der Gegenwind wird ja unterschätzt, denn nur so spürt man den Wind richtig. Man kann sich gegen ihn anstemmen und hat gerade dadurch das Gefühl, beim Gehen voranzukommen. Man spürt seine eigenen Haare, egal, ob sie kurz oder lang sind, und der ganze Raum um einen herum verändert sich auf das Schönste. Die Menschen gehen vorgebeugt in die eine und in leichter Rückenlage in die andere Richtung, Bäume biegen sich, Sträucher rascheln, Dinge flattern durch die Gegend, manch einer läuft seiner Zeitung oder einem Zettel, auf dem er gerade Notizen gemacht hatte, hinterher (zumindest im Jahr 1989 war das noch so). Und alle, die miteinander reden, reden über den Wind.

Er schlich sich aus dem Puppenhaus, um nicht Gefahr zu laufen, beim Frühstück das Tischtuch anzupatzen, und entschied sich draußen für den Gegenwind. Er musste öfter stehen bleiben, um eine Böe abzuwarten, bevor er weiterkonnte. Bog er um eine Ecke und spürte den Wind im Rücken, suchte er wieder den Gegenwind, bis er schließlich am Hafen landete. Hier, am vermutlich gerade stürmischsten Ort der Welt, waren viele Menschen unterwegs, und niemand trug einen Hut. Das Meer glitzerte grün im Morgenlicht und kräuselte seine Oberfläche, ohne wirklich bewegt zu sein. Ein junger Mann kam neben ihm zu stehen. Zuerst glaubte er, der Mann wollte ihn ansprechen, merkte aber schnell, dass dieser ihn gar nicht wahrnahm. Er hatte einen Papiersack voller Birnen in der Hand. Sein halblanges

Haar wand sich um seinen Kopf und verdeckte den Großteil seines Gesichts, als er mit einer plötzlichen, heftigen Bewegung den Sack mit den Birnen ins Meer warf. Dann erst bemerkte er, dass er nicht allein war, sondern neben einem Fremden stand, dem auch der Wind die Haare ins Gesicht blies.

Er sagte zu dem jungen Mann, dass er Birnen mochte und gerne eine gegessen hätte. Aber das war dem jungen Mann egal. Er erklärte ihm stattdessen detailreich den Hass auf seine Mutter, die ihn immer Birnen kaufen schickte, mit denen sie dann Dinge kochte, die er noch mehr hasste als die Mutter selbst. Voller Inbrunst fügte er hinzu, dass er wünschte, seine Mutter wäre tot. Dann begann er zu weinen.

Seine Firmpatin war jetzt schon einige Jahre tot, und die Mutter dieses jungen Mannes würde wohl noch einige Jahre Birnen verkochen. Wahrscheinlich war der Kriminalbeamte inzwischen glücklich in seinem Singledasein, und der junge Mann würde erst wissen, wie sehr er seine Mutter liebte, wenn sie gestorben war. Wie dem auch sei, er hoffte, dass es Fische gab, die Birnen mochten, und dass sich damals jemand den Hut aus der Mur gefischt hatte.

VERGANGENES JETZT Er liebte Hotelzimmer mit Balkon, obwohl er den Balkon kaum benutzte. Er liebte jedoch den Moment, in dem er, nachdem er ein Zimmer betreten und quasi in Besitz genommen hatte, die Flügeltüren öffnen, hinaustreten und über einen ihm bis dahin unbekannten Ort und die Menschen dort unten schauen konnte. So geschah es an einem lauen Sommerabend, nach einer langen und ereignislosen Reise. Am Morgen war er noch in einem stickigen Zimmer in Addis Abeba erwacht und nun stand er hier in Tirana auf einem schmalen Balkon. Er schaute auf eine ebenso schmale Gasse, die leicht ansteigend in einen Platz mündete. Es gab da unten mehrere kleine Lokale, die ob der heraufziehenden Dämmerung schon die Lichter aufgedreht hatten. Die Straße war voller Menschen. Jeder, so schien es, hatte ein Ziel. Er sah niemanden, der den Eindruck machte, als schlendere er nur so dahin. Jemand, der sich verirrt hätte, wäre in diesem Bild aufgefallen. Was er außerdem sah, waren unzählige Augenblicke des Übergangs. Jeder war auf dem Weg von einem Moment seines Lebens in den nächsten. Nur ein alter Mann saß an einem Tisch vor einem Kebab-Laden, trank Tee und rauchte. Er wirkte sehr ruhig, bei sich, so, als säße er oft hier und tränke genau um diese Uhrzeit seinen Tee, dazu die Zigarette.

89

TIRANA
ALBANIEN
2008

Er dachte, der Wind der Zeit weht hier gerade heftig über den Platz. Hielte man den Moment fest, indem man ihn etwa fotografierte, wäre er mit einem Klick Vergangenheit, genau wie die alten Fotografien, die in Hotellobbys hängen und einen geradezu auffordern, nicht das Hier und Jetzt, sondern das längst Verwehte in sich aufzunehmen. Meist sind es Bilder vom Hotel selbst oder der näheren Umgebung, und meist sind es Totalen. Man soll sich an die Gebäude erinnern, an die Straßen und das Stadtbild. Auf solchen Bildern sind die Menschen nur klein zu sehen, genau wie er sie gerade beobachtete, von einem Ort zum andern unterwegs, zu Fuß, mit dem Fahrrad, dem Motorrad, dem Auto. Doch zeigen diese Bilder in Wahrheit eine Vielzahl an Geschichten, vergangenen Geschichten und längst verstorbenen Menschen. Schließlich ist man länger tot, als man lebt. Deshalb macht man wohl so viel Aufhebens um das Leben.

Im Hier und Jetzt sah er unten zwei Männer, die aufgeregt miteinander redeten, während sie durch sein Bild gingen. Wer sie wohl waren? Er entschied, dass der eine Zahnarzt sei, der andere Architekt. Dass der Zahnarzt dem Architekten erzählte, dass mitten in der Nacht ein Idiot vor seinem Haus sein Auto angefahren und Fahrerflucht begangen, dabei aber nicht gemerkt habe, dass seine Ölwanne geplatzt war und er eine fette Ölspur hinter sich herzog. Er hatte das Auto wenige hundert Meter weiter vor seinem eigenen Haus geparkt und sich schlafen gelegt. Am nächsten Tag musste die Polizei nur der Ölspur nachgehen. Diesen beiden kam eine Frau entgegen, die zu Hause gerade in das Handy ihres Mannes eingebrochen war. Ihr Mann war etwas trinken gegangen und hatte es liegen lassen. Das war sonst nicht ihre Art, aber sie hatte sich hinreißen lassen, ein paar seiner Textnachrichten zu lesen. Eine Frau unbekannten Namens hatte ihm eine verfängliche SMS geschrieben. Es arbeitete in ihr: Sollte sie ihren Mann zur Rede stellen? Obwohl sie wütend war, wog sie ab, ob diese Auseinandersetzung es wert war, geführt zu werden. Gedankenverloren blieb sie vor dem kleinen Gemüseladen an der Ecke stehen und kaufte zwei Kilo Tomaten, die sie gar nicht brauchte. Neben ihr erzählte ein Elektriker seinem Onkel am Mobiltelefon, dass er im Garten eines Kunden einen Spiegel gesehen hatte, in dem eine Krähe ihr eigenes Spiegelbild als Feind missverstanden und wild darauf eingehackt hatte.

Ein kleiner Junge dachte an eine Stelle in seinem Videospiel, über die er immer stolperte. Er legte sich eine Strategie zurecht, wie er den wütend auf ihn einballernden Afghanistan-Kriegern zuvorkommen könnte, und plante, zusätzlich zu seiner sonstigen Bewaffnung eine virtuelle Handgranate aus der Tasche zu ziehen, während er mit seiner AK47 wild um sich schoss. Eine elegante Dame in einem schwarzen Kostüm und einer dicken, weißen Halskette überholte den Jungen just, als dieser in Gedanken die Granate warf. Sie versuchte, ein gleichgültiges Gesicht zu machen, doch ihre Züge verrieten Anspannung. Sie suchte dringend ein Klo, da sie seit dem Morgen heftigen Durchfall hatte. Sie versuchte, an etwas anderes zu denken, und verfiel dabei unbewusst in den Laufschritt. In ihrem schwarzen Kostüm ähnelte sie einer Krähe.

Das Bild dort unten begann sich aufzulösen und weiterzubewegen. Zuletzt glaubte er noch zu spüren, dass der Alte, bei seinem Tee und seiner Zigarette, plötzlich und mit unerwarteter Heftigkeit bemerkte, dass er mit einem Mal genug hatte von seinem Leben. Genug Tee, genug Zigaretten. Er begriff, da war nichts mehr, was getan werden musste. Der Gedanke kam ihm zufällig genau in dem Moment, als eine junge Frau an ihm vorbeiging, die eine Textnachricht an ihren Liebhaber tippte, den sie nicht liebte. Der Anblick ihrer glatten, etwas stämmigen, aber gut geformten Beine ließ diese nie gekannte Leere in dem Alten aufklaffen. Sie hingegen schrieb dem Nicht-Geliebten, dass sie ihn vermisste. Es schreibt sich schnell in Zeiten wie diesen.

Er verließ sein Zimmer, wartete nicht auf den Lift und rannte, ohne es eilig zu haben, das kahle Stiegenhaus hinunter. Er ging durch die Lobby hinaus und querte den Platz, den er gerade so eindringlich beobachtet hatte. Im Gehen drehte er sich um und schaute nach oben zu seinem Balkon. Sobald er nur den Koffer auf das Bett gestellt hatte, betrachtete er jedes Hotelzimmer als seines und jedes Hotel als Zuhause. Wenn er, irgendwann später, in ein Hotel zurückkehrte, achtete er immer darauf, »sein« Zimmer wiederzubekommen, auch wenn es schönere gab. Genau in dem Moment hörte er es in der Nähe klicken. Jemand hatte ein Foto gemacht. Vielleicht ein Bild, das später in der Hotellobby hängen und bei dessen Anblick sich ein anderer innerlich krümmen würde, weil ihm plötzlich klar würde, wie viele fremde, vergessene Leben schon gelebt und genauso sinnlos verewigt worden waren. Unerwarteterweise schmeckte der Gedanke an die Sinnlosigkeit süß und gut. Plötzlich wollte er sichergehen, dass dieses Bild nicht in einem digitalen Mistkübel landete, hielt inne, ging zurück und fand tatsächlich den Mann, der fotografiert hatte. Er verwickelte ihn in ein Gespräch und bat ihn um das Bild. Der Mann sandte es ihm lächelnd und stolz, noch während sie sprachen, mit seinem iPhone.

Er bedankte sich höflich und ging weiter. Inzwischen war es Nacht geworden, und die Zeit ließ diesen Tag und seine Momente genauso unerbittlich zurück wie alle anderen auch.

REUE Er wollte nicht aufwachen. Er wusste, würde er erst den Schritt dahin machen, wer und wo er war und warum er dort war, dann würde er bereuen, was er gestern getan hatte. Sein Bewusstsein war noch nicht so weit wiederhergestellt, dass er hätte wissen können, was er bereuen würde, aber dass er bereuen würde, so viel war sicher. Dabei machte Reue ja überhaupt keinen Sinn. Man bereute oft, etwas gesagt zu haben, beziehungsweise etwas, was man ahnte oder glaubte, gesagt zu haben. Meistens haben Momente der Reue mit Alkohol zu tun und mit einer nicht mehr ganz klaren Erinnerung daran, was war. Er hatte das Glück, dass er unter dem Einfluss von Alkohol die Welt im Großen und Ganzen sehr lieb hatte. Er musste also nicht bereuen, jemanden geschlagen zu haben oder besonders aggressiv oder unfreundlich gewesen zu sein, sondern eher, allen gesagt zu haben, dass sie die Schönsten, Liebsten, Besten und Wunderbarsten waren, die diese Welt je gesehen hatte.

90

DONETSK
UKRAINE
2000

War das wirklich nur dem Alkohol geschuldet oder schlummerte diese Befindlichkeit ganz grundsätzlich in seinem Inneren? Das war schwer zu klären. Zu klären wäre aber, warum man sich für ungerichtete Gefühlsausbrüche derart genierte und sie zähneknirschend bereute. Weil man das lose Gleichgewicht, das man sich geschaffen hatte, mit dem man für sich die Welt in Balance hielt, aus den Fugen brachte? Man hatte Dinge ausgesprochen, die nur für das eigene, innere Ohr bestimmt waren, man hatte Theorien und unumstößliches Wissen verbreitet, das man nicht mit anderen hatte teilen wollen.

Und doch hilft diese Reue, denn sie funktioniert wie emotionales Autodrom-Fahren. Man kurvt wild herum, bis man irgendwo anfährt und in die Gegenrichtung geschleudert wird, man reißt das Steuer herum und schaut sich sogleich wieder um, wogegen man als nächstes fahren könnte. Sonst würde man ja nur einmal im Leben trinken. Man würde vielleicht nur einmal im Leben das Haus verlassen, man würde sich nur einmal im Leben jemandem anderen nackt zeigen, und man würde auch nur einmal im Leben die Wahrheit sagen.

Er schlug die Augen auf und starrte auf eine weiße Decke. Sie war sauber und gut gestrichen, die Decke, und er dachte an die Arbeiter, die in diesem Hotelzimmer diese Decke gestrichen hatten. Ob sie gefeiert hatten, als sie mit der Arbeit fertig waren, ob sie am nächsten Morgen bereut hatten, was sie getan hatten. Er fragte sich, was eigentlich das Gegenteil von Reue war. Ist Reue etwas, zu dem es kein Gegenteil gibt? Ist das Gegenteil Zustimmung? Aber vor allem müsste man sich selbst zustimmen. Der Begriff ist zu ungenau, um als Gegenteil zu funktionieren. Und wenn man sie nicht durch ein Gegenteil abfedern kann, ist Reue ein großes Wort.

Als er versuchte, noch einmal einzuschlafen, und damit das Gegenteil bewirkte, kamen ihm langsam Fetzen der vergangenen Nacht in Erinnerung. Schon begann die Reue zu nagen, und er sehnte sich nach dem Fluchtschlaf. Aber dafür braucht es eine gewisse Bettschwere und Grundmüdigkeit – mit einem Kater, der groß und schwer im eigenen Kopf sitzt, funktioniert er nicht. An Flucht war also nicht mehr zu denken. Er richtete sich schließlich auf und sah, dass er sich in einem Hotel befand, das er kannte. Es hieß *Druschba*, also Freundschaft, und das immerhin war ein beruhigender Gedanke. Schon stellten sich die eher beunruhigenden Details ein: ein Saunabesuch mit Alkoholaufgüssen und einer Stripperin. Dann Wodka, eingelegte Pilze, singen, laufen durch eine kalte, sternenklare Winternacht, ein Streit mit einem Polizeibeamten, weil er mitten auf den Hauptplatz gepisst hatte, eine Fast-Schlägerei mit einem Bodyguard des Bürgermeisters, der ihn davon abhalten wollte, ins Hotel zurückzukehren, weil dort der Bürgermeister eine Party feierte. Wie das ausgegangen war, wusste er nicht mehr. Auf dieser Party hatte er einem guten Freund sehr persönliche Dinge erzählt, die Welt erklärt und dazwischen mit einer wildfremden Ukrainerin getanzt.

Trotzdem: Was von alldem hätte er eigentlich bereuen müssen? Er wusste zwar nicht, was genau er mit dem Freund besprochen hatte, aber so schlimm konnte es nicht gewesen sein. Doch langsam wurde die Erinnerung noch konkreter. Er sah brennende Drinks vor sich und eine hübsche Kellnerin, die sie küssend servierte. Das hieß, sie nahm den Wodka in den Mund und verabreichte ihn mit einem Zungenkuss. Der Drink schmeckte stark und bitter, und sie konnte gut küssen. Er konnte gar nicht genug bekommen von diesen Drinks. Als er diese Drinks geküsst bekam, saß er an einer sich drehenden Bar, was die naheliegende Folge hatte, dass er jedes Mal, wenn er hinunterstieg, um auf die Toilette zu gehen, völlig die Orientierung verlor und auch so leicht nicht wiederfand. Irgendwann fand er sich auf der winterlichen Straße wieder. Sein Kopf fühlte sich plötzlich glasklar an, und er stand, nur in einem gestreiften Unterleiberl der russischen Marine, da und schaute den Menschen zu, die zur Arbeit gingen. Der Boden war spiegelglatt, und trotzdem stöckelten die Frauen gekonnt über Gehsteige und Fahrbahnen. Er wusste noch, dass er an Bambi dachte, als er zusammenbrach. Die frische Luft war wohl zu viel gewesen.

Als er wieder zu sich kam, lag er im Foyer des Hotels, und die Drinks küssende Kellnerin saß mit seinem Freund im Frühstücksraum. Die beiden tranken billigen, süßen Krimsekt. Er setzte sich zu ihnen, und sein Freund und er begannen so heftig über irgendetwas zu reden, dass es durchaus ein Streit hätte sein können. Er erinnerte sich nur, dass es dabei auch um Lou Reed und Søren Kierkegaard gegangen war. Die Frau entfernte sich gelangweilt, und sie redeten noch weiter über Frauen. Und jetzt war da irgendetwas in seinem Inneren, das ihn zucken ließ. Aber er wusste nicht mehr, warum. Er spürte nur, dass er es bereute. Was immer das heißen sollte. Aber das Gefühl war untrüglich.

Er stand auf, duschte heiß und kalt, putzte sich lange die Zähne, als könnte er dieses Gefühl der Reue wegputzen, aber ihm wurde nur übel vom Geschmack der Zahnpasta. Dann stellte er fest, dass die Minibar leer war und er sich kein Reparaturbier nehmen konnte. Draußen wurde es schon wieder Nacht, und damit schien alles noch mehr aus der Balance. Er stand am Fenster, schaute auf Donetsk und bereute plötzlich, dass er einem anderen Freund vor über zehn Jahren einmal seinen Autoschlüssel verweigert hatte, weil dieser so betrunken gewesen war. Der Freund musste zehn Kilometer zu Fuß heimgehen und war nüchtern und sauer zu Hause angekommen. Doch wenn er ihm den Schlüssel gegeben hätte, müsste er nun vielleicht bereuen, dass sein Freund einen Unfall gehabt hatte. Reue macht einfach keinen Sinn, aber sie lässt sich nicht leicht verscheuchen. Reue ist ein lästiges Insekt der Psyche.

Das Zimmertelefon läutete. Sein Freund war dran und erklärte ihm wortreich, dass er hoffe, ihn nicht beleidigt zu haben bei ihrem nächtlichen Gespräch. Was für ein Gespräch?, wollte er scherzhaft wissen. Na, das über Neil Young und Kant, sagte sein Freund. Das Hotel hieß offensichtlich nicht zufällig *Druschba*.

Eine Stunde später schüttete ihm die wildfremde Ukrainerin, mit der er getanzt hatte, im Restaurant wortlos heißen Kaffee ins Gesicht. Vielleicht gab es ja doch etwas, das er hätte bereuen können.

Und ein paar Wochen später erklärte ihm sein Freund, der Linguist, dass das Gegenteil von Reue Unbußfertigkeit sei. Aber das war kein gutes Wort, kein schlagender Begriff, kein ordentliches Gegenteil. Dabei hatte er so auf dieses Gegenteil gehofft.

91

KOSOVO
TANZANIA
2002

SCHLECHTES GELD Das Zimmer war ein Zimmer, sonst nichts. Die Lobby hatte nichts Gutes versprochen, aber es hätte doch zumindest ein vergilbtes Bild an der Wand oder einen Rosenkranz in der Lade des Nachttisches geben können. Er hätte sich sogar über eine Bibel, in der eine Seite fehlte, gefreut, um sich ein paar Stunden zu vertreiben, indem er darüber nachdachte, warum ein Gast vergangener Tage ausgerechnet diese Seite herausgerissen hatte. Später hätte er sich mittels einer vollständigen Bibel damit beschäftigen können, um welche Stelle es dem Leser wohl gegangen war. Welcher Absatz war dieser besonders wichtige gewesen, welcher Gedanke, welche Erleuchtung, welche Formulierung im Namen Gottes?

Doch in diesem Raum gab es nichts. Der Kühlschrank war ausgesteckt und leer. Der Fernseher war kaputt, das Bett war überzogen, aber entweder war die Bettwäsche so alt, dass man nicht merkte, dass sie frisch war, oder sie war eben nicht frisch. Es gab keinen Sessel, keinen Tisch, keinen Spiegel, nicht einmal im Bad. Dort war nur eine Dusche ohne Wasser. Er hob das Zimmertelefon ab, um zu sehen, ob es auch nicht funktionierte. Er wurde nicht enttäuscht, die Leitung war tot. Er legte sich aufs Bett und schaute zur Decke. Auch dort gab es nichts zu sehen, nicht einmal einen Wasserfleck. Am anderen Ende des nicht kleinen Raumes stand ein zweites Bett. Das war alles. Er versuchte, sein Hirn auszuschalten und an nichts zu denken. Das schien ihm angemessen in so einem Raum. Aber es wollte nicht recht gelingen.

Draußen regnete es in Strömen, das war eine passende Untermalung zu diesem hartnäckigen Nichts. Er hatte unten an der Straße in einem kleinen Restaurant gegessen, und zwar das Übliche: zähes Huhn mit Mayonnaise-Kartoffelsalat. Das gab es in Tansania meistens, manchmal mit Yams oder Semovita, aber an den hartnäckigen Hühnern hatte man immerhin etwas zu kauen. Er kaute und kaute und trank übersüße Coca-Cola dazu. Dann forderte ihn der Besitzer des winzigen Ecklokals auf zu gehen, kassierte und ließ, kaum, dass er draußen war, den Rollladen herunter. Ein Laster mit Minenarbeitern fuhr vorbei. Sie schrien, zeigten auf ihn und bewarfen ihn lachend mit Steinen. Auf der anderen Straßenseite prangte eine überdimensionale, amateurhafte Wandmalerei mit Arnold Schwarzenegger als Terminator. Arnold schaute ihn herausfordernd an. Ein muskulöser Gruß aus der Heimat. Doch er hatte sich schon lange nicht mehr so wenig heimatlich und willkommen gefühlt wie in dieser Stadt, die auf keiner Landkarte verzeichnet war. Die Einwohner nannten den Ort Kosovo, um ihm ein internationales Flair zu verleihen. Das klang wohl in den Ohren der Massai nach Paris, New York oder Amsterdam. Wenige Tage später sollte er herausfinden, dass es Städte mit genau diesen Namen in der näheren Umgebung gab. Sie alle waren ebenfalls Ansiedlungen von Minenarbeitern, oder besser gesagt: Goldgräbern, die hier ihr Glück suchten, indem sie in illegalen Gruben nach Tanzanit schürften. Ein Edelstein, den vor allem Gianni Bulgari in seinen Kollektionen verwendete.

Ein Hotel gab es aber nur hier in Kosovo. Er bekam dieses Zimmer, in dem es nichts gab, und unten in Kosovo gab es auch nichts mehr. Seitdem das Lokal hinter ihm zugesperrt hatte, war es vorbei für diesen Tag. Es wurde finster, dann fiel der Strom aus. Wenig später klopfte es, ein großer Massai kam herein, grüßte und nahm das andere Bett in Beschlag. Der Mann unten an der Rezeption hatte nichts davon gesagt, dass man sich gegebenenfalls die Zimmer teilte, aber wahrscheinlich war das so selbstverständlich, dass man es nicht extra erwähnte.

Der Massai hatte kein Gepäck, legte sich auf sein Bett und sprach ein paar Worte. Er war sich nicht sicher, ob der Mann etwas zu ihm gesagt oder vielleicht gebetet hatte, denn er verstand ja kein Wort. Er wusste auch nicht, ob Massai überhaupt beten. Aus irgendeinem Gefühl heraus hätte er es eher verneint, und nun lag er im Dunklen und schämte sich, weil er keine Ahnung hatte, ob der inzwischen laut schnarchende Mann grundsätzlich ein Mensch war, der betete oder nicht. Als sich nach einigem Hin- und Herwälzen endlich ein sanfter Halbschlaf über sein Bewusstsein legte, dachte er, dass er versuchen würde, den Mann am nächsten Tag darüber zu befragen.

Doch wenig später wurde er durch heftiges Klopfen geweckt. Der Hotelbesitzer stand mit einer Taschenlampe und dem Zwanzigdollarschein, mit dem er das Zimmer bezahlt hatte, in der Hand da und ließ einen Wortschwall auf ihn los. Es war aus dem Kauderwelsch aus Englisch und einem lokalen Dialekt schwer auszumachen, was der Mann wollte. Schließlich kristallisierte sich heraus, dass er einen anderen Schein verlangte, da die Banknote aus dem Jahr 1992 stammte und damit praktisch wertlos, weil so leicht zu fälschen war. Er durchstöberte seine Taschen, fand aber nur zwei Hundertdollarnoten und sechs Fünfer. Bis auf drei dieser Fünfer aus den späten neunziger Jahren war alles andere ebenfalls von 1992. Sie hielten also bei fünfzehn akzeptablen Dollar, und er fand noch zwei Vierteldollarmünzen, die er drauflegen konnte. Nach einigen schwierigen Beratungen schlug er vor, die fehlenden 4 Dollar 50 am nächsten Tag nachzuzahlen, wenn seine Freunde kämen, um ihn abzuholen. Doch darauf ließ sich der Besitzer nicht ein. Er musste seine Sachen nehmen und in ein billigeres Zimmer übersiedeln. Dort schliefen bereits fünf andere Männer, und er sah nur undeutlich deren tätowierte Gesichter und roten Gewänder, die auch in der Finsternis auszumachen waren. Das Zimmer hatte kein Fenster, und die Ausdünstung der Männer war scharf, aber nicht unangenehm. Irgendwie fühlte er sich wohler, denn hier gab es weniger Nichts. Außerdem waren zwei einander fremde Menschen, die in einem Raum schliefen, irritierender für ihn als mehrere Fremde. Da war das Ganze keine Ausnahme mehr, sondern hatte System.

Er schob seine Sachen unter das freie Bett und legte sich selbst darauf. Da fing einer seiner Mitbewohner im Schlaf laut zu sprechen an. Zuerst glaubte er, dass sich zwei Männer unterhielten, doch die Stimmen kamen aus dem Mund eines Einzelnen. Es hörte sich an, als würde ein geübter Kabarettist zwei verschiedene Menschen parodieren. Die anderen schienen davon keine Notiz zu nehmen und schliefen weiter, doch er konnte nicht anders als zuzuhören. Die Modulation der Stimmen und die Emotionen, die der Schlafende in das Gespräch legte, ließen ihn die Ohren spitzen. Es war ihm, als wäre er ein Psychiater, der seinem Patienten lauschte, ohne ein Wort zu verstehen. Durch seine bloße Anwesenheit hatte der Mann zu sprechen begonnen und sich die beiden Seelen aus seiner Brust geredet.

Er fand keinen Schlaf mehr, wurde von riesigen Moskitos gefoltert, stand beim ersten Morgengrauen auf und verließ das Hotel. Er spazierte durch die noch menschenleeren Straßen von Kosovo. Er dachte noch, dass er eigentlich »des Kosovo« sagen müsste, aber es war ja eine Stadt, also war »von Kosovo« auch korrekt. Außer ihm war nur ein Massai unterwegs. Er brauste mit einer KTM-Motocross-Maschine, heftig Staub aufwirbelnd, über die Hauptstraße. Sein rotes Gewand flatterte im Fahrtwind, seinen Speer hielt er nach vorne gestreckt wie ein Ritter, der in den Kampf reitet. Als er jedes Eck von Kosovo gesehen hatte, sich von Arnold Schwarzenegger einige Tipps geholt und die Massai dabei beobachtet hatte, wie sie ihre Geschäfte, in denen es nichts außer Edelsteinen zu kaufen gab, geöffnet hatten, sperrte das Lokal, in dem er am Vorabend gegessen hatte, wieder auf. Er bekam zum Frühstück Huhn mit Mayonnaise-Kartoffelsalat und Kaffee und handelte sich einige Schwierigkeiten beim Bezahlen ein, da er ja nur mehr diesen Zwanziger aus dem Jahr 1992 besaß. Der Wirt nahm den Schein zähneknirschend an – er konnte ihm das Huhn und den Salat ja nicht mehr wegnehmen. Den Rest des Kaffees servierte er aber wütend ab.

Als er wieder auf die Straße trat, trat ihm plötzlich ein Massai in den Weg. Der Mann schaute ihm lange und tief in die Augen. Dann sagte er in sehr schlechtem Englisch, dass er alles, was er nach dieser Nacht über ihn wüsste, für sich behalten müsse. Sonst werde es ihm schlecht ergehen – sehr schlecht.

DHAKA
BANGLADESCH
2008

92

DAMPFEND HEISSE LEBERKNÖDELSUPPE Er packte gerade seine Koffer, um von Dhaka nach Bangkok zu fliegen. Er hatte es nicht eilig und trödelte herum, als CNN verkündete, dass der Suvarnabhumi Airport nun endgültig von den Yellowshirts, den Anhängern des König Bhumibol, besetzt worden war. Das hatte sich in den letzten Tagen angekündigt, und nun hatten sie den Flughafen tatsächlich außer Betrieb gesetzt. Da war er also, der Moment, den er zugleich fürchtete und liebte. Er war gestrandet und konnte nichts anderes tun als warten, bis er weiterreisen konnte. Natürlich hätte es andere Möglichkeiten gegeben, von hier wegzukommen, aber er rechnete nicht damit, dass die Einstellung des Flugverkehrs am asiatischen Knotenpunkt Bangkok lange dauern würde. Denn sie war eine finanzielle Katastrophe, die täglich wuchs.

Zuerst wusste er nicht, was tun. Die Bücher, die er mithatte, waren alle ausgelesen, vom Internet hatte er sich auf seinen Reisen durch das Land entwöhnt, und seine Mitarbeiter waren bereits vor Tagen abgereist. Er war geblieben, um zur Ruhe zu kommen und die Hektik der letzten Monate ausklingen zu lassen. Jetzt war sie da, die Ruhe, und mit ihr eine momentane Leere. Er legte sich aufs Bett und schaute sich im Fernsehen die Bilder aus Thailand an. Alles in diesem Land wirkte immer irgendwie putzig, als wäre es gar nicht echt, als spielte sich auf diesem riesigen Flughafen eine Art Polit-Manga ab: Massen von Protestierenden in gelben Hemden und Polo-Shirts, die Fähnchen schwenkten. Überall anders auf der Welt gäbe es bei einer solchen Besetzung Verletzte und Tote, hier sah es aus wie auf einer Party. Aber wahrscheinlich brodelte es unter der Oberfläche umso stärker, und wenn die Dämme brachen, würde es umso gewalttätiger werden. Er musste an die Sanftheit der Kambodschaner denken, an das höfliche und Vertrauen erweckende Auftreten von Pol Pot. In den Archivaufnahmen hatte man immer den Eindruck, er müsse es gut gemeint haben mit dem Volk. Würde das, was hier in Thailand geschah, auch in die Annalen der

Menschheit eingehen wie das Regime der Khmer Rouge? Es sah wirklich nicht so aus. Immer wieder wogte eine aufgeregte Masse durch den Flughafen. Die Party ging weiter.

Er packte seinen Koffer wieder aus und legte sich dann nochmals aufs Bett. Wenn CNN auf »heavy rotation« machte, dann gab es nichts Neues zu berichten, und wenn sie anfingen, Erfahrungsberichte von Betroffenen und Interviews mit Touristen zu senden, war die Nachrichtenlage auf dem Tiefpunkt angelangt. Also beschloss er, spazieren zu gehen und in der einzigen Buchhandlung von Shantinagar nach einem englischen Buch zu suchen.

Der Nachteil an fremden Orten, die er schon gut kannte, war, dass er sich unglaublich schwer tat, die bereits eingetretenen Pfade zu verlassen. Er ging oft die gleichen Wege, besuchte die gleichen Lokale, lief in den gleichen Parks und spazierte durch die gleichen Märkte. Hier ging er, nachdem er das Hotel verlassen hatte, immer nach rechts, vorbei an der seit Jahren in Bau befindlichen Filiale der Grameen Bank, vorbei an einem Friseur, einer Apotheke, einem überquellenden Mistcontainer mit Krähen darauf, einer Bettlerfamilie mit drei, seit ein paar Monaten vier Kindern und einigen Papierwarenhandlungen. Er bog nach links ab, überquerte den Fischmarkt, an dem er sich nicht satt sehen konnte, kam zu den Ständen für Reis und Linsen, dann für Obst und Gemüse. Dann überquerte er die breite Straße, auf der sich zu dieser Zeit immer Hunderte von Fahrradrikschas stauten, auf deren Sitzbänken die schön gekleideten Fahrgäste geduldig im Staub und Smog der Stadt warteten und mit ihren Handys fast pausenlos Gespräche führten. So klang es zumindest für seine Ohren.

Auf der anderen Straßenseite begann das Viertel der Bäcker und Fotografen, und bald kamen ihm ganze Schulklassen in Uniformen entgegen. Alles sehr artig, sauber und adrett. In Bangladesch ist alles schmutzig, und im krassen Gegensatz dazu laufen die Menschen in wunderschönen, farbenfroh glitzernden Kleidern, Saris, Anzügen, Lungis und dem obligaten Salwar Kamiz durch Städte und Land.

Hinter den Schulen begann ein Militärbezirk, und damit endete der dichte Strom der Menschen. Nur mehr die Vögel schrien schrill am Himmel und schissen akribisch die Straßen zu. Er kam an einem mächtigen, alles überragenden Gebäude, der Koranschule, vorbei und landete in dem Park, in dem er tagtäglich seine Runden drehte. Die Koranschule hinterließ immer einen etwas unheimlichen Eindruck. Hier tummelten sich gewichtige Lehrer und gehorsame Schüler, und alle waren sie Diener Allahs. Immer wollte er einen Umweg machen und kurz eintreten, aber er tat es nie. Es schien nicht angemessen, und es war offensichtlich, dass er nicht hierhergehörte.

Im Park saßen die Koranschüler oft auf den braungrünen Wiesen zusammen und hielten den Koran in Händen. Ihre Bärte waren lang, ihre Kleidung hell, und obwohl er versuchte, nicht zu auffällig hinzuschauen, zog ihn ihr Anblick an. Es hatte etwas Friedliches an sich, wie sie da saßen und ihre Köpfe in kleinem Kreis über dem Buch zusammensteckten.

Es muss am fünften Tag gewesen sein, zwischen Hotelzimmer, CNN, Yellowshirts, einsamen Abendessen, der Videothek im Sheraton, dem Buchladen, dem Markt, dem Rikscha-Stau, den scheißenden Vögeln, der Koranschule, dem Park, wieder dem Hotelzimmer, wieder CNN und wieder den Yellowshirts, als im Park einer der Männer aus einer solchen Zusammenkunft aufstand, mit wehendem Gewand und breitem Lächeln auf ihn zukam und ihn ansprach, in elegantem Subkontinent-Englisch. Er lud ihn ein, mit ihnen zusammen den Koran zu lesen. Reflexartig wollte er ablehnen und ihm erklären, dass er katholisch sei und obendrein Agnostiker, und dass er den Gedanken an Gott geradezu abstoßend fand. Doch die Einladung war zu freundlich vorgebracht. Er setzte sich also zu ihnen und lauschte den stolz wie ein kräftiger Wind vorgetragenen Worten in einer fremden Sprache. Plötzlich fühlte er sich geborgen wie selten in seinem Leben – als gehörte er genau hierher, als wäre genau das sein Platz. Es war ein

Glücksgefühl wie jenes, als er im ersten dichten Schneetreiben eines neuen Winters die kalten Lippen einer geliebten Frau geküsst hatte. Wie er, auf einem Müllwagen sitzend, ein Pferd durch Mexiko-Stadt gelenkt hatte, in dem zufriedenen Bewusstsein, gerade gute Arbeit geleistet zu haben. Wie er seine vom Tanzanitstaub verdreckte Frau in einer Badewanne in Arusha gewaschen und an einem kalten Herbstabend im Gasthaus *Zum Weißen Rössel* dampfend heiße Leberknödelsuppe aus einem tiefen, weißen Teller gelöffelt hatte.

Vielleicht lag es daran, dass er die Worte des Koran nicht verstand. Aber das Gefühl des Friedens und der Hingabe, das von diesen Männern ausging, war echt.

Später drehte er noch einige Runden durch den Park, aber er senkte immer den Blick, wenn er die Männer sah. Er wollte für sich sein, wollte nicht noch einmal eingeladen werden.

Bald darauf gab die Regierung in Thailand den Forderungen der Yellowshirts nach, und er flog wieder nach Hause.

MIKROBEN Hotelzimmer sind meist mit Spannteppichen ausgelegt, und solche Teppiche erinnern ihn an Frauen in weißen Kitteln – an Ärztinnen, medizinisch-technische Assistentinnen, Krankenschwestern, Masseurinnen und Angestellte von Fachbetrieben für Hand- und Fußpflege. Die weißen Kittel sind oft

93

SYDNEY
AUSTRALIEN
2011

durchscheinend und lassen weiße Unterwäsche erahnen. Kontrapunktisch dazu tragen diese Frauen stets eine fachliche Kompetenz zur Schau, die jeden Versuch einer persönlichen Kontaktaufnahme sofort zum Erliegen bringt. Das lässt ihn ganz ruhig werden und voller Bewunderung für die Autorität dieser Wesen. Sie würden niemals jemandem ins Wort fallen, verstehen es aber, in jedem Gespräch auf unterschwellig-behutsame Art das Kommando zu übernehmen. Man wird von ihnen gleichsam an die Hand genommen und unterwiesen, ohne zu bemerken, dass man unterwiesen wird. Und so folgt man dann ihren Anweisungen, zum Beispiel der, in Hotelzimmern Hausschuhe zu tragen, da es nirgendwo so viele Fuß- und Nagelpilzerreger gibt. Gleichzeitig erkennt man verblüfft, wie einfach die Welt wäre, würden nur alle das tun, was die Frauen in den weißen Kitteln sagen. Wenn alle Menschen sich weigerten, Bestechungsgelder anzunehmen, gäbe es keine Korruption mehr, und wenn alle Kondome verwendeten, kein AIDS.

Und so gilt beim ersten Schritt in jedes Hotelzimmer sein erster misstrauischer Blick dem Teppich. Er stellt sich vor, dass kleine weiße Monster mit winzigen Pilzkappenhüten und langen, spitzen Zähnen auf seine Füße lauern, um es sich dann unter seinen Zehennägeln gemütlich zu machen. In seiner Vorstellung sind sie ein wenig glitschig, diese Pilztierchen, und manchmal ist ihm, als könnte er sie an seinen Sohlen krabbeln fühlen. Trotzdem hat er es noch kein einziges Mal in seinem Leben geschafft, in einem Hotelzimmer Hausschuhe anzuziehen. Er hat es noch nicht einmal geschafft, welche mitzunehmen, und in den noblen Hotels, die solche flauschig-weichen Pantoffeln zur Verfügung stellen, ist der Teppich sicherlich genauso keimfrei wie die Hausschuhe. An solchen Orten kommt er sich selbst wie ein glitschiges Pilztier vor, das Schmutz und Mikroben verteilt. Er liebt es, besonders schöne Hotelzimmer in Windeseile zu verdrecken. Erst dann fühlt er sich in ihnen zu Hause. Und wer will denn schon in einem klinisch sauberen Raum wohnen?

Er will eigentlich nicht einmal in einer sauberen Welt leben. Meist fühlt er sich von Staubsaugern, Putztüchern, Besen und dergleichen eher unter Druck gesetzt, als dass er ihre Anwesenheit begrüßen würde. Auch Putzfahrzeuge auf Straßen und in Parks haben etwas von einer Obrigkeit des Gewöhnlichen an sich, die in ihm Widerstand auslöst. Natürlich hat er es am Ende des Tages gerne sauber und beschwert sich an der Rezeption, wenn sein Zimmer nicht aufgeräumt worden ist. Aber er will den Vorgang des Saubermachens nicht sehen. Er will nicht dabei sein, wenn Frauen in Blau und Weiß kommen und mit sachgemäßer Handgreiflichkeit gegen seinen Schmutz vorgehen. Er nimmt das persönlich. Er fühlt sich von dieser Handgreiflichkeit bedroht.

Ja, diese Frauen haben etwas Blau-Weißes. Meistens sind es (wieder) weiße Kittel und blaue Schürzen, manchmal auch etwas blau gepunktetes, manchmal sind sie ganz weiß gekleidet und tragen blaue Häubchen – oder umgekehrt. Sie stehen bereit, in entschlossener Haltung, mit ihren Putzgeräten und Putzmitteln in Flaschen und Sprühbehältern. Der Kampf gegen den Schmutz ist ja einer, der nicht zu gewinnen ist, und da sie meist zu zweit auftreten, erinnern sie ihn an Don Quixote und Sancho Pansa, die gegen Windmühlen in Pilzform antreten. Sie sind eine Macht in jedem Hotel, denn ohne sie wäre nichts so, wie es sein sollte. Schließlich lebt ein Hotel davon, einen Ist-Zustand aufrechtzuerhalten, der jedem Gast einen Neuanfang signalisiert. Sieht er sie nur aus der Ferne, flieht er und geht spazieren, auch wenn er eigentlich hätte bleiben wollen.

In manchen Ländern ist die Außenwelt noch sauberer als das Hotelzimmer. Dort entspinnt sich ein Ballett von makellosen Menschen und Tieren. Ein Tanz von gewaschenen Körpern, geföhnten Hunden, Polizisten in gebügelten Uniformen, Schulkindern mit gegelten Frisuren und Studenten mit balancierten Seelen und sauberen Gemütern. Er selbst fühlt sich sofort schmutzig, wenn er all das sieht, und betrachtet sich prüfend in der nächsten verfügbaren Spiegelung einer Auslage. Er fährt sich dann durchs Haar, um sich ein wenig präsentabler zu machen. Das hilft zwar nie, wird ihm aber bestimmt hoch angerechnet in dieser schmucken Umgebung.

Wieder einmal stand er vor so einer Auslage irgendwo in Sydney und fand sonst nichts an dieser Stadt, das er hätte anschauen wollen. Er hatte sich geschworen gehabt, niemals hierherzukommen, aber irgendwo musste er vom Weg abgekommen sein. Das war nicht Amerika, und Europa war es auch nicht, und etwas Drittes schon gar nicht. Es war einfach eine saubere Mitte. Umso unpassender, dass gerade er als Reisender so oft für einen Australier gehalten wird. Er würde lieber mit Russen, Serben oder Mexikanern in einen Topf geworfen als mit Australiern. Aber in dieses Schicksal muss sich jeder Österreicher fügen.

Er nahm sich vor, seine Vorurteile beiseite zu lassen, und machte sich auf einen langen Fußmarsch durch die Stadt. Das ist meist der beste Weg, um sich mit einem Ort anzufreunden, manchmal sogar zu versöhnen. Denn oft tauchen dann hinter einer Ecke Dinge auf, mit denen man nicht gerechnet hatte. Aber wenn Sydney ein Hotelzimmer war, dann war der Teppich perfekt gepflegt. Hier waren sogar die Mauselöcher zubetoniert, und die Straßenreinigung hatte einen guten Job gemacht. Alles war an seinem Platz und funkelte und strahlte.

Auf seinen Orientierungssinn war üblicherweise Verlass. Ohne sich Himmelsrichtungen oder Straßenamen einzuprägen, wusste er doch fast immer, wo er war und wie er wieder zu seinem Hotel zurückkam. Er merkte sich Bäume, Schilder, Häuserfronten und Glasscheiben – manchmal auch Kanaldeckel, Kioske oder Gaststätten. Doch hier war er gänzlich verloren. Er fand keinerlei Anhaltspunkte. Er war nicht synchron mit dieser Stadt. Seine Kommunikation mit ihr erinnerte ihn an die Ferngespräche nach Übersee in vergangenen Zeiten: Man konnte nicht einschätzen, wann die eigenen Worte beim anderen eintrafen, und so fiel man einander ständig ins Wort. Er hatte das auch mit Menschen erlebt, denen er gegenübersaß: Man redete gleichzeitig oder auf unrhythmische Weise zeitversetzt, bis man gänzlich verstummte.

Dann sah er zwei europäische Touristen, die einander vor einem *Zara*-Geschäft fotografierten. Es war, wie wenn sich zwei Texanerinnen in Mexiko-City vor einem McDonalds fotografieren, oder zwei Koreanerinnen in Wien vor einem *H&M*. Er war also gar nicht weggefahren und hatte das, was er hier sah, bereits zu Hause erlebt – Australien war doch Österreich, und alle Verwechslungen waren legitim.

Er stieg in ein blitzsauberes Taxi mit einem kleinen, blanken Bildschirm über dem Armaturenbrett, der über Tarife und über Verhaltensmaßregeln für Fahrer und Fahrgast Auskunft gab. Dieser Bildschirm riet ihm, den Fahrer bei seinem Arbeitgeber zu verpetzen, wenn er beim Fahren mit dem Handy telefonierte. Er war fast enttäuscht, dass sein Fahrer das nicht tat. Er hätte ihn gerne nicht verpetzt, aber nicht einmal das war ihm vergönnt.

Zurück im Hotel funktionierte, wie so oft, seine Zimmerschlüsselkarte nicht, und er holte sich eine neue. Als er sein Zimmer betrat, wurde ihm seltsam zumute. Er erkannte zwar seinen Koffer und seine Kleidung, aber irgendetwas war merkwürdig. Er rief an der Rezeption an und erkundigte sich nach seinem Namen und dem Datum. Der Mann gab ihm freundlich Auskunft, als wären derlei Fragen das Normalste auf der Welt. Als er den Hörer zurück auf die Gabel legte, bemerkte er, dass das Zimmer keinen Teppich hatte, sondern einen Boden aus Waschbeton.

Dass das nur ein Traum sein konnte, wurde klar, als er sich plötzlich in dem Taxi wiederfand, mit dem er gerade gefahren war. Nur fuhr er jetzt auf Straßen, die nicht aus

Asphalt waren, sondern mit Teppichböden belegt. Die anderen Autos glitten genauso langsam und vorsichtig dahin wie sein Taxi. Der Fahrer schwitzte heftig und war blass vor Angst. Auf die Frage, was denn los sei, meinte er nur, es sei gerade sehr gefährlich, da um diese Jahreszeit besonders viele Mikroben unterwegs seien.

Er öffnete die Augen und sah eine Frau im weißen Kittel, die seine Zehennägel mit einem farblosen Nagellack behandelte. Sie erzählte von ihrem Urlaub in Australien. Sie habe gar nicht mehr nach Hause gewollt, so schön sei es gewesen.

Er wollte fragen, ob sie denn gar keine Angst vor den Spannteppichen gehabt hätte, ließ es dann aber bleiben.

PORTLAND
OREGON
2012

94

DIE WESPE Er ertappte sich bei dem Gedanken, dass er gerne Sex mit Sarah Palin hätte, und dieser Gedanke tat weh. Eine politische Sandviper aus Alaska, nicht einmal besonders gut aussehend, sondern von verblasener Verbissenheit. Und gleichzeitig absichtlich hausmütterlich, um beim Wählervolk gut anzukommen. Ihr Retrolook war also doppelt bemüht, und doch – innerhalb dieser Grenzen kleidete sie sich gut. Mit dem Styling ist es ja so eine Sache: Es kann viel bedeuten oder gar nichts – und alles dazwischen. In der Wiener Vorstadt gelten Leggins bei übergewichtigen Frauen als durchaus attraktiv, und vieles geschmacklich Fragwürdige verfehlt bei der jeweiligen Zielgruppe nicht seine Wirkung. Manchem Mann wird vor Lust schwindlig, wenn er einen BH-Träger aus farblosem Plastik durch einen H&M-Pullover schimmern sieht, und auch er selbst hatte schon Dinge sexy gefunden, die fernab von Stil und Verstand lagen. Aber Sarah Palin? Alles, was er verachtete, war sie auf einmal, politisch wie menschlich. Warum also würde jemand wie er gerne Sex mit ihr haben, außer er seinerseits wäre eine männliche, paarungsbereite Sandviper?

Er dachte, dass die Welt ein besserer Ort wäre, wenn man genauer über diese Dinge Bescheid wüsste. Über die ganz und gar anachronistischen, gemein unerklärlichen und hinterhältig oberflächlichen Dinge. Warum es Schönheit im Grausamen gab, warum man bei dem Gedanken, dass es immer weniger Unerklärliches gab, müde wurde oder warum man tief in seinem Innersten eigentlich nicht wollte, dass es gar keine Kriege mehr gäbe. Warum man manchmal einen zürnenden Gott herbeisehnte, der die Meere teilte, und warum die Engel im Himmel Handtaschen von *Chanel* und Unterwäsche von *Victoria's Secret* tragen sollten. Damit diese Luder im Himmel etwas Verworfenes haben, ohne das sie doch auch nichts Göttliches haben können? Engelsgleich kann doch nur sein, wer schon einmal in den Apfel der Verführung gebissen hat, und zwar so, dass Spuckefäden daran hängengeblieben sind wie in der Kussszene zwischen Romy

Schneider und Klaus Kinski in einem Film namens »Nachtblende« aus den siebziger Jahren.

Er lag in einem Hotelzimmer in Portland, Oregon und ließ einen Tag ausklingen, an dem er nichts, aber auch gar nichts getan hatte – nichts gearbeitet, nichts erlebt, nichts gelesen und nichts aufgeschrieben. Als Höhepunkt dieses Nichtstuns schaute er sich auf *Fox* eine Rede von Sarah Palin an. Er hörte nicht auf die Worte und wusste auch nicht, ob es eine Archivaufzeichnung oder Teil einer Veranstaltung war, die sie wieder aufs politische Tapet bringen sollte. Ihr Styling war wie immer zeitlich nicht recht einzuordnen. Er dachte nur, dass er gerne Sex mit ihr hätte, hier und jetzt – vorausgesetzt natürlich, niemand wüsste davon und er müsste niemandem erklären, warum er Sex mit einer rechtsradikalen Politschlampe gehabt hatte, die eigentlich eine Sandviper war.

Ihm fiel die Sängerin ein, die er gerade in einer kleinen Bar in der Nachbarschaft gesehen hatte. Sie trug eine große Brille mit schwarzem Rand, die sie wie ein Schulmädchen aussehen lassen sollte. Das war ja, Britney Spears sei Dank, seit fast einer Dekade nicht mehr verpönt. Die Sängerin hatte außerdem versucht, dem »Girlie-Sex« mit ein paar Bergschuhen intellektuellen Touch zu verleihen. Kurzum, sie hatte ausgesehen wie ein Waschbär.

Also schon zwei Tiere an einem Abend: Sarah, die Sandviper und ein singender Waschbär. Sein leicht trunkener, mäandernder Geist stellte sich jetzt alle Frauen, die er je gekannt hatte, als Tiere vor. Die erste war eine Gottesanbeterin gewesen, mit eiskalten Händen. Er wunderte sich, wie er sie hatte überleben können. Dann konnte er sich an eine weiche Siebenschläferin erinnern, an eine aufgeregt flatternde Krähe, einen Storch mit selbst gestrickten Strümpfen, eine Bärin, der man in ihr volles, verfilztes Fell greifen konnte, eine eher unangenehm, aber herausfordernd riechende Schabrackentapirin, ein kleines, wild quiekendes Schweinchen, an dem man freudvoll abrutschen oder sich an dessen Ohren festhalten konnte, und an eine gurrende

Taube, die ihn unter einem für ihren Körper viel zu großen Flügel gefangen hielt. Es hatte auch ein Streifenhörnchen gegeben, eine ältere Pavianfrau mit prachtvollem rotem Arsch, einen weiblichen Wiedehopf, eine aggressiv küssende Spechtin, ein schwer zu bewegendes Nilpferdchen, ein leichtes Seepferdchen, eine klammernde Krake, ein sehr selbstbestimmtes Pantherweibchen und eine Wespe. Mit der Wespe hatte er unerklärlich guten Sex gehabt, obwohl er sie nicht hatte leiden können. Es war, als wäre sie durch einen Spalt im Autofenster zu ihm hereingeflogen und hätte sich trotz wilden Gefuchtels nicht verscheuchen lassen. Seitdem hatte er das im Kopf, die Verbindung von gutem Sex mit dem »Nicht-leiden-Können«. Wahrscheinlich brachte ihn die Wespe auf die Sandviper und auf die Vorstellung, wie Sarah Palin, aufgeheizt und aufgepeitscht von ihrer eigenen Rede, zu ihm ins Hotelzimmer kam, um sich an ihm auszutoben.

Als er in dieser Nacht einschlief, dachte er über seinen letzten Zoobesuch nach, und schnell hatte er einen Comic entworfen, der ihm die schönsten Träume bescherte. Da gab es pinke Flamingowölfinnen, weichlippige Eulenfischchen, nippelbrüstige Lemuren, beißende Reptilkatzen, winselnde Hamsterfüchsinnen und wild gewordene Riesengeckos mit Eselsohren. Nicht zu vergessen die Breitarschquallen.

Als er erwachte, schaute ein klarer, strahlend schöner Morgen zum Fenster herein und schob das nächtliche Bestiarium in eine Schublade weit hinten in seinem Hirn. Er schwor sich, nie wieder abends etwas Schweres zu essen und schon gar keinen Käsetoast, sonst würde es ihm noch ergehen wie dem armen Helden von Winsor McCay in »Dreams of a Rarebit Fiend«. Als Kind hatte er sich immer wohl gefühlt beim Anblick dieser sich drehenden und windenden fliegenden Betten und der Hochhäuser, die sich vor den Untiefen der menschlichen Psyche verbeugen. Doch dieser Morgen war anders – es war der schöne Morgen danach, so klar und rein, dass man weder lebendige Häuser bemerken noch sich an Sex mit Sandvipern erinnern wollte. Er schlüpfte also schnell in Shorts, T-Shirt und Sportsocken und zog seine Laufschuhe an, und als er friedlich mit all den anderen durch einen sonnigen Tag trabte, fühlte er sich so geborgen, wie man sich nur fühlen kann, wenn man einer von vielen ist. Wahrscheinlich gingen ja alle auf der Welt nur deshalb laufen: um so zu tun, als wäre alles normal, als hätten sie alles im Griff, als wäre die Ertüchtigung des eigenen Körpers und ein damit verbundenes gesünderes Leben die Lösung. Die Lösung wofür, das wollte er sich gar nicht erst fragen. Fröhlich lief er in den Tag hinein, und erst, als er einen Mann mit seinem Hund an der Leine joggen sah, wusste er, dass – egal, wo man hinlief – das Eis der Realität dünn war.

STOCKHOLM
SCHWEDEN
2012

95

AUF NULL Er kam vom Frühstück zurück und sah gleich, als er aus dem Lift stieg, dass seine Zimmertür offen und der Wagen der Zimmermädchen davorstand. Die Zimmermädchen hatten sich also, wie sie es immer tun, Eintritt verschafft. Um das zu verhindern, sollte der geübte Hotelgast eigentlich die Möglichkeit nutzen, das Schild mit der *Do not disturb*-Seite nach außen an die Türschnalle zu hängen. Doch der Reisende vergisst das oft, gerade der geübte. Nur Pedanten verwenden dieses Schild, jeder andere muss damit rechnen, dass ab circa acht Uhr morgens geklopft und Einlass begehrt wird. Die genaue Uhrzeit ist stark von der Mentalität des jeweiligen Landes abhängig. In der Schweiz zum Beispiel finden die Zimmermädchen, dass der Gast nach 8 Uhr morgens nicht mehr im Bett sein sollte – sie müssen ja schließlich ihre Arbeit tun. In anderen Ländern versuchen sie es mehrmals über den Vormittag verteilt, und an den meisten Orten Afrikas kommen sie gegen Mittag – falls es da nicht gleich klappt, war es das dann für diesen Tag.

In diesem Fall hatten die schwedischen Zimmermädchen kurzen Prozess mit ihm gemacht. Er hatte, was er selbst einen »milden Kater« nennen würde – also Durst, Appetit auf Saures und einen leichten Druck auf den Schläfen. So hatte er sich beim Frühstücksbuffet, das er grundsätzlich nur schwer ertragen konnte, ein Wurstbrot mit Gurkerln, einen schwarzen Kaffee und ein Glas Mineralwasser mit Sprudel geholt und war damit in einem unbeobachteten Moment Richtung Lift geflüchtet. Die Serviererinnen beim Frühstücksbuffet sind nämlich nicht dazu da, dem Gast behilflich zu sein, sondern um ihn unter Kontrolle zu halten. Dazu gehört, ihn daran zu hindern, sein Frühstück mit aufs Zimmer zu nehmen und so die Room Service Charge zu umgehen.

Nun war ihm zwar die Flucht vor dem Service-Personal gelungen, aber er war in die Zimmermädchen-Falle getappt. Er fühlte sich sofort wie zu Zeiten, als er krank zu Hause lag und seine Mutter fand, dass sein Zimmer und er frischen Wind bräuchten. Dann wurden die Fenster aufgerissen und das Bettzeug wurde gewechselt, und das ging mit einer solch stürmischen Effizienz vonstatten, dass er mit einem Mal hilflos und fröstelnd in der Mitte des Raumes stand. Hier war er nun nicht bloß im Weg, sondern stellte mit seinem hotelregelwidrig besorgten Frühstück auch eine Gefahr zusätzlicher Verschmutzung dar. Er kannte die Blicke, die ihm zugeworfen wurden: Geübte Blicke, die versuchten, das Maß der kommenden Verwüstung abzuschätzen.

Gleichzeitig gelingt es Zimmermädchen (wie Krankenschwestern), die Anwesenheit eines Zimmergastes in solchen Momenten zu ignorieren. Sie tun, was sie zu tun haben, da gilt es keine Zeit mit Begrüßungen oder sonstigen Höflichkeiten zu verschwenden. Hier wurden neben den üblichen Tätigkeiten wie Bett machen, Handtücher wechseln und den Badezimmerboden aufwischen auch Toilettenartikel geordnet und auf dem Boden verteilte Sachen säuberlich auf Tische und Nachtkästen sortiert.

Er setzte sich aufs Bett (trotz allem im Moment ja sein Bett), beobachtete das Treiben ringsum, trank Kaffee und kaute das Wurstbrot. Und dann kam sein Lieblingsteil in diesem Stück, das auf der ganzen Welt nach einem ähnlichen Ritual abläuft. Die Zimmermädchen, die in asynchroner und doch einander ergänzender Choreographie arbeiteten, schauten sich noch einmal um, ob ihr Werk gelungen war, und gaben dann dem Zimmer (hauptsächlich dem Badezimmer) den letzten Touch, indem sie die kleinen bunten Fläschchen mit Duschgel, Shampoo und Conditioner tauschten und eine neue, frisch verpackte Seife in die dafür vorgesehene Tasse legten. Die eine schloss noch das Fenster, und dann verschwanden sie wie ein weiterziehender kleiner Wirbelwind, der gerade über eine Landstraße in Arizona gefegt war. Mit diesen letzten Touch-ups hatten sie das Zimmer quasi auf null gesetzt. Es war kein okkupierter Raum mehr, sondern wieder ein Hotelzimmer, in dem er Gast war. Die Duschgels, Shampoos und Seifen könnten auch schon dem nächsten gelten. Sie könnten schon dessen Leben und dessen Geschichten begleiten.

Er saß da, trank den letzten Schluck Kaffee und genoss den Augenblick, in dem er in dieser effizient-einfachen Weise auf das reduziert worden war, was er war – ein reisender Gast. So, wie er früher ein kranker Sohn gewesen war. Was war noch gewesen? Er konnte sich plötzlich nicht mehr genau erinnern. Er hatte gar kein Gefühl für die Stadt da draußen – er war gestern Abend eine Stunde lang ziellos herumspaziert und hatte sich dann mit drei kleinen Flaschen Whisky aus der Minibar ins Bett gelegt und Barcelona gegen AC Milano geschaut. Es war ein unerfreuliches Spiel gewesen, in dem Messi sich abgemüht hatte, den italienischen Abwehrriegel zu durchbrechen. Dann war er kurz eingenickt und gegen drei Uhr früh wieder aufgewacht. Er hatte nicht mehr einschlafen können, nochmals den Fernseher aufgedreht und die Zusammenfassung von Barcelona gegen AC Milano gesehen. Er hatte das Spiel nicht wiedererkannt. Alles kam ihm neu vor.

So ist es mit dem Reisen auch, dachte er. Dort, wo man schon einmal war, glaubt man, alles gesehen zu haben, und dann zeigt es sich doch völlig neu. Häuser und Geschäfte verschwinden, neue kommen dazu. Menschen, mit denen man Wochen und Monate verbracht hat, haben keine Zeit mehr, andere rufen täglich an. Und doch fühlt sich der eine oder andere Ort an, als wäre er ganz vertraut und so etwas wie eine flüchtige Heimat. Ist es immer das gleiche Spiel gegen einen italienischen Abwehrriegel?

Er beschloss, nur mehr an Orte zu reisen, an denen er noch nie gewesen war, und nur mehr Dinge zu tun, die er noch nie getan hatte. Er nahm sich vor, selten zu fliegen, nie mehr Auto zu stoppen, oft selbst das Steuer zu übernehmen und in den Städten öffentliche Verkehrsmittel zu benutzen. Er wollte in Orte fahren, deren Namen er noch nie gehört hatte, und falls er in Städte kam, in denen er schon gewesen war, wollte er die Menschen, die er dort kannte, nicht anrufen. Er wollte fremd sein in der Fremde. Vielleicht würde das Leben dann ganz neu mit ihm verfahren.

Er freute sich und sah vor seinem inneren Auge Steppen, die kein Ende nehmen wollten. Er sah sich durch Städte wandern, die gesichtslos waren und deren Antlitz er doch erkannte. Er sah sich durch dünn besiedeltes Gebiet reisen, in dem es immer Tag war, und durch einen vermoosten, dunklen Wald gehen. Er rannte den Kamm eines Berges im Hochgebirge entlang und leuchtete sich seinen Weg durch ein unterirdisches Labyrinth. Selten würde er jemanden treffen, der mit ihm sprach. Er glaubte, dass er nur mehr zuschauen wollte.

Es klopfte, und bevor er reagieren konnte, kam ein weiteres Zimmermädchen herein und sagte auf Schwedisch etwas, von dem er nur das Wort »Minibar« verstand. Er nickte, sie tauschte die drei Whiskyfläschchen aus, machte eine Notiz und ging wieder. Jetzt konnte das Leben wirklich von neuem beginnen. Von null.

Er stand auf, nahm eines der Whiskyfläschchen aus dem Kühlschrank und trank es in einem Zug leer. Das Pochen in seinem Kopf ließ nach. Er duschte und verbrauchte dabei die frischen Toilettenartikel zur Gänze.

Während er sich abtrocknete, freute er sich auf Stockholm. Vom Zimmerfenster aus sah es sehr gewöhnlich aus. Schön.

KARLSRUHE
DEUTSCHLAND
2012

96

SELBSTPORTRÄT MIT TISCH Ein Hotelzimmer zu betreten kann gefährlich sein – aus verschiedenen Gründen. Würde er hier bleiben wollen? Für eine Nacht? Für den Rest seines Lebens? Meistens war nicht einmal Ersteres der Fall, aber er blieb doch fast immer. Und oft liebte er ein Zimmer, das er zuerst schrecklich gefunden hatte, schon nach wenigen Stunden umso mehr. Genauso gut konnte es passieren, dass er eine Suite betrat, die sich wie ein Palast anfühlte, und die er dann gar nicht nutzte, weil ihn das Leben woanders hinspülte und er bloß wiederkam, um seinen Koffer zu holen. Er hatte Zimmer verweigert, die ihn mit geruchsintensiven Raumsprays, extrem schmalen Betten oder aufdringlich schlechter Kunst terrorisierten. Berühmt für Letzteres ist eine Kette namens *Art' otel*. Schon der Name sollte den geübten Reisenden warnen, aber niemand reserviert alle seine Hotelzimmer selbst, und so kommt es mitunter zu groben Fehlbuchungen. Meist ist auf die einfachen Dinge Verlass, und so ist es egal, ob man sich für ein *Motel 4*, *Four Seasons*, *Hilton*, *Best Western*, *Intercontinental* oder eine andere der altbekannten Ketten entscheidet. Da kann wenig schiefgehen. Dort steigen keine Hohlköpfe ab, die alles anders machen wollen, nur um anders zu sein. Man merkt sofort, ob sich die Hotelgestalter in die Psyche eines Reisenden versetzt haben oder nicht. Kein Mensch will einen angeblich gut designten Wasserhahn, bei dem man auch nur eine Sekunde überlegen muss, wie man ihn bedient. Kein Mensch will einen hellgrünen Begrüßungsdrink, der nach After Eight mit Red Bull schmeckt, kein Mensch will ein Bett mit Spalt, und kein Mensch will einen Spiegel über dem Schreibtisch.

Nun gut, das stimmte nicht ganz. Es musste offensichtlich Menschen geben, die das wollten, aber er war der Meinung, dass diese Leute besser zu Hause bleiben sollten, denn sie verstanden das Reisen nicht. Da war er absolut intolerant. Jahraus, jahrein vergällten sie ihm das Leben. Die Begrüßungsdrinks gibt es zwar meist nur in Resorts (und man kann sie ablehnen), die Wasserhähne sind zu bezwingen (auch wenn sie eine Belästigung für das Auge bleiben) – aber zwei aneinandergestellte Betten als ein großes zu verkaufen, ist definitiv eine Todsünde. Über den Spiegel über dem Schreibtisch kann man diskutieren. Ein Tisch unter einem Spiegel müsste gar nicht so groß sein, um als Schreibtisch durchzugehen – vielleicht ist ja der Tisch für den Spiegel da und nicht umgekehrt. Was ihn störte, war die Unentschiedenheit der Kombination »möglicher Schreibtisch und Spiegel«. Und so trug er meist als Erstes (wenn es möglich war, denn es gibt auch Hotels, in denen die Möbel festgeschraubt sind) den Tisch irgendwo anders hin und prüfte, wie sich der Raum danach anfühlte. Über Hotelzimmer ganz ohne Tisch wollen wir hier den Mantel des Schweigens breiten, denn sie verdienen es nicht, erwähnt zu werden.

Aber oft, wenn er mit dem Tisch gerade nachdenklich mitten im Zimmer stand, sah er sich selbst im Spiegel. Und das war jedes Mal der Moment, am eigenen Verstand zu zweifeln. Wer würde sein Porträt malen lassen und dann erkennen wollen, dass der Künstler diese Pose gewählt hatte?

Nun stand er also in diesem Karlsruher Hotelzimmer mit hochgehobenem Tisch und sah sich im Spiegel. Der Tisch war von einem erschütternden Hellbraun, das ins Kackbeige überging. Es war ein älteres Hotel, dem man einiges vergibt – er selbst war auch nicht mehr der Jüngste, wie er da so stand. Aber weder mochte er in seiner eigenen Erinnerung so weiterleben noch der Nachwelt als *Der Mann mit dem hellbraunen Tisch in den Armen* überliefert werden. Zwar konnte von Nachwelt kaum die Rede sein, und ein Maler war auch nicht in Sicht, aber schon der Gedanke an ein Selbstauslöser-Foto hatte etwas Quälendes, denn er hielt ja, wie gesagt, einen Tisch vor sich.

Und da wurde er ein wenig traurig. All die Jahre, die er schon um die Welt reiste, hatte er nicht daran gedacht, all diese Zimmer und Details zu dokumentieren: die Räume, die Tapeten, die Duschvorhänge, die Bettdecken, die Spannteppiche, die Fernseher, die Spiegel, die Tische und die Aussichten. Erst vor wenigen Wochen hatte er in einem Zimmer mit Blick auf die weiß verputzte, fensterlose Wand eines gegenüberliegenden Hauses gewohnt. An jedem Sonnentag um fünf Uhr nachmittags warfen die Buchstaben, die auf dem Dach den Namen des Hotels anpriesen, seitenverkehrt ihren Schatten darauf. Hätte er von allen diesen Dingen Bilder gemacht, was wäre das für ein Tagebuch, was für ein Selbstporträt geworden! Er würde sogar dieses Bild in Kauf nehmen, oder besser gesagt: die gesammelten Bilder des Mannes, der gerade einen Tisch umstellt. Ach, alle diese Tische, diese Spiegel und dieser älter und älter werdende Mensch! So hätte er es machen müssen, nicht nur und doch gerade auch mit diesem einen Tisch hier, der jetzt nur ein Stellvertretertisch für alle anderen Tische wäre – zufällig, nichtssagend und leer.

Er stellte den Tisch dorthin, wo er hingehörte, nämlich ans Fenster. Er holte einen Sessel, setzte sich und schaute hinunter auf den Bahnhof. Schön, dachte er. Alle Hotelzimmer der Welt sollten einen Blick auf einen Bahnhof haben. Das ist wie der Ecksitz im Kino. Man ist immer bereit zur Flucht. Der Reisende ist ein Fluchttier. Er will zu jeder Tages- und Nachtzeit aufstehen und gehen können. Deswegen bezahlte er seine Zimmer immer im Voraus. Er traute den Angestellten an den Rezeptionen nicht. Sie könnten irgendwo eingeschlafen oder Aushilfspersonal sein, das den Computer nicht bedienen konnte. Die Maschinen könnten streiken um vier Uhr früh, oder der Besitzer könnte über Nacht gewechselt haben. All das ist nicht sehr wahrscheinlich, aber man weiß ja nie. Zu Zeiten der Krise, die niemand versteht, ist alles möglich – und plötzlich säße man fest. Züge hingegen haben eine altmodische Verlässlichkeit. Man hörte sie bis in die Träume hinein quietschen und rattern, und allein das Geräusch verheißt die süße Möglichkeit, einfach aufzustehen und zu gehen. Und so schläft man herrlich und bleibt und bleibt, in dem Vertrauen, jederzeit gehen zu können.

Eine Woche später wurde er tatsächlich aus dem Hotel geworfen, weil es verkauft worden war. Der Geschäftsführer sagte, Hotels in Bahnhofsnähe rentierten sich nicht mehr. Er durfte noch einen Tag bleiben, als allerletzter Gast, weil es die Belegschaft freute, dass er das Hotel so mochte. Natürlich gab es nichts mehr, keine Zimmermädchen, kein Restaurant, keine Bar, kein Frühstücksbuffet. Gut, darauf konnte er verzichten. Die Rezeption war das Einzige, was noch – wahrscheinlich nur für ihn – aufrechterhalten wurde. Als er am Morgen des letzten Tages erwachte, funktionierte das hausinterne Telefon nicht mehr. Das Wasser, so sagte man ihm, würde zu Mittag abgedreht.

An diesem allerletzten Tag bezahlte er seine Rechnung in bar (die elektronischen Geräte waren bereits abgeschaltet worden) und bat, seinen Koffer noch eine Stunde da lassen zu können. Er ging in den Zoo gegenüber vom Bahnhof. Auch das war eine Großartigkeit ohnegleichen, und er verabschiedete sich von den Tieren, die er bis dahin jeden Tag besucht hatte. Dem Eisbären, der auf einem Auge blind war, war das egal, die Schildkröte drehte missmutig den Kopf zur Seite, und mehrere Flamingos vergruben ihre Köpfe unter den Flügeln. Die Tüpfelhyänen hoben zumindest gelangweilt die Köpfe und nickten ihm zu. Der zerraufte Kranich freute sich sogar, und die Pfauenmutter sagte zu ihren Kleinen, sie sollten artig Auf Wiedersehen sagen. Das taten sie dann im Chor, und einer der Kleinen schlug vor Aufregung sein erstes Rad. Er war gerührt.

Bei seiner Rückkehr erwarteten ihn die letzten Angestellten des Hotels mit seinem Gepäck vor der Eingangstüre. Er schüttelte allen die Hände und ging schnell davon. Er wollte nicht, dass jemand seine Rührung sah.

Dann ging er zum Bahnhof. In der langgestreckten Halle bestätigte sich sein guter Eindruck von Karlsruhe, denn ein freilaufender Köter lief ihm nach und verbellte ihn. Er mochte die Stadt, seit er überall Vorgärten und Parkanlagen bemerkt hatte, die nicht gemäht waren. Das Karlsruher Gras wucherte fröhlich und stolz vor sich hin.

Ohne eine Fahrkarte zu kaufen, bestieg er den nächstbesten Zug und fuhr weiß Gott wohin.

NACHWORT VON EVA MENASSE Am Mittwoch nach Ostern, es war der 23. April 2014, fand ich morgens nach dem Aufwachen mehrere »Anrufe in Abwesenheit« auf meinem Handy vor. Sie waren von meiner Freundin, der Editorin Monika Willi, die, neben etlichen anderen seiner Filme, Michael Glawoggers preisgekrönte Dokumentationen »Workingman's Death« und »Whores' Glory« geschnitten hat – der erste Anrufversuch um 8.17 Uhr. Das war ungewöhnlich, aber nicht ungewöhnlich genug, um alarmiert zu sein. Die Sonne schien, in Frühlings- und Ferienlaune rief ich zurück. Es kann nicht später als neun Uhr gewesen sein.

Wenn man eine schockierende, vollkommen unerwartete Todesnachricht erhält, dann lieber von der besten Freundin als aus den Medien. Dann lieber schnell und hart als spät und gewunden. Das und vieles andere haben wir, Michael Glawoggers Freunde, an und seit diesem Tag gelernt, obwohl keiner von uns es jemals lernen wollte. Ich weiß noch, dass ich sinnlose Sätze in Wiederholungsschleife sagte: »Das kann nicht sein, es muss sich um einen Irrtum handeln, wie verlässlich sind Nachrichten aus Afrika?« Ich weiß noch, dass mein kleiner Sohn nichtsahnend die Küche betrat und sie sofort wieder verließ, ich hörte ihn beklommen zu seinem Vater sagen: »Mami ist da drin und weint.«

Und wenn ich mit den Gedanken bei diesem Tag bin, drängt sich mit Macht ein anderes Bild dazwischen. Das letzte Mal. Zufällig das letzte Mal, als ich Michael sah. In Berlin, in einem auf schwer zu beschreibende Weise anrüchigen asiatischen Restaurant, von dem wir noch blödelten, ob es vielleicht doch eine Edel-Geldwäsche sei, irgendeine neue Form von Mafia-Haute-Cuisine. Wir hatten teuer und großartig gegessen, der Wein war eine Sensation, die Rechnung auch, wie immer hat Michael sie an sich gerissen, denn eine Frau ihren Anteil zahlen zu lassen lag seinem Moralkodex genauso weltraumfern wie Abstinenz, Genussfeindlichkeit, Desinteresse, Lauheit. Dann ging er zum Taxi, ein müder, leicht angetrunkener Bär, wir umarmten uns, und ich sagte den angemessenen, perfekt harmlosen Satz, den man einem

Freund sagt, der auf eine große Reise geht: »Und dass du mir ja gesund zurückkommst.«

Dabei hätte ich mir, wenn ich ehrlich bin, um jeden anderen mehr Sorgen gemacht. Michael Glawogger, dieser Abenteurer von Beruf, der sich auf seiner leidenschaftlichen Suche nach Bildern und Geschichten auch in kriegerische Winkel der Welt begeben hat, war kein Draufgänger im halsbrecherischen Sinn. Er war, im Gegenteil, ein Profi. Sein Dokumentarfilm »Whores' Glory«, dieses Denkmal der Prostitution, ist ein filmisches Meisterwerk, voller Bilder von einzigartiger, erschütternder Schönheit. Aber genauso erstaunlich wie der Film selbst ist sein schieres Zustandekommen. Er ist das Ergebnis jahrelanger Vorbereitung, mit Fleiß und Nachdruck geknüpfter Kontakte, da gehörten komplizierte Verhandlungen mit der chinesischen Mafia und korrupten Behörden ebenso dazu wie die unvermeidlichen Geldflüsse, über die der hiesige Kulturmensch so geziert die Nase rümpft. Aber ohne Geld gibt's keine Bilder aus Bordellen, das ist unumstößlich in der Welt des käuflichen Sex. Und Michael Glawogger hätte sich nie irgendwo ein Bild ergaunert, wie es TV-Journalisten öfters tun. Er hat verhandelt und mit offenen Karten gespielt, er hat sich und seine Projekte präzise erklärt, vor allem ist er so oft wiedergekommen, bis auch der feindlichste Zuhälter und die unwilligste Hure verstanden hatten, dass hier einer etwas absolut ernst meinte, mit seiner Arbeit und also auch mit ihnen.

Das heißt nicht, dass er nicht gelegentlich in brenzlige Situationen geraten wäre. Es gab da einmal einen Vorfall mit einer afrikanischen Miliz, junge aufgeregte Burschen mit Kalaschnikows, die viel schneller schießen als sie denken. Glawogger ist damals davongekommen, und wer ihn kannte, ahnte, dass er psychisch gut für solche Extremsituationen ausgestattet war: Er war weder ängstlich noch aggressiv, vielmehr war er geduldig, großzügig, neugierig, empathisch, und er musste nicht zwanghaft ein bestimmtes Bild von sich aufrechterhalten, gar ein cooles, souveränes.

Und dennoch wäre mir damals, in der blindwütigen Trauer der ersten Wochen, ein um sich ballernder, womöglich unter Drogen stehender Sechzehnjähriger lieber gewesen als die Banalität eines Moskitostichs, gefolgt von einer fatalen Fehldiagnose. Ein solcher Tod hätte besser die Gewalt gespiegelt, die es bedeutet, ihn verloren zu haben. Man hätte einen Schuldigen gehabt.

Michael Glawogger war ein ungeheuer vielseitiger Künstler. Literatur-, musik- und filminteressiert, verfügte er über alle Register. Er konnte das Kleine und das Große, das Witzige und das Ernste, das Verspielte und das Pathetische. Neben den drei dokumentarischen Meisterwerken »Megacities«, »Workingman's Death« und »Whores' Glory« finden sich in seinem Werk experimentelle Kurzfilme, eigenwillige Spielfilme wie »Ameisenstraße« und »Slumming«, surreale, anarchische Komödien wie »Nacktschnecken« und »Contact High« und die klug geraffte Literaturverfilmung »Das Vaterspiel« nach Josef Haslingers Roman. »Mit fast schon Fassbinder'schem Furor«, wie es der Filmjournalist Stefan Grissemann in seinem herausragenden Nachruf formulierte, trieb Glawogger immer mehrere Projekte gleichzeitig voran, reiste ständig um die Welt, schrieb Drehbücher, reparierte als verschwiegener Script-Doktor die der anderen, half unermüdlich Kollegen und Freunden beim Schneiden ihrer Filme, beim Schreiben ihrer Romane, ja wohl auch beim Bewältigen ihres Lebens. Dabei wirkte er niemals gehetzt oder im Stress, und genervt nur dann, wenn die Finanziers wieder einmal so viel bekümmerter waren als er.

All die Plage und Mühe, die wir Andersartigen, Ängstlicheren imaginieren, wenn wir seine magischen Filme über Schiffsabwracker in Pakistan, Schlachthofarbeiter in Nigeria, über die Müllsammler und Farbensieber und Straßenkinder sehen, all das war für ihn keine Arbeit, es war vielmehr seine große Lust. Aus ihr heraus hat er das alles getan, aus vitaler Lust am Reisen, am Sehen, am Lernen, an den Menschen. Daraus hat er seine Kunst gemacht, auf eine begnadet entspannte und heitere Art. Vermutlich hat das Wort »Lebenskünstler« selten auf jemanden so gut gepasst wie auf ihn.

»Life is what happens while you're busy making other plans – Death is, too« ließ seine Frau Andrea auf die Todesanzeige setzen, eine schmerzlich kluge Wahl. Michael Glawoggers Pläne hatten immer weit in die Zukunft gereicht, deshalb lief die Glawogger-Maschine nach seinem abrupten Tod in Liberia noch eine Weile weiter. Er selbst hatte ja erst im Dezember 2014 von der einjährigen Weltreise für den Film »Untitled« zurückkehren wollen und dafür Sorge getragen, dass seine anderen Film-Kinder in der Zwischenzeit ohne ihn zur Welt kommen konnten: Das war die Episode über die Russische Nationalbibliothek in St. Petersburg, Teil von Wim Wenders' Projekt »Kathedralen der Kultur« – in vielen Rezensionen wird sie inzwischen als die schönste, stimmigste bezeichnet. Und das war zweitens der Fernsehkrimi »Die Frau mit einem Schuh«, zu dem Glawogger auch das Drehbuch geschrieben hatte. Bei der österreichischen Erstausstrahlung kurz vor Weihnachten 2014 brach dieser Krimi alle Zuschauerrekorde, vor allem in der von den Fernsehverantwortlichen so hilflos verfolgten »jungen Zielgruppe«.

Als diese Filme erschienen, wurden sie in manchen Kritiken als »Vermächtnis« bezeichnet, einfach weil der Künstler, der sie geschaffen hatte, nicht mehr am Leben war. Doch das ist nur eine Sprachhülse. Diese Filme sind bloß zufällig zu seinen letzten geworden, abhängig vom Zeitpunkt, als ihn eine verseuchte Mücke stach und in einer liberianischen Stadt namens Harper der Malaria-Schnelltest versagte.

Michael Glawoggers Hauptwerk hingegen, im Sinne einer vorläufigen Bilanz seines filmischen Schaffens und all dessen, was er bei seinen jahrzehntelangen Reisen um die weite, exotische, hässliche, brutale, wunderschöne Welt gelernt hatte – das hätte »Untitled – Film ohne Namen« werden sollen. Jener Film, mit dem, an dem, währenddessen er starb.

Für die Realisierung dieses Großprojekts hatte er jahrelang gekämpft. Er hat von Geldgebern berichtet, die ihn platterdings fragten, warum sie ihm eine Weltreise finanzieren sollten. Natürlich, wenn man keinen seiner Dokumentarfilme gesehen hat, klingt es etwas merkwürdig, wenn einer kommt und sagt, er möchte ohne Drehbuch, ja ohne genaues Thema ein Jahr lang um die Welt reisen, könne aber versprechen, mit einem Film zurückzukommen.

Allen Bewunderern seiner drei großen Welt-Epen war hingegen klar, dass hier ein Künstler auf ebenso logische wie radikale Weise seine eigene Versuchsanordnung auf die Spitze trieb. Dass hier etwas fortgesetzt und vollendet werden sollte, was schon dreimal zuvor zu atemberaubenden Ergebnissen geführt hatte: »Dieser Film soll ein Bild der Welt entstehen lassen, wie es nur gemacht werden kann, wenn man keinem Thema nachgeht, keine Wertung sucht und kein Ziel verfolgt. Wenn man sich von nichts treiben lässt außer der eigenen Neugier und Intuition«.

Derzeit ist ungewiss, was mit den 70 Stunden Rohmaterial geschehen wird, die Glawogger und sein Team in den ersten viereinhalb Monaten jener großen Reise nach Hause schickten. »Untitled« wird Fragment bleiben.

Und doch ist eine Art »Vermächtnis«, wenn dieses volltönende Wort denn nötig ist, bereits in der Welt, aber an anderer, durchaus unerwarteter Stelle.

Es ist hier. Die großen Bilder fließen diesmal nicht von der Leinwand, sondern vom Papier. Mag man es nun »Roman« nennen oder nicht – das vorliegende Buch, »69 Hotelzimmer«, ist zweifellos eine Essenz von Michael Glawoggers Leben, des Lebens eines aufmerksamen, phantasiesprühenden Reisenden. Dieses Buch lässt mit sprachlichen Mitteln genau jenes Abbild der Welt entstehen, das er sich für »Untitled« vorgenommen hatte: nicht in einer zielgerichteten, sondern in einer kreisenden Bewegung, die folgerichtig einen kreativen Kreislauf in Gang setzt. Szenen und Dialoge strömen auf das Medium ein und werden von ihm verarbeitet, das heißt verknüpft und weitergesponnen.

An der Geschichte »Der Blick des Bauern« lässt sich dieses Prinzip so gut illustrieren wie an fast jeder anderen: Der Erzähler fliegt nach Thailand, genießt den Service eines dieser Resort-Hotels, die emsig im Sinn haben, alle Unterschiede zwischen den Kontinenten aufzuheben, damit sich niemand mehr irgendwo fremd fühlt. Der Preis dafür ist, wie es an anderer Stelle heißt, kosmopolitisches Niemandsland, Fassadenwelt, vage vertraut, deprimierend fade. Um einen Individualitätsrest zu bewahren, lehnt er den Begrüßungsdrink ab, genehmigt sich ein Minibar-Bier. Dann trifft er einen Journalisten, der beim Tod von Pol Pot zugegen war. Unser Reisender interessiert sich zurzeit für den Tod von Diktatoren. Es war nicht leicht, diese Verabredung zu organisieren. Die Gesprächspartner bestellen gepflegtes Essen, während der Journalist von Gestank und Ekel berichtet, als Pol Pots Leiche verbrannt wurde. Und da fährt plötzlich ein Bauer mit einem altmodischen Ochsengespann durch den blutroten Sonnenuntergang. Hier setzt etwas ein, was Zeitzeugen von Virginia Woolf ihr »Abheben« im Gespräch nannten: die lyrische Assoziation, die sich zu den Realitäten drängt und mit ihnen zu tanzen beginnt. Nur im Kopf des Erzählers geht die Geschichte weiter: dass dieser Bauer vom *Four Seasons* Hotel dafür bezahlt wird, pünktlich jeden Abend durch den Sonnuntergang zu fahren – mit Reisanbau lässt sich keine Familie mehr ernähren. Dass und warum er an diesem Tag beinahe zu spät gekommen wäre. Die Jacke seiner Fake-Uniform hat er in der Eile verkehrt herum angezogen. Deshalb, denkt der Erzähler, während er sein scharfes Reistörtchen genießt, während der Journalist weiter über Pol Pots Gestank sinniert, deshalb schaut dieser Bauer so ängstlich herüber. Und er schaut zurück.

Die verschiedenen Schichten, die Glawogger aufträgt, ergeben ein beunruhigendes und gleichzeitig ästhetisch bezauberndes Bild. Dieses Bild will niemanden belehren, weder den Tourismus verdammen noch den Journalisten vorführen, es will einfach nur erschaffen sein, sich zeigen. In einem dokumentarischen Sinn ist es dabei völlig unerheblich, ob diese Szenen so stattgefunden haben oder ob der Autor sie aus Erinnerung und Phantasie komponiert hat. Eine »Kernfusion aus Traum und Wirklichkeit« hat Stefan Grissemann Glawoggers Texte genannt. Schwer, es treffender zu sagen.

Getragen werden diese Geschichten von seiner eindringlich klaren, warmen Sprache ebenso wie von jenem strengen Form- und Strukturwillen, der auch in seinen filmischen Arbeiten waltet. »Die Struktur lügt nicht«, hat Michael mir einmal als Begründung für einen sehr entschiedenen dramaturgischen Ratschlag gegeben. Dieser Satz ist mir seither lieb und teuer, auch weil er so typisch für ihn war: eine Weisheit, die klingt wie ein Witz. Ich verstand ihn so: Man kann, im Film wie im Roman, alles machen oder versuchen, aber es muss eine klug bedachte Form haben. Denn jede Geschichte erzählt sich auch über ihre Struktur. Die Struktur ist ihre künstlerische Daseinsberechtigung und das, was sie von der amorphen Masse der Milliarden dahinplätschernder Leben abhebt.

Diese feste Verbindung von Sinn und Form stellt Michael Glawogger nun auch literarisch unter Beweis. Ist vor ihm wirklich noch niemand auf die Idee gekommen, ein Porträt unseres Planeten anhand seiner Hotelzimmer zu schreiben? Reisen ist – auch – Wanderschaft von Zimmer zu Zimmer. Das Hotel als Surrogat von Heimat ist, das lernt man hier, schon ästhetisch hochinteressant. Es ist der erste Ort, der den Reisenden empfängt, jener Ort, wo der Fremde, oft sprach- und ahnungslos, sich zum Schlafen legen wird. Wo er vitalen Schutz erfährt. Und so wird die Reihe der Hotelzimmer ganz organisch zur Schnur, auf die der meistens namenlose »Er«, durch dessen Augen wir sehen, seine Erlebnisse, Assoziationen, Erinnerungen auffädelt, von Mexiko bis Singapur, von Kambodscha bis Finnland, von Korea bis Graz.

Michael Glawogger liebte jene Filmkomödien, in denen Hotelzimmertüren so leidenschaftlich zugeschlagen werden, dass sich die Ziffern drehen und damit die Verwicklungen und Verwechslungen erst in Gang bringen. Deshalb sollten es vermeintlich neunundsechzig, in Wahrheit jedoch sechsundneunzig Hotelzimmer-Geschichten sein. Ganz genau sind es nur fünfundneunzig: Die Nummer 13 wird, wie in Hotels, aber auch bei Hochhaus-Stockwerken und Flugzeug-Sitzreihen üblich, dem Aberglauben geopfert.

In all diesen Finessen ist das Buch so typisch für seinen Autor: bunt und verblödelt, analytisch und anarchisch, voller Weltwissen und voller Großzügigkeit für das Hässliche, Dumme und Missglückte, liebkost es die Details und deutet darin den Abdruck des Ganzen an. Es regt zum Denken an. Es steckt voller Sex, Witz, Liebe, Menschenkenntnis und Genussfreude, voller Erinnerungen und autobiographischer Spuren. Und es beweist, dass einer, der so genau schauen und so tief blicken kann, natürlich auch literarisch erzählen kann. Genau wie seine Filme ist dieses Buch ein echter Glawogger, unverwechselbar und besonders, mit den üblichen Kategorien kaum zu fassen.

»Reiseliteratur« ist es nur in dem Sinn, dass es fast platzt vor scharfen, exotischen Beobachtungen, die weniger mobile Menschen niemals machen. Unvergesslich die einander umkreisenden Konvois in Mexiko-City, des Militärs und der Mafia – bei jedem Stocken des Verkehrs beginnen sie, aufeinander zu schießen. Unvergesslich das kosovarische Hotelzimmer, das vor seinen Augen erst möbliert wird: »Etwas in seinem Inneren bröckelte. Er entdeckte, dass er gerade das Fertige und Schematische an Hotelzimmern so liebte.«

Fische mit dicken Barthaaren, die in Kambodscha in Vanillesauce serviert werden. Große Schachteln voller vergessener Handy-Kabel, die kabellosen Gästen in den Hotels zur Auswahl offeriert werden. Was und wie man in Tschechien trinkt, in Polen, in der Ukraine. Mit welchen Pilzen man sich in Mexiko betäubt. Schöne Frauen, aus Schränken stürzende Saufkumpane, Hooligans, die das Grölen ihrer Kumpane orchestrieren.

Und wie ein verstecktes Motto kehrt im Buch, kehrt überall auf der Welt der Ärger über den Spiegel wieder,

der in Hotelzimmern habituell über dem Schreibtisch angebracht ist: »Wer will sich schon selbst beim Nachdenken zuschauen?« In der Schlussgeschichte »Selbstporträt mit Tisch« gesteht er, immer wieder versucht zu haben, den Tisch umzustellen, vom Spiegel zu trennen, ihn dorthin zu bringen, wohin er gehört, »nämlich ans Fenster«.

So entsteht am Ende des Buches ein letztes metaphorisch aufgeladenes Bild: Der weltreisende Filmemacher, der, unbeholfen einen Tisch tragend, in der Mitte eines Karlsruher Hotelzimmers steht und nach einem besseren Platz sucht, für den Schreibtisch und damit auch für sich selbst. Und dann entdeckt er, eine absurde, alternde Figur, sich aufs Neue in jenem Spiegel, von dem er doch wegwollte, mitsamt seinem Tisch.

Am 22. April 2014, kurz vor Mitternacht, ist Michael Glawogger in einem Rettungswagen auf dem Flughafen von Monrovia gestorben, an multiplem Organversagen infolge einer zu spät erkannten Malaria. Die österreichische Flugrettung, die bereits gelandet war, konnte nichts mehr für ihn tun.

Jahre zuvor war ihm irgendwo auf der Welt geweissagt worden, er werde in Sierra Leone erschossen werden. Als er seinen ältesten Freund, den Philosophieprofessor Marian David, zum letzten Mal in Graz besuchte, blödelten die beiden darüber, ob Michael die Reise nach Sierra Leone lieber an den Anfang oder ans Ende der »Untitled«-Dreharbeiten setzen sollte. Der Freund plädierte für den Anfang, dann habe man weniger Arbeit mit all dem nachgelassenen Filmmaterial.

Zieht man die Inkubationszeit in Betracht, hat ihn die Mücke vermutlich in Sierra Leone gestochen.

In seiner letzten E-Mail schrieb ihm Marian: »Warum lebst du noch?« Und Michael Glawogger, Sierra Leone vermeintlich entkommen, schrieb aus Liberia zurück: »Shit happens.« Man sieht ihn dabei grinsen.

69 HOTELZIMMER
IST IM MÄRZ 2015 ALS DREIHUNDERTDREIUNDSECHZIGSTER BAND DER ANDEREN BIBLIOTHEK ERSCHIENEN.

ALS EXTRADRUCK WURDE 69 HOTELZIMMER IM JULI 2015 WIEDERAUFGELEGT.

DIE HERAUSGABE UND REDAKTION LAGEN IN DEN HÄNDEN VON CHRISTIAN DÖRING.

69 HOTELZIMMER, MICHAEL GLAWOGGERS LITERARISCHES DEBÜT, ERSCHEINT POSTHUM IN ZUSAMMENARBEIT MIT ANDREA GLAWOGGER. GEMEINSAM MIT EVA MENASSE, VON DER ZUDEM DAS NACHWORT STAMMT, HAT SIE AUCH DAS LEKTORAT ÜBERNOMMEN. WIR DANKEN BEIDEN SEHR.

MICHAEL GLAWOGGER, 1959 IN GRAZ GEBOREN, WAR EINER DER RENOMMIERTESTEN DOKUMENTARFILMER DER GEGENWART. (U. A. *MEGACITIES, WORKINGMAN'S DEATH, WHORES'GLORY*).
ER STARB IM APRIL 2014 AN DEN FOLGEN EINER MALARIA-ERKRANKUNG IN LIBERIA WÄHREND DER DREHARBEITEN ZU SEINEM NUNMEHR LETZTEN FILM, DIE IHN IN EINEM VW-BUS EINMAL UM DIE WELT FÜHREN SOLLTEN.
DIE REISEBUCHEINTRÄGE ERSCHIENEN IM STANDARD UND IN DER SÜDDEUTSCHEN ZEITUNG (NACHZULESEN UNTER: *WWW.SUEDDEUTSCHE.DE/THEMA/DOKU.BLOG*).

DIESES BUCH WURDE VON ANDREAS TÖPFER, BERLIN
GESTALTET UND AUSGESTATTET.

DEN SATZ ÜBERNAHM GREINER & REICHEL IN KÖLN
MIT DEN SCHRIFTEN MILLER UND NAIV.

DIE HERSTELLUNG BETREUTE KATRIN JACOBSEN, BERLIN.

DAS MEMMINGER MEDIENCENTRUM DRUCKTE AUF 100 G/M²
HOLZ- UND SÄUREFREIES UNGESTRICHENES MUNKEN PURE.
DIESES WURDE VON ARCTIC PAPER RESSOURCENSCHONEND
HERGESTELLT.
DEN EINBAND BESORGTE DIE VERLAGSBUCHBINDEREI
CONZELLA IN ASCHHEIM-DORNBACH.

ISBN 978-3-8477-2010-2
AB – DIE ANDERE BIBLIOTHEK GMBH & CO.KG
BERLIN 2016
DIE 2. AUFLAGE DIESER AUSGABE.

Extradrucke der Anderen Bibliothek